Bangkok

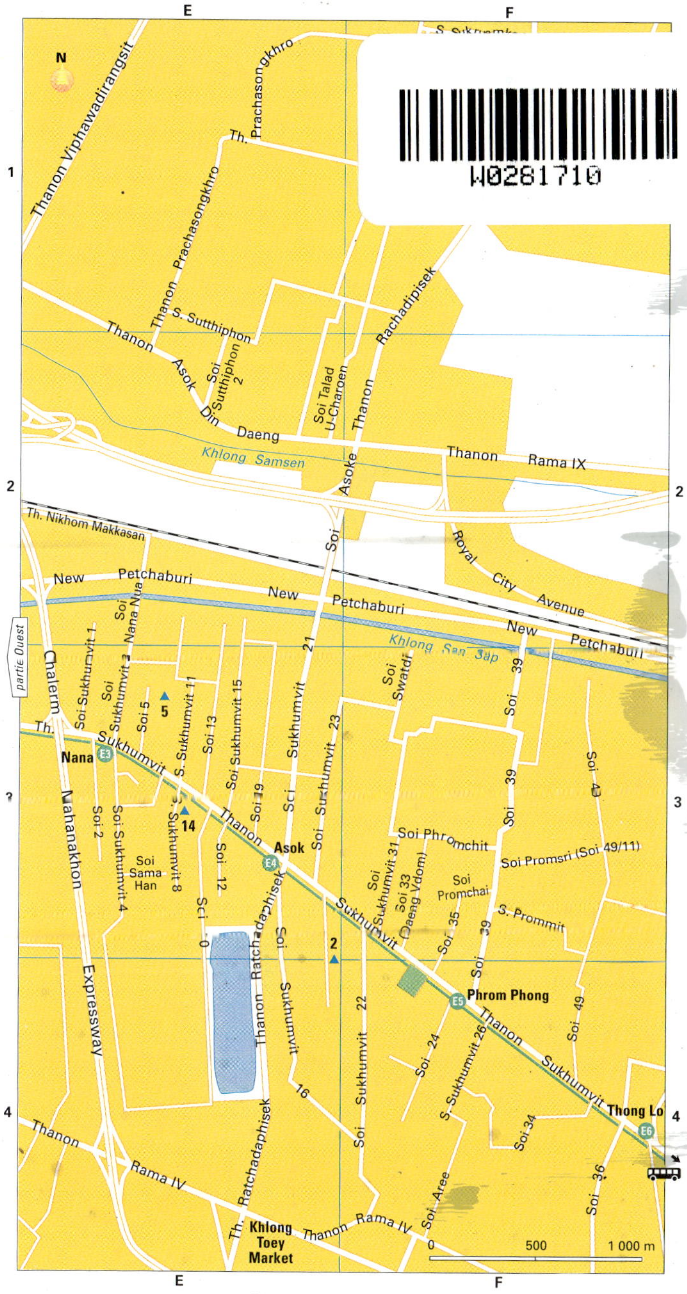

Voir la carte générale de la Thaïlande en fin de volume.

L'auteur de ce guide est Christine Le Diraison.

Ce guide est le fruit d'une longue connivence entre l'auteur et la Thaïlande. Captivée par ce pays, Christine Le Diraison en livre les clefs avec chaleur, érudition et sens pratique. Auteur de plusieurs livres sur l'Asie, elle est diplômée de l'École Pratique des Haûtes Études et titulaire d'une maîtrise de sociologie.

L'auteur remercie l'Office de Tourisme de Thaïlande, et tout particulièrement khun Poonchavee Montasevee pour sa coopération et sa bonne humeur.

CRÉDIT PHOTOGRAPHIQUE
Sylvain Grandadam : p. 6 (et 7), 15 ht, 20 ht, 22, 28 ht et milieu, 36 ht et bas, 37 ht et milieu, 42, 47, 53 ht et bas, 62, 70, 72, 74, 82, 84 bas, 85 ht, 87, 90, 94 ht, 95 ht, 96, 97, 107, 109, 114, 143, 229 (et 12 g.), 235 (et 12 dr.), 258, 259.
Photothèque Hachette : p. 84 ht, 89, 101, 102, 127.
Hoa-Qui : De Wilde, p. 195 ht.
Jacana : Axel, p. 208 milieu.
Jacana : J. Poulard, p. 208 ht.
Jacana : J.-P. Varin, p. 209 milieu.
Christine Le Diraison : p. 54, 111 (et 9 g.), 183 bas, 192, 194 bas.
Bruno Pérousse : p. 14 bas, 15 bas, 20 bas, 28 bas, 29 bas, 50, 60 (et 61), 85 bas, 93, 95 bas, 98 (et 99, et 193 bas), 131 (et 33), 137 (et 9 dr.), 164, 177, 178 ht (et 11 g.) et milieu, 187, 193 ht, 194 ht.
Office national du tourisme de Thaïlande : p. 14 ht, 16, 29 ht, 38 ht et bas, 40, 43, 94 bas, 153 (et 10 g.), 167 (et 10 dr.), 179, 182, 183 ht, 195 bas, 208 bas, 209 ht, 213 ht (et 11 dr.), 219, 222 (et 16), 246 (et 13).
RMN, Richard Lambert : p. 136, 162,
RMN, Thierry Ollivier : p. 214, 231,
Roger-Viollet : p. 73 ht et bas, 103.

Couverture : élément central : **Bruno Pérousse** (Bouddha du Wat Mahathat, à Sukhothaï). Vignettes, de g. à dr. : **Bruno Pérousse** (statues en teck) ;
Sylvain Grandadam (baie de Phang Nga) ; **Bruno Pérousse** (jeune femme méo).

Dessins **Axel Maja :** p. 13 et 190.

Direction : Isabelle Jeuge-Maynart
Direction éditoriale : Catherine Marquet
Responsable de collection : Armelle de Moucheron
Édition : Élisabeth Sheva-Cautru
Secrétariat d'édition : Stéphanie Knibbe, Stéphane Renard
Maquette intérieure et mise en pages PAO : Catherine Riand
Responsable artistique : Stephan Lencot
Documentation : Sylvie Gabriel
Cartographie : Fabrice Le Goff, Cyril Suss
Informatique éditoriale : Lionel Barth
Fabrication : Gérard Piassale, Caroline Garnier

Thaïlande

GUIDES BLEUS ÉVASION

Sommaire

E M B A R Q U E R

D É C O U V R I R

S U R P L A C E

EN SAVOIR PLUS

CARTES ET PLANS

EMBARQUER

Toutes les informations nécessaires à la préparation et à l'organisation de votre séjour.

Les pirogues « à longue queue » défilent à une train d'enfer sur le fleuve Chao Phraya, troublant la paix plus que centenaire du Grand Palais de Bangkok.

QUE VOIR ?

Région par région

Sawatdee, « bienvenue ! » Gâté par la nature, l'ancien royaume du Siam n'a pas que le charme de son sourire : montagnes aux contours d'estampes, vallées tapissées de rizières, grands fleuves à la nonchalance trompeuse, plages à cocotiers, îles serties de coraux...

L'histoire a saupoudré vallées et monts de temples et de palais en grès, stuc ou bois laqué. Trésors immobiles tapis dans la jungle, rongés de mousse et d'humus, où méditent pour l'éternité des bouddhas drapés d'étoffes safran... La Thaïlande vous invite à savourer intensément les plaisirs du voyage. Ce n'est pas un hasard si elle figure en tête des destinations touristiques du Sud-Est asiatique : elle a tout pour elle. Elle a surtout l'art et la manière et c'est inimitable.

À Bangkok***, chocs en stock

Adulée par les uns, honnie par les autres, la capitale thaïlandaise inspire des passions à la mesure de ses excès. En deux siècles, elle est devenue une ville de son temps. Bangkok vit à un train d'enfer ou rêve à son passé de Venise de l'Orient.

➤ **Les temples d'or et de laque** ♥. Tels des oasis au cœur de la ville, ils offrent des visites jamais monotones qui apportent le délassement et l'enchantement *(p. 111)*.

➤ **Les marchés**. Ils flottent, ils grouillent, ils flattent la vue ou offusquent l'odorat. À Bangkok, le marché est une affaire qui marche. Marché aux fleurs, aux orchidées, aux poissons, aux « voleurs », aux tissus… La concupiscence est la chose du monde la mieux partagée *(p. 126)*.

➤ **Les maisons-musées** ♥. Le raffinement thaï y est offert à l'admiration de visiteurs privilégiés par des esthètes dotés de goût et d'argent : celle de ♥ **Jim Thompson***** ou de ♥ **Suan Pakkard**** *(p. 123)*.

➤ **Des dîners inoubliables**. Pour déguster un dîner flottant sur le fleuve Chao Phraya, ou découvrir le plus grand restaurant du monde où le riz frit arrive… en patins à roulettes *(p. 147)*.

➤ **La nostalgie au fil des klong (canaux)** ♥. Allez de Bangkok à Thonburi, sa ville jumelle, comme si c'était hier *(p. 130)*.

➤ **Des nuits sans ennui**. Pour boire, danser, s'encanailler carrément : ce n'est pas la peine de chercher bien loin ! On peut seulement déplorer que les nuits, à Bangkok, soient encore plus courtes que les jours *(p. 150)*…

➤ **La valise pleine à craquer**. Le shopping a son paradis : la Thaïlande. Toutes les tentations à des prix doux comme la soie *(p. 148)*.

Autour de Bangkok : marchés flottants et crocodiles

L'exotisme est au bout de l'autoroute, au fil des canaux où se font et se défont les marchés flottants. Tapis dans la jungle, les singes regardent glisser les radeaux sur la rivière Kwaï. Heureusement, les crocodiles sont ailleurs, et ne menacent que d'intrépides dresseurs.

Distances données depuis Bangkok.

*** **Ayutthaya** ♥ *(86 km N)*. C'est la Cité des Trente-Trois Rois, hantée par l'incendie de ses trésors par les armées birmanes, avec ses temples et palais estropiés mais toujours orgueilleux *(p. 134)*.

** **Damnoen Saduak** *(109 km S-O)*. Toutes les couleurs de la Thaïlande se donnent rendez-vous au marché flottant *(p. 133)*.

** **La ferme des crocodiles de Samut Prakarn** *(30 km S-E)*. 60 000 pensionnaires à l'œil torve et aux dents acérées, et d'autres animaux nettement plus sympathiques *(p. 137)*.

** **La rivière Kwaï** ♥ *(126 km O)*. Son pont célébrissime est enchâssé dans un écrin de jungle *(p. 138)*.

** **Nakhon Pathom** *(56 km O)*. Glorieux et magnifique, c'est le plus haut *chedi* de Thaïlande et un des plus anciens *(p. 132)*.

La côte est : riviera et dolce vita

Pour changer de décor le temps d'un week-end ou pour des vacances pleines d'animation, Pattaya n'a plus rien à prouver. Suivre la côte de crique en crique, cela mène jusqu'au Cambodge.

Distances données depuis Bangkok.

* **Pattaya** *(147 km E)*. L'étoffe d'une grande station balnéaire internationale pour la star de la riviera siamoise où tout tourne autour du plaisir, du sport et de la futilité *(p. 154)*.

* **Rayong** *(220 km E)*. Belles plages de sable fin, eaux claires, vie locale préservée. Pour vivre heureux, vivez caché *(p. 155)* !

La plaine centrale : mille bouddhas sous la mousse

Au creux du grenier à riz de la Thaïlande, les cités anciennes nous racontent l'histoire de rois intrépides chargeant à dos d'éléphant, de courtisans à genoux, de princesses héroïques, de concubines perfides… L'histoire du Siam confine à la légende.

Distances données depuis Bangkok.

*** **Kamphaeng Phet** ♥ *(357 km N)*. Sur les rives de la rivière Ping, c'est l'ancienne capitale du roi Li Taï, avec ses bouddhas décapités et ses cariatides d'éléphants encore enserrés dans la jungle *(p. 166)*.

*** **Sukhothaï** ♥ *(466 km N)*. Les ruines grandioses de la première capitale du Siam, où l'on contemple avec respect des bouddhas « en marche » et des temples romantiques *(p. 162)*.

** **Lopburi** *(154 km N)*. L'ancienne cité fit l'admiration des envoyés de Louis XIV. Ses ruines, envahies par les singes, ont la mémoire longue *(p. 159)*.

** **Sri Satchanalaï** ♥ *(524 km N)*. Lieu dédié à Bouddha, entre collines et rivières. Ses temples et ses *chedi* élancés n'ont pas survécu au déclin de Sukhothaï *(p. 167)*.

* **Phitsanulok** *(377 km N)*. La ville du grand roi Naresuan monte désormais la garde sur la route des capitales déchues *(p. 161)*.

La région Nord : en soie ou en jeans

Cap sur le Nord, où se rencontrent la Thaïlande, la Birmanie et le Laos. Une Asie extrême, carrefour de migrations, avec ses

populations montagnardes, qui se reconnaissent les sommets et les brumes pour seul royaume.

Distances données depuis Bangkok.

*** **Chiang Maï** *(700 km N).* La captivante « Rose du Nord », avec ses maisons de teck enfouies sous la végétation, ses cyclo-pousse nonchalants, ses temples gracieux et ses montagnards subjugués par les lumières de la ville *(p. 172)*…

*** **Le Triangle d'Or** ♥ *(884 km N).* Trois frontières et l'imagination vagabonde. Le fleuve Mékong emporte tous les rêves et les trekkers s'aventurent dans des sentiers de jungle, pour tenter l'hospitalité des tribus montagnardes hmongs, yaos, lisus ou akhas *(p. 189).*

** **Lampang** *(604 km N).* Un doux parfum de province au rythme des calèches *(p. 184).*

** **Lamphun** *(667 km N).* L'ancienne capitale mône veille avec modestie sur ses trésors historiques *(p. 184).*

** **Mae Hong Son** ♥ *(924 km N).* Ville frontière, ville charnière, plus tout à fait thaïe mais pas encore birmane. Détour obligé pour aller à la rencontre des femmes-girafes *(p. 198).*

* **Chiang Raï** *(823 km N).* C'est la base de départ traditionnelle pour explorer le Triangle d'Or ou se lancer en pirogue sur la ♥ **rivière Kok**** *(p. 191 et 189).*

L'I-San (Nord-Est) : magie du Mékong

Terres de confins et de carrefour où les influences khmères et laotiennes s'entrecroisent autour du grand fleuve majestueux. Fêtes, traditions, nature ample et variée… le Nord-Est invite à la rencontre avec une autre Thaïlande.

Distances données depuis Bangkok.

*** **Phimaï** ♥ *(320 km N-E).* L'Angkor Vat de la Thaïlande, illustration grandiose de l'architecture puissante et raffinée des Khmers *(p. 210).*

*** **Phnom Rung** ♥ *(177 km N-E).* Le plus majestueux des temples khmers de Thaïlande, campé sur un ancien volcan éteint qui domine la route d'Angkor *(p. 211).*

*** **Les villages d'artisans** ♥. Le royaume de la soie dans tous ses états, de la culture du ver à soie à la production d'étoffes somptueuses. On peut tout voir et Khon Kaen fête la soie tous les ans en décembre *(p. 216).*

** **Ban Chiang** *(614 km N-E).* Aux sources de l'humanité, le berceau d'ancêtres très lointains vieux de 5 600 ans *(p. 218).*

** **Muang Tham** *(482 km N-E).* Ce château de pierre, dont les ruines se reflètent dans les pièces d'eau sacrées, fut édifié un siècle avant Phnom Rung *(p. 212).*

** **Nong Khaï** ♥ *(616 km N-E)*. La dernière sentinelle thaïe sur la route de Vientiane, capitale laotienne. Le pont sur le Mékong lui offre une seconde jeunesse *(p. 218)*.

** **Les parcs nationaux**. Pour marcher, respirer, photographier les orchidées, 10 parcs nationaux, soit 27 000 km² de l'I-San dédiés à la nature *(Khao Yaï et Phu Kradung, p. 208)*.

La Thaïlande du Sud

Les quelques stations aménagées ne font toujours pas d'ombre aux plages désertes, aux criques solitaires, aux îles à peine explorées qui resteront encore longtemps un paradis accessible à quelques élus.

Distances données depuis Bangkok.

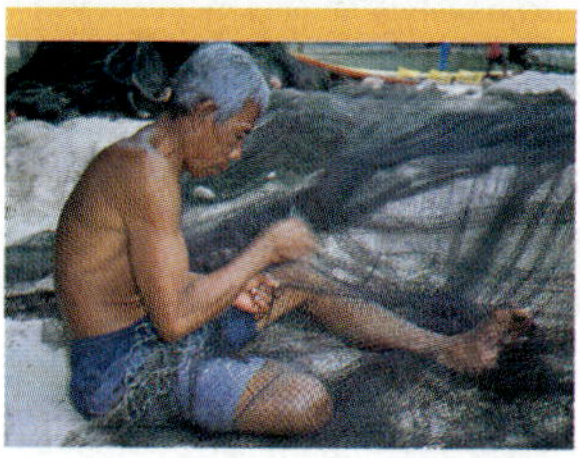

Le long du golfe de Thaïlande : volupté des mers chaudes

Mosquées et cocotiers : l'horizon est propice à une approche de la culture malaise comme à une envie de nature.

** **Chumphon** ♥ *(470 km S)*. Sur le verrou de Kra, côté mer de Chine, un chapelet d'îles où les plongeurs cherchent solitude et silence dans les jardins de corail. ♥ **Koh Tao**** en est la vedette *(p. 230)*.

* **Hua Hin** *(200 km S)*. Une baie superbe et les souvenirs fastueux des années 1920, lorsque Rama VII y venait en villégiature *(p. 228)*.

* **Nakhon Si Thammarat** *(840 km S)*. Le théâtre d'ombres y renvoie le souffle puissant de l'histoire et de ses rajahs *(p. 230)*.

* **Prachuab Kirikhan** *(289 km S)*. Une fenêtre sur la mer de Chine, loin des foules et tout près de la nature *(p. 229)*.

* **Songkhla** *(960 km S)*. Typique petite ville du Sud, elle oscille entre la tentation de l'islam et la fidélité à sa filiation chinoise *(p. 232)*.

Phuket et Krabi : coquillages et crustacés

À préférer l'hiver, entre novembre et avril, lorsque la météo est au plus beau.

*** **Phuket** *(922 km S)*. La perle de la mer d'Andaman, où chaque crique a son caractère, chaque baie son cachet. Béatitude assurée pour lézards de jour et oiseaux de nuit, avec un équipement hôtelier hors pair *(p. 233)*. Et pour les amateurs de balades, des îles superbes, des sites époustouflants comme la baie de ♥ **Phang Nga***** *(p. 238)*.

** **Krabi, la belle endormie** ♥ *(814 km S)*. Après **Phi Phi Ley** et **Phi Phi Don**, il vous reste 128 îles à découvrir, appartenant, elles aussi, à la province de Krabi *(p. 240)*.

*** L'archipel de Samui : paréo et noix de coco

À 680 km au S de Bangkok, un petit archipel en mer de Chine, au relief jamais monotone, aux îles cernées d'émeraude et de plages d'un blanc laiteux. Des étapes tout

indiquées pour ceux qui ne rêvent que rivages nouveaux *(p. 243)*.

*** **Koh Samui.** Un refuge béni pour tous les stressés de la planète *(p. 243)* !

** **Koh Pha Ngan** ♥ *(p. 244)* et ♥ **Koh Tao**** *(p. 247)*. Pour ceux qui ont toujours envie d'aller voir en face.

* **Ang Thong.** 38 îlots de jade sur une mer émeraude, protégés par la Direction des parcs naturels. À regarder sans toucher *(p. 247)*.

Si vous aimez...

Les vieilles pierres

Vous découvrirez avec ravissement les **anciennes capitales** siamoises de la plaine centrale *(entre Bangkok et Chiang Maï, p. 158)* et les **temples khmers** de l'I-San *(p. 210)*. Les grands sites sont, pour la plupart, soigneusement restaurés et dotés d'un musée.

Le sport

Pas de vacances sans sport ? De nombreuses possibilités vous sont offertes, depuis les **sports nautiques** en Thaïlande du Sud *(voir ci-dessous)* jusqu'aux **sports d'intérieur** (les grands hôtels ont tous des « health centers »). Parmi les sports en vogue, le **golf** peut se pratiquer dans des conditions de rêve sur plus de 200 terrains superbement paysagés *(p. 55)*.

Carte d'identité

- **Situation** : Asie du Sud-Est, à 9 412 km de Paris.
- **Frontières** : 3 720 km (Myanmar, Laos, Cambodge, Malaisie).
- **Côtes** : 2 613 km (océan Indien à l'ouest, mer de Chine à l'est).
- **Superficie** : 513 115 km^2.
- **Population** : 61,4 millions d'habitants.
- **Capitale** : Bangkok, avec 7 millions d'habitants.
- **Religion majoritaire** : bouddhisme theravâda.
- **Langue officielle** : le thaï. Langue internationale utilisée : l'anglais.
- **Régime politique** : monarchie constitutionnelle.
- **Chef de l'État** : Sa Majesté Bhumibol Adulyadej (depuis 1946).
- **Administration** : 76 provinces administrées par des gouverneurs.
- **Secteurs d'activité** : 64 % dans le milieu agricole ; 12,5 % dans le milieu industriel.
- **Taux d'alphabétisation** : 94 % (78 % en 1970).
- **Espérance de vie** : 70 ans (58 ans en 1970).
- **Salaire minimum** à Bangkok : 168 ฿/jour.
- **Principales ressources** : tourisme, agriculture (riz, tapioca), caoutchouc, étain, industrie textile, industries de transformation.

La terre et l'eau

Au commencement, il y a l'eau: les pluies diluviennes de la mousson, le fleuve Chao Phraya qui déploie le vert tapis des rizières, l'eau laquée des klong, *les cascades et les sources, les étangs piqués de lotus, la mer de Chine et la mer d'Andaman, le Mékong impétueux et rebelle...*

Comme un parfum d'Éden

Nulle monotonie dans les paysages auxquels le climat tropical prête toutes les tonalités de vert: vert acide des rizières, vert profond des forêts de teck, vert céleste des cocotiers, vert lumineux des bambous géants et d'une jungle qui palpite d'une vie secrète d'un bout à l'autre du royaume. Il n'y a pas moins de cent variétés d'orchidées accrochées aux arbres de ce pays. Dans les cours des temples, moines et fidèles cherchent l'ombre sous les frangipaniers, les flamboyants, les tamariniers ou les figuiers banians. Plus de 40 variétés de fruits poussent à l'état naturel, véritable catalogue de délices exotiques: mangues, durians, goyaves, jacquiers, sapotilles, longanes, ramboutans, papayes, etc.

Les contreforts de l'Himalaya, qui marquent les limites nord du pays, offrent de la Thaïlande une image moins familière que les rizières de la plaine centrale.

GRAND COMME LA FRANCE. Entouré par le Myanmar, le Laos, le Cambodge et la Malaisie, la Thaïlande fait 513 115 km², soit à peu près la superficie de la France. Sur plus de 2 500 km du nord au sud, ses paysages, parfois riants et parfois âpres, ont le mystère des estampes.

UN TAPIS DE RIZIÈRES. Le bassin du Ménam Chao Phraya, le Fleuve des Rois, est un véritable grenier à riz, sur 400 km du nord au sud et 100 à 150 km d'est en ouest. Là furent implantées les anciennes capitales siamoises dont subsistent les ruines glorieuses.

DES MONTS MAJESTUEUX. Le Nord, montagneux autour de Chiang Maï, est le domaine des forêts de tecks, des éléphants bûcherons, des tribus nomades qui cultivent sur brûlis. Plus nuancé qu'en plaine, le climat autorise des cultures maraîchères.

LA JUNGLE APPRIVOISÉE. Le Nord-Est (ou I-San) est un vaste plateau bordé par le Mékong, région de forêts clairsemées, de rizières et de jungle. Il est peuplé de Lao-Thaïs qui mangent du riz gluant, élèvent des vers à soie et sont prompts à la fête. Là se trouvent les plus beaux sites khmers du pays.

Le riz est la principale production agricole de la Thaïlande. Les rendements sont optimaux dans la plaine centrale, baignée par le fleuve Chao Phraya, mais c'est au prix d'un travail harassant.

L'île de Phi Phi offre, côté mer, des paysages de carte postale. Côté terre, c'est parfois moins flatteur. Les écologistes se mobilisent pour préserver les beautés naturelles de la Thaïlande, menacées par les constructions anarchiques et l'envahissement touristique.

AU ROYAUME DES COCOTIERS. Le Sud, la « Malaisie siamoise », incite au *farniente* avec ses centaines de kilomètres de plages et ses îles tropicales. Comme en Malaisie, on y trouve de l'étain et du caoutchouc – et la graine d'islam qui pousse en liberté dans le cœur de deux millions de musulmans thaïlandais.

Sauver la Thaïlande

Les éléphants sont en danger, les *klong* sont comblés, les forêts sont rasées, les coraux sont pillés, l'eau est polluée, l'air sent l'oxyde de carbone… Au secours! Ne faisant, hélas, pas exception sur la planète, la Thaïlande a mal à son écologie.

Les pitons calcaires donnent à la région de Krabi une personnalité forte d'une beauté sauvage. Pour aller d'île en île, de crique en crique, il suffit de héler le *hang yao* d'un pêcheur, trop content de se transformer en taxi.

Tous les jours, la presse dénonce les excès dus à l'ignorance ou à la cupidité qui mettent en péril le bel équilibre de ce pays plutôt gâté par la nature. Après des années d'inconscience, les abus de la déforestation sont enfin reconnus. Trop tard, ici comme ailleurs. Où sont passées les splendides forêts de tecks qui, il y a seulement 30 ans, couvraient plus de la moitié du territoire thaïlandais? Il n'en reste que des pans étiques, sur à peine 18 % de la surface du pays.

Certes, l'exploitation est sévèrement réglementée, surtout depuis les dramatiques inondations de 1988. Mais les *smugglers* (trafiquants) ont trouvé des forêts plus discrètes et s'abattent sur le nord-est du Myanmar, ajoutant un peu plus de confusion au milieu des maquis shans, des rebelles karens, des trafiquants d'opium, de jade, d'antiquités, de transistors… Encore des larmes en perspective pour la défunte forêt birmane, dans quelques années. ■

La mer

La Thaïlande est une destination balnéaire exceptionnelle en toute saison, puisque la mousson n'affecte jamais en même temps les côtes de l'océan Indien et celles de la mer de Chine. Parmi les sports nautiques les plus pratiqués : la **plongée** *(centres à Samui, p. 257, et à Phuket, p. 254)*, les **croisières** en voilier ou en jonque, la **pêche au gros** (à Pattaya) et tous les **sports de plage**.

La nature

La Thaïlande possède **58 parcs nationaux** et **réserves naturelles** *(p. 208)* : autant d'opportunités pour des **randonnées** exotiques parmi les gibbons et les orchidées sauvages. Plusieurs **archipels** font également partie des parcs naturels. Ils sont gérés par le département des Eaux et Forêts.

Les fêtes

Pour rendre votre voyage encore plus beau, calez-le sur une fête. Il y en a pratiquement toute l'année *(p. 35)*, quoique la saison la plus gaie dure d'octobre à mai. Les étrangers sont toujours bien accueillis, particulièrement dans le **Nord-Est** *(p. 205)* où les touristes sont moins nombreux.

La fête

Vous n'aimez ni le calme ni la solitude ? Choisissez votre lieu de séjour en conséquence. **Bangkok** ne dort pratiquement jamais *(p. 150)* ; **Pattaya** *(p. 154)* non plus, tout comme **Patong**, la plage la plus développée de Phuket *(p. 235)*. Évitez alors la rivière Kwaï, le Triangle d'Or ou les îles Similan.

L'artisanat

La majeure partie de l'artisanat thaïlandais provient du Nord *(région de Chiang Maï, p. 178)* et du Nord-Est *(I-San, p. 207 et 215)*. Les **villages d'artisans** les plus authentiques sont ceux de l'I-San, mais la variété des produits est moindre que dans le Nord.

Spécial enfants

Voici quelques idées pour apprécier vos vacances en famille à Bangkok et dans les environs.

Le zoo Dusit

➤ *Radjawithi Rd (près de l'Assemblée). Bus 18 et 28. Ouv. t.l.j. de 9h à 18 h. Entrée payante.*

Dans un parc d'une vingtaine d'hectares, le zoo abrite une grande variété d'animaux (300 mammifères, 800 variétés d'oiseaux, 200 reptiles) et présente de nombreuses animations. Il est proche du palais Vimanmek, la célèbre demeure en teck blond du roi Chulalongkorn. On peut y passer une demi-journée fort agréable en famille et les lève-tôt peuvent y prendre leur petit déjeuner en compagnie du chimpanzé vedette.

Safari World

➤ *99 Ramindra 1, Minburi (10 km N-E de Bangkok). Bus 26. Ouv. t.l.j. de 10h à 18h. Entrée payante.*

Dans ce parc luxuriant de 85 ha, la faune africaine semble tout à fait chez elle ! On s'y promène en minibus, comme en pleine brousse, et

Portraits thaïlandais en ombres et lumières

La gentillesse naturelle du peuple thaïlandais souligne cruellement les maux dont nous souffrons dans les pays industrialisés. Les visiteurs savent l'apprécier et reconnaissent, à de multiples détails agréables, que la vie prend une autre couleur quand les Thaïs s'en mêlent. La séduction est au rendez-vous.

Les Thaïlandais ne ressemblent à nul autre peuple, même pas (surtout pas) à leurs voisins. Leur tempérament s'est forgé dans un environnement particulièrement bénéfique. Riche et prospère, l'ancien Siam a toujours été épargné par les catastrophes naturelles et par l'ultime outrage que peut subir un peuple épris de liberté : la colonisation. De là provient sans doute l'insouciance des Thaïs, leur désintérêt pour l'avenir (qui pourrait s'avérer moins rose que par le passé), leur tendance à esquiver les sujets sérieux. En mettant l'accent sur le fatalisme et sur la tolérance, le bouddhisme ne fait que conforter ces traits.

Certains s'irriteront du goût que manifestent les Thaïlandais à l'égard du plaisir et de l'argent facile (tristement illustré par la prostitution et par la spéculation immobilière, notamment). Il est vrai que le pragmatisme fait ici figure d'idéologie dominante. On cherche en vain, dans l'histoire récente de la Thaïlande, de grands débats d'idées, un projet de société, la volonté de lutter contre les inégalités sociales. Profondément attachée à la tradition familiale, aux institutions, à la religion, au Roi et à sa famille, la société thaïe ne juge pas nécessaire de faire preuve d'esprit critique et se sent peu concernée par les grands enjeux du nouveau millénaire.

Inattendu, le krach boursier de 1997 a mis en évidence la capacité d'adaptation de ce peuple, dont la devise pourrait se résumer à une maxime qui fut pourtant formulée en Occident : *carpe diem*.

les enfants adorent l'ambiance. On pénètre dans d'immenses volières où évoluent librement des oiseaux aux couleurs incroyables. Côté animations, des numéros étonnants avec des dauphins, des lions de mer et même des oiseaux.

Siam Water Park

➤ *En thaï, Suan Siam. 101 Sukhaphiban 2, Minburi (10 km N-E de Bangkok). Bus 26 et 27. Ouv. t.l.j. de 10h à 18h. Entrée payante.*

Situé sur Sukhaphiban Rd à Bangkok, ce parc aquatique est constitué d'une immense mer artificielle équipée de toboggans et de bains à remous. Super glissades sur le plus grand toboggan du monde ou le plus sinueux (500 m de virages !). Les parents apprécient autant que les enfants.

La ferme des crocodiles

Des spectacles mettent en scène des crocodiles, mais aussi des éléphants. Les audacieux peuvent s'étendre sur le sol pour se laisser enjamber par un éléphant : cela porte chance ! On pourra voir le plus grand crocodile captif du monde (il mesure plus de 6 m de long), visiter un zoo miniature, faire du karting, se promener en petit train… Certains se laisseront émouvoir par des bébés crocodiles. L'occasion d'une fascinante familiarisation avec l'univers des sauriens de tous âges *(voir p. 139)*.

Ancient City

Ce vaste parc historique est dédié aux arts traditionnels et à l'architecture thaïe. On y admire des répliques, à échelle réduite, des principaux monuments du pays. Le village de bois, au bord d'un petit *klong*, est très apprécié des enfants, ainsi que les statues de personnages légendaires. Des artisans y travaillent selon les techniques anciennes (fabriquant, notamment, des marionnettes de cuir). Un lieu insolite et reposant, où les enfants s'ébattent en toute liberté *(voir p. 138)*.

Samphran Elephant Ground

➤ *32 km à l'O de Bangkok, route de Nakhon Pathom. Ouv. t.l.j. de 8 h 30 à 18 h. Entrée payante.*

Ce parc d'attractions, dédié aux pachydermes, est doté d'un petit zoo. Les spectacles présentés illustrent les différentes traditions thaïes liées à l'éléphant : charges guerrières, travail dans la forêt, capture et même, invention plus récente, matchs de football ! On y voit aussi des séances de dressage de crocodiles. Pour les horaires des « shows » : ☎ 284.18.77.

Programme

La Thaïlande fait à peu près la même superficie que la France, en plus étirée du nord au sud (plus de 2 500 km). Même si les moyens de communication sont dans l'ensemble excellents, on ne peut pas tout voir en un mois, *a fortiori* en 10 jours. Aux temps de transport, il faut ajouter les temps morts (acheminement aux aéroports ou

aux gares, attente, retards imprévus), souvent sous-estimés, et le décalage horaire qui fait que vous « perdez » 1 jour à l'aller et 1 autre au retour (un voyage de 10 jours Paris/Paris signifie 8 jours sur place). Pour économiser du temps et de l'argent, pensez au train de nuit, confortable et fiable. Si vous avez envie de « décompresser sous les cocotiers », faites-le plutôt en fin de séjour, histoire de rentrer bronzé et en forme.

Mémoire de pierre et sable fin

11 jours-8 nuits. Avion, train, voiture.

Jour 1. Paris-Bangkok.
Jour 2. Arrivée à Bangkok. Promenade sur les *klong*.
Jour 3. Bangkok-Phitsanulok par avion. Visite des anciennes capitales Sukhothaï et Sri Satchanalaï. Continuation vers Chiang Maï en train-couchette.
Jour 4. Visite de Chiang Maï.

Jour 5. Excursion autour de Chiang Maï (villages d'artisans, éléphants, etc.).
Jour 6. Chiang Maï-Bangkok en avion et continuation sur Hua Hin (route ou avion).
Jour 7. Détente en bord de mer.
Jour 8. Retour à Bangkok, via Nakhon Pathom.
Jour 9. Visite de Bangkok (Wat Phra Kéo, Wat Po, ville chinoise).
Jour 10. Dernières visites, derniers achats et départ pour Paris.
Jour 11. Arrivée à Paris.

Temples, tribus montagnardes et cocotiers

15 jours-12 nuits. Voiture et avion.

Jour 1. Paris-Bangkok
Jour 2. Arrivée Bangkok. Visite du Grand Palais et du Wat Phra Kéo.
Jour 3. Marché flottant de Damnoen Saduak (assez tôt le matin) et Nakhon Pathom. Retour à Bangkok.
Jour 4. Ayutthaya-Lopburi-Phitsanulok par la route (500 km).
Jour 5. Visite des ruines de Sukhothaï et Kamphaeng Phet. Nuit à Tak.
Jour 6. Départ pour Chiang Maï, *via* Lampang et Lamphun.
Jour 7. Visite de Chiang Maï (temples, villages d'artisans).
Jour 8. Départ pour Fang et Thaton et descente de la rivière Kok en pirogue jusqu'à Chiang Raï.
Jour 9. Excursions dans le Triangle d'Or : visite des villages akhas et yaos, rives du Mékong. Nuit à Chiang Raï.
Jour 10. Retour à Bangkok en avion et correspondance pour Phuket.
Jours 11 à 13. Séjour à Phuket (sports nautiques, baie de Phang Nga, Koh Phi Phi).
Jour 14. Phuket-Bangkok par avion et continuation sur Paris.
Jour 15. Arrivée à Paris.

Cités anciennes, rivières et coquillages

21 jours-18 nuits. Voiture et avion.

Jour 1. Paris-Bangkok.
Jour 2. Arrivée à Bangkok. Promenade sur les *klong*.
Jour 3. Visite du Wat Phra Kéo et du Musée national. Promenade dans la ville chinoise.
Jour 4. Départ pour Kanchanaburi et nuit dans un hôtel flottant sur la rivière Kwaï.
Jour 5. Excursion sur la rivière aux chutes d'Erawan.
Jour 6. Excursion en bateau vers les grottes de Kaeng Lawa et retour à Bangkok dans l'après-midi.
Jour 7. Départ pour Ayutthaya, visite du site et continuation vers Nakhon Ratchasima.

La Thaïlande autrement

Fabrique de maisons d'esprits.

Pour sortir des sentiers classiques, bien des idées méritent d'être creusées...

Des temples thaïs ouvrent leurs portes pour vous apprendre les rudiments de la méditation bouddhique (minimum une semaine, généralement en anglais, pour hommes uniquement). À Bangkok, on peut s'adresser au Wat Bovornivet *(p. 112)* ou au Wat Mahathat *(p. 113)*. En province, le centre le plus connu, Suan Mok, est situé à Chaya, dans la province de Surat Thani. Point n'est besoin de se raser le crâne.

Quête des bonzes.

Une fois en odeur de sainteté, allez vous ancrer sur la rivière Kwaï au milieu des bambous, dans un hôtel flottant. Les gibbons chanteurs se chargent de votre réveil *(p. 138 et 151)*. Peut-être entendrez-vous l'appel de la jungle au point d'opter pour une randonnée à dos d'éléphant ou un trekking *(p. 182)*. À Chiang Maï, offrez-vous un chauffeur particulier au prix d'un ticket de métro *(p. 200)* : le tour des temples en cyclo-pousse, c'est vraiment le chic dernier cri pour ceux à qui l'essence gâche l'existence.

Côté fourneaux, découvrez les secrets de la cuisine thaïe royale et apprenez la sculpture sur fruits à Bangkok (hôtel Oriental *p. 144*, et Bussaracum *p. 146*)... Pour une spécialité « langoustes », tentez les cours du Boat House, à Phuket *(p. 254)*. Et puis, comme dans un chromo d'Indochine, voguez sur une mer aux reflets de jade, allongé sur le pont de teck d'une jonque en sirotant une noix de coco, à Phuket ou à Samui. Enfin, loin des agaceries des demoiselles de Patpong (le quartier chaud de Bangkok), découvrez les subtilités du vrai massage thaïlandais enseigné sous le regard bienveillant des bonzes dans un grand temple de Bangkok (Wat Po, Wat Mahathat, *p. 113*).

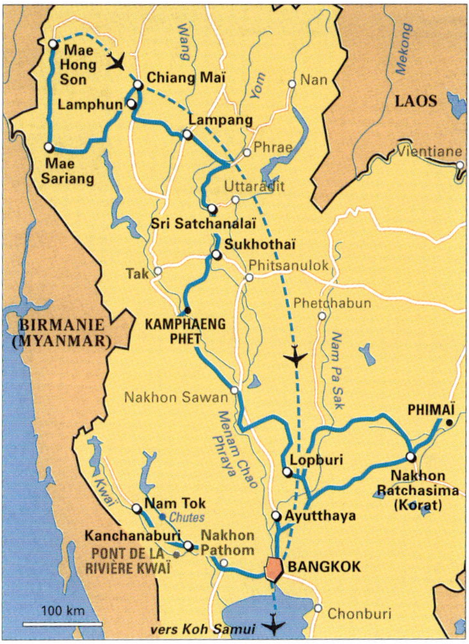

Jour 8. Visite de Phimaï. Continuation vers Lopburi et Kamphaeng Phet.

Jour 9. Visite des sites archéologiques de Kamphaeng Phet et Sukhothaï. Nuit à Sukhothaï.

Jour 10. Visite de Sri Satchanalaï, Lampang, Lamphun et arrivée à Chiang Maï.

Jour 11. À Chiang Maï, temples et villages d'artisans.

Jour 12. Autour de Chiang Maï : éléphants au travail, pépinière d'orchidées.

Jour 13. Départ par la route pour Mae Sariang, près de la frontière birmane.

Jour 14. Continuation vers Mae Hong Song et visite des temples.

Jour 15. Retour à Chiang Maï en avion et correspondance sur Bangkok.

Jour 16. Bangkok-Samui par avion.

Jours 17 à 19. Détente à Samui.

Jour 20. Retour à Bangkok et continuation sur Paris.

Jour 21. Arrivée à Paris.

Pour ceux qui vivent à 100 à l'heure...

8 jours-5 nuits.
Voiture et bateau

Jour 1. Paris-Bangkok.

Jour 2. Arrivée Bangkok. Promenade sur les *klong*.

Jour 3. Ayutthaya, accès en bateau sur le fleuve Chao Phraya. Nuit à Bangkok.

Jour 4. Les vieilles maisons traditionnelles thaïes (Jim Thompson, Suan Pakkard, Vimanmek).

Jour 5. Marché flottant de Damnoen Saduak et Nakhon Pathom. Nuit à Kanchanaburi, sur une maison flottante.

Jour 6. Promenade en bateau sur la rivière Kwaï et retour à Bangkok dans l'après-midi.

Jour 7. Musée national, Wat Phra Kéo. Derniers achats et retour à Paris.

Jour 8. Arrivée à Paris. ■

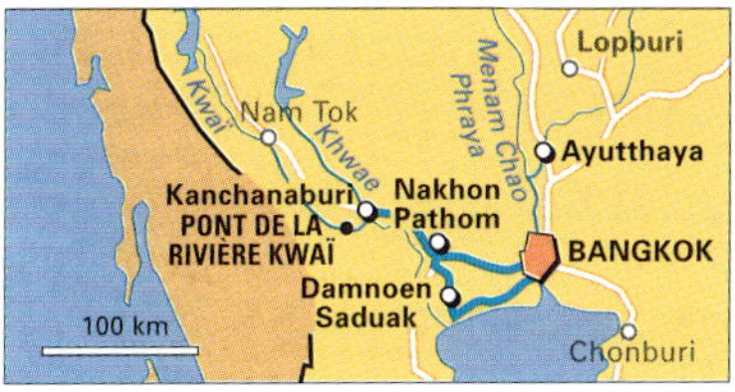

PARTIR

Quand partir ?

On peut visiter la Thaïlande toute l'année. Le pays jouit d'un **climat tropical humide**, toujours chaud, et la température de l'eau se maintient autour de 26-28 °C. Pour les Thaïlandais, la vie est rythmée par **trois saisons** : tempérée (**d'octobre à janvier**), chaude (**de février à mai**) et pluvieuse (**de juin à septembre**). Cette dernière a mauvaise réputation, mais si vous ne pouvez choisir une autre période, sachez qu'en Thaïlande, la mousson consiste en une alternance de pluies violentes, généralement en fin de journée, et de grand soleil. C'est une période pendant laquelle on peut se baigner (il fait chaud) et faire un voyage très plaisant.

Ces trois saisons ne sont pas si tranchées dans la réalité, du fait des variations dues à l'altitude ou à l'exposition. Ainsi, la mousson n'affecte pas au même moment les îles de Phuket (sur la côte ouest) et de Samui (sur la côte est) qui, pourtant, sont dans des régions proches. **Phuket** est plutôt une destination d'hiver, **Samui** une destination d'été. Pour **Bangkok** et la région **Nord**, il n'y a pas de contre-indication majeure. Évitez quand même les trekkings pendant la mousson, au risque de patauger dans la boue, tété par les sangsues, et prévoyez en toute saison un vêtement léger, la température étant toujours un peu plus fraîche qu'en plaine.

La haute saison touristique dure de **novembre à février** ; le climat est alors sec et il ne fait pas trop chaud. C'est à cette époque que les **fêtes** sont les plus nombreuses *(voir p. 35)*.

Il est indispensable de réserver hôtels, vols intérieurs ou train couchettes sans attendre la dernière minute, d'autant que les Thaïlandais se déplacent beaucoup pour les fêtes.

Comment partir ?

En avion

Bangkok, à 11 h de vol de Paris, est desservie par une trentaine de compagnies internationales, dont 2 en direct depuis Paris. À certaines périodes, des compagnies charters circulent aussi sur la ligne Paris/Bangkok. C'est dire que l'accessibilité est excellente et la gamme de prix ouverte.

LES VOLS RÉGULIERS DIRECTS

AIR FRANCE. Rens. et rés. ☎ 0.802.802.802. Vols t.l.j. (durée: 11 h 35) au départ de **Roissy-Charles-de-Gaulle, aérogare 2C**. Les appareils sont équipés en 3 classes: Première, le Club et Économique. Promotions sur le Minitel 3615 AF ou le www.airfrance.fr.

THAÏ INTERNATIONAL AIRWAYS. 23, av. des Champs-Élysées, 75008 Paris ☎ 01.44.20.70.80. Vols t.l.j. (durée: 11 h 15) au départ de **Roissy-Charles-de-Gaulle, aérogare 1, porte 16**. www.thaiair.com. Site très complet (réservations, promotions, infos touristiques générales).

LES VOLS NON DIRECTS

De nombreuses compagnies proposent des vols depuis la France, la Belgique ou la Suisse. Renseignez-vous auprès des agences de voyages *(voir plus bas)* pour comparer les prix et les prestations offertes, qui varient selon les saisons.

- www.adp.fr : les coordonnées des compagnies aériennes, les moyens d'accès à Roissy-Charles-de-Gaulle et des conseils aux passagers.
- www.airportthai.or.th : liste des différentes compagnies à l'aéroport et en ville, tableau des départs et arrivées, services présents à l'aéroport.

➤ **QUELQUES ADRESSES WEB** pour trouver des vols réguliers ou charters dans des gammes de prix très ouvertes. Les tarifs seront d'autant plus attrayants que vous serez plus souple sur les dates de voyage.

- www.anyway.com ☎ 0.803.008.008. Rubriques magazine, bons plans, étudiants. Formule hôtel + voiture. Beaucoup de choix en vols secs. Gamme de prix très large, surtout sur les vols « dernière minute ». En partenariat avec plus de 80 compagnies sur les vols intérieurs (chers) et internationaux.
- www.travelprice.com ☎ 0.825.026.028. Réservation de vol sec, d'hôtel, de voiture, voyages d'affaires, enchères, bourse aux affaires. Boutique Travelprice.
- www.ebookers.com ☎ 0.820.000.011. Service voyageurs. Même fonctionnement que Travelprice et Anyway, mais avec un classement par zone géographique. Coups de cœur, séjour découverte, itinéraires sur mesure. Il faut s'inscrire pour bénéficier des avantages proposés.
- www.degriftour.com, www.reductour.fr ☎ 0.825.825.500, *du lun. au sam. de 8 h à 21 h*. Vols réguliers, charters. Départs de Paris, province, Genève, Zurich, Bruxelles et Luxembourg. Propositions sur les 15 jours à venir, possibilité de choix en fonction de votre budget. Voir aussi www.be.globeclicker.com pour la Belgique (à la place de be, taper ch pour la Suisse, lu pour le Luxembourg.
- www.bdv.com (Minitel 3615 BOURSE DES VOLS et ☎ 08.36.69.89.69). « Bons plans », vols en promotion, infos aéroports, conseils aux voyageurs.

Températures moyennes (en °C)

	Janv.	Fév.	Mars	Avr.	Mai	Juin	Juil.	Août	Sept.	Oct.	Nov.	Déc.
BANGKOK	20/32	22/33	24/34	25/35	25/34	24/33	24/32	24/32	24/32	24/31	22/31	20/31
CHIANG MAÏ	13/29	15/32	17/35	22/36	23/34	23/32	23/31	23/31	23/31	23/31	19/30	15/28
PHUKET	23/32	24/33	24/33	25/33	25/32	24/31	24/31	24/31	24/31	24/31	24/31	24/31

En voyage organisé

La Thaïlande figure dans plus de 80 catalogues, à consulter **dans les agences de voyages**. La formule la plus répandue est celle du **circuit** en groupe ou en individuel, associé à un séjour plage en fin de voyage. Bangkok est aussi une plaque tournante idéale pour des **programmes combinés** avec le Myanmar (ex-Birmanie), la Malaisie, le Laos, le Cambodge ou le Vietnam. Du circuit 100 % organisé au vol sec, en passant par le sur mesure et le voyage à la carte, vous aurez l'embarras du choix.

Les généralistes

Fram. ☎ 01.40.26.30.31. www.fram.fr. Propose 3 circuits classiques, et des formules vol + séjour.

Jet Tours/Jumbo. www.jettours.com. Les valeurs sûres du circuit organisé et du séjour en hôtel de luxe. Bon rapport qualité-prix.

Kuoni. Deux agences parmi les plus grandes : 33, bd Malesherbes, 75008, Paris ☎ 01.53.43.50.10 et 40, rue de Saint-Pétersbourg, 75008, Paris ☎ 01.42.82.04.02. Minitel 3615 Kuoni. www.kuoni.fr, infos et réservations en ligne. Voyages à la carte. Des circuits haut de gamme, dont une découverte de la Thaïlande en train à bord de l'*Eastern and Oriental Express*.

Look Voyages. ☎ 01.45.15.15.00. www.lookvoyages.fr. Vols sur Malaysia Airlines. Formules séjour (vol aller-retour + hôtel 3 à 4 étoiles) et circuits classiques à des prix très attractifs.

Nouvelles Frontières. ☎ 0.825. 000.825. Minitel 3615 NF. Sur le www.nouvelles-frontieres.fr, réservation des vols, promos, voyages d'affaires, enchères, voyages à gagner. Circuits + séjours balnéaires, à des prix intéressants.

Les spécialistes de l'Asie

Accor tour/Asie. 40, av. Bosquet 75007 Paris ☎ 01.44.11.11.50. www.accor hotel.com. Circuits et séjours à la carte. Vols directs par Air France ou Thaï Airways. Circuits classiques, avec extension vers le Laos, le Cambodge. Large gamme de prix.

Ariane tours. 5, sq. Dunois, 75013 Paris ☎ 01.45.86.88.66, fax 01.45.82.21.54, www.arianetours.com. Beaux circuits culturels, préparés et accompagnés par ceux qui les ont conçus.

Asia. 1, rue Dante, 75005 Paris ☎ 01.44.41.50.10. www.asia.fr. Voyage individuel sur mesure, formule « prêt à partir », avec itinéraires en voiture avec chauffeur. Très grand choix de circuits, descente du fleuve en jonque royale, croisières en voilier.

Chinesco. 158, bd Masséna, 75013 Paris ☎ 01.45.85.69.69. Plages du sud, rivière Kwaï, paysages et ethnies du Nord (Chiang Maï).

La Maison de l'Indochine. 76, rue Bonaparte, 75006 Paris ☎ 01.40.51.95.15, fax 01.46.33.73.04, www.maisondelindochine.com. Très beaux circuits, géographiques et thématiques, sur l'ensemble du pays.

Orients. 29, rue des Boulangers, 75005 Paris ☎ 01.40.51.10.40, fax 01.40.51.10.41, www.orients.com. « Rizières et sanctuaires de pierre », les temples khmers sur la route du Laos.

Voyageurs en Asie du Sud-Est. 55, rue Sainte-Anne, 75002 Paris ☎ 01.42.86.16.88. www.vdm.com. Guides accompagnateurs de terrain qui ont sillonné l'Asie. Circuits en groupe, itinéraires individuels. Initiation à la cuisine thaïe. Séjours balnéaires.

Voyages culturels

Arts & Vie. 251, rue de Vaugirard, 75015 Paris ☎ 01.40.43.20.21. Minitel 3614 Arevie. À l'automne, voyage pour la fête de Loy Krathong. Périple archéologique dans l'I-San.

Assinter. 56, rue de Londres, 75008 Paris ☎ 01.53.04.89.69, fax 01.53.04.93.80, assinter.voyages@wanadoo.fr. Plus de 30 ans d'expérience du voyage en Asie. L'est et le nord-est du pays, loin des sentiers battus. En petits groupe ou en individuel, à la carte.

Clio. 34, rue du Hameau, 75015 Paris ☎ 01.53.68.82.82. Le spécialiste du voyage culturel.

IKHAR. 32, rue du Laos, 75015 Paris ☎ 01.43.06.73.13, fax 01.40.65.00.78, ikhar@wanadoo.fr. Voyages culturels avec conférenciers. Circuits Thaïlande et Cambodge. Voyage à la carte en individuel dans l'est et le nord-est du pays.

LE MONDE DE L'INDE ET DE L'ASIE. 15, rue des Écoles, 75005 Paris ☎ 01.46.34.03.20, www.mondeasie.com. Circuits, voyages individuels.

AVENTURE ET PLEIN AIR

EXPLORATOR. 16, rue de la Banque, 75002 Paris ☎ 01.53.45.85.85, fax 01.42.60.80.00. Séjour sur le thème « La Thaïlande en famille ».

NOUVEAU MONDE. 8, rue Mabillon, 75006 Paris ☎ 01.53.73.78.80. www.nouveaumonde-voyages.com. Circuit en 4x4 et en moto. Billets « Tour du monde ». Agences à Bordeaux, Marseille et Nantes. À Bruxelles : 226, chaussée de Vleurgat, B1050 Bruxelles ☎ (02) 649.55.33.

TERRES D'AVENTURE. 6, rue Saint-Victor, 75005 Paris ☎ 01.53.73.77.77, fax 01 43.29.96.31, Minitel 3615 TERDAV, www.terdav.com. Randonnée pédestre dans le Triangle d'Or.

YOKETAÏ. 15, rue Chevert, 75007 Paris ☎ 01.45.56.58.20, www.les-ateliers-du-voyage.com. Voyages à la carte en individuel exclusivement. Croisière sur le fleuve Chao Phraya, safari à dos d'éléphant, trekking en forêt, 4x4, moto, escapade en vélo, kayak de mer.

SÉJOURS BALNÉAIRES

CLUB MED DÉCOUVERTE. Numéro Azur ☎ 0.801.802.803. Agences Club Med Voyages et agences agréées. Minitel 3615 CLUB MED. www.clubmed.com. Formule Village à Phuket, combinés excursions en jonque, dans la jungle, en 4x4 et à dos d'éléphant (à réserver depuis la France), circuits classiques ou escapades dans le Nord et à Bangkok.

ÎLES DU MONDE. 7, rue Cochin, 75005 Paris ☎ 01.43.26.68.68. www.iles-du-monde.com. Séjours individuels uniquement. Phuket, Koh Phi Phi, Koh Tao, Phang Nga.

Formalités

Passeport

Un passeport est obligatoire. Sa validité doit couvrir les 3 mois qui suivent la date d'entrée dans le pays pour les voyageurs séjournant moins de 30 jours en Thaïlande. Le délai de validité est porté à 6 mois pour les autres.

Visa

➤ **MOINS DE 30 JOURS.** Les ressortissants de l'Union européenne n'ont pas besoin de visa (autres nationalités : consulter l'ambassade).

➤ **PLUS DE 30 JOURS.** Visa à demander à l'ambassade ou au consulat de Thaïlande (délivré en 3 à 4 j.). Présenter un passeport en cours de validité, une attestation de transport (photocopie du billet d'avion), 2 photos d'identité et 75 F (11,43) en espèces (formulaire à remplir sur place). Le visa, non renouvelable, est valable 90 jours. Il n'est pas délivré par correspondance mais les formalités peuvent être effectuées par une tierce personne.

➤ **EXTENSION DE LA DURÉE DU VISA.** S'adresser au Bureau de l'immigration à Bangkok *(voir p. 151)*. Coût : 500 ฿. À éviter autant que possible, car les démarches administratives en Thaïlande sont longues et fastidieuses. Le fait de quitter le territoire thaïlandais (pour aller au Myanmar ou en Malaisie, par exemple) autorise un nouveau séjour de 30 jours sans visa.

➤ **NOUVELLE ENTRÉE.** Coût 500 ฿, à payer au Bureau de l'immigration.

Douane

Vous pouvez importer en **franchise** un appareil photo avec 5 films et une caméra avec 3 films. Sont également autorisés 200 cigarettes (ou 250 g de tabac) et 1 litre d'alcool. Les contrôles sont rarement rigoureux.

Une sévère **répression** s'applique en revanche sur le transport d'armes à feu, de drogue et de littérature pornographique.

Au retour, si vous voulez rapporter des petites graines ou des plantes locales, vous devez demander une autorisation d'importation au ministère de l'Agriculture en France (s'il s'agit de graines de pavot, c'est formellement interdit). *Pour les formalités à l'exportation, voir p. 35.*

Permis de conduire

Le permis de conduire international (3 volets) est nécessaire pour conduire en Thaïlande *(voir p. 58)*.

Assurances

Si vous partez par l'intermédiaire d'une agence de voyages, vous serez très probablement assuré, avant (assurance annulation) et pendant le voyage (maladie, rapatriement). Si vous partez individuellement, il est prudent de souscrire une assurance (impératif pour les conducteurs de voiture ou de moto), ne serait-ce que parce que les Thaïs ne sont pas toujours assurés.

Vaccins, précautions médicales

Aucune vaccination n'est exigée des voyageurs en provenance d'Europe. Il est prudent cependant de partir vacciné contre le tétanos, l'hépatite A et B, la typhoïde et la paratyphoïde, comme pour tous les pays tropicaux. La vaccination anticholérique peut être requise si des cas se déclarent dans la région, ce qui arrive de temps à autre.

➤ **Troubles intestinaux.** Conséquence du changement de climat et d'alimentation, ils sont fréquents. Votre pharmacien vous conseillera sur les médicaments appropriés pour les prévenir ou les soigner.

➤ **Paludisme.** Transmis par le moustique anophèle, le paludisme sévit à l'état endémique dans certaines parties de la Thaïlande, notamment en forêt tropicale. Le corps médical n'est pas unanime quant à l'opportunité de la prévention, les médicaments les plus courants ayant de fâcheux effets secondaires et une efficacité en régression. Demandez conseil à votre médecin. Un traitement préventif est inutile si vous restez dans des hôtels climatisés, en ville ou dans des stations balnéaires. La question se pose si vous entreprenez des marches en forêt, dans le Triangle d'Or, par exemple. De toutes manières, la première et la plus simple des précautions consiste à éloigner les moustiques (tortillons à brûler disponibles partout) et… à éviter d'être piqué, surtout la nuit (ne négligez pas les crèmes antimoustiques, simples et efficaces).

➤ **Informations complémentaires. Service Voyage de l'Institut Pasteur.** 211, rue de Vaugirard, 75015 Paris. ☎ 01.40.61.38.00 ou 01.40.61.39.97, Minitel 3615 SV. Consultation spécialisée et conseils aux voyageurs sur rendez-vous. **Centre de vaccination Air France**, 2, rue Robert-Esnault-Pelterie (aérogare des Invalides), 75007 Paris ☎ 01.43.17.22.00, Minitel 3615 Vacaf.

Monnaie

L'unité monétaire est le baht (฿). En l'an 2000, 1 baht vaut environ 19 cts (1 F = 5,26 ฿ ; 1 = 35 ฿). Le site www.travelex.com permet de convertir dans les deux sens une somme donnée, avec le franc, l'euro et le dollar. Les transactions de change s'effectuent rapidement et simplement dans les banques, chez les changeurs agréés ou à la réception des hôtels (commission ; le taux y est moins avantageux).

Quelle monnaie emporter ?

Les bahts ne peuvent pas s'acheter en Europe. Le franc étant coté dans tous les endroits touristiques, il est inutile d'acheter des dollars en France pour les changer contre des bahts en Thaïlande. L'importation de devises doit faire l'objet d'une déclaration pour tout montant excédant 2000 US$ (soit environ 13000 F). Évitez de prendre trop d'argent liquide et préférez les chèques de voyage (taux de change plus avantageux) ou votre carte de paiement, véritable sésame. La carte Visa est la plus facile à utiliser et vous permet des retraits d'argent liquide

Votre budget

En Thaïlande comme dans la plupart des pays d'Asie, il existe un décalage considérable entre le niveau de vie local et celui du touriste. Le voyage organisé tend à maintenir le touriste dans une bulle d'irréalité où les services sont tarifés à des prix qui diffèrent peu de ceux pratiqués en Europe. Le voyage individuel permet, en revanche un choix réel au niveau des dépenses. On peut décider de s'offrir un palace pour une nuit et, le lendemain, déjeuner sur un marché. La gamme des prix est d'autant plus étendue qu'on s'offre la fantaisie de naviguer à vue, du chic au rustique.

Un touriste dépense facilement en une semaine ce qu'une famille thaïe dépense en 6 mois. Si l'hébergement est souvent payé au départ de France, il faut compter avec la fascination du shopping (37 % des dépenses totales en moyenne). Selon le ministère du Tourisme thaïlandais, les Français dépensent en moyenne 3 000 ฿ par jour (env. 550 F, 85). À titre indicatif : **Taxi :** 50 à 200 ฿ (en ville) ; **bus local urbain :** 5 ฿ ; **1 nuit d'hôtel :** 500 ฿ (local) ; 1 500 à 4 000 ฿ (standard) ; 4 000 à 5 000 ฿ (luxe) ; **repas :** 80 ฿ (riz frit dans la rue) ; 300 ฿ (bon repas thaï) ; 500 ฿ (repas européen) ; **musée :** 20 ฿ (public) ; 100 ฿ (privé) ; **timbre :** 12 ฿ ; **boxe thaïe :** 170 à 500 ฿ ; **massage traditionnel :** 300 ฿. ❖

aux guichets de toutes les grandes banques thaïes, sur présentation du passeport, ou dans les distributeurs automatiques.

Que faut-il emporter ?

Vêtements

Inutile d'emporter trop de vêtements. La plupart des hôtels assurent un service de blanchisserie dans la journée. Et vous pouvez vous habiller dans la rue (chemisettes, polos, T-shirts, shorts, pantalons) au prix du nettoyage ! En cas de soirée chic impromptue, le premier tailleur venu vous arrangera ça dans les 24 h *(voir p. 55)*.

➤ **Les femmes** porteront robes, pantalons légers, jupes de coton, chemisiers et T-shirts, en évitant les décolletés excessifs et les shorts, même à Bangkok qui, en dépit de sa réputation de ville de perdition, a des côtés particulièrement prudes. La tenue traditionnelle thaïe est d'ailleurs très couverte, avec des manches longues et un col officier. Dans les réceptions et les soirées, il est préférable de porter des manches ou un châle (ce qui permet, en outre, de survivre à la climatisation).

➤ **Pour les hommes,** il n'y a aucune obligation particulière, encore que le short soit mal vu en dehors des stations balnéaires (interdit dans les temples et les musées). Dans les milieux d'affaires, la cravate est souvent de règle, en dépit de son inadéquation au climat.

Prévoyez un lainage, ou au moins un sweat, pour affronter la climatisation souvent réfrigérante des hôtels et des restaurants. Un imper léger peut être utile en période de mousson.

➤ **Chaussures.** Le port des sandales est considéré comme indécent en certains lieux (palais, salons de réceptions). Cette conception est liée au fait que les chaussures ouvertes ne préservent pas les pieds des souillures du sol. On ne pénètre jamais chaussé dans un temple, ni dans une maison thaïe. Prenez des chaussures qui s'ôtent facilement : il devient vite fastidieux de faire et défaire ses lacets, surtout si l'on se lance dans un circuit des temples…

Vu du klong

La Venise de l'Orient a encore de beaux restes. Il suffit de sauter dans un bateau-taxi qui sillonne les klong *(canaux) de Thonburi, la ville jumelle de Bangkok, pour s'en convaincre. D'évidence, les Thaïs répugnent à vivre loin de l'eau et ne sont jamais plus heureux qu'à la saison des pluies.*

Sur le Chao Phraya, de simples barques se faufilent entre les barges royales, sorties de leur hangar pour célébrer une fête. Une occasion rare pour admirer de près ces joyaux dont la tradition remonte aux premières dynasties siamoises.

Des canaux très conviviaux

Les Thaïs ont toujours manifesté une prédilection pour la vie au bord de l'eau. Naturels ou creusés par l'homme, les cours d'eau servaient autrefois de voie de communication, tout en facilitant une irrigation propice à la riziculture. Ce lacis de fleuves et de canaux regorgeant de poissons, le paysan thaï est aussi un pêcheur né et sa jarre de *nam plaa* (saumure de poisson) n'a pas besoin de voir la mer pour être pleine !

De belles maisons en bois sur pilotis s'alignent le long des cours d'eau. Leur toit très pentu est adapté aux pluies parfois torrentielles de la mousson. Soigneusement entretenus, des jardins suspendus d'orchidées ornent les terrasses et de grosses jarres vernissées servent de réserve d'eau potable.

Pour faire les courses, c'est très simple : il suffit d'attendre la barque du charbonnier ou du marchand de pastèques. On peut aussi emprunter sa propre barque pour se rendre au marché flottant. À part les bruits de moteur, la vie au bord du *klong* n'a rien de stressant…

Chanter sous la pluie

Il ne viendrait pas à l'idée d'un Thaï de se plaindre de la pluie. L'eau est bénéfique par nature. Les inondations font figure au pire de léger inconvénient, au mieux d'excellente occasion de s'amuser. Attendue avec impatience, la saison des pluies est aussi la saison des fêtes. Beaucoup de coutumes témoignent de cette légèreté d'être sous la pluie, comme les joutes chantées : en période de fête, lorsque deux barques se croisent, des poèmes chantés sont échangés d'une embarcation à l'autre. Les chanteurs improvisent et prennent plaisir à faire durer l'échange, surtout s'ils sont de sexe opposé.

La fonction nourricière de l'eau s'accompagne d'une fonction purificatrice. D'ailleurs, le Nouvel An thaï

Les embarcations, taillées dans le bois du takhian – demeure d'un esprit bénéfique –, sont fabriquées selon un rituel long et complexe. Il faut compter trois mois et près de 40 000 bahts pour lancer au fil de l'eau ces merveilles de précision et de vitesse.

(Songkran) est aussi la fête de l'eau : tout le monde s'asperge mutuellement pour se régénérer et aborder la nouvelle année bien propre, physiquement et moralement *(voir p. 40)*. La fête de Loy Krathong *(voir p. 168)* se réfère aussi à la symbolique de la purification par l'eau : chacun fait flotter sur les rivières et les pièces d'eau des petites embarcations en feuilles de bananier, symbolisant ses mauvaises actions. Une autre cérémonie (Chak Phra) consiste à promener sur la rivière le bouddha le plus sacré de la région. Autrefois, la statue était placée sur un radeau mu par des rameurs. Hélas, la sérénité bouddhique doit désormais composer avec le bruit des moteurs. De telles traditions existent encore à Surat Thani (en octobre, sur la rivière Tapi) et au Wat Nangchi de Thonburi en septembre.

L'âme des rameurs

La tradition des courses de pirogues a une origine guerrière. Les Thaïs ont toujours débordé d'imagination pour surprendre leurs ennemis, n'hésitant pas à utiliser des cerfs-volants comme bombardiers et des éléphants comme chars d'assaut. L'histoire raconte que les premiers rameurs furent entraînés à Ayutthaya, une cité lacustre, au début du XVIIe s., par le frère du roi Naresuan, dans le but d'avoir la maîtrise des voies d'eau. L'ambassade de Louis XIV eut droit à une démonstration de puissance orchestrée par le roi Naraï, mettant en scène 150 rameurs actionnant des rames recouvertes d'or. L'abbé de Choisy, chroniqueur de l'ambassade française, en resta pantois.

Lancées par l'armée, les courses de pirogues ont été « récupérées » par le clergé bouddhique. Elles participent aux célébrations de la fin de la saison des pluies qui marquent aussi la fin du carême bouddhique. Il est fréquent de voir s'affronter deux équipes représentant chacune le temple de son village ou de son quartier.

Au marché flottant de Damnoen Saduak, la Thaïlande n'a pas changé depuis 30 ans. Toujours coiffées du chapeau de paille et vêtues de la chemise indigo, les femmes déplacent leur étal de marchandises à la rencontre des clients.

Bagages

Les passagers de la classe économique ont droit à 20 kg de bagages en franchise, ce qui est largement suffisant, du moins à l'aller… Au-delà, prévoir 1 % du prix du billet de 1re classe par kilo supplémentaire. Vous trouverez à Bangkok tout ce que vous auriez pu oublier, en moins cher. Le plus simple est encore d'y acheter la valise supplémentaire dont vous aurez besoin pour rapporter les souvenirs ! On peut prévoir, en plus du bagage principal, un sac fourre-tout pour les excursions.

Photo

Inutile de prendre un trop grand stock de pellicules : vous les trouverez facilement sur place, moitié moins cher qu'en France. Le développement reste lui aussi bon marché. Attention toutefois pour les photos noir et blanc, dont l'usage est peu répandu et pour lesquelles vous risquez de rencontrer plus de difficultés.

Pharmacie de voyage

Les pharmacies locales sont bien approvisionnées, mais il n'est pas toujours facile de se faire comprendre. Si vous suivez un traitement médical, prenez un stock suffisant pour la durée de votre voyage. Prévoyez aussi aspirine, antiseptique et petits pansements, antibiotique à large spectre, produits contre les troubles intestinaux, éventuellement somnifère pour dormir dans l'avion et récupérer du décalage horaire. N'oubliez pas non plus les préservatifs, le sida fait des ravages en Thaïlande *(voir p. 48)*.

Adresses utiles

Office national du tourisme de Thaïlande, 90, av. des Champs-Élysées, 75008 Paris. *Ouv. du lun. au ven. de 9 h 30 à 12 h et de 13 h 30 à 17 h 30* ☎ 01.53.53.47.00. Minitel 3615 THAI. www.tourismthailand.org. Tous renseignements touristiques gratuits.
Board of Investment, 8, rue Greuze, 75116 Paris ☎ 01.56.90.26.00, www.boi.amb-thailande.fr. Conseil aux personnes et sociétés souhaitant investir en Thaïlande.
Bureau des affaires commerciales de l'Ambassade royale de Thaïlande, 8, rue Greuze, 75116 Paris ☎ 01.56.90.12.13. Informations sur les échanges commerciaux franco-thaïlandais.
Association des étudiants thaïs de France, 8, rue Greuze, 75116 Paris ☎ 01.42.01.34.88. Amicale pouvant être sollicitée pour des traductions ou des cours de thaï.

Ambassades et consulats

➤ **À PARIS**. Ambassade, 8, rue Greuze, 75116 ☎ 01.56.26.50.50 et n° vert 0.836.702.023. *Ouv. du lun. au ven. de 9h30 à 12h.*

➤ **À LYON**. Consulat, 40, rue du Plein, 69002 ☎ 04.78.37.16.58. *Ouv. les lun., mar. et ven. de 9 h à 11 h.*

➤ **À BORDEAUX. Consulat royal de Thaïlande** et **Service des visas et renseignements**, plate-forme thaïlandaise, 22, bd Pierre-Ier, 33081 ☎ 0.892.68.69.16, fax 05.57.22.11.70. *Ouv. les mar. et jeu. de 14h à 17h.* Délivrance de visa par correspondance.

➤ **À MARSEILLE**. Consulat, 8, rue Cargo-Rhin, Fidelity, 13002 ☎ 04.91.21.61.05. *Ouv. de 8 h 30 à 11 h 30 les lun., mer. et ven.*

➤ **À MONACO**. Consulat, 6, bd des Moulins, 98000 Monte Carlo ☎ 00.377.93.90.94.94 (répondeur).

➤ **À BRUXELLES**. Ambassade, 2, square du Val-de-la-Cambre, B1050 ☎ (02) 640.68.10. *Ouv. du lun. au ven. de 9h30 à 12h30 et de 14h à 17h.*

➤ **À BERNE**. Ambassade, 56 Kirchstrasse, CH3097 Lieberfeld ☎ (31) 970.30.30. *Ouv. du lun. au ven. de 9 h à 12 h et de 14 h à 16 h.*

Librairies orientales à Paris

Fenêtre sur l'Asie, 49, rue Gay-Lussac, 75005 ☎ 01.43.29.11.00. *Ouv. du lun. au sam. de 11 h à 19 h.* Guides de voyage, beaux livres ; quelques ouvrages en anglais. **Librairie orientaliste Paul Geuthner**, 12, rue Vavin,

La Thaïlande en ligne

Informations touristiques

www.tourismethaifr.com : le site français de l'Office du tourisme de Thaïlande. Nombreux liens vers les autres sites officiels intéressant les Français, tant touristes que résidents (aéroport de Bangkok, Bureau d'investissement, association franco-thaïe, etc.). Un site particulièrement détaillé et clairement présenté, d'utilisation simple avec un moteur de recherche intégré.

www.sawadee.com : généralités sur la Thaïlande ; présentation détaillée de la plupart des sites touristiques, classés par région, avec des cartes. Très bien fait, clair, pratique d'utilisation. Voir aussi www.bangkoksite.com.

www.chiangmai-online.com : en anglais ; toutes les adresses pratiques de Chiang Maï, présentation de la ville et des alentours, suggestions de visites et d'activités. Une liste de liens vers d'autres sites (tourisme et généralités).

www.chiangmainews.com : la Newsletter de Chiang Maï (en anglais). Généralités et infos pratiques, pages thématiques sur les tribus montagnardes, le bouddhisme, etc. ; calendrier des manifestations régionales, bibliographie (beaux livres sur l'artisanat local).

www.chiangmai-chiangrai.com : de nombreuses cartes sur Chiang Maï, Chiang Raï et leurs environs, avec localisation des hôtels, restaurants et adresses utiles ; nombreux articles passionnants sur la faune, la flore (comment cultiver ses orchidées), l'artisanat, etc. Un très beau site.

Transports

www.bkkair.co.th : le site de Bangkok Airways (en anglais) ; informations (prix, horaires) et réservations pour les vols intérieurs en Thaïlande et vers les pays frontaliers. Informations passagers.

www.thaiairways.fr : Thaï Airways, *voir p. 23*.

www.avis.com : Avis, location de voitures, destination par destination. Adresse des agences dans les grandes villes de Thaïlande et possibilité de réservation en ligne.

Divers

www.sd.co.th : les pages jaunes et blanches de la Thaïlande

www.bangkokpost.com et www.nationmultimedia.com : le *Bangkok Post* et *The Nation*, les deux grands quotidiens thaïs en ligne. Indique les sorties du moment (en anglais).

www.go-siam.com : restaurants et distractions à Bangkok. Infos générales sur Pattaya, Phuket et Samui (en anglais).

www.ua-siam.co.th : les programmes de cinéma à Bangkok. Simple et efficace (en anglais).

www.boi.amb-thailande.fr : le site du Bureau d'investissement. Pour les résidents et les hommes d'affaires (en français). ❖

75006 ☎ 01.46.34.71.30. **Orients**, 10, bd Arago, 75013 ☎ 01.45.35.80.28. Livres anciens et modernes. **Sudestasie**, 17, rue du Cardinal-Lemoine, 75005 ☎ 01.43.25. 18.04. *Ouv. du lun. au sam. de 10h à 18h30.* Édition et vente de livres anciens et modernes.

Librairies de voyage

➤ **À Paris. L'Astrolabe**, 46, rue de Provence, 75009 ☎ 01.42.85.42.95. Un fonds de 35 000 ouvrages. Guides de voyages, beaux livres, cartes et plans. **L'Harmattan**, 16, rue des Écoles, 75005 ☎ 01.40.46.79.10. www.

editions-harmattan.fr. Toutes les nouveautés. **IGN**, 107, rue de la Boétie, 75008 ☎ 01.43.98.85.13. www.ign.fr. Cartes, plans et guides sur toutes les destinations. **Itinéraires**, 60, rue Saint-Honoré, 75001 ☎ 01.42.36.12.63. Minitel 3615 ITINERAIRES. www.itineraires.com. Important catalogue informatisé répertoriant tous les ouvrages disponibles sur chaque destination (vous pouvez l'obtenir par correspondance). **Ulysse**, 26, rue Saint-Louis-en-l'Île, 75004 ☎ 01.43.25.17.35. www.ulysse.fr. Grand choix de guides anciens et de documents inédits. **Voyageurs du Monde**, 55, rue Sainte-Anne, 75002 ☎ 01.42.86.17.38. www.vdm.com. Librairie du tour-opérateur Voyageurs du Monde, spécialisée dans les guides.

➤ **À BRUXELLES. Anticyclone des Açores**, 34, rue Fossé-aux-Loups, B1000 ☎ (02) 217.52.46. La plus grande librairie de voyage de Belgique. 5 000 guides et 8 000 cartes en stock. **Peuples et Continents**, rue Ravenstein 11, B1000 ☎ (02) 511.27.75. Le spécialiste bruxellois des beaux livres sur le voyage. **La Route de Jade**, rue Stassart 116, B1050 ☎ (02) 512.96.54. www.laroutedejade.com. Très vaste choix de guides, de cartes et de plans.

➤ **EN SUISSE. Artou**, 8, rue de Rive, CH1204 Genève ☎ (022) 810.23.33. **Travel Bookshop**, Rindermarkte 20, CH8000 Zurich ☎ (01) 252.38.83. www.travelbookshop.com.

Restaurants thaïs

➤ **À PARIS. Baan Thaï** (M° Châtelet), 13-15, rue de la Ferronnerie, 75001 ☎ 01.42.33.85.25. Cuisine familiale de qualité. **Chieng-Maï** (M° Maubert-Mutualité), 12, rue Frédéric-Sauton, 75005 ☎ 01.43.25.45.45. Un des plus anciens « Thaïs » de Paris, qui a eu le temps d'apprendre à ne pas mettre trop de piment dans la soupe. **Erawan** (M° Cambronne), 76, rue de la Fédération, 75015 ☎ 01.47.83.55.67. Cuisine thaïe savoureuse et authentique, à tonalité laotienne, où les grands classiques sont parfaitement maîtrisés. **Khun Akorn** (M° Nation), 8, av. de Taillebourg, 75011 ☎ 01.43. 56.20.03. Lambris de teck, objets thaïs et serveurs sanglés de soie. L'assiette est aussi dans le ton. **Thaï Éléphant** (M° Bastille), 43, rue de la Roquette, 75011 ☎ 01.47.00.42.00. Cuisine royale dans un décor royal où coulent les cascades et cascadent les orchidées. Le meilleur de la Thaïlande pour ceux qui ne peuvent pas attendre d'y aller.

➤ **À LILLE. Baan Thaï**, 22, bd J.-B.-Lebas, 59000 ☎ 03.20.86.06.01. Grande classe et décor raffiné.

➤ **À LYON. Apsara**, 37, pl. des Pavillons, 69007 ☎ 04.78.69.84.60.

➤ **À MARSEILLE. Le Nénuphar**, 21, promenade Georges-Pompidou, 13008 ☎ 04.91.22.52.03. Sur le front de mer.

POUR S'APPROVISIONNER

➤ **TANG FRÈRES**, 48, av. d'Ivry, 75013 ☎ 01.45.70.80.00.

➤ **PARIS STORE**, 44, av. d'Ivry, 75013 ☎ 01.44.06.88.18.

➤ **TANH BINH**, 29, pl. Maubert, 75005 ☎ 01.40.46.06.15.

La culture thaïlandaise

➤ **MUSÉE NATIONAL DES ARTS ASIATIQUES-GUIMET**, 6, pl. d'Iéna, 75116 Paris ☎ 01.44.24.32.55. Présente des stucs Dvaravati, pièces rares en Occident, et un ensemble exceptionnel de bronzes bouddhiques du XIIIe au XVe s. Également des coffres, des peintures et des marionnettes articulées du théâtre d'ombres.

➤ **PAGODE DHAMMABHIRON**, 5, rue Rouget-de-l'Isle, 94600 Choisy-le-Roi ☎ 01.48.92.16.37. Un lieu de culte bouddhique accueillant et ouvert.

➤ **ROUM THAÏ**, 44, av. d'Ivry, 75013 ☎ 01.45.83.38.13. Magazines, cassettes vidéo, CD et cassettes de musique thaïlandaise. ■

AÉROPORT - CHANGE - COURRIER ET E-MAIL - DÉCALAGE HORAIRE - EXPORTATION - FÊTES ET MANIFESTATIONS - UNE CUISINE ROYALE - HÉBERGEMENT - HORAIRES - INFORMATIONS TOURISTIQUES - LANGUE - MARCHANDAGE - MASSAGES - MÉDIAS - PHOTO - POLITESSE ET USAGES - POURBOIRES - SANTÉ - SÉCURITÉ - SEXE - SHOPPING - SPORTS ET LOISIRS - TAILLEURS - TAXES - TÉLÉPHONE - TOILETTES - TRANSPORTS INTÉRIEURS - URGENCES - VOLTAGE.

DE A À Z, VIVRE LA THAÏLANDE AU QUOTIDIEN.

QUOTIDIEN

Aéroport

Don Muang, l'aéroport international de Bangkok, ☎ (2) 535.11.11, est à 25 km du centre-ville (45 mn à 1 h 30, en fonction de la circulation et du quartier de l'hôtel). Si votre accueil n'est pas prévu par votre agent de voyage, vous pouvez changer de l'argent au taux officiel dans l'un des comptoirs bancaires du hall et vous renseigner à l'antenne du TAT (Office du tourisme), qui peut vous conseiller dans le choix d'un hôtel.

➤ ATTENTION. Une **taxe d'aéroport** est à prévoir au départ de Bangkok, que l'on doit régler en bahts exclusivement (500 ฿ pour les vols internationaux, 100 à 150 ฿ pour les vols intérieurs).

Pour rejoindre le centre-ville

➤ **BUS BMTA** (Bangkok Mass Transit Authority). Confortable, climatisé, pratique et pas cher (70 ฿). 3 lignes: Silom (ligne **A1**), Sanam Luang (ligne **A2**) et Phra Kanong (ligne **A3**). Départ toutes les 15 mn de 5 h à 23 h. Terminus Aéroport international, en face de la Military Bank, au niveau Arrivée des halls 1 et 2. Dans le sens Bangkok/aéroport, les arrêts sont indiqués par un panneau « Bus Stop Airport Bus » (arrêt à Patpong, ligne **A1**).

➤ **TAXI**. Si vous ne voulez pas vous compliquer la vie, prenez un ticket (650 ฿ toutes destinations du centre de Bangkok) au **comptoir Taxis** dans le hall d'arrivée. Vous serez immédiatement pris en charge par un chauffeur. Autre solution moins onéreuse: prendre la file d'attente à l'extérieur de l'aérogare pour emprunter un *taxi meter*. Expliquer votre destination au chauffeur peut se révéler laborieux. Vous devrez acquitter, outre le montant inscrit au compteur (en moyenne

Carte perdue ou volée

Avant de partir, la meilleure précaution est de se procurer auprès de son agence le numéro à composer de l'étranger pour faire immédiatement opposition. Le noter précieusement dans ses carnets, ainsi que le numéro de sa carte bancaire (mais surtout pas le code confidentiel !).

Sinon, de France, vous pouvez appeler le ☎ 08.36.69.08.80 (service groupé de mise en opposition).

Cartes bleues Visa : un numéro aux États-Unis peut être appelé en PCV de presque tous les pays du monde ☎ 00.1.410.581.38.36 (interlocuteurs français), Minitel 3615 Carte bleue ou 3617 Visa, ou www.visa.com.

Cartes American Express : en France ☎ (33) 01.47.77.72.00.

Cartes Eurocard/MasterCard : numéro vert international ☎ 0.800. 90.23.90 (en anglais) ou en France ☎ (33) 01.45.67.84.84.

Cartes Diners Club : en France ☎ (33) 01.49.06.17.50. ❖

250 à 300 **฿**), un supplément forfaitaire de 50 **฿** et les péages de l'autoroute (généralement 30 **฿** + 40 **฿**). Exigez la mise en route du compteur, pas toujours spontanée…

➤ **Bus urbain** (lignes 4 et 10, climatisées, ou 19, non climatisée ; 3,50 à 15 **฿**). Déconseillé pour un premier contact : trajet long et inconfortable.

Liaison directe pour Pattaya : des bus « Thaï » assurent la liaison entre l'aéroport et la station balnéaire 3 fois par jour (200 **฿** pour un aller simple), à 9 h, 11 h et 19 h.

Change

Le change de toutes les monnaies occidentales s'effectue facilement dans les banques, chez les changeurs agréés ou dans les hôtels (dans ce dernier cas, une commission est retenue). De nombreuses banques, notamment à Bangkok, sont équipées de guichets ouverts sur la rue pour faciliter les transactions des touristes, et de distributeurs automatiques qui acceptent les cartes Visa internationales (les autres cartes de paiement sont négociables au guichet seulement). Il n'existe pas de marché noir sur le baht. Le **taux** le moins favorable est donné dans les hôtels, qui prélèvent une retenue de 5 à 10 % sur le taux officiel. Les **chèques de voyage** font l'objet d'une commission (modique) dans les banques et ne sont pas acceptés chez les changeurs. Ces derniers se rattrapent en offrant le taux de change le plus intéressant pour les billets.

Horaires

Les banques sont ouvertes de 8 h 30 à 15 h 30 du lun. au ven. et les changeurs (*money changers*) jusqu'à une heure avancée de la nuit. Les hôtels changent pratiquement 24 h/24.

Pièces et billets

Les billets, tous à l'effigie du Roi de Thaïlande, se distinguent par la couleur : 10 bahts (brun), 20 (vert), 50 (bleu), 100 (rouge), 500 (violet) et 1 000 (gris). Le baht est divisé en 100 *satang*. Les pièces jaunes, fort peu utilisées par les *farang* (Européens), font 25 et 50 *satang*. Il existe des pièces de 1, 5 et 10 **฿** (bicolore). Ayez toujours sur vous de la petite monnaie pour payer repas, taxis et autres dépenses courantes. Un conducteur de *samlo* (cyclo-pousse) a rarement la monnaie, même de 100 **฿**.

Courrier et e-mail

Courrier

Les timbres s'achètent dans les bureaux de poste, dans les boutiques vendant des cartes postales ou à la réception de certains hôtels (12 ฿ pour lettres ou cartes postales). Les boîtes aux lettres publiques sont rouges, mais vous pouvez laisser votre courrier à la réception de votre hôtel qui se charge de l'expédition. L'acheminement vers la France dure 5 à 7 j.

Le contenu des colis postaux pour l'étranger doit être au préalable visé par la douane (bureau à la Poste centrale de Bangkok). La plupart des commerçants peuvent se charger de l'expédition ; vous pouvez leur faire confiance, à condition qu'ils soient agréés par l'Office du tourisme (signalé par un label « TAT member shop »).

Vous pouvez vous faire expédier votre courrier en poste restante, en précisant *General Post Office* et la ville (Bangkok, Chiang Maï, Phuket, etc.). Demandez à vos correspondants de n'écrire que vos prénoms et nom (en majuscules) pour éviter un classement à la lettre M (Monsieur, Mademoiselle…).

E-mail et cybercafés

Il existe quantité d'officines et de cafés d'où vous pouvez envoyer des mails ou accéder à Internet. Prix facturé à la minute (3 ฿ la minute, facturation 30 ฿ minimum quelle que soit la durée de la connexion). Accès Internet également dans tous les « Business Centers » d'hôtels, à des tarifs nettement plus élevés.

Décalage horaire

GMT + 7, soit 6 h d'avance sur Paris en hiver, 5 h en été. Quand il est midi à Paris, il est 18 h (en hiver) ou 17 h (en été) à Bangkok.

Exportation

➤ **Objets d'art.** L'exportation d'antiquités et d'objets d'art est soumise à des règles très strictes. Si vous les enfreignez, vous risquez de voir vos achats saisis sans pitié par les douaniers thaïs.

Au regard de la loi, l'exportation de statues de Bouddha et de bodhisattvas et, en règle générale, de tous objets religieux nécessite une autorisation. Celle-ci ne peut être accordée que pour des motifs religieux (en faveur de bouddhistes pratiquants), d'échanges culturels ou de recherche. Qu'il s'agisse d'antiquités ou de reproductions, une **autorisation d'exportation** doit être demandée de la façon suivante : envoyer deux tirages format carte postale des objets pris de face (pas plus de 5 objets par photo), ainsi que la photocopie du passeport du demandeur à **Bangkok**, General Administration Sub-Division, The National Museums Division, Na Phra Dart Road, Bangkok 10200 ☎ 226.16.61 et ☎ 281.04.03. Le délai minimum est de 7 jours avant le départ du demandeur, pour vérification et établissement de l'autorisation écrite.

Une autre solution, plus risquée mais plus simple, consiste à négocier avec le vendeur qui peut faire des miracles. Dans tous les cas, bon courage !

Attention également aux imitations de certains produits. Ce sont des contrefaçons de marques françaises renommées. Elles offrent une qualité médiocre et leur importation en France exposerait leur détenteur à des poursuites judiciaires et des amendes douanières sévères, quel que soit le nombre d'articles rapportés.

➤ **Animaux.** Évitez de tomber amoureux d'un écureuil volant, d'une belette à ventre jaune ou d'un chat sauvage. De nombreuses espèces sont protégées et interdites à l'exportation.

Renseignements : Wildlife Conservation Division ☎ 561.48.38.

Fêtes et manifestations

La Thaïlande vit selon le calendrier bouddhique pour les fêtes religieuses (2001 = 2544) et selon le calendrier grégorien pour les fêtes civiles. Étant soumises au calendrier lunaire, de

Une cuisine royale

Parfumée et raffinée, la cuisine thaïe est incomparable. Jadis réservés aux rois, ses plats les plus délicats sont désormais accessibles à toutes les papilles.

La cuisine thaïe utilise des ingrédients aux saveurs marquées comme le galanga, les piments, la coriandre, le basilic, la citronnelle.

La sculpture sur fruits et légumes est un art traditionnel raffiné, exclusivement féminin. Il exprime la quintessence de la cuisine royale thaïe où la beauté de la présentation est aussi importante que la finesse des saveurs.

Le riz à toutes les sauces...

Le riz reste la base de l'alimentation des Thaïs; mais que de parfums, que de saveurs inédites pour faire chanter ce riz! Très différente des autres cuisines d'Asie, la cuisine thaïe doit sa tonalité à une savante harmonie des saveurs: salée (saumure de poisson), sucrée (lait de coco, sucre de palme), pimentée (piments verts, jaunes, rouges, sournoisement incendiaires), acidulée (citron vert, citronnelle, tamarin), âcre (galanga, sorte de gingembre), parfumée (basilic, coriandre fraîche, menthe), piquante (ail, échalotes, oignons verts)... Ce souci d'équilibre des saveurs, dans la lignée du yin et du yang, scelle la filiation chinoise de la cuisine thaïe. On y trouve aussi des influences indiennes (profusion de curries) et malaises (*satay*, brochettes au feu de bois).

La bonne heure

Les Thaïs ont l'exquise habitude de manger tout le temps et partout: dans la rue, dans le train, au bureau et parfois même à table. Le repas se compose traditionnellement de riz, accompagné de 3 à 5 plats (viande, légumes, fruits de mer) et d'une soupe qui se consomme plutôt à la fin. Les convives picorent dans les plats, à la cuillère ou à la fourchette (les Thaïs n'utilisent ni baguettes ni couteau), ajoutant à volonté *nam plaa* (saumure de poisson, très salée) ou *nam prik* (sauce pimentée). Dans les restaurants fréquentés par les touristes, les menus sont écrits en anglais. Si vous

aimez l'aventure, il vous suffit de soulever le couvercle des marmites avant de passer commande. Ne craignez pas de commander une soupe au petit déjeuner, ni un plat de viande pour votre « 4 heures » : ici, chacun mange ce qu'il veut, quand il veut.

Les fruits du paradis

À la douceur du goût s'ajoute le plaisir de l'œil. Choisissez, faites votre marché : mangues, papayes, caramboles (à la coupe étoilée), ananas, noix de coco, pomelos (sorte de pamplemousse), goyaves, oranges de Chine, pommes de Java, jujubes, cantaloups, fruits de la passion, letchis, longans (chair transparente dans une écorce brune), pastèques, ramboutans, mangoustans (délicieuse chair fondante dans une épaisse écorce rouge sombre). On pourrait continuer, saluant au passage des fruits familiers – fraises, raisins –, s'interrogeant sur le durian à l'infâme odeur de camembert fermenté mais dont les Thaïs raffolent, investissant jusqu'à 10 % de leur salaire mensuel dans ce fruit étrange, hérissé de piquants, gros comme une tête humaine.

Quelques musts

Les salades *(yam)* : au vermicelle de soja *(yam woun sen)*, au poisson *(yam plaa)*, à la papaye verte *(som tam)*.

Les soupes *(tom)* : crevettes et citronnelle (*tom yam koung*, la plus célèbre), poulet et lait de coco *(kaï tom kha)*, nouilles et crevettes *(bami nam koung)*.

Les curries *(kaeng)* : verts, rouges ou jaunes, à base de poulet, bœuf, crevettes, poisson, avec ou sans lait de coco.

Les plats à la vapeur *(ho mok)* : cuits dans des paniers ou dans des feuilles de bananier qui gardent toute la saveur (par exemple, l'exquis *ho mok plaa*).

Les mets grillés : brochettes à la sauce cacahuète (*satay*, d'origine malaise), poissons et fruits de mer.

Les sautés *(phat)* : mélanges de viandes ou de poissons, de légumes et d'herbes dont l'abondance de parfums renouvelle indéfiniment les saveurs. Le très populaire *khao phat* est un savoureux plat de riz frit agrémenté d'ingrédients variés qui ne coûte que quelques bahts.

Les desserts *(kanom)* : petits gâteaux très sucrés ou légèrement salés à base de coco, de gélatine parfumée, de haricots de soja, de riz glutineux, de sucre de palme. ■

Vous aussi, cuisinez thaï

En Thaïlande, le concept de cuisine rapide n'exclut pas le raffinement. Le convive pressé trouve toujours à disposition des mets délicats tout aussi agréables à déguster qu'à regarder.

Quelques recettes simples pour étonner vos amis au retour (ingrédients dans les magasins de produits asiatiques, *voir p. 32*). Les proportions sont données pour 4 personnes.

TOM YAM KOUNG (SOUPE DE CREVETTES À LA CITRONNELLE)

300 g de grosses crevettes crues, 1 tige de citronnelle fraîche, 1 cuiller à café de pâte de curry thaï, 3 piments verts, 2 gousses d'ail, 1 cuiller à soupe de nam plaa *(saumure de poisson), 1 litre de bouillon et de la coriandre fraîche.*

Faire bouillir 5 mn la citronnelle dans le bouillon, ajouter la pâte de curry, le *nam plaa* et les crevettes (cuisson à surveiller pour qu'elles ne ramollissent pas). Retirer du feu et ajouter les piments coupés, l'ail pilé et le citron vert. Servir avec la coriandre ciselée.

HO MOK PLAA (CURRY DE POISSON À LA VAPEUR)

800 g de filets de poisson, 2 œufs, 4 feuilles de chou, un bouquet de basilic, 1 c. à soupe de pâte de curry thaï, 1 boîte de lait de coco, 1/2 verre de nam plaa*, 4 petits piments rouges.*

Incorporer à la pâte de curry le poisson coupé en petits morceaux. Ajouter les œufs battus, la saumure de poisson, le lait de coco et le basilic ciselé. Chemiser des ramequins de feuilles de chou en déposant au fond les piments coupés (enlever les graines pour ménager vos invités). Garnir avec la pâte de poisson et cuire à la vapeur 15 à 25 mn.

GELÉE DE LETCHIS

800 g de letchis dénoyautés (frais ou en boîte), 2 cuillers à soupe de gélatine en poudre, 100 g de sucre en poudre, 2 cuillers à soupe de poudre de noix.

Égoutter les fruits et les couper en petits morceaux. Garder le sirop et le chauffer avec le sucre. Faire fondre la gélatine dans un peu d'eau froide. Retirer le sirop du feu avant d'ajouter la gélatine qui doit fondre tout de suite. Incorporer les fruits coupés et laisser prendre au frais. Garnir de noix hachées.

Au fond d'un verre de mékong

Avant de s'adonner aux douceurs des *soft drinks* (boissons sucrées), les Thaïs étaient des buveurs d'eau. Laissons le thé à la tradition chinoise : on ne le sert que dans les restaurants chinois du royaume. Les seules boissons vraiment locales sont la bière, excellente (Singha, Amarit), et le *mékong*, « whisky thaï » à base d'alcool de riz que les hommes consomment allongé de soda lors de dîners entre amis. Beaucoup de *farang* (Européens), soumis inopinément à ce régime, affirment qu'il vaudrait bien mieux absorber une bouteille d'eau du Mékong (le fleuve)...

Il est préférable de s'en tenir aux boissons capsulées (eaux minérales, sodas, etc.) et à l'eau purifiée disponible dans les chambres d'hôtel et les restaurants. On peut tenter les jus de fruits pressés dans les petits bistrots ambulants, ils sont exquis. Rien de réconfortant dans le café du petit déjeuner : les inconditionnels n'auront d'autre solution que de traquer les rares machines à *expresso* dont sont dotés les bars de certains d'hôtels. ❖

nombreuses fêtes varient d'une année à l'autre ; renseignez-vous auprès de l'Office du tourisme avant votre départ *(voir p. 30)*, si les dates d'une fête à ne pas manquer doivent influer sur le choix de la période de votre voyage. Sur place, les offices de tourisme des différentes localités vous préciseront aussi les dates des **fêtes mobiles**. Chaque minorité a ses célébrations, mais aussi chaque région, chaque village, chaque famille. Consultez le calendrier des fêtes sur le site Internet de l'Office du tourisme *(voir p. 31)*.

Janvier

Foire des ombrelles à Bo Sang, près de Chiang Maï (Nord). Concours de la plus belle ombrelle dans le village où elles sont fabriquées.

Foire du Phra Bouddha Chinarat à Phitsanulok (Nord). C'est une fête religieuse, autour de la statue très vénérée du Wat Phra Si Rattana Mahathat.

Foire du mémorial Don Chedi à Suphan Buri (centre). C'est l'évocation du glorieux combat à dos d'éléphant gagné par le roi Naresuan en 1592. Exposition de produits locaux, spectacles et amusements.

Février

Festival des fleurs à Chiang Maï (Nord). On assiste là à des défilés spectaculaires, concours de beautés locales, compositions florales flottantes.

Parade du Lion et du Dragon à Nakhon Sawan (Sud). C'est une fête chinoise, avec processions et démonstrations d'adresse.

Fête des oiseaux de paille à Chaï Nat (Sud). Les villageois de cette région rizicole fabriquent de grands oiseaux en paille peinte de couleurs vives.

Fête de Chao Mae Lim Ko Nieo à Pattani (Sud). On rend un hommage annuel à une déesse de Pattani en se livrant à des démonstrations d'ascétisme et d'endurance.

Magha Puja (célébration nationale). Cette importante fête bouddhique commémore, par des processions illuminées, le premier sermon de Bouddha devant 1 250 disciples spontanément réunis.

Foire de l'artisanat de Bang Saï. Se tient près d'Ayutthaya *(voir p. 134)*. Animations dans le centre artisanal de Bang Saï créé par Sa Majesté la Reine Sirikit.

Songkran : en avril, découvre-toi d'un fil !

Songkran est un mot sanskrit qui signifie « passage » ou « mouvement ». À cette célébration originaire d'Inde du Nord, les Thaïs ont conféré un ton bien personnel, sinon mutin : durant trois jours de folie, il n'est guère recommandé d'exposer ses tenues de gala aux généreux lanceurs d'eau qui jouent du seau ou de la lance d'arrosage dans une ambiance survoltée !

Selon la tradition du nord de la Thaïlande, on raconte que les femmes avaient coutume de jeter les hommes (consentants) dans le Mékong et même de les attacher en ne les libérant que contre rançon ! On comprend que les hommes aient sollicité le droit d'arroser les femmes, ce qui ne se faisait pas il y a seulement 50 ans...

Ludique, l'eau est surtout lustrale, symbole de purification. Le 13 avril, chacun commence par nettoyer soigneusement sa maison. On chasse les mauvais esprits en faisant exploser des pétards. Il faut ensuite faire une toilette soignée, humecter ses cheveux d'eau vinaigrée et piquer dans sa coiffure une fleur de chance appelée *phya dok*. Le lendemain, on prépare de bonnes choses à offrir à ses parents et amis. Dans la soirée, on apporte du sable à la pagode, en compensation de celui qu'on a emporté l'an passé, sur la semelle de ses chaussures (cette coutume se réfère à une croyance selon laquelle celui qui emporte une parcelle d'un bien monastique renaîtra sous la forme d'un démon). Enfin le jour suivant, 15 avril, c'est la journée des mérites. Chacun se rend au temple pour y faire ses dévotions et apporter des offrandes, fleurs, bâtons d'encens, eau parfumée, fruits, pièces de tissu. Les plus âgés accordent leur pardon aux plus jeunes. ❖

Février-mars

Combats de cerfs-volants et Festival des sports traditionnels thaïs. Sur la grande place de Bangkok (Sanam Louang). Jeu de *takraw* (avec un ballon en osier), tournois d'échecs thaïs, compétitions au sabre.

Mars

Concours de roucoulements de tourterelles à Yala (Sud). Cet événement rassemble des colombophiles de tous les pays d'Asie du Sud-Est et met en compétition plus de 1 400 oiseaux.

Foire du Phra Bouddha Bat à Saraburi (centre). La Sainte Empreinte du Pied, enchâssée dans un temple perché sur une colline dominant Saraburi, est un des sites les plus vénérés du bouddhisme thaï et une grande foire s'y tient tous les ans.

Festival de Phanom Rung, dans le Buriram (Nord-Est). Foire et spectacles folkloriques, prétexte à découvrir ce temple khmer proche de la frontière cambodgienne.

Avril

Poi Sang Long à Mae Hong Son (Nord). Du 13 au 15 avril; *voir p. 199.*

Songkran (célébration nationale). *Voir encadré.* Cette fête est particulièrement spectaculaire à Chiang Maï. Elle l'est aussi à Wisutkasat (Bangkok), et à Phra Padaeng (province de Samut Prakarn), habité par une importante communauté mône.

Festival de Pattaya (côte est). En plein cœur de l'été, un festival à la mesure de cette grande station balnéaire, avec défilés de chars, danses, élections de Miss, etc.

Mai

Cérémonie du Labour royal à Bangkok. D'origine brahmanique, ce rituel très ancien se déroule à **Sanam Louang**, la grande place de Bangkok, en présence du Roi qui trace symboliquement un premier sillon annonçant l'époque des labours dans les rizières. Des astrologues sont consultes pour faire des prédictions sur la prochaine récolte.

Festival des fusées à Yasothon (Nord-Est). *Voir p. 222.*

Visakha Puja (célébration nationale). C'est la plus importante des fêtes bouddhiques, où il s'agit de commémorer en même temps la naissance, l'illumination et la mort du Bouddha. Les fidèles se rendent dans les temples pour écouter des sermons et faire des offrandes. Des processions aux chandelles illuminent la nuit, déjà éclairée par la pleine lune, autour des pagodes les plus sacrées.

Nombreuses foires aux fruits. À Rayong (pomelos, jaquiers, ramboutans et durians), Chiang Raï (letchis), Chanthaburi, etc.

Juin

Festival de Phi Ta Khon, fête des Fantômes (Nord-Est, province de Loei).

Juillet

Festival des bougies à Ubon Ratchathani (Nord-Est). *Voir p. 219.*

Tak Bat Dok Maï à Saraburi (centre). La « fête des mérites » coïncide avec le début de la « retraite des pluies » ou ordination temporaire choisie par la plupart des jeunes bouddhistes. Les fidèles offrent aux moines des fleurs et de l'encens et se rendent en procession à la Sainte Empreinte du Pied.

Août

Foire du ramboutan à Surat Thani (Sud). Exposition de fruits, de plantes ornementales sur terre et sur mer et, dans les cocoteraies, concours de cueillette de noix de coco où sont engagés... des singes spécialement entraînés.

Foire de Nakhon Pathom (centre). Une immense foire autour des galeries circulaires du chedi Phra Pathom. Camelots et amuseurs publics, démonstrations d'art culinaire (thaï et chinois) et floral.

Septembre

Régates internationales de Bangkok. On assiste à des affrontements entre des *swan-boats* (« bateaux-cygnes » qui tirent leur nom de la forme de leur proue), sur le fleuve Chao Phraya.

Festival de Sakhon Nakhon (Nord-Est). Les fidèles célèbrent la fin de la « retraite des pluies » en construisant des temples et des chapelles en cire d'abeille, véritables œuvres d'art présentées sur des chars à travers la ville jusqu'au temple.

Fête du Dixième Mois lunaire à **Nakhon Si Thammarat** (Sud). Cette cérémonie honore les âmes des ancêtres. Les bouddhistes font des offrandes aux moines dans les monastères.

Octobre

Festival végétarien à Phuket (Sud, *voir p. 236.*

Festival de la banane à Kamphaeng Phet (Nord). On y célèbre une variété particulière de banane dite *kluaï khaï*, ou banane dorée, à la chair délicatement savoureuse.

Spectacles traditionnels

Danse classique *(lakhon)*, danse masqués *(khon)* ou populaire *(likhay)*, arts martiaux ne restent pas confinés dans l'enceinte du Théâtre national. Des spectacles sont fréquemment présentés dans des hôtels, des restaurants thaïs ou des parcs d'attractions (comme Rose Garden, *voir p. 132*). Le *lakhon* met en scène des danseurs, hommes et femmes, vêtus de costumes scintillants, exprimant leurs émotions par des gestes et des œillades à la signification codée. Le *khon* est moins courant. Il obéit aussi à des codes (la couleur des masques illustrant les caractères des personnages) dont la signification reste hermétique aux non-initiés. Malgré l'attrait du cinéma et de la télévision, les Thaïs demeurent friands d'histoires féeriques et de combats épiques. *Voir aussi p. 84.* ❖

Régates du Lan Na à Nan (Nord). Ces régates célèbres accompagnent la cérémonie de Tot Kathin, au cours de laquelle les moines reçoivent de nouvelles robes dans les temples.

Fête de Chak Phra et Thot Phapa à Surat Thani (Sud). Thot Phapa, offrandes de robes et de divers objets aux moines, se déroule au petit matin, suivie de Chak Phra, procession présentant des bouddhas sur des chars. Des défilés ont lieu sur terre et sur l'eau.

Courses de buffles à Chonburi (côte est). Ces courses cocasses font l'objet de paris.

Festival lunaire chinois à Songkhla (Sud). Les Thaïs d'origine chinoise ont coutume de faire des offrandes à la lune (la reine des Cieux) en remerciement des bienfaits passés ou à venir. Danses du lion et du dragon, processions aux lanternes, concours et spectacles folkloriques.

Novembre

Fête des bateaux illuminés à Nakhon Phanom (Nord-Est). *Voir p. 221.*

Régates de Phimaï (Nord-Est). Elles ont lieu sur la rivière Mun, non loin du site khmer de Phimaï. Aux régates s'ajoutent un concours de bateaux précieux, répliques des barges royales, et toute une série d'animations.

Festival de Loy Krathong à Sukhothaï (Nord). *Voir p. 168.* La « fête des lumières » , une des plus belles, est à découvrir aussi à Bang Saï, près d'Ayutthaya.

Yi Peng Loy Krathong à Chiang Maï (Nord). Ce rituel particulier consiste en un lancer de ballons en papier visant à se débarrasser symboliquement de ses soucis et mauvaises actions. Le soir, les maisons sont décorées de lanternes illuminées. Plus tard, les traditionnels *krathong*, petits bateaux en feuille de bananier, sont jetés au fil de l'eau.

Fête des éléphants à Surin (Nord-Est). *Voir p. 213.*

Régates internationales à Phichit (Nord). Cette localité est considérée comme la meilleure pépinière de piroguiers (en rivalité avec Phitsanulok).

Semaine du pont de la rivière Kwaï (centre). *Voir p. 151.*

Les enfants-princes, futurs novices, investissent la ville de Mae Hong Son pour la fête de Poi Sang Long.

Décembre

Foire de la soie à Khon Kaen (Nord-Est). *Voir p. 216.*

5 décembre : anniversaire de Sa Majesté le Roi (fête nationale). Tous les bâtiments publics et de très nombreux édifices privés sont décorés, tandis que le Grand Palais est illuminé de façon spectaculaire.

Jours fériés

1er janv. : Nouvel An ; **fév.-mars** (mobile) : Magha Puja ; **6 avr. :** jour de la dynastie Chakri ; **12-15 avr. :** Nouvel An thaï ; **1er mai** (fête du Travail) ; **6 mai :** anniversaire du couronnement ; **mai** (mobile) : Visakha Puja ; **juil.** (mobiles) : Asalha Puja (1er sermon de Bouddha) et Khao Pansa (carême bouddhique) ; **12 août :** anniversaire de la Reine Sirikit ; **28 oct. :** jour de Chulalongkorn ; **5 déc. :** anniversaire du Roi et fête nationale ; **10 déc. :** jour de la constitution ; **31 déc. :** dernier jour de l'année.

Hébergement

Une orchidée sur l'oreiller : c'est ce qui fait le charme inimitable du service dans un grand hôtel de Thaïlande. Autre détail agréable, le personnel semble toujours disponible, s'exprime avec douceur et gentillesse, sans obséquiosité, et ne réclame pas de pourboire. Rodée depuis plus de 30 ans à l'art de recevoir, l'hôtellerie thaïlandaise ne réserve que de plaisantes surprises : un excellent rapport qualité-prix, une palette variée d'établissements, une bonne implantation sur les lieux touristiques. Toutefois, les catégories ne sont pas encore normalisées et chaque hôtel s'attribue les étoiles qu'il croit mériter. L'Office du tourisme classe les établissements par prix, ce qui n'exclut pas les surprises, un même hôtel offrant parfois plusieurs catégories de chambres, et donc de prix. La classification utilisée dans ce guide prend en compte des critères de prix, de localisation, de confort, de charme, avec une part de subjectivité, pour mieux vous aider à choisir.

Les hôtels de catégorie supérieure : ▲▲▲▲

Fonctionnels et raffinés, ils offrent les standards les plus élevés de l'hôtellerie internationale, des centres d'affaires et de loisirs, une gamme de services sophistiquée allant de l'impression-minute de cartes de visite au baby-sitting. Concentrés à Bangkok, dans les stations balnéaires et à Chiang Maï.

Budget moyen (base chambre double) : 3 000 à 7 000 ฿ (600 à 1 400 F env., 91 à 213).

Les hôtels intermédiaires : ▲▲▲ et ▲▲

Le confort reste excellent (climatisation, piscine, boutiques et divers services annexes) et les prix sont nettement moins élevés. On trouve aussi ce type d'établissements dans tous les centres touristiques. Budget moyen : 1 500 à 3 000 ฿. Il existe aussi des hôtels de très bon niveau autour de 1 000 ฿/chambre et les étapes de province peuvent réserver d'agréables surprises pour 400 à 600 ฿, soit 80 à 120 F env. (12 à 18).

Un peu de couleur locale : ▲▲, ▲ ou aucun

En dehors des hôtels de conception occidentale, on trouve des modes d'hébergement plus typiques qui vont de l'hôtel chinois pour représentants de commerce (près des gares, dans les villes de province) à la maison flottante sur la rivière Kwaï, en passant par le *lodge* dans les parcs naturels et la paillote les pieds dans l'eau à Samui ou à Phi Phi ; les plaisirs les plus simples sont souvent les meilleurs. Très prisées de la clientèle jeune, les *guest-houses* offrent un hébergement parfois spartiate mais tout à fait acceptable. On peut y échanger des tuyaux intéressants et y trouver des possibilités d'excursion sympathiques. Budget : à partir de 500 ฿, soit 95 F (15).

Chez l'habitant

La formule n'existe pas en Thaïlande, sauf circonstances particulières (hébergement chez les tribus montagnardes à l'occasion d'un trekking). Toutefois, le voyageur dans la détresse trouvera toujours un toit en sollicitant le monastère du village ou du quartier qui lui prêtera volontiers une natte dans la *sala* (pavillon ouvert). Bercé par les crapauds-buffles et réveillé aux aurores par les litanies des bonzes, il lui suffira de laisser une modeste offrande avant de poursuivre sa route (le petit déjeuner n'est pas prévu).

Horaires

Comme dans tous les pays chauds, la journée démarre et termine tôt.

➤ **Les services officiels** fonctionnent de 8 h 30 à 16 h 30, avec une pause pour le déjeuner. Inutile, en tout cas, d'espérer résoudre un problème compliqué auprès d'une administration après 15 h.

➤ **L'Office du tourisme** (TAT). Ouvert de 8 h 30 à 16 h 30 en semaine, et de 8 h 30 à 13 h les sam., dim. et jours de fêtes.

➤ **Les banques** ferment à 15 h 30, du lun. au ven. Certains guichets de change restent ouverts jusqu'à 20 h ou 22 h.

➤ **Les magasins** fonctionnent non-stop, souvent jusqu'à 20 h, dim. compris ; les camelots plient bagage vers 19 h (sauf, évidemment, sur les marchés de nuit).

➤ **Les temples et les musées** ne sont soumis à aucune norme, sinon que les visites sont rarement possibles après 16 h. Certains musées (dont le Musée national de Bangkok) ferment le lundi et le mardi.

Informations touristiques

L'Office national du tourisme de Thaïlande est désigné par les initiales **TAT** (Tourism Authority of Thailand). En dehors de Bangkok, il est présent dans 22 villes de province. Il édite de nombreux dépliants régionaux, des cartes et des plans de ville, des listes d'hôtels, le calendrier des fêtes et manifestations à venir, des dépliants thématiques axés sur le sport (golf, plongée), la nature (parcs nationaux), la cuisine, etc. Le TAT est une institution gouvernementale et non une agence de voyages. Il n'organise aucun circuit et ne peut assurer aucune réservation.

Le TAT est représenté dans le centre (Ayutthaya, Bangkok, Kanchanaburi, Pattaya, Phetchaburi, Rayong, Trad), le Nord (Chiang Maï, Chiang Raï, Phitsanulok, Tak), le Nord-Est (Nakhon Ratchasima, Khon Kaen,

Nakhon Phanom, Ubon Ratchathani, Udon Thani), le Sud (Hat Yaï, Phuket, Nakhon Si Thammarat, Sungai Kolok, Surat Thani).

Voir les pages pratiques de ces localités.

Langue

Parler (au moins un peu) anglais est indispensable en Thaïlande. Mais ce n'est pas la panacée, car la plupart des Thaïs ne parlent que… le thaï. Le personnel des hôtels utilise à peu près correctement l'anglais, quoiqu'il fasse souvent semblant de comprendre, par excès de gentillesse et de courtoisie. Grâce à l'engouement de nos compatriotes pour Chiang Maï, la population locale a fait de notables progrès en français.

Inutile d'espérer s'en tirer par l'écriture, encore plus hermétique que la langue. Les caractères latins sont utilisés dans la signalisation routière (du moins sur les grands axes), pour les plaques de rues et les menus de restaurants. Reste l'ultime salut, la langue imagée et universelle: mimiques, sourires, dessins… Les Thaïs sont experts pour vous extorquer votre âge, votre situation de famille et même le prix de votre montre sans prononcer un traître mot de français ni d'anglais. De votre côté, sachez que la langue thaïe est à manier avec précaution, et qu'une mauvaise maîtrise des tons peut transformer un compliment en infâme grossièreté *(voir lexique p. 260)*…

Marchandage

Même si les prix « fixes » (non négociables) sont de plus en plus fréquents, notamment dans les grands magasins, la pratique du marchandage fait partie de la tradition. C'est pourquoi il n'est pas courtois d'acheter dans la précipitation. La transaction idéale suppose que tout le monde soit content, acheteur et vendeur.

Malheureusement, le développement du tourisme a engendré beaucoup d'abus. Les marchands peuvent avoir la tentation de gonfler leurs prix face à un client qui affiche souvent une richesse ostentatoire (pour vous donner un ordre d'idée, un instituteur gagne env. 4000 ฿ par mois). Mais l'on observe aussi chez certains touristes un manque de respect vis-à-vis du vendeur qu'ils qualifient volontiers, ne serait-ce qu'implicitement, de roublard. Croire qu'une belle pièce ancienne ou un objet rare peut s'acquérir pour une bouchée de riz relève de la naïveté; ergoter pour 10 ou 50 ฿, comme le font certains, est considéré par les Thaïs comme un manque de dignité. À chacun de mener sa propre stratégie du désir…

Massages

Il fut un temps où le massage était un art. Un art ancien et innocent pratiqué pour être bien dans son corps. La très sérieuse école de massage du **Wat Po**, à Bangkok, est dans la lignée de cette tradition *(voir p. 114)*. Ceux qui en font l'expérience ne sont pas près de se laisser abuser par les promesses voluptueuses du soi-disant « massage thaïlandais » qui n'est, le plus souvent, que de la prostitution déguisée. Sachez donc, si vous en doutiez encore, qu'il y a massage et massage. Si certains *massage parlours* (salons de massage) restent dans la limite de la décence, sinon de l'innocence, la plupart affichent la couleur sans équivoque et si le client peut se plaindre, ce n'est pas d'être trompé sur la vraie nature de l'établissement.

Un massage classique pour homme ou femme, dans un hôtel ou un établissement affichant *traditionnal massage* ou *herbal massage* coûte environ 300 ฿ l'heure. Vague sincère de puritanisme ou simple souci commercial? La vogue du moment serait plutôt au *foot massage* (très convaincant) et à la relaxologie (tout un programme!).

Médias

Les médias prennent une importance croissante dans la Thaïlande contemporaine et contribuent à rompre l'isolement des campagnes.

Radio et télévision

Il existe de nombreuses stations de radio et 5 chaînes de télévision qui présentent des feuilletons thaïs, des films thaïs, chinois de Hong Kong, japonais et américains, des dessins animés japonais, des émissions de variétés. La personne du Roi est souvent présente dans les journaux télévisés qui se font l'écho de ses déplacements dans le pays. Tous les hôtels de première catégorie sont câblés et disposent d'un réseau vidéo intérieur qui diffuse des films en anglais.

Presse écrite

La presse quotidienne est dominée par *Thaï Rath* (en thaï) qui exploite volontiers le scandale à la une. Ne pas confondre avec *Siam Rath*, le quotidien de référence des intellectuels thaïlandais. La presse quotidienne anglophone est représentée par trois titres : le *Bangkok Post* (matin), *The Nation* (matin) et le *Bangkok World* (soir). Ils sont de bon niveau et cultivent volontiers l'impertinence vis-à-vis du monde politique, particulièrement le *Post*. Outre les quotidiens, il existe quantité de magazines thaïs, les plus populaires diffusant des romans-photo dans la tradition d'*Intimité*. De nombreuses publications sont éditées en anglais à l'usage des touristes et distribuées gratuitement dans les hôtels (*Where, Thaïways, Bangkok After Dark*, etc.).

Photo

Il est très agréable de faire des photos en Thaïlande, d'abord parce que les sujets sont attrayants, ensuite parce que les Thaïs sont très coopératifs et gentils. Toutefois, ils n'aiment pas être photographiés s'ils ne se sentent pas à leur avantage. Il est impoli de photographier quelqu'un par surprise. Dans certains villages montagnards très visités, autour de Chiang Maï ou Chiang Raï, on vous demandera de l'argent. Sauf avis contraire, les photos sont autorisées dans les temples. Pendant les cérémonies, les photographes sont tenus de rester discrets.

Politesse et usages

La Thaïlande est célèbre, à juste titre, pour sa tolérance et son sens de l'hospitalité. Comme tous les pays, elle a ses propres coutumes qu'il est bon de connaître pour se sentir plus à l'aise.

Comment s'habiller ?

Les Thaïlandais n'apprécient pas les tenues débraillées ou dénudées : évitez shorts et décolletés en ville ainsi que nudisme ou seins nus sur les plages (ces pratiques sont réprimées par la police). Dans les temples et les musées, une tenue correcte est exigée : ni short, ni décolleté ou T-shirt avachi, ni même, dans certains cas, sandales *(voir p. 27)*.

Le respect au Roi et à sa famille

Le peuple thaï éprouve une vénération profonde et sincère pour la famille royale. Il est du plus mauvais goût de plaisanter sur le sujet et de manquer de respect au Roi, à la Reine ou à leurs enfants. Au cinéma, par exemple, tout le monde se lève pour rendre hommage au portrait royal présenté à chaque séance, aux accents de l'hymne national. Il faut aussi éviter de marcher sur un billet de banque ou tout autre objet à l'effigie du Roi.

La religion

Les offenses graves à la religion sont punies par la loi. Si les temples bouddhiques sont ouverts à tous, sans distinction de religion ou de race, chacun doit s'y comporter convenablement.

➤ **Vêtements.** Une tenue correcte est impérative. Pas de chapeau dans les chapelles.

➤ **Chaussures.** Si on peut les garder dans les cours, il faut les enlever dans les pavillons. Les planchers sont généralement impeccables et il est fort agréable de s'y promener pieds nus.

➤ **Bonzes.** On peut bavarder avec eux, mais ils ne peuvent toucher une femme.

➤ **Statues.** Toutes les statues de Bouddha, quels que soient leur état, leur dimension, leur valeur, sont considérées comme des objets sacrés. Ne montez pas sur un bouddha pour prendre des photos et ne faites rien qui puisse être interprété comme un manque de respect. Les Thaïs traitent les bouddhas quasiment comme des êtres humains (ainsi, il ne faut pas leur toucher la tête).

➤ **Mosquées.** Bien que la Thaïlande soit un pays à dominante bouddhique, les usages propres aux religions minoritaires y sont également respectés. Dans les mosquées, les hommes doivent avoir la tête couverte et les femmes s'emmitoufler soigneusement (foulard, manches longues, jambes couvertes). Il est évidemment impératif d'enlever ses chaussures.

Les coutumes

Même si la vie à Bangkok vous semble peu différente de la nôtre, beaucoup de coutumes subsistent, plus ou moins discrètes, et déterminent le code de politesse dans les relations sociales. Avec un petit effort, vous obtiendrez votre certificat de bonne conduite…

➤ **Salutations.** Entre eux, les Thaïs ne pratiquent pas la poignée de main mais se saluent par un *waï*, mains jointes au niveau du visage, accompagné d'une légère inclination du buste. Normalement, le plus jeune salue le plus âgé. Mais certaines personnes jeunes peuvent avoir un mérite particulier – comme les bonzes, les professeurs, les supérieurs hiérarchiques –, qui leur vaut le respect. Les Thaïs utilisent rarement les noms de famille et s'appellent par leur prénom, précédé du mot *khun* (hommes ou femmes) qui induit une certaine révérence.

➤ **Attitudes.** Désigner quelqu'un avec son pied est très impoli (évitez de croiser les jambes), le pied étant impur. À l'inverse, la tête est la partie la plus sacrée et il n'est pas convenable de toucher celle de quelqu'un, même amicalement.

➤ **Effusions.** Les démonstrations d'affection ne sont guère prisées en public. Certains jeunes couples occidentalisés vont jusqu'à se tenir par la main dans la rue, mais c'est tout à fait osé, au regard de la tradition…

Les bonzes se montrent sociables, mais ils ne peuvent toucher une femme, ni être touchés par elle. Pour faire une offrande à un bonze, une femme doit solliciter l'intermédiaire d'un homme laïc ou poser l'offrande sur un tissu de façon à éviter tout contact.

➤ **Impatience.** Il est très mal vu (et totalement inutile) de perdre son sang-froid en public. Savoir maîtriser ses émotions constitue la base de l'harmonie sociale. Parler fort, gesticuler, se mettre en colère sont des comportements considérés comme grossiers et ridicules.

➤ **Sanuk.** S'il y a une habitude à prendre en Thaïlande, c'est bien la recherche permanente du *sanuk*. Ce terme désigne tout ce qui est distrayant, agréable, rigolo. La vie est divisée en circonstances *sanuk* et *maï sanuk* (pas drôles). Cela explique, sinon justifie, une certaine insouciance et un côté imprévisible dans le tempérament thaï.

Voir aussi rubrique « **Photo** *».*

Pourboire

À Bangkok, la pratique du pourboire est relativement récente mais elle n'est, en aucun cas, systématique. La plupart des hôtels et des restaurants majorent leur note de 10 % au titre du service. Un pourboire supplémentaire est facultatif. Vous pouvez toujours manifester votre satisfaction en distribuant des gratifications aux serveurs, porteurs, guides etc. Mais vous devrez appliquer les mêmes taux qu'en France car donner 1 ou 2 B de pourboire est considéré comme une impolitesse. En dehors des zones touristiques, les pourboires sont pratiquement inconnus et souvent considérés comme humiliants.

Santé

Les adresses des hôpitaux sont indiquées dans les pages pratiques des principales villes.

La Thaïlande n'est pas un pays dangereux sur le plan sanitaire. Toutes les grandes villes sont équipées d'hôpitaux publics et privés dispensant des soins de qualité. Un problème de langue peut se poser, même si la plupart des médecins parlent anglais. Le recours à un interprète est parfois prudent, sinon nécessaire.

Dans les villes moyennes et les villages, on trouve le plus souvent des dispensaires équipés pour faire face aux problèmes médicaux de base : états infectieux, blessures. Toutefois, la notion d'urgence est toute relative et il est préférable d'éviter les situations extrêmes ; ainsi, la location de motos profite autant, sinon plus, au corps médical qu'aux loueurs ! En cas de problème sérieux, contactez immédiatement votre assurance.

En tout état de cause, comme dans tous les pays tropicaux, un minimum de vigilance s'impose.

➤ **Troubles intestinaux.** Ils sont fréquents, en raison du changement de climat et de nourriture. Évitez de boire l'eau du robinet et de manger des crudités. On trouve de l'eau purifiée dans la plupart des hôtels, et des boissons capsulées dans la moindre épicerie de village.

➤ **Paludisme.** Si vous devez circuler en forêt ou dans les régions à risque, les précautions indispensables doivent être prises avant votre départ *(voir p. 26)*.

➤ **Sida.** L'épidémie de sida a pris des proportions particulièrement inquiétantes en Thaïlande au cours des dernières années. Occultée trop longtemps, autant par intérêt (pour ne pas mettre en péril l'industrie touristique) que par insouciance, elle est désormais dénoncée comme un fléau national. Ici comme ailleurs, nul ne sait comment attaquer efficacement un problème de cette ampleur. Les principaux modes de transmission sont connus et il serait tout à fait irresponsable de se laisser aller à l'euphorie de l'exotisme en oubliant les précautions élémentaires. Le préservatif, appelé aussi « parapluie thaï », est distribué dans les quartiers chauds et se vend dans des supermarchés ouverts 24/24 (Seven-Eleven, ou Am-pm). Mais il ne faut pas oublier l'autre ennemi, la toxicomanie, grande responsable, avec la prostitution, de la propagation du sida.

Sécurité

La Thaïlande est un pays où l'étranger se sent en confiance, malgré le barrage de la culture et de la langue. Il y est traité avec courtoisie, égards et gentillesse, surtout s'il respecte lui-même les habitudes thaïes, principalement envers le Roi et la religion *(voir p. 46)*. La police touristique veille pour régler les problèmes éventuels.

Les risques objectifs encourus par le touriste étranger en Thaïlande sont fortuits et peuvent être réduits à presque rien par le simple bon sens. Face à une population habituée à un mode de vie frugal, il n'est ni courtois ni adroit de faire étalage de sa « richesse » (même si nous la jugeons, nous-mêmes, toute relative). La vigilance s'impose tout particulièrement à Bangkok et à Pattaya, où les écarts entre riches et pauvres sont les plus choquants. Le mieux est de laisser les objets de valeur (passeport, billets d'avion, argent) au coffre de l'hôtel, d'éviter de sortir de grosses coupures pour payer une petite somme, de garder sa carte de paiement et son argent en lieu sûr, de faire attention à son sac… Bref, rien de très différent de la prudence que chacun respecte spontanément à Paris ou à Londres.

Il faut aussi se méfier des buveurs, les excès de *mékong* ayant parfois de fâcheux effets : le revers de la douceur thaïe réside dans ces accès de violence tout à fait imprévisibles, dus souvent à la boisson, ou au sentiment, insupportable pour un Asiatique, de « perdre la face » en public.

Le sujet le plus délicat, outre l'offense au Roi, est incontestablement la drogue. Beaucoup de jeunes Occidentaux sont actuellement incarcérés en Thaïlande, parfois à vie, pour trafic ou usage de stupéfiants. La faiblesse et la naïveté sont mauvaises conseillères, et il faut savoir que les pourvoyeurs sont les premiers indicateurs de la police. Toujours dans le registre de la méfiance, oubliez votre bon cœur et ne jouez pas les facteurs pour des amis de rencontre qui vous confieraient un colis d'apparence anodine.

Dernière précision : dans certaines régions frontalières, la sécurité d'étrangers « qui se mêlent de ce qui ne les regarde pas » ne pourrait être assurée (frontières birmane au nord, khmère à l'est, malaise au sud). Là encore, le bon sens vous dictera votre conduite.

Police touristique

La Police touristique a été créée en 1988 par l'Office du tourisme. Elle a pour vocation d'aider les touristes en difficulté, d'intervenir en cas de conflit, de plainte ou de préjudice. Ses agents parlent anglais, parfois même français ou allemand, et portent un badge qui les distingue des autres policiers. La Police touristique diffuse un document édictant 13 recommandations dont la plupart relèvent du bon sens et ne sont pas spécifiques à la Thaïlande.

À titre d'exemple, outre les conseils formulés ci-dessus : mettez argent, passeport et billet de retour en lieu sûr ; comparez les prix avant d'acheter ; vérifiez l'empreinte de votre carte de paiement avant de signer le reçu ; évitez de vous promener seul dans des endroits déserts ; attention aux jeux clandestins et à la drogue (la répression est impitoyable) ; ayez toujours sur vous la carte de votre hôtel (en thaï), etc.

La Police touristique peut être sollicitée à Bangkok dans tous les sites touristiques ou à proximité des grands hôtels, et peut intervenir très rapidement.

Perte de passeport

Voici la procédure à suivre en cas de perte ou de vol de passeport : 1. faire une déclaration de perte à la police touristique (à Bangkok : près du YMCA, sur Sathorn Rd) ; 2. se présenter aux services consulaires de l'ambassade de France avec une déposition et 3 photos ; 3. aller au Bureau de l'immigration pour régulariser la situation : le circuit est assez compliqué et le bureau ferme tôt (prévoir une bonne demi-journée !).

Sécurité cartes bancaires !

Très utile et largement acceptée, la carte de paiement n'offre pas que des avantages. Beaucoup de commerçants et prestataires prélèvent une commission qui peut aller jusqu'à 5 % du montant dû. Par ailleurs, il est recommandé, en cas de reçu manuel, d'inscrire la somme en toutes lettres pour éviter tout risque de fraude. Des escroqueries sont parfois signalées (la plus répandue consistant à imprimer plusieurs reçus à partir de la même carte), mais elles sont rares, rapportées au volume des transactions. ❖

L'artisanat délicat qu'est la décoration des ombrelles est une spécialité de Chiang Maï. Des familles entières manient avec finesse les couleurs et les représentations naïves sur ce support fragile.

Sexe

Bangkok a mauvaise réputation. Pour Pattaya, c'est encore pire ! Les charters du sexe ont élu la Thaïlande depuis les années 1970 et le mal est fait. Avec la hantise du sida, le sexe est devenu triste. Avant, il faisait semblant d'être gai. Les révélations apportées par les médias et les associations sur l'ampleur de la prostitution enfantine ont suscité une prise de conscience salutaire, mais trop peu suivie d'effets.

Dans toutes les grandes concentrations urbaines et touristiques, la prostitution reste le pivot de la vie nocturne, avec son cortège de spectacles, exhibitions, activités inavouables. Bref, une véritable industrie, pactole pour les uns et bagne pour les autres. Le folklore, ce sont les hôtesses jerkant en string sur les comptoirs de bar, les *life shows*, les pongistes ou fumeuses acrobatiques. Mais au pays du néon, l'atmosphère devient vite oppressante et les rabatteurs, jamais à court de propositions, sont surtout des rabat-joie.

De fait, l'industrie du sexe permet de soutirer aux touristes un maximum d'argent. Le passant se trouve littéralement harcelé par des jeunes gens équivoques qui sont aussi les champions de la publicité mensongère. La liste des suppléments est longue pour atteindre le septième ciel sous la promesse d'une Singha (bière locale) à 80 B…

Il ne faut pas s'imaginer que ces turpitudes laissent les autorités indifférentes : la prostitution est illégale et, périodiquement, la décision d'assainir les rues chaudes est mise à l'ordre du jour, ne serait-ce que pour des raisons de popularité. Car, contrairement à ce que les Occidentaux ont tendance à croire, ce « folklore » nocturne fait figure de scandale aux yeux des Thaïs. En fait, et ce n'est pas le moindre paradoxe de la Thaïlande contemporaine, la « libération sexuelle » ne dépasse guère le périmètre des quartiers chauds de la capitale.

Shopping

L'artisanat thaïlandais est né de la nécessité de créer les objets quotidiens indispensables : plats de cuisson en terre, récipients en bambou pour le riz, ombrelles en papier pour se protéger du soleil ou de la pluie. Progressivement, les artisans ont amélioré l'esthétique de leurs productions et acquis une renommée internationale. Sur les marchés traditionnels ou dans les centres commerciaux gigantesques, dans les grands magasins ou les échoppes familiales, c'est le grand déballage : tissus, bijoux, vanneries, cravates, porcelaines, objets de laque, peintures sur soie, poids à opium, statuettes en bois, instruments de musique, masques, marionnettes du théâtre d'ombres, mais aussi maroquinerie, vêtements, articles de décoration… Oui, comment résister ? Bien que l'on trouve tout à Bangkok, la capitale du shopping reste Chiang Maï *(voir p. 178 et 202)*.

Antiquités

Discerner le vrai du faux n'est pas toujours aisé, d'autant que les imitations sont souvent excellentes. Le vendeur ne peut pas toujours être accusé de mauvaise foi, la copie étant érigée en système dans l'art siamois depuis les temps les plus anciens. Ainsi, dire d'un bronze « c'est un *Sukhothaï* » peut s'interpréter de deux manières : 1. c'est un bronze de style Sukhothaï (sous-entendu : une copie) ; 2. c'est un bronze de l'époque Sukhothaï.

Vous le voyez, la prudence s'impose, éventuellement le recours à un expert si l'achat est coûteux. Peut-être aurez-vous la chance de dénicher la perle rare, des bronzes de la période Dvaravati (VIe-XIe s.), qui sont assez répandus, du fait de leur dimension restreinte facilitant le transport. La plupart des statues en bois datent du XIXe s., les pièces antérieures étant détruites ou conservées dans les musées. Outre les objets religieux (interdits à l'exportation), on trouve des porcelaines chinoises ou thaïes, des pipes, poids ou balances à opium, des bijoux, des peintures sur soie, des textes sacrés manuscrits sur feuilles de lataniers, etc. Ombre sur le bonheur du chineur, aucune pièce ancienne ne peut sortir du pays sans autorisation *(voir p. 35)*.

➤ **Où acheter ?** À Bangkok, Chiang Maï (Nord) et chez les antiquaires implantés près des sites touristiques.

Argent

Le travail de l'argent fait appel à la plus grande virtuosité. Bagues, bracelets, pendentifs, ceintures, services à thé sont vendus à des prix abordables, généralement au poids. On peut préférer le style brut et moins tarabiscoté des bijoux montagnards (hmongs, lisus, yaos). Il est possible de faire exécuter des bijoux sur commande. Au rayon des bijoux anciens, vous trouverez des pièces superbes (prix en rapport), particulièrement en provenance des tribus montagnardes.

➤ **Où acheter ?** À Chiang Maï et Tak (Nord), dans le Triangle d'Or, à Ban Chok (Nord-Est, environs de Surin).

Bronze doré

L'utilisation du bronze en Thaïlande remonte à plusieurs siècles. Les techniques se sont modernisées pour produire des objets fonctionnels ou décoratifs : assiettes, bols, coupes, couverts tout en métal ou garnis d'un manche de palissandre, d'os ou de corne de buffle. En principe, le bronze des services de table est traité (allié au nickel) pour ne pas noircir au contact des aliments. Mais le résultat n'est guère convaincant, et il vaut mieux décourager tout de suite celles ou ceux qui n'aiment pas manier le chiffon…

➤ **Où acheter ?** À Bangkok, Ubon Ratchathani (Nord-Est).

Céladon

Originaire de Sukhothaï, ce procédé de vitrification de la terre cuite permet de fabriquer des poteries d'une délicate nuance vert jade. Redécouvert à Chiang Maï, l'art du céladon produit des objets raffinés (lampes, vaisselle, vases…).

➤ **Où acheter ?** Dans le Nord, à Chiang Maï, Sawankhalok, Sukhothaï, Sri Satchanalaï.

Coton

Tissé selon le même procédé que la soie (sauf dans sa production industrielle), il est recherché pour l'ameublement (qualité épaisse), la décoration et le prêt-à-porter. Uni ou imprimé, il inspire aussi des objets amusants (peluches en patchwork), pratiques (linge de maison) ou insolites (batiks imprimés à la cire, à la manière indonésienne, fréquents dans le sud de la Thaïlande). À Chiang Maï, les *designers* rivalisent d'imagination pour créer vêtements et accessoires à partir des tissus traditionnels des minorités akhas (patchworks), méos (batiks et tissus incrustés), lisus (tissus incrustés), ou encore yaos (broderies au point de croix).

➤ **Où acheter ?** À Chiang Maï (Nord), Chiang Raï (Nord), Khon Kaen (Nord-Est), Roi-Et (Nord-Est), Sakhon Nakhon (Nord-Est).

Joaillerie

Saphirs étoilés, rubis, topazes, émeraudes, zircons bleus et blancs se disputent la vedette. Ces pierres sont en vente sous toutes les formes : brutes, taillées, montées ou libres. Malheureusement, de nombreux bijoutiers sans scrupule profitent de l'inexpérience de leurs clients pour leur vendre au prix fort des pierres sans intérêt. Les incidents se sont multipliés ces dernières années. N'espérez pas faire des affaires exceptionnelles si vous n'êtes pas connaisseur car les belles pierres sont réservées à l'exportation. Choisissez les bijouteries portant le label TAT (Office du tourisme) qui vous garantit une transaction honnête et un recours en cas de litige.

➤ **Où acheter ?** À Bangkok, Kanchanaburi (centre), à Chanthaburi (côte est), Tak (Nord), et à Mae Hong Son (Nord).

Laque

Boîtes, bols, dessous de verres, assiettes, plateaux, illustrent cet art raffiné où les motifs sont dorés à la feuille et appliqués sur un fond noir. Une autre technique utilise la coquille d'œuf et renouvelle l'esthétique traditionnelle, démontrant ainsi la vitalité de l'artisanat thaïlandais.

➤ **Où acheter ?** À Chiang Maï (Nord), Mae Saï (Nord, près de la frontière birmane).

Rotin et vannerie

Le mobilier thaï allie harmonieusement le bambou et le rotin, dans une excellente qualité d'exécution. Les magasins spécialisés s'occupent de l'expédition, mais vous devez faire préciser les délais et les conditions d'assurances. La vannerie doit être achetée sur les marchés, où elle est vendue à des prix dérisoires.

➤ **Où acheter ?** À Bangkok, Sisaket (Nord-Est), Narathiwat (Sud), Nakhon Si Thammarat (Sud).

Soie

Reconnue comme la plus belle du monde, la soie thaïe peut avoir jusqu'à 3 trames, ce qui explique la diversité des prix (à partir de 50 F le m, soit env. 7,62). Elle est encore fabriquée artisanalement, même dans sa version la plus sophistiquée, la soie *mut-mee* (typique du Nord-Est), où les fils sont teints avant d'être tissés pour produire de somptueux motifs géométriques. Pour conserver son brillant, elle doit être lavée à l'eau tiède et repassée sur l'envers. De très nombreux accessoires sont fabriqués localement : cravates, foulards, chemises, coussins, couvre-lits, etc. Mais le fin du fin, c'est de se faire exécuter un ensemble sur mesure en moins de 48 heures ; il est préférable de fournir un modèle, tout en tenant compte de la qualité particulière de la soie thaïe qui, du fait de sa texture, garde toujours une certaine raideur.

➤ **Où acheter ?** À Bangkok, Chiang Maï (Nord), et, dans le Nord-Est, à Khon Kaen, Kalasin, Nakhon Ratchasima et Surin.

Teck

Sans parler des pilotis des maisons lacustres, pour sa qualité d'imputrescibilité, on utilise le teck pour fabriquer une multitude d'objets : saladiers, bols, raviers, couverts, plateaux, meubles sculptés (possibilité de faire copier d'après dessin ou photo) qu'on vous expédiera bien emballés.

➤ **Où acheter ?** Dans le Nord, à Chiang Maï et Mae Hong Son.

Sports et loisirs

C'est pendant la saison sèche et à l'occasion de foires ou de fêtes que la joie de vivre des Thaïlandais s'exprime sans retenue. La plupart du temps, il ne s'agit pas seulement de s'amuser mais aussi d'en profiter pour gagner de l'argent. Car les Thaïs sont des joueurs impénitents et toutes les occasions sont bonnes pour engager des paris. De fait, la plupart des divertissements populaires s'apparentent à des combats : boxe, poissons, cerfs-volants, coqs, buffles, serpents contre mangoustes, jusqu'au paisible *tai-chi-chuan* (chinois) qui fait partie des arts martiaux puisqu'il fut inventé par des moines bouddhistes dans un but défensif.

Boxe (muay thaï)

Ce sport est comparable à la savate, du fait que l'action des pieds, de la tête, des épaules et des genoux vient renforcer celle des poings. Dans la tradition des arts martiaux, la boxe thaïe laisse une grande part au rituel, aux incantations, à l'hommage aux maîtres vivants ou défunts. Les combats sont rythmés par un orchestre dont les percussions s'ajustent au rythme du combat, contribuant à faire monter la tension. Les spectateurs engagent de très grosses sommes dans les combats de boxe, ce qui justifie les cris et vociférations qui secouent l'assistance.

Les coqs élevés pour le combat se battent avec leurs propres ergots. Un combat peut durer jusqu'à dix rounds, mais le plus souvent la victoire se dessine au quatrième ou au cinquième round

Cerfs-volants

Ce n'est pas simplement un jeu pour les enfants : c'est un sport et un art très ancien dans lequel se sont illustrés plusieurs rois de Thaïlande. Le cerf-volant se pratique à la saison sèche, particulièrement au mois d'avril qui est la période la plus ventée. Il se joue

La boxe thaïe est indéniablement le sport le plus populaire du pays. Ses champions sont vénérés par le peuple comme de véritables dieux.

Teigneux comme un poisson siamois

Assister à un combat de poissons : une affaire de patience et de passion…

« Le poisson combattant du Siam, ou *plaa kat*, est gros comme un doigt et de couleur neutre. Voici chaque champion au repos dans un bocal de verre, séparé du voisin par une lame en carton. Aussitôt cette cloison enlevée, les petits poissons se voient : alors ils se hérissent, frémissent, tremblent, deviennent d'une merveilleuse couleur pourpre. Ils se mettent à vibrer et se précipitent l'un sur l'autre, nez contre nez. Si on les jette dans le même bocal, ils se déchirent et s'entre-tuent. Désireux de ne pas abîmer ses pensionnaires, le marchand les sépare en replaçant entre eux la cloison. En une seconde, ne se voyant plus, ils oublient de se haïr, leurs belles couleurs se ternissent, ils retrouvent leur calme. »

Paul MORAND, *Rien que la terre*, 1928

par équipes et met en présence un grand *chula* (cerf-volant mâle) qui mesure environ 2 m, et un petit *pakpao* (cerf-volant femelle) qui ne mesure que 75 cm au maximum. Chaque cerf-volant dispose de ses armes propres (en gros, la puissance face à l'agilité). Le jeu consiste, pour chaque équipe, à attirer le cerf-volant adverse sur son propre territoire.

Combats d'animaux

➤ **COMBATS DE BUFFLES.** Originaires du sud de la Thaïlande, ces combats mettent en présence dans des arènes spécialisées deux taureaux ou deux buffles. Chacun doit défendre son territoire, et les parieurs, leur argent.

➤ **COMBATS DE COQS.** Ils sont toujours très prisés dans les campagnes, surtout dans le sud du pays. Une passion coûteuse puisqu'un coq bien entraîné se vend couramment 100 000 bahts, sans compter les innombrables gâteries dont il est l'objet : bains de safran, menus délicats, cataplasmes et massages…

➤ **COMBATS DE POISSONS.** C'est une autre façon insolite d'encourager les paris. Le *plaa kat*, poisson combattant, ne fait pas plus de 8 cm de long. Mis en présence d'un de ses congénères, il n'a de cesse que de l'occire de façon raffinée, puisqu'il s'agit tout simplement de le noyer en bloquant son système respiratoire. L'affaire peut prendre la journée, mais les parieurs ne sont pas pressés. Les combats de poissons existaient déjà à l'époque d'Ayutthaya. Le *plaa kat* est aussi un excellent papa qui surveille les œufs que sa femelle tente sournoisement de dévorer. Quelle famille!

➤ **Combats de serpents contre mangoustes.** Le plus teigneux des deux n'est pas celui qu'on pense. Inutile de trembler pour la mangouste car elle a presque toujours le dessus. D'ailleurs, le combat est généralement interrompu avant les dernières extrémités.

Le takraw

Ce mot désigne une grosse balle en rotin qui sert à des démonstrations d'adresse : il s'agit de la faire passer d'un joueur à l'autre, sans utiliser les mains (uniquement torse, tête, cuisses, poignets), en évitant qu'elle touche le sol. C'est un jeu d'équipe dont les règles s'apparentent à celles du basket, la balle devant passer dans un panier.

Le golf, un sport en vogue

Depuis quelques années, le *green* est devenu le dernier endroit où l'on négocie. Le golf se pratique toute l'année, dans des environnements qui satisfont le besoin de nature des *yuppies* thaïlandais. La Thaïlande dispose de plus de 200 parcours de golf (il y en a même un le long d'une piste de l'aéroport de Bangkok!) et de nombreux practices appréciés des plus grands joueurs internationaux pour leur variété paysagère : anciennes rizières transformées en parcs verdoyants, terrains pentus dominant la mer, vallées fleuries au pied des montagnes… La plupart des golfs possèdent des équipements annexes (restaurants, location de matériel, *pro-shops*, *club-house*, squash, tennis, piscine) et sont ouverts aux non-membres. Il est préférable de réserver le week-end mais c'est inutile en semaine. Pour les *green fees* (taxes), compter de 700 à 1 200 ฿ en semaine et jusqu'à 5 000 ฿ le week-end dans les golfs les plus huppés (tarif visiteur). Les services d'un caddy (profession complètement féminisée) coûtent environ 200 ฿. Une brochure *Golf*, présentant les caractéristiques des différents terrains, est éditée par l'Office du tourisme.

Tailleurs

Il existe quantité de tailleurs, en ville et dans les galeries marchandes des hôtels. Beaucoup sont des Sikhs indiens. Vous pouvez généralement leur faire confiance pour les costumes et chemises de coupe classique. Cependant, les surprises ne sont pas toujours bonnes. Méfiez-vous des délais *(24 hours only)* qui vous sont annoncés. Prenez toujours de la marge et prévoyez au moins deux essayages. Ils peuvent se faire à votre hôtel, à n'importe quelle heure, car les ateliers fonctionnent en non-stop. Méfiez-vous aussi des coursiers qui n'arrivent jamais à l'heure prévue (aïe! la nouvelle robe qu'on voulait étrenner pour le dîner et qui est coincée « quelque part » dans les embouteillages…). Lors de la livraison, vérifiez la qualité du travail. Vous n'êtes pas tenu de payer d'avance (sinon un acompte), ni obligé de prendre un vêtement sur mesure qui serait raté. En cas de déception, la responsabilité incombe souvent au client qui apprécie mal l'adéquation entre un modèle et un tissu. Ainsi, la soie thaïe, du fait de sa rigidité, se prête mieux aux robes structurées et aux tailleurs qu'aux chemisiers. D'une façon générale, évitez de sortir des grands classiques ou fournissez un modèle (en précisant que vous voulez le droit fil dans le bon sens, car les coupes cherchent à optimiser le tissu, les prix étant toujours très tirés).

Taxes

Une taxe de 7 % est comprise dans le prix des prestations et produits. Le service est également inclus dans les notes de la plupart des hôtels et restaurants (10 %).

Téléphone

On trouve partout en ville des téléphones publics donnant accès à l'international avec une carte téléphonique locale ou avec votre carte de paiement.

Les directives sont très clairement expliquées en anglais.

On trouve aussi des appareils à pièces (1, 5 et 10 ฿). Une communication locale coûte 1 ฿ l'unité dans la rue, mais 4 à 5 fois plus si vous appelez depuis votre chambre d'hôtel.

De l'aéroport (sous douane), vous pouvez téléphoner gratuitement (appel local) de certains postes mis à la disposition des passagers.

Téléphone mode d'emploi

➤ **Pour appeler l'Europe.** Depuis la Thaïlande, composer le **001**, puis l'**indicatif du pays** (France : 33. Belgique : 32. Suisse : 41. Luxembourg : 352), suivi du numéro de votre correspondant, sans le 0 de l'indicatif régional. Ne pas oublier le décalage horaire (pour appeler à 19 h en France, il faut composer son appel en Thaïlande à minuit ou 1 h du matin, selon la saison). Une communication de 3 mn coûte env. 300 ฿, depuis une cabine.

➤ **Pour appeler la Thaïlande.** Depuis la France, la Belgique et la Suisse : composer le 00 (international) + le 66 (Thaïlande) + le préfixe de la localité (Bangkok : 2 ; Chiang Maï : 53 ; Phuket : 76 ; Samui : 77 ; etc.) + le numéro de votre correspondant. Depuis le Canada : composer le 011 au lieu du 00.

Les codes urbains locaux sont indiqués dans les informations pratiques de chaque ville, à la fin des chapitres concernés.

➤ **Renseignements internationaux** pour la Thaïlande : ☎ 00.33.12.66.

Toilettes

En dehors des endroits publics (centres commerciaux, gares, etc.), il n'y a pas de toilettes publiques dans la rue. En cas d'urgence, la seule solution est d'entrer dans un hôtel, un restaurant, un magasin : l'accueil est toujours compréhensif. À la campagne, les toilettes thaïes n'ont pas l'eau courante... ni de papier toilette, mais un réservoir à eau, avec une casserole : c'est propre et pratique. Les termes employés sont *hong nam* (*hong* = salle, *nam* = eau) et *suam* (à prononcer « *sou-eum* »).

Transports intérieurs

Du jet à l'éléphant, en passant par la pirogue et le cyclo-pousse, il est difficile de rêver plus grande variété de moyens de transport.

L'avion

Le réseau intérieur est excellent en termes de destinations et de fréquences (6 à 7 vols/j. entre Bangkok et Chiang Maï). Les vols de la **Thaï Airways** (avec « pass » 4 coupons à tarif spécial) sont complétés par ceux de compagnies privées : **Bangkok Airways**, qui opère sur des axes touristiquement intéressants de Bangkok à Samui, Ranong, Sukhothaï, Siem Reap (Angkor), et aussi de Samui à Phuket, Pattaya, Krabi, de Sukhothaï à Chiang Maï, de Phuket à Siem Reap ; **PB Air** qui dessert, au départ de Bangkok, Roi-Et, Krabi, Chumphon, Khon Kaen ; **Angel Airlines** qui va à Chiang Maï, Chiang Raï, Phuket, Udon Thani et à Kunming (Chine).

Le train

Très pratique sur l'axe nord (notamment Bangkok/Chiang Maï avec des trains couchettes très confortables, en 1re et 2e classes) et peu onéreux. Pratique aussi en direction de l'est, vers Nakhon Ratchasima (accès aux sites khmers) et vers la frontière laotienne jusqu'à Nong Khaï. Idéal pour se rendre à Kanchanaburi (rivière Kwaï) et Hua Hin, car cela évite les embou-

Conseils aux motards

Louez une machine adaptée à vos besoins, promenade, longues distances, tout-terrain… Les cylindrées les plus fréquemment proposées font 80, 100 ou 125 cm^3. On trouve aussi des motos 150 cm^3, mais rarement au-delà (il s'agit alors de modèles importés qui coûtent très cher, à l'achat comme en location).

Examinez soigneusement la moto avant de la louer ou faites-la vérifier par un motard compétent : les Thaïlandais voient toujours le bon côté des choses et n'aiment pas envisager la perspective déplaisante d'une panne ou d'un accident. L'expérience prouve pourtant que la foi ne suffit pas… Sachez aussi que la notion de « bon état » est relative et peut s'appliquer ingénument à un matériel que vous enverriez sans hésiter à la ferraille !

Évitez de voyager seul, surtout si vous vous déplacez dans des endroits reculés. En cas d'incident, vous serez en meilleure position pour surmonter la situation.

Prévoyez une assurance avec une excellente couverture, incluant le rapatriement. Les accidents de moto sont souvent sérieux : c'est un risque qu'il faut envisager avec lucidité.

Si vous n'avez jamais fait de moto (ou si vous êtes peu habitué à circuler à moto), ce n'est pas une bonne idée de commencer en Thaïlande. Les risques sont accentués par l'indiscipline des conducteurs, le mauvais entretien des motos, une sécurité insuffisante (défaut de casque, de lunettes, de gants, conduite nu-pieds), les mauvaises conditions d'assurance, le soleil et les ondées tropicales…

teillages de la sortie de Bangkok. Le réseau sud continue jusqu'à Singapour, mais il ne dessert pas les grandes stations balnéaires comme Phuket.

Il existe des trains rapides, des trains express et même d'adorables tortillards pour ceux qui ne sont pas pressés. On ne risque jamais de mourir de faim dans un train thaï où vendeurs de boissons et de friandises guettent la moindre défaillance chez le voyageur. Preuve supplémentaire de savoir-vivre : on vous apporte une carte avec un choix de plats (même en 2e classe) et vous êtes servi à la place. Passer la nuit dans le train est loin d'être déplaisant : linge impeccable, couchettes fermées par un rideau individuel et service attentionné… De quoi se précipiter sur le forfait tourisme créé par le State Railways (Rail Pass 20 jours) !

Chic et nostalgique, l'*Eastern and Oriental Express Train* circule régulièrement à travers la Thaïlande du Sud, vers la Malaisie et jusqu'à Singapour. Vous oublierez vite les clameurs et vapeurs de la gare Hua Lampong, blotti dans votre exquis compartiment *sleeper* – à moins que votre budget ne vous autorise la suite présidentielle (plutôt royale). **Informations à Paris :** ☎ 01.45.62.00.69.

Le bus

Le réseau couvre tout le pays. Il existe différentes catégories d'autobus, du plus confortable (climatisé, avec sièges inclinables, toilettes, hôtesses et rafraîchissements) au plus sommaire, pour les dessertes locales. Toutes les villes ont une gare routière, *central bus station*, au moins aussi importante que la gare ferroviaire. En province, pour les courtes distances, on utilise le *song téo*

(« deux-bancs »), sorte de camionnette équipée de deux banquettes à l'arrière et qui s'arrête à la demande.

La voiture

Le réseau routier est moderne et bien entretenu et il y a des autoroutes sur les principaux axes. Les difficultés pour les Français résident dans la conduite à gauche et la signalisation qui n'est pas toujours transcrite en anglais. En période de mousson, la circulation peut poser des problèmes (routes coupées). En toute saison, il faut être très vigilant vis-à-vis des camions (très nombreux, surchargés, conduits « à la grâce de Bouddha », images pieuses à l'appui), des bus et des animaux (buffles rêveurs, éléphants facétieux, chiens distraits). Ajoutons qu'en cas d'accident, le *farang* a souvent tort. Un compromis pour concilier liberté et sécurité consiste à louer une voiture avec chauffeur. Les grandes sociétés de location proposent les deux systèmes. On peut aussi passer par l'intermédiaire d'une agence de voyages. On peut louer des jeeps à peu de frais dans les stations balnéaires. Permis de conduire international obligatoire.

Papiers obligatoires

Pour conduire une voiture ou une moto, il faut être titulaire d'un permis de conduire international en cours de validité. Si vous n'avez qu'un permis national, vous devez vous faire établir un permis local auprès de la *Police Registration Division* de l'endroit où vous louez le véhicule (contact à demander au bureau local du tourisme ou à la Police touristique). Fournir 3 photos d'identité et un certificat médical. L'obtention d'un permis de conduire thaï vous impose, en principe, un test de code pour lequel vous devrez trouver un interprète.

Où louer une voiture ?

Les grandes agences de location sont représentées dans les grandes villes et les centres touristiques. Compter 1600 à 2000 ฿ par jour (assurance complémentaire : 350 ฿/jour). Les suppléments *drop off* (si vous laissez la voiture dans une autre ville que celle où vous l'avez louée) sont très élevés : 3 500 à 4 500 ฿ entre Bangkok et Chiang Maï. Attention : à l'aéroport de Bangkok, seul Avis est représenté et dispose de peu de véhicules (réservation impérative). Les prix et les catégories disponibles peuvent s'obtenir auprès des représentations françaises de ces agences. Une caution est demandée dans tous les cas. Il existe aussi de nombreuses sociétés locales de location de voitures. Les prix sont généralement inférieurs à ceux des grandes centrales, mais les garanties également. *Voir les informations pratiques des localités concernées.*

Quelles assurances ?

Les assurances sont désormais obligatoires. Ne signez pas n'importe quel contrat, exigez un texte en anglais et prenez le temps de le lire soigneusement. En cas d'accident, vous risquez de sérieux ennuis si vous n'êtes pas convenablement assuré.

Code de la route

En Thaïlande, on roule à gauche. Mais cette règle ne semble pas unanimement acceptée… et c'est l'une des difficultés que rencontre le chauffeur novice, contraint de négocier les situations les plus inattendues. Les routes à deux voies disposent d'une mystérieuse troisième voie, évidente pour les Thaïlandais, mais pas pour les Occidentaux ! Désordre et indiscipline caractérisent la conduite locale. La courtoisie n'a pas cours aux carrefours, c'est plutôt « pousse-toi de là que je m'y mette », et les accidents sont très fréquents. Vitesse limitée à 60 km/h en ville et à 80 km/h sur route. La police est assez présente… et les radars aussi !

L'état des routes

Les grands axes sont excellents mais en constante réparation, surtout en saison des pluies. Le principal danger vient des camions, surtout au voisinage des villes et des centres industriels. Les routes secondaires sont souvent correctes. Les pistes sont à déconseiller en saison des pluies, sauf pour les véhicules tout-terrain.

La signalisation

Sur les grandes routes, elle est en thaï et en anglais. Ailleurs, elle est en thaï – quand elle existe. Elle est peu présente en ville et fort déroutante à Bangkok, au point que les loueurs de voiture acceptent de « sortir » le véhicule de la capitale pour le compte de leurs clients ! De façon générale, il n'est pas facile de se faire renseigner par les Thaïs qui, la plupart du temps, ne comprennent ni ne parlent l'anglais. En outre, leur naturel affable les conduit à vous indiquer une direction au hasard afin de ne pas vous décevoir par une réponse négative.

L'essence

Nombreuses stations-service sur les grands axes. Sur les routes non asphaltées, l'essence est distribuée de façon artisanale, par des pompes manuelles montées sur des bidons. L'essence est moitié moins chère qu'en France.

La moto

Très en vogue dans les îles et les stations balnéaires, la moto est la façon la plus expéditive pour visiter les dispensaires et les hôpitaux thaïlandais. De nombreux touristes cèdent à la tentation, même s'ils n'ont jamais conduit une moto. La plupart des motards ne portent ni casque ni chaussures fermées; résultat, on ne compte plus les éclopés à Samui (où le sable ne facilite pas la conduite) et à Phuket. Bref, les inconditionnels de la moto ont intérêt à souscrire, dans leur pays d'origine, une solide assurance rapatriement.

Née à Bangkok dans les années 1990, la moto-taxi (dont le pilote est signalé par une casaque numérotée) a fait école et l'on peut désormais risquer sa vie les yeux fermés dans la plupart des villes du royaume, ainsi qu'à Phuket.

Au fil de l'eau

Vous avez l'embarras du choix entre bateaux-taxis, bus flottants, pirogues « à longue queue » *(hang yao)*, bacs ou barges de luxe aménagées pour la croisière. Côté stations balnéaires, de vieilles jonques ont été retapées en yachts. On peut aussi se déplacer en radeau et même dormir à bord.

Le samlo (cyclo-pousse)

Le terme de *samlo* signifie « trois roues » et désigne, en province, le traditionnel cyclo-pousse : l'avant d'un vélo, l'arrière d'une chaise à porteur. Une ou deux places assises (selon l'embonpoint du passager), une capote de protection et, luxe suprême, un rideau en plastique pour protéger le client en cas d'averse. Providence du touriste, les *samlo* n'ont pas leur pareil pour vous dénicher un hôtel, un restaurant ou la boutique de souvenirs… de leur cousin. Marchandez raisonnablement, avec respect pour ce métier de forçat, nonobstant les siestes sur le siège du passager… Signe des temps, les *samlo* tendent à disparaître au profit des motos-taxis et des *touk-touk*.

Le touk-touk

Autre version du *samlo*, vous trouverez cet intéressant taxi qui fait « touk-touk » (c'est peu dire !) avec son moteur à Bangkok et dans les grandes villes *(voir p. 143)*.

Urgences

➤ **Perte de passeport** : police touristique ou ambassade de France ;

➤ **Vols et agressions** : police touristique ;

➤ **Urgences médicales** : hôpitaux.

Coordonnées des organismes et institutions utiles dans les pages pratiques, à la fin des chapitres concernés. Voir aussi l'index p. 267.

Voltage

Le courant électrique fonctionne en 220 V, 50 Hz. Les anciennes prises sont de type américain, mais tous les hôtels récents sont équipés de prises mixtes. Vous trouverez sans problème un adaptateur dans n'importe quel grand magasin de Bangkok ou à la réception de votre hôtel. ■

DÉCOUVRIR

Les exploits épiques de l'armée des Singes, décrits dans le *Ramakien*, constituent une source d'inspiration inépuisable pour les peintres classiques, qui, peu soucieux de réalisme, mêlent thèmes historiques, mythologiques et religieux. Fresque du Palais royal de Bangkok.

HÉRITAGE

Garuda. Sculpture décorative de soutien.

En 1939, le Siam prenait le nom de Muang Thaï, le « Pays des Hommes Libres ». Un titre fièrement revendiqué, car, convoité, menacé, attaqué, envahi, dévasté parfois, le Siam a toujours échappé au joug colonial. De ce passé sans ombre, la Thaïlande tire son attachement profond à la liberté.

Le pays des hommes libres

Le premier royaume thaï connu est originaire des hautes vallées du Yunnan. Regroupé sous la bannière du royaume de Nantchao, ce peuple de riziculteurs amorce sa descente vers le sud dès le XIe s., pour échapper aux sbires de Gengis Khan. Cette coulée migratoire vers le golfe du Siam est une constante de l'histoire thaïe qui explique la disposition des anciennes capitales, de Sukhothaï à Bangkok, situées sur un axe nord-sud dans la riche plaine centrale. On connaît mal la période qui précède la domination khmère (XIe s.) sur le Siam. Le royaume môn de Dvaravati, établi à partir du VIe s. dans le bassin inférieur du Ménam, a révélé une culture déjà raffinée qui accueillera l'art indien et le sanskrit.

L'immigration en provenance du nord prend de l'ampleur au XIIIe s. Fertile et accueillante, la terre du futur Siam est occupée par diverses populations, notamment les puissants Khmers et les Môns. Vindicatifs et peu organisés, de petits royaumes passent leur temps à guerroyer, à se voler des bouddhas sacrés, à enlever les concubines du voisin, à se bombarder en utilisant des cerfs-volants en guise de porteurs, à combattre à dos d'éléphant... L'unification ne s'opère que très progressivement, au prix d'actes héroïques, d'intrigues et de trahisons, de princesses captives, d'héritiers empoisonnés... bref, au juste prix de l'histoire des peuples.

Le royaume éclaté

Pourtant, certains petits royaumes parviennent à sauvegarder très longtemps leur indépendance, comme celui du **Lan Na** (autour de Chiang Maï) qui ne sera rattaché au pouvoir central qu'en 1796, sous l'autorité du roi Rama Ier.

L'histoire siamoise proprement dite commence en 1238, avec la fondation de **Sukhothaï**. À partir de cette date, les grandes étapes de l'histoire du Siam se lisent sur une carte. Gloire et décadence. La nation descend chaque fois plus au sud pour se régénérer: après Sukhothaï et Ayutthaya, Bangkok est la capitale de la Thaïlande depuis 1782.

Sukhothaï, paradis fiscal heureux

Tandis que notre bon roi Saint Louis rend la justice sous son chêne, un nouveau royaume voit le jour au pays des lotus et des frangipaniers: nous sommes en 1238 et un premier État organisé marque l'émergence de la nation siamoise, sous le nom de Sukhothaï (du pâli *sukha-udaya*, qui signifie «l'aube de la félicité»). La nouvelle ville est implantée au nord de la riche plaine alluviale qui coule jusqu'à la mer de Chine sur 500 kilomètres. Le riz pousse en abondance, la nature est généreuse. Le tintamarre des armées khmères s'atténue, comme étouffé par trop de batailles. La montée en puissance de Sukhothaï, ancienne place forte khmère, est une des conséquences du déclin d'Angkor, capitale de l'empire fondé en 802 par Jayavarman II.

Les Thaïs ont l'art de négocier leurs victoires. Vis-à-vis des Môns et des Khmers dont ils convoitent les territoires, ils jouent la carte de l'assimilation, profitent des apports de cultures qui leur sont supérieures et s'emparent en douceur des leviers de commande. Une excellente stratégie pour acquérir une solide maturité politique et s'imposer en tant que force nationale.

Le royaume de Sukhothaï a aussi son Saint Louis: **Rama Khamhaeng**, ou le Grand Roi, est un personnage qui confine à la légende et qui a laissé des preuves tangibles de son règne éclairé. On lui doit, surtout, les premiers écrits en langue thaïe, consignés sur une stèle exposée aujourd'hui au musée de Bangkok et qui laissent à chacun un goût de paradis lorsqu'il en arrive à ces phrases: «Aucun droit n'est prélevé sur ceux qui empruntent les routes pour conduire leurs buffles au marché ou vendre les chevaux sur lesquels ils sont montés. Libre à tous de faire le commerce des éléphants. Libre à tous de faire le commerce de l'or et de l'argent... » On l'aura compris: les habitants de Sukhothaï ne paient pas d'impôts!

Protecteur des pauvres et de l'environnement

Rama Khamhaeng est tout sauf une mauviette. Il doit d'ailleurs sa fonction à un combat singulier à dos d'éléphant gagné contre un seigneur birman. Monté sur le trône à 19 ans, en 1277, il règne tout de même durant quarante années, qu'il met à profit pour faire de Sukhothaï un phare de l'Asie du Sud-Est. Législateur organisé, fin diplomate, il favorise aussi l'expansion du bouddhisme theravâda, importé par des moines sri lankais. L'art s'épanouit dans l'architecture et la statuaire, hommage sans cesse renouvelé à la religion bouddhique. Les artistes de Sukhothaï inventent le fameux bouddha « en marche », et les poteries en céladon, d'une finesse exquise, sont célèbres dans toute l'Asie.

Contrairement à ce qui se passe de nos jours dans beaucoup de sociétés soi-disant évoluées, la moralité imprègne fortement la vie politique. D'après le *Traiphumkatha*, livre attribué à un frère aîné de Rama Khamhaeng, le Roi doit se plier aux douze préceptes suivants: 1. assurer le bonheur et la prospérité de ses sujets; 2. établir des relations amicales avec les États voisins; 3. prendre soin de sa famille; 4. aider les commerçants à développer les échanges; 5. assister les défavorisés; 6. soutenir les moines et les lettrés; 7. protéger la faune et la flore; 8. orienter ses sujets vers la voie juste; 9. donner à manger aux pauvres et les préserver de la malveillance; 10. suivre l'enseignement des moines et des lettrés; 11. rester à sa juste place; 12. refuser les revendications iniques.

Héritier d'une simple ville pour tout royaume, Rama Khamhaeng construit un véritable État qui s'étend jusqu'à Louang Prabang au Laos et Pegu en Birmanie. À sa mort, le royaume éclate et Sukhothaï entre en décadence.

Ayutthaya : 33 rois sous la cendre

Sukhothaï tombe dans les mains des princes d'Ayutthaya. Établissant leur royaume dès 1350, ceux-ci édifient temples et palais dans un lacis de canaux et de rivières, tout en montant la garde sur leurs éléphants de combat. Face à l'étoile montante, Sukhothaï ne fait plus le poids et perd son indépendance. Les Khmers trouvent un ennemi à la hauteur de leur arrogance. Trois fois, les souverains d'Ayutthaya mettent la main sur Angkor, déportant sa population et pillant ses richesses, jusqu'à l'ultime capitulation en 1431, à l'origine de la création de Phnom-Penh. Selon la tradition, les vainqueurs tirent profit de leurs conquêtes pour enrichir leur propre culture.

Honneur au Roi qui s'empresse d'adopter, d'après le modèle khmer, la conception hindouiste du monarque de droit divin. Il prétend être une réincarnation des dieux hindous, et se coupe ainsi du peuple en développant ce qu'on appellerait, de nos jours, un comportement schizophrène. Il s'entoure d'une horde de courtisans qui n'osent le regarder de peur de se faire crever les yeux par des archers spécialisés dans cette mission raffinée. Propriétaire de la terre, il l'est aussi des gens, qui deviennent ses esclaves.

Le royaume d'Ayutthaya subsiste durant 417 ans, signant la période la plus rayonnante de l'histoire thaïe. Centralisateur, le pouvoir est également législateur. Le premier roi d'Ayutthaya, Rama Thibodi (1350-1359), esquisse déjà les rudiments d'une constitution. Un de ses successeurs, Boroma Trailokanat, met en place des structures administratives qui dureront, pour certaines, jusqu'au XIXe s. Pour l'histoire comme pour la légende, Ayutthaya reste la Cité des Trente-Trois Rois. Des figures glorieuses, comme le roi **Naresuan**, ont contribué à entretenir la passion de la liberté et de l'indépendance qui sous-tend l'histoire siamoise.

Comme à Versailles

Sur le plan artistique et culturel, il ne fait aucun doute que le pays connaît un véritable âge d'or : architecture, sculpture, peinture, littérature, danse, théâtre… Tout contribue au raffinement d'une cour justement célèbre au-delà des monts, des vallées, des océans… Imaginez l'étonnement, l'admiration que pouvait susciter, à l'époque, une ville aussi brillante et cosmopolite qui compta jusqu'à un million d'habitants ! Des milliers d'étrangers y vivent du commerce ou de leurs qualifications particulières. Les Portugais et les Français y ont même leurs églises catholiques.

Mais derrière les fastes de la cour plane toujours l'ombre des champs de bataille… Le royaume mène des guerres incessantes contre les Khmers et les Birmans, les deux ennemis héréditaires. Le grand roi Naresuan parvient à rendre le Siam suffisamment puissant pour sauvegarder son indépendance pendant près de deux siècles. Mais les inévitables querelles de familles précipitent la fin. Après un siège de 14 mois, Ayutthaya s'effondre devant l'armée birmane en 1767. Ses trésors sont réduits en cendres, ses habitants massacrés ou déportés. Il n'y aura plus de lendemain : « La désolation habite à jamais la Cité des Anges », constate Paul Morand devant les ruines tragiques. Les Thaïs ne pardonneront jamais aux vainqueurs l'impitoyable destruction de leur splendide capitale. On prétend même qu'aujourd'hui encore, les Birmans ne peuvent aller à Ayutthaya, tant la population leur est hostile.

Français et Siamois : brève rencontre

Le 22 août 1662, deux Français débarquent à Ayutthaya. Bien que sales et délabrés par plusieurs mois de voyage, ils sont accueillis avec une extrême courtoisie. Ce sont deux évêques incognito, chargés d'une mission de reconnaissance en vue de l'évangélisation du Siam. Après ce premier contact, l'un d'eux, évêque d'Héliopolis, revient quelques années plus tard, tout propre et pomponné, une lettre du pape dans une poche et une de Louis XIV dans l'autre. Le Roi-Soleil en personne s'intéresse au Siam.

Il a raison : le Siam, dirigé par **Phra Naraï** (1657-1688), est alors en pleine prospérité. La cour de Lopburi peut sans peine rivaliser avec celle de Versailles et pas un instant Phra Naraï n'imagine l'indigne dessein des Français qui ne cherchent qu'à faire main basse sur les âmes et les richesses. Flatté, il décide d'envoyer une ambassade en France. Hélas ! Le « Soleil d'Orient » ne dépasse pas Madagascar : mandarins et cadeaux sombrent dans une tempête dont

Phaulcon, l'homme qui empalait trop

« Levantin d'origine, devenu anglais et converti à la religion anglicane par commodité, catholique sous la direction d'un jésuite, portugais par politique, siamois par accident, marié à une Japonaise par hasard, Constance Phaulcon devint français de cœur par nécessité et résolut de faire du Siam, qui l'avait imprudemment accueilli, une colonie pour Louis XIV. » Ainsi croqué par Maurice Garçon, le sieur Phaulcon exhale une légère odeur de soufre.

Passons sur la façon dont il se débarrasse des Hollandais et des Anglais. Le jour où il décide d'appuyer ses ambitions sur celles du Roi-Soleil, il fait empaler ses détracteurs pour mieux préparer la nouvelle ambassade projetée par Louis XIV. Son pouvoir sur le souverain siamois est tel qu'il lui fait accepter, à l'encontre de tous les usages, que l'ambassadeur français ne se prosterne pas devant lui.

Mais bien vite, les dignitaires siamois en ont assez de voir leur roi se laisser mener par le bout du nez. Le perfide et sanguinaire Phaulcon périt de mort violente en 1688, entraînant dans sa chute un roi trop faible, des marchands trop avides, des missionnaires trop arrogants. La porte du Siam claque au nez de l'Occident, définitivement pour l'histoire coloniale du Sud-Est asiatique. ❖

le sinistre présage échappe pourtant aux astrologues du Roi. De son côté, Louis XIV envoie des présents en gage d'amitié, mais nul n'ose les montrer au roi Naraï, tant on les juge insignifiants…

Enfin, en 1684, les premiers Siamois font leur entrée à Brest par ce qui deviendra la « rue de Siam ». Ils ont droit à un grand voyage organisé à Versailles, Paris, Nantes, Saumur, Fontainebleau… On les exhibe au collège Louis-le-Grand et Louis XIV daigne même les autoriser à lever les yeux sur son auguste personne : la glace est rompue.

Une ambassade peu diplomate

Le 3 mars 1685, deux vaisseaux appareillent de Brest pour rendre la politesse. À bord, l'abbé de Choisy, un prélat fort extravagant dont la passion était de se vêtir en femme et qui, selon certains, n'était pas tout à fait en règle avec ses créanciers. L'ambassade est dirigée par le chevalier de Chaumont, bon catholique, certes, mais qui n'a ni la vivacité ni le sens de l'observation de son coadjuteur François Timoléon, abbé de Choisy, auteur d'un étonnant *Journal du voyage de Siam*. Malgré quelques libertés vis-à-vis de la vérité historique, ce récit est une mine d'informations sur la vie de l'époque, l'état d'esprit et la mesquinerie de nos compatriotes.

Atout majeur, l'ambassade française a les faveurs de Constance Phaulcon *(voir encadré)*. Premier ministre du roi Naraï, celui-ci a en effet besoin de développer les relations franco-siamoises pour mieux asseoir son pouvoir personnel. Sanglés de velours et de brocart, suant sous leurs perruques bouclées dans la chaleur de la mousson, nos compatriotes négocient en 1687 pour imposer au Siam la présence de garnisons françaises à Bangkok et à Mergui. Un an plus tard, à la mort de Phaulcon, le roi siamois sous influence perd son trône et tous les Européens, Français en tête, sont boutés hors du Siam avec pertes et fracas : ainsi commence une ferme xénophobie qui durera près de 150 ans.

La toile d'araignée coloniale

Les puissances coloniales européennes n'ont pas pour autant tiré un trait sur le Siam qui, de fait, se trouvera cerné par les Anglais en Birmanie et en Malaisie, les Français au Laos, au Cambodge et au Vietnam, les Hollandais en Indonésie, sans parler des concessions étrangères en Chine continentale, ni des ambitions portugaises et espagnoles… L'appétit des colonisateurs devra se contenter de quelques bouts de terrain que le Siam leur abandonne avec discernement. Le Siam sera un État-tampon entre les Anglais et les Français.

En 1893, les Français exigent le rattachement au Laos de territoires situés à l'ouest du Mékong, n'hésitant pas à intimider le Siam en forçant, avec deux canonnières, l'embouchure du fleuve Chao Phraya. D'autres incidents liés aux intérêts coloniaux français s'ensuivent jusqu'en 1907, date du traité de frontière franco-siamois selon lequel la Thaïlande renonce, au profit de la France, à ses droits territoriaux dans la province de Louang Prabang, la France concédant l'évacuation de Chanthaburi. Dès lors, les nuages se dissipent. On fait même appel à des juristes français pour participer à la refonte du droit siamois. Par la suite, de nombreux Thaïs vont faire leurs études en France. Le hasard sauvera la tradition libérale française puisque Pridi Phanomyong, le plus brillant animateur de la révolution de 1932 (à l'origine de l'abolition de la monarchie absolue), docteur en droit, est un ancien étudiant des facultés de Caen et de Paris et le fondateur de l'Association des étudiants siamois en France.

Bangkok : la dernière capitale

En 1769, deux ans après la fin tragique d'Ayutthaya, les Siamois retrouvent un roi, Taksin, et une capitale, Thonburi, située sur la rive droite du Ménam, en face de Bangkok. Le nouveau souverain est arrivé au faîte de la puissance par le meilleur des raccourcis : la force brutale, qu'il utilise pour réunifier le territoire, récupérant notamment Chiang Maï, Louang Prabang et Vientiane, et pour chasser l'ennemi birman. Vers la fin de sa vie, il sombre dans un délire sanguinaire qui finit par dresser ses propres partisans contre lui. On l'assassine avec les égards dus à son rang, l'enfermant dans un sac de soie et le frappant à mort avec des gourdins de santal ! Il est vrai qu'il était interdit de toucher la personne du Roi…

Somdetj Phra Bouddha Yot Fa Chulalok (Rama Ier), son successeur, fonde en 1782 la **dynastie Chakri** qui règne actuellement en Thaïlande. Il choisit **Bangkok** pour capitale et y fait édifier des temples et des palais inspirés du style d'Ayutthaya.

Dans leur œuvre de destruction, les Birmans n'ont pas lésiné: tout le patrimoine national est à reconstituer. Il faut trois générations de monarques (Rama Ier, Rama II et Rama III de 1782 à 1851) pour y parvenir. Durant cette période, les rois siamois sont trop occupés à recoller les morceaux pour entreprendre un sérieux effort de modernisation.

La fascination de l'Occident

C'est sous le règne de **Mongkut** (Rama IV, 1851-1868) que la Thaïlande s'ouvre vraiment à l'ère moderne. Lorsqu'il est appelé à régner sur le Siam, Mongkut sort d'une retraite de 27 ans dans un monastère bouddhique. Doté d'un esprit encyclopédique, il est passionné d'astronomie et étudie l'anglais, idée fort excentrique dans le contexte de l'époque. Il comprend l'importance de l'Europe et sait éviter la colonisation à la Thaïlande. Dès son arrivée au pouvoir, il établit des relations diplomatiques avec l'Europe et les États-Unis. Son successeur, **Chulalongkorn**, continue son œuvre au cours de 42 ans de règne (1868-1910) : il développe l'enseignement, abolit l'esclavage, réforme l'administration, fait construire routes et voies ferrées. Il a la malchance de se retrouver face aux canonnières françaises dans l'affaire des provinces du Nord-Est mais s'en tire plutôt bien.

En dépit de ces réformes libérales, la monarchie demeure absolue. L'extension de l'éducation favorise l'émergence d'une élite qui passe à l'action: le **24 juin 1932**, un coup d'État abolit la monarchie absolue, imposant au Roi une constitution et un parlement. **Pridi Phanomyong**, l'instigateur du mouvement, vite évincé par les militaires qui le jugent trop gauchisant, ne revient au pouvoir qu'en 1944, récoltant les fruits de sa résistance aux Japonais pendant la guerre.

Sensibilisée par les exactions des puissances coloniales, la Thaïlande s'était orientée dès 1938, sous la houlette de **Pibul Songgram** (ancien étudiant de l'École militaire de Fontainebleau), vers un nationalisme militariste que renforçaient ses affinités avec le Japon. Éloigné du pouvoir à la défaite des Japonais, Pibul revient pourtant en 1947, après l'assassinat mystérieux du roi Ananda Mahidol (Rama VIII), frère aîné du souverain actuel.

Vers la démocratie

De 1932 et 1958, sept coups d'État et six constitutions confortent l'oligarchie militaire au pouvoir. Les généraux trouvent de complaisants protecteurs dans les Américains, engagés dans la guerre du Vietnam. À la fin des années 1960, les bases militaires américaines tournent à plein rendement dans le Nord-Est et Pattaya prend un goût de paradis pour ses milliers de jeunes soldats. Aux prises avec une crise économique accrue par le désengagement américain, contestés par une opposition qui s'organise, menacés par des guérillas, les gouvernements autoritaires se succèdent, cherchant à interrompre le processus de libéralisation. La montée de l'opposition culmine en octobre 1973, avec la révolte des étudiants.

Soutenu par des personnalités libérales, le mouvement étudiant proteste contre l'emprise japonaise, accusée de ruiner l'économie thaïlandaise, et réclame une nouvelle constitution. Celle-ci n'interviendra qu'en octobre 1974, après un bain de sang où l'on verra lancer les blindés contre les étudiants en colère, malgré la tentative de médiation du Roi.

Bras de fer avec les militaires

Le 20 juillet 1976, le dernier GI quitte « officiellement » l'exquise Thaïlande. Une page est tournée et le gouvernement de Kukrit Pramot échange des ambassadeurs avec Pékin, en vertu de cette nouvelle « diplomatie du bambou ». Mais la démocratie thaïlandaise reste fragile. Les années 1980 sont marquées par la prééminence des militaires qui n'hésitent pas à recourir aux coups d'État pour récupérer un pouvoir qui leur échappe chaque jour davantage au profit des libéraux.

Les défis de la crise

Il faut attendre 1988 pour que des élections portent au pouvoir le gouvernement civil de Chatichaï Choonhavan, un libéral qui sera tantôt l'acteur, tantôt le témoin du « miracle thaïlandais ». Les investissements étrangers affluent, la bourse est euphorique, le taux de croissance atteint des records.

Mais, trop rapides pour être maîtrisées, les mutations que connaît le pays ne profitent pas à tous. Argument éternel de l'opposition: la corruption sévirait aux plus hauts niveaux… Décidément, les civils au pouvoir n'ont pas la cote dans ce royaume où l'uniforme préféré de la rue reste pourtant le jean. En mai 1992, de dramatiques émeutes voient pour la première fois la classe moyenne s'ériger en gardienne de la démocratie, discrètement encouragée par les milieux d'affaires. Soumis à la pression de la rue et à l'arbitrage du Roi, le régime militaire marque le pas. En 1997 est votée une nouvelle constitution (la quinzième!), la première élaborée par un gouvernement civil. L'euphorie démocratique accompagne l'euphorie économique. Mais la crise financière asiatique sème le chaos: minée par le surendettement, la Thaïlande connaît l'effondrement brutal de son système financier et bancaire. Le taux de chômage passe de 1,9 % en 1997 à 4 % en 1999, année noire où l'inflation frise les 8 %. Aidé par le Fonds monétaire international, le gouvernement de Chuan Leekpaï entreprend une restructuration de l'économie et, sur le plan politique, joue la carte de la solidarité en ouvrant sa majorité au Chat Pattana, l'un des principaux partis d'opposition. Le libéralisme à tout crin est, plus que jamais, d'actualité: plus de 50 entreprises publiques doivent, dans les cinq prochaines années, ouvrir leur capital à des investisseurs dont beaucoup pourraient bien venir de l'étranger. La Thaïlande va-t-elle aliéner une partie de son indépendance dans un avenir proche? Cette question a déjà été posée par les syndicats dont les méfaits de la mondialisation semblent soudain réveiller l'ardeur. ■

Les repères de l'histoire

En Thaïlande	Dates	Dans le monde
Civilisation du Bronze à Ban Chiang (Nord-Est)	3000 av. J.-C.	Civilisation mésopotamienne Alignements de Carnac (Bretagne)
PREMIERS ROYAUMES		
Royaume môn de Dvaravati dans le bassin du Ménam Royaume thaï du Nantchao dans le Yunnan (Chine du Sud)	VIIIe s.	Apogée de l'Empire chinois des Tang : âge d'or des arts et des lettres Conquête musulmane de l'Espagne
Premières vagues d'immigration thaïe le long des vallées du Siam **1181-1218.** Jayavarman VII vassalise le bassin du Ménam	IXe XIe s.	**802.** Fondation d'Angkor **XIe-XIIIe s.** Royaume de Pagan (Birmanie) **1095.** Début des croisades
CAPITALES ET AMBASSADES		
1238. Fondation de Sukhothaï **1296.** Fondation de Chiang Maï par le roi Mengraï	XIIIe s.	**1226.** Règne de Saint Louis **1276.** Marco Polo en Chine
1350. Ayutthaya, capitale du Siam **1378.** Sukhothaï devient un État vassal d'Ayutthaya	XIVe s.	**1347.** La peste noire ravage l'Europe **1368.** Chine : dynastie des Ming ; fin de la domination mongole.
1431. Les princes d'Ayutthaya écrasent Angkor	XVe s.	**1453.** Prise de Constantinople par les Ottomans
1511. Premiers contacts avec les Européens (Portugais) **1569.** Prise d'Ayutthaya. Birmanisation de Chiang Maï **1595.** Reconquête de Chiang Maï par les Siamois	XVIe s.	**1515.** François Ier roi de France **1562.** Guerres de Religion (France) **1594.** Henri IV sacré roi de France
1657. Règne de Naraï (Ayutthaya) **1662-1686.** Échanges d'ambassades entre la France et le Siam **1687.** Garnisons françaises à Bangkok et à Mergui (Birmanie) **1688.** Fermeture du Siam à l'Occident	XVIIe s.	**1643-1715** : Règne de Louis XIV **1664.** Colbert fonde la Compagnie française des Indes orientale **1685.** Révocation de l'Édit de Nantes **1687.** Newton découvre la loi de la gravitation universelle

L'or appliqué sur les temples et les statues rehausse les qualités suprêmes du Bouddha. On associe souvent à l'or la couleur safran, couleur des parias en Inde, qui souligne l'humilité des bonzes envers le Bouddha.

1767. Destruction d'Ayutthaya par les Birmans	**XVIIIe s.**	**1770**. James Cook en Australie
1769. Règne de Taksin (Thonburi)		
1782. Fondation de la dynastie Chakri avec Bangkok pour capitale		**1789**. Révolution française
LE PAYS DES HOMMES LIBRES		
1851. Couronnement de Mongkut. Début de la modernisation	**XIXe s.**	**1842**. Hong Kong devient colonie britannique
1868. Couronnement de Chulalongkorn qui abolit l'esclavage		**1861-1865**. Guerre de Sécession. Abolition de l'esclavage aux États-Unis
1893. Conflit franco-siamois à propos du Laos.		**1894**. Guerre entre Japon et Chine
1932. Le Siam devient monarchie constitutionnelle	**XXe s.**	**1910**. Le Japon s'empare de la Corée et de Formose
1939. Le Siam prend le nom de Muang Thaï (Thaïlande)		**1929**. Krach boursier à Wall Street
1942. Entrée en guerre de la Thaïlande aux côtés du Japon	**1940**	**1942**. Les Japonais occupent la Birmanie, Java et Singapour
1946. Début du règne de Rama IX, qui sera couronné en 1950		**1946**. Guerre d'Indochine.
		1947. Indépendance de la Birmanie et de l'Inde
1950. Accords militaires avec les États-Unis	**1950**	**1949**. Indépendance du Laos et de l'Indonésie. Chine communiste
1963. Gouvernement autoritaire du Mal Thanom Kittikachorn		**1950-1953**. Guerre de Corée
1973. Révolte des étudiants contre le régime des maréchaux		**1965**. Engagement des États-Unis dans la guerre du Vietnam
1975. Évacuation des troupes américaines basées en Thaïlande		**1975**. Fin de la guerre du Vietnam
1976. Putsch militaire		
1980. Arrivée au pouvoir du général Prem Tinsulanonda	**1980**	**1980**. L'Irak envahit l'Iran
1988. Gouvernement civil de Chatichaï Choonhavan		**1989**. Répression du mouvement étudiant à Pékin (Tian'anmen)
1991. 17e coup d'État militaire depuis l'instauration du régime parlementaire	**1990**	**1991**. Guerre du Golfe et dislocation de l'URSS
VERS LA DÉMOCRATIE		
1992. Échec au pouvoir militaire, nouveau gouvernement civil		**1993**. Cambodge : retour au pouvoir de Sihanouk
1994. Premier voyage à l'étranger (Laos), depuis 27 ans, de Rama IX		
1996. Jubilé royal (50 ans de règne de Rama IX Bhumibol)		**1997**. Crise financière asiatique. Hong Kong redevient chinoise
1997. Adoption d'une nouvelle constitution		**1999**. Macao redevient chinoise. Crise politique en Indonésie
1999. Fermeture des derniers camps de réfugiés cambodgiens sur le sol thaïlandais		**2000**. Débuts d'un rapprochement entre la Corée du Nord et la Corée du Sud ■

Un monarque à la page

Roi de Thaïlande depuis 1946, Somdet Phra Chao Yu Hua Bhumibol Adulyadej est le neuvième de la dynastie Chakri, fondée en 1782. Son règne est le plus long de toute l'histoire monarchique siamoise. Les célébrations du Jubilé d'Or, en 1996, ont illustré les liens profonds qui l'unissent à son peuple.

Le devoir avant tout

Bhumibol naquit aux États-Unis le 5 décembre 1927, alors que son père le Prince Mahidol étudiait la médecine à l'Université de Harvard et fit ses études en Suisse, avec son frère aîné Ananda. Confronté à une situation difficile liée à l'abolition de la monarchie absolue en 1932, Rama VII, qui n'avait pas d'héritier, abdiqua en 1935 en faveur d'Ananda, âgé alors de 10 ans. Bhumibol, lui, n'avait aucune perspective de règne et penchait pour des études d'architecture. Mais en 1946, un dramatique événement devait modifier ses projets: peu avant son couronnement, le jeune Ananda, âgé de 21 ans, trouva mystérieusement la mort dans les appartements privés du Grand Palais.

Aimé, respecté, rarement contesté, Sa Majesté Bhumibol est à la fois le plus connu et le moins connu des citoyens de Thaïlande. Des artistes exécutent son portrait pour le compte de ses nombreux admirateurs.

Renonçant à sa vocation d'architecte, Bhumibol étudia le droit à l'Université de Lausanne. En mai 1950, quelques jours après son mariage avec Mom Rachawong Sirikit Kitiyakara, une ravissante princesse rencontrée à Paris, Bhumibol Adulyadej prit possession du trône octogonal, sous le titre de Rama IX, et rendit un hommage solennel au Bouddha d'Émeraude.

Une monarchie actuelle

Loin d'être un roi décoratif, Rama IX est investi constitutionnellement d'une autorité réelle. Il est le chef de l'État et des Forces armées, le défenseur de la religion, et tout acte législatif doit porter sa signature. Plus important encore, il est le garant de l'unité du pays, arbitrant les conflits qui agitent le monde politique thaïlandais.

Tout en respectant la rigueur du protocole royal, il a créé un nouveau style monarchique privilégiant la proximité avec les sujets les plus démunis du royaume. Il est à l'origine de projets de développement agricole et se préoccupe de la gestion du patrimoine forestier et des ressources en eau du pays. Son épouse, la Reine Sirikit, s'est investie dans la préservation de l'héritage culturel régional et de l'artisanat. Le couple royal a quatre enfants: la Princesse Ubol Ratana (née en 1951), le Prince héritier Mahaa Vaji-

Toujours vénéré par le peuple thaï, le roi Chulalongkorn (Rama V, 1868-1910) a su s'affranchir des pesanteurs de la tradition pour ouvrir son pays à l'Occident. Il envoya ses enfants étudier en Angleterre et voyagea personnellement en Europe. Il coiffa la tiare royale et le chapeau melon avec une égale dignité.

Jusqu'au XXe s., la famille royale vivait en recluse, loin du peuple et de ses trivialités. De nos jours, la cour continue à utiliser une langue spéciale, d'origine khmère, exclusivement réservée au Roi et à sa famille. Photographie, milieu du XIXe s.

ralongkorn (né en 1952), la Princesse Mara Chakri Sirindhorn (née en 1955, la préférée du peuple thaïlandais) et la Princesse Chulabhorn (née en 1957).

La passion de la justice et du jazz

La famille royale reste entourée d'un protocole sévère. Les interlocuteurs du souverain, qu'ils soient étudiants ou ministres, s'agenouillent toujours devant lui. Malgré son style distant, Rama IX est un homme simple, curieux, sensible et talentueux dans de nombreux domaines. Passionné de photo, skipper aguerri, musicien de jazz accompli, il est aussi compositeur et l'une de ses œuvres fut jouée à Broadway en 1950. Il figure aussi sur le Who's Who du journalisme thaï, grâce à un journal qu'il écrivit en 1946 sur un voyage en Suisse.

Une dynastie riche de talents

Rama IX s'inscrit dans la tradition d'une dynastie riche en personnalités. Rama I qui régna 28 ans (1782-1809) écrivait de la poésie et traduisit en thaï le *Ramaklen* (épopée hindouiste). Rama II (1809-1824), musicien remarquable, composa des drames poétiques. Rama III (1824-1851) était un véritable savant bouddhiste, ce qui ne l'empêcha pas d'être un génie en affaires... Son frère Rama IV (1851-1868), connu sous le nom de Mongkut, connaissait le pâli, le sanskrit, le latin, l'anglais et il était féru d'astronomie. Rama V (1868-1910), fils de Mongkut et grand modernisateur du Siam durant les 42 années de son règne, écrivit un livre de recettes de cuisine européennes. Son fils Rama VI (1910-1925) publia sa première œuvre littéraire en anglais et traduisit Shakespeare en thaï. La lignée des Chakri a finalement produit beaucoup d'artistes dont aucun n'a négligé son vrai métier : celui de Roi. ■

ACTUALITÉ

Écoliers en uniforme.

La Thaïlande aujourd'hui prend les mesures de sa vraie place dans le continent asiatique. Fidèle à des traditions qui peuvent sembler archaïques, elle négocie une mutation difficile. Sa façon est unique: elle passe par la séduction.

Depuis les années 1980, la Thaïlande est devenue pour de nombreux pays européens l'un des grands classiques du tourisme exotique.

Si les Français sont tombés sous le charme, il ne faut cependant pas trop investir sur la réciprocité. Indéniablement xénophiles, les Thaïlandais sont aussi d'une nature réservée qui les porte à conserver leurs distances. Leurs références restent extrêmement floues pour tout ce qui concerne l'Europe et, *a fortiori*, la France: c'est une leçon d'humilité.

Tous les Jaunes ne se ressemblent pas

On a coutume d'évoquer la population thaïe au féminin: vision gracieuse d'une danseuse aux longs doigts recourbés. Perfection dans la ligne du visage, le dessin de la bouche, le trait noir du sourcil qui souligne un œil plus allongé que bridé. On oublie que la Thaïlande au féminin, c'est aussi cette paysanne courbée sur la rizière. C'est aussi cette *executive woman* en tailleur impeccable qui ne fait pas un pas sans son téléphone portable. C'est encore cette femme méo arborant toute sa fortune fondue en lourds colliers d'argent et qui ne verra jamais Bangkok.

L'évolution démographique a été particulièrement spectaculaire au cours du XXe s.: 6 à 7 millions d'habitants vers 1905, 40 millions en 1975, environ 61,4 millions aujourd'hui. La région du Bas-Ménam (le delta du fleuve Chao Phraya) a fixé, avec Bangkok, plus de 50 % de la population du pays. L'agglomération de Bangkok-Thonburi (sa ville jumelle) est passée de 500 000 à 7 millions d'habitants en 30 ans. Pourtant, 64 % des Thaïlandais vivent encore dans des petits villages.

Une grande famille très bigarrée

On considère que les Thaïlandais descendent de quatre grandes familles asiatiques : les **Môns-Khmers**, les **Sino-Thaïs**, les **Tibéto-Birmans** et les **Malais**. Le terme de Thaï fait référence à une ethnie, tandis que celui de Thaïlandais désigne une nationalité. Autrement dit, tous les Thaïlandais ne sont pas des Thaïs (seulement 80 % d'entre eux, selon les estimations actuelles).

Le groupe le plus ancien, celui des **Môns-Khmers**, domina le territoire actuel de la Thaïlande du VIe au XIIIe s. et s'est trouvé presque entièrement absorbé par les Thaïs. La plupart des Môns qui subsistent encore en Thaïlande ont fui la Birmanie au cours du XVIIIe s. et sont concentrés dans l'ouest du pays. Quant aux Khmers, on les trouve dans les régions proches du Cambodge.

Les **Sino-Thaïs**, comme les Tibéto-Birmans, proviennent des plaines d'Asie centrale et des régions tibétaines. Ils se sont répandus, par vagues successives, dans toute la péninsule indochinoise. Les Thaïs ont marqué une prédilection pour les plaines où ils pouvaient pratiquer la riziculture, à l'instar des Laos dont ils sont cousins (on parle, d'ailleurs, de population « lao-thaïe » dans le nord-est de la Thaïlande). La plupart des minorités montagnardes, communément désignées sous le terme de « tribus », sont restées dans les régions élevées, qu'elles soient d'origine sino-tibétaine ou tibéto-birmane. C'est le cas des Hmongs, ou Méos, des Yaos, des Lahus, des Akhas, des Karens…

Les **Malais** sont localisés dans le sud du pays, descendants oubliés mais jamais soumis du royaume de Srivijaya (VIIIe-XIIIe s.) qui développa jusqu'en Thaïlande une brillante culture originaire de Sumatra. Leur solidarité et leur particularisme, accentués par la pratique assidue de l'islam, n'ont fait que se renforcer au cours des siècles et ce groupe représente environ deux millions de personnes à l'heure actuelle.

Les **Chinois**, qui alimentent traditionnellement une diaspora considérable dans l'ensemble de l'Asie du Sud-Est, ont posé volontiers l'autel de leurs ancêtres sur la terre du Siam, trouvant là un accueil bienveillant et un peuple peu enclin à faire les comptes sur un boulier. Bien que siamisés, ils tiennent en main l'économie du pays. Ils sont nombreux à Phuket où ils ont fait prospérer le commerce de l'étain.

Au pays de la tolérance, les différentes ethnies vivent en bonne intelligence. Le mode de vie urbain tend à gommer les particularismes, mais chacun reste profondément attaché à sa région d'origine, son village, sa famille. On lira, sur ce sujet, l'émouvant roman de Pira Sudham, *Terre de mousson*, qui raconte l'exil d'un petit paysan doué et chanceux, parti vivre en Europe grâce à une bourse d'étude.

Pieds nus dans la rizière

Le jour se lève à peine. Dans chaque famille des quelque 40 000 communes rurales de Thaïlande, une nouvelle journée commence. Les femmes préparent le petit déjeuner : du riz ou une soupe claire, avec des légumes. Dans quelques minutes, les bonzes du monastère voisin vont venir quêter leur nourriture quotidienne. La part de l'époux sera glissée dans un panier tressé qu'il emmènera à la rizière : riz blanc ou riz gluant et sauce pimentée soigneusement enveloppés dans une feuille de bananier. Les enfants revêtent leur uniforme impeccable avant de filer à l'école communale, leur petit cartable sous le bras. Personne ne sait encore qui pourra s'offrir le luxe de l'école secondaire...

Les paysans thaïs, dans leur majorité, ne possèdent pas la terre qu'ils travaillent. L'accroissement démographique a entraîné l'extension de la superficie cultivable mais aussi la constitution de grandes propriétés répondant à un schéma latifundiaire classique : absentéisme des propriétaires, exploitation d'une masse paysanne prolétarisée et vampirisée par les intermédiaires. L'endettement chronique bloque l'augmentation du niveau de vie. Dans le nord-est du pays, l'I-San, où le revenu familial est environ 8 fois moins élevé qu'à Bangkok, plus de 20 % des paysans ont dû abandonner la terre.

Le paysan est-il malheureux ? Pas tant qu'il y a « du riz dans la rizière et du poisson dans l'eau ». La vie s'organise autour du cycle du riz : labour, semailles, irrigation, repiquage, moisson, séchage, battage. Les travaux des champs mobilisent toute la famille, avec l'aide du buffle placide, tracteur du pauvre. En revenant de l'école, les enfants pêchent au carrelet, dans les mares et les fossés, pour la jarre de *nam plaa* (la saumure de poisson qui accompagne au quotidien tous les plats thaïs).

Le bonheur est au bord du klong

Traditionnellement, le village thaï est organisé autour d'un cours d'eau. Les maisons, en teck et en bambou, sont construites sur pilotis pour se protéger des inondations, des mammifères, des reptiles ou des insectes rampants. À l'intérieur, il n'y a pratiquement aucun mobilier : une table basse en rotin, des coussins et des nattes, un berceau suspendu. Les portraits de la famille royale ornent les murs, à côté d'un calendrier et de la photo d'un fils parti louer ses services à une bonzerie ou chez un épicier chinois. S'il arrive que le village n'ait pas l'électricité, il a toujours l'eau courante : le *klong* (canal) sert à la fois d'égout, de voie de circulation, de lavoir, de salle de bains, de lieu de baignade et de pêche.

Chaque jour se nourrit de menus événements : l'écoute du transistor égrenant les nouvelles d'une autre planète nommée Bangkok, l'entrée d'un fils au monastère, la venue d'un nouvel enfant, le marché, les amours, les petites médisances, les fêtes, la loterie nationale... Tandis que Bangkok bat des records de pollution et se claquemure dans le béton, la vie des campagnes se perpétue, quasiment immuable, depuis que le riz et l'eau existent.

Boulier chinois et croissant d'islam

Des idéogrammes écarlates coiffent la devanture d'une bijouterie qui empile son or comme les conserves chez un épicier. Derrière le comptoir, un homme vêtu d'un short et d'un T-shirt usagé mange des nouilles avec des baguettes. Une grand-mère, coiffée en brosse, surveille distraitement un bébé sans culotte. Sa tunique chinoise lui confère un maintien digne et désuet. On se croirait à Hong Kong, on est tout simplement à Yaowarat, la rue la plus chinoise de Bangkok.

La population d'origine chinoise est évaluée à 4 ou 5 millions d'habitants, flou autorisé par la complexité du décompte des naturalisés (sans doute les trois quarts). Détail paradoxal, le seul pays jamais colonisé de l'Asie du Sud-Est a abandonné, ou peu s'en faut, son économie à des étrangers.

L'émigration chinoise est une vieille habitude: famines, inondations, troubles politiques en Chine ont toujours poussé les plus aventureux ou les plus démunis à tenter leur chance ailleurs. Au VIIe s., le Siam comptait 10000 Chinois. Le mouvement d'immigration s'est accéléré aux XIXe et XXe s., accompagné d'un ralentissement du processus d'assimilation, les femmes chinoises arrivant elles aussi.

La vitalité des Fils du Lotus Bleu

Comparés aux Chinois de la diaspora implantés dans d'autres pays d'Asie du Sud-Est, ceux de Thaïlande se distinguent par une forte intégration. Même si la proclamation de la République chinoise en 1949 soulève l'enthousiasme quasi unanime des Chinois de Thaïlande, elle ne provoque pas de retours en masse vers la mère patrie. Mais les sympathies pour le nouveau régime entraînent, passagèrement, des mesures coercitives à l'encontre de la minorité chinoise installée dans le royaume: interdiction de résider dans certaines zones jugées «stratégiques», fermeture des écoles chinoises, censure sur le courrier, arrêt de l'immigration, interdiction d'exercer certaines professions, etc. En 1955, tout rentre dans l'ordre, avec la remise en vigueur du *jus soli*, selon lequel toute personne née en Thaïlande acquiert automatiquement la citoyenneté thaïlandaise.

Ces péripéties passagères n'ont guère entamé l'esprit d'entreprise qui constitue le caractère dominant de la plus importante minorité de Thaïlande. On considère tacitement que les Chinois contrôlent 70 à 80% du commerce d'exportation (riz, manioc, latex, bois, étain). Ils dominent également la pêche, les banques, le commerce de détail, les entreprises minières, la loterie nationale et, notoirement, le trafic de l'opium. Leurs activités sont réglementées de façon occulte par des guildes commerciales, diverses associations et fraternités qui font office de syndicats, bourses aux informations, services sociaux, banques, etc.

Une prudence bien investie

Vis-à-vis des Thaïs, les Chinois ont toujours joué la collaboration prudente en les associant suffisamment à leurs affaires pour ne pas laisser la fâcheuse impression de se réserver tout le gâteau. Il est clair que leur vœu est de vivre en paix, le moins mal possible. L'adoption de noms à résonance thaïe tout comme la multiplicité des mariages mixtes ont contribué à normaliser la minorité chinoise. Au bout du compte, il devient bien difficile (et bien vain) de tenter de savoir si se cache un Chinois derrière un Thaï.

Pourtant, la tradition a la vie dure. On remarque, dans les campagnes, de vastes cimetières où les tombes sont signalées par des monticules: coutume chinoise. La cohésion familiale, l'entraide, le respect des anciens associé au culte des ancêtres, la conception patriarcale de la famille accompagnée d'une certaine misogynie restent les valeurs dominantes du groupe social chinois. Sans bouder la loterie nationale ou un match de boxe thaïe, il préfère une bonne partie de *mah-jong* ou de *qi-zi* (échecs chinois). Lors du Nouvel An chinois, les activités commerciales du royaume se trouvent paralysées. Les rues résonnent de pétards et les cadeaux circulent de main en main. Séduits par les « soja-westerns» faits à Hong Kong, les jeunes restent captivés par les opéras du répertoire classique. Intégration, oui. Déculturation, sûrement pas. C'est sans doute la limite ultime de la prudence chinoise.

Du croissant au fusil

Ce pêcheur de Songkhla a oublié d'épingler la photo du Roi dans sa maison. Un petit transistor japonais, acheté au prix de maints sacrifices, crachouille les nouvelles de radio Kuala-Lumpur. Bangkok est à 1 000 km, autant dire aux antipodes! En bon Thaï Islam, il persiste à regarder vers le sud, prolongement de son cadre naturel quotidien. Il va à la mosquée, envoie son fils à l'école coranique, respecte le ramadan, célèbre l'anniversaire du Prophète et rêve du pèlerinage à La Mecque. Il est thaïlandais, on le lui dit, mais il n'y croit pas.

Les Thaï Islam, musulmans de Thaïlande, représentent une communauté de deux millions de personnes environ. Convertis à l'islam depuis le ve s., ils se réclament du rite sunnite et entretiennent des liens de parenté évidents avec la Malaisie et l'Indonésie où Coran et *Ramayana* (le texte sacré des hindouistes) font toujours bon ménage. Ils sont restés concentrés dans les provinces méridionales de Yala, Narathiwat, Pattani, Trang, Krabi, Songkhla et n'ont accepté la domination thaïe que parce qu'elle était le fait d'un pouvoir lointain et plutôt bienveillant.

Le malaise des Thaï Islam

Le climat tropical ajouté à l'éloignement des hiérarques de l'orthodoxie a contribué à assouplir les rigueurs de l'islam thaïlandais, notamment pour les femmes. C'est ce qui a permis, jusqu'à présent, de résoudre sans trop de dégâts les conflits qui ont pu surgir, au cours des siècles, entre les différentes communautés.

Traditionnellement, la vie économique s'articule pour les Thaï Islam autour de trois activités: la pêche, la riziculture et l'exploitation du latex dans les grandes plantations d'hévéa. Ne possédant ni le pouvoir économique (détenu par les Chinois) ni le pouvoir politique (détenu par les Thaïs), la minorité de souche malaise s'est progressivement prolétarisée, ce qui a envenimé ses relations avec l'État thaïlandais.

Après la guerre, en 1948, un fait nouveau est intervenu, avec l'émergence d'une insurrection

Le tourisme à la une

Les années 1980 resteront, pour la Thaïlande, les années folles d'une croissance touristique sans précédent, où les produits du tourisme sont devenus la première source de revenus du pays. Frénésie de construction hôtelière, aménagement des sites, création de nouveaux « produits touristiques » adaptés à la demande internationale, développement de l'artisanat et sourire en proue pour accueillir plus de 8,5 millions de visiteurs (en 1999) ensorcelés par les charmes du royaume siamois. Les clients européens représentent plus de 24 % du marché touristique thaïlandais et les Français près de 3 %, avec un chiffre annuel de visiteurs dépassant les 227 000 (en 1999).

Comme pour les autres secteurs économiques, les véritables enjeux sont en Asie, marché naturel qui assure à la Thaïlande près de 60 % de ses clients, saisis de cette « fièvre acheteuse » si lucrative pour le pays (en tête, les Taïwanais et les Japonais). La Malaisie, pays frontalier où l'Islam se fait parfois ombrageux, se taille la première place avec près d'un million de visiteurs qui se rendent à Haadyaï, dans le sud du pays – même si la progression du sida a provoqué un sensible déclin du marché malaisien. ❖

communiste installée dans le sud de la Thaïlande pour lutter contre le gouvernement de Malaisie. Les musulmans de Thaïlande ont cherché à tirer profit de ce mouvement pour défier Bangkok, ce qui leur a valu une répression sévère. Pendant une vingtaine d'années, les gouvernements de Thaïlande et de Malaisie ont dû affronter une véritable guérilla sur leur frontière commune. Les relations entre les deux pays s'en sont trouvées déstabilisées, la Malaisie soutenant (jusqu'en 1965) les revendications sécessionnistes des Malais de Thaïlande pour des raisons de politique intérieure. Finalement, les deux États se sont aperçus qu'ils avaient un ennemi commun : les communistes. Des opérations militaires énergiques, doublées de mesures tactiques (dont des regroupements de villages pour mieux contrôler le terrain) sont venues pratiquement à bout de la guérilla. En même temps, le gouvernement thaï a pris conscience du sentiment d'exclusion ressenti par la minorité islamique et a offert à la ville de Pattani la plus vaste mosquée de Thaïlande.

Toutefois, le problème de fond n'est pas réglé et les Thaïs ne sont probablement pas au bout de leurs peines avec leurs cousins d'adoption du Sud. Sans parler de la montée de l'intégrisme, il est clair que les leaders de confession musulmane cherchent à exploiter au mieux de leurs intérêts le durcissement qui prévaut dans les pays d'Islam. La question est de savoir jusqu'où peut aller la tolérance bouddhique si l'unité nationale se trouve menacée.

Les peuples des brumes

Hmongs, Karens, Akhas, Yaos, Lisus, Lahus, on reconnaît à leur costume les différents groupes et sous-groupes ethniques (une vingtaine) implantés dans les provinces du Nord. Chassés par les

Chinois ou par la nécessité de trouver des terres plus fertiles, ils ont peu à peu quitté les hautes vallées du Yunnan, franchissant les frontières sans s'en apercevoir. Pratiquant la culture sur brûlis, ils sont contraints, encore maintenant, de se déplacer fréquemment en raison de l'épuisement rapide des terres. Leur mode de subsistance est modeste : ils cultivent une variété spéciale de riz glutineux nécessitant peu d'irrigation, entretiennent une petite basse-cour et quelques animaux de trait, se livrent à la chasse et à la cueillette *(voir p. 192)*.

La culture du pavot fut la première raison de la célébrité de ces minorités dans nos contrées. Aujourd'hui, après bien des péripéties riches en héros, la « guerre de l'opium » marque le pas. Officiellement, on ne cultive plus de pavot sur le territoire thaïlandais. Ce qui n'empêche pas l'héroïne du Triangle d'Or de tracer ses lignes de mort dans les faubourgs de Bangkok ou de Los Angeles.

Actuellement, un effort de scolarisation est entrepris par la Police des frontières qui assure l'administration de la région. Premier pas d'un processus d'acculturation, il constitue une menace pour l'identité culturelle des minorités. Mais c'est la solution moderne et inéluctable pour qui veut récolter ne serait-ce que les miettes de la prospérité.

Le cinquième dragon

Le buffle thaïlandais entrera-t-il au musée du XIe s. ? Symbole de la tradition agricole thaïlandaise, son image évoque de plus en plus un passé qui pourrait se parer bientôt des couleurs de la nostalgie. À terme, nul n'en doute, le dragon aura la peau du buffle. Pays de tradition agricole, la Thaïlande a négocié dans les années 1980 un virage déterminant, atteignant des taux de croissance de 8 à 10 % par an. L'ouverture effrénée aux capitaux étrangers a entraîné un développement tous azimuts dont nul ne contrôle vraiment les effets. L'argent, tout de suite, c'est tentant. La Thaïlande s'est glissée dans le sillage des « dragons de l'Asie » (Taïwan, Singapour, Hong Kong, Malaisie).

Les années 1990 ont été caractérisées par une euphorie confinant à la griserie : frénésie de construction, multiplication des voitures, implantation de complexes industriels à la périphérie de Bangkok, extension des stations balnéaires, développement des voies de communication terrestres et aériennes, grands travaux (voies express et métro aérien à Bangkok). Discrets, sinon secrets, les Japonais ne se sont pas privés de tirer avantage de si belles perspectives : un pays accueillant, stable, riche en ressources naturelles, offrant une main d'œuvre docile et bon marché, capable d'exécuter des travaux soignés... Guidés par la logique du profit, les investisseurs thaïs et étrangers se sont peu préoccupés de l'avenir, même s'ils ont dû essuyer les premières salves d'un mouvement écologique naissant. Dans le domaine immobilier, la crise financière de 1997 a « remis les pendules à l'heure », ralentissant ou stoppant un développement devenu incontrôlable par le gouvernement. L'industrie a souffert de la désaffection de grandes multinationales qui se sont empressées de se tourner vers d'autres fournisseurs. Malgré tout,

Le coq et le dragon

Le label Paris fait recette : les Thaïlandais aisés raffolent de tous les produits de luxe, surtout s'ils sont français. La France a su tirer avantage de sa bonne image de marque pour opérer, dans les années 1990, une percée remarquable dans le domaine des investissements. En 1999, elle arrivait en 5e place des pays investisseurs (avec une part de 10,8 % des investissements étrangers), juste après le Japon, Singapour se taillant la part du lion, comme il se doit, avec 23,6 %. Dans quelles activités investissent les entreprises françaises ? Dans l'agroalimentaire (Pernod Ricard, Perrier-Vittel), l'énergie (Elf, Total), l'industrie (Aérospatiale, Alcatel, Alstom, Pasteur-Mérieux, Ciments Français, Décathlon, Essilor, Lacoste, Lafarge, Legrand, Michelin, Peugeot, Saint-Gobain, Thompson), la construction (Bouygues), les banques et assurances (Axa, BNP, Crédit Agricole-Indosuez, Société Générale), le tourisme (Accor, Club Med), la grande distribution (Auchan, Carrefour, Casino). En 1999, on recensait plus de 300 entreprises françaises implantées en Thaïlande. Une petite déception en ce qui concerne le niveau des exportations de produits français en Thaïlande qui a chuté dramatiquement, l'effet de l'arrêt des contrats de matériel aéronautique s'ajoutant à ceux de la crise. Mais l'optimisme est de rigueur, si l'on en croit les experts qui tablent sur une reprise de la demande intérieure et un retour de la croissance qui devrait dépasser les 5 % au début des années 2000. ❖

en dépit de son indéniable vitalité, la Thaïlande aura laissé quelques plumes dans la crise.

Le poids du riz

Le passage à l'industrialisation ne se fait pas sans heurts, dans un pays où la tradition agricole imprègne profondément le mode de vie. L'opposition entre ville et campagne tend à s'exacerber, illustrée par les écarts croissants entre riches et pauvres. Le revenu annuel moyen, qui tourne autour de 2 500 dollars par tête dans la capitale, n'est que de 300 dollars dans les campagnes. La population thaïlandaise qui tire sa subsistance de l'agriculture ne cesse de décroître, tendance accentuée par l'entrée de la Thaïlande dans le camp des NPI (Nouveaux Pays Industrialisés).

En attendant, plus de la moitié des Thaïlandais ont les yeux tournés vers les cours mondiaux du riz, produit essentiel pour le marché local, mais aussi pour l'exportation. Plus de 9 millions d'hectares (70 % des terres cultivables) sont occupés par des rizières à fort rendement. Le riz thaïlandais souffre de la concurrence des riz pakistanais et vietnamiens qui tentent de s'imposer sur les marchés internationaux en pratiquant le *dumping*. Mais d'autres produits agricoles génèrent d'importantes recettes à l'exportation, comme le manioc, le sucre, le jute, le coprah, le maïs et le caoutchouc (cultivé dans la partie péninsulaire).

Crevettes en boîte et microprocesseurs

Avant de se positionner, comme elle le fait actuellement, sur des secteurs industriels de pointe (les

Les tigresses toujours en cage

Faut-il donner la priorité à la beauté ou à l'intelligence quand il s'agit d'embaucher des femmes ? La question suscite bien des controverses dans les milieux d'affaires de Bangkok, où certains employeurs auraient tendance à opter pour la première qualité, mais oui ! Vieux débat, ou plutôt éternel débat que les Japonais ont résolu cyniquement en employant délibérément des femmes « pot de fleur », selon le terme *ad hoc*.

Dans les milieux favorisés, beaucoup de femmes thaïlandaises occupent des postes à responsabilités : direction d'hôtels ou de grands magasins, hautes fonctions dans des banques ou des activités de service. Elles sortent de l'université ou reviennent d'un séjour à l'étranger et exercent leur métier avec une liberté plus grande que beaucoup de femmes occidentales, ne serait-ce que par l'aide domestique qui va de soi dans les classes aisées. Les mariages étant encore fréquemment arrangés par les familles, elles se sentent relativement détachées de leur foyer sur le plan affectif et se consacrent à leur métier sans arrière-pensées.

Dans les milieux populaires, la femme reste le meilleur placement. Taillable et corvéable à merci, aussi bien dans les rizières que sur les chantiers, c'est souvent elle qui fait bouillir la marmite dans tous les sens du terme. Une fois mariée, elle doit s'installer chez ses beaux-parents qui se chargent de veiller sur sa vertu, tandis que l'époux discute avec ses copains autour d'une bouteille de *mékong*, le « whisky thaï ». Avant de bénéficier de ce statut envié, elle aura dû passer le « test du plancher » (une « bonne épouse » doit poser d'abord le bout du pied et non le talon en marchant, pour ne pas faire vibrer le sol de la maison), le test de la pâte de curry (elle doit montrer qu'elle pile le curry avec énergie) et, bien entendu... celui de la belle-mère !

Encore maintenant, même à Bangkok, les trois quarts des filles ne choisissent pas librement leur mari. Pour le prétendant, la dot est de rigueur. Le malheureux fiancé peut mariner des années avant de parvenir à ses fins, la dot pouvant atteindre l'équivalent de 250 000 F dans les familles aisées. Tradition oblige, le système n'est guère contesté et les tigresses du féminisme ne sont pas près de sortir leurs griffes.

microprocesseurs notamment), la Thaïlande s'est orientée vers les industries de transformation des produits de l'agriculture et de la pêche. Elle est ainsi devenue l'un des premiers exportateurs mondiaux de conserves d'ananas, de crevettes et de nombreux produits congelés. Les textiles et les articles de confection figurent aussi en tête des exportations. « Tous ces pays commencent par les textiles et finissent par les logiciels », commente un observateur. De fait, la liste des produits fabriqués en Thaïlande s'allonge chaque jour et s'enrichit d'articles surprenants, skis, fauteuils de dentiste ou encore voitures exportées au Canada…

Les richesses du sous-sol contribuent à faciliter l'extension du secteur industriel, avec l'étain (3e rang mondial, derrière la Bolivie et la Malaisie) et de nombreux autres minerais encore largement inexploités (wolfram, fer, zinc, tungstène, plomb, etc.). Mais l'accélérateur majeur est le gisement de gaz naturel du golfe du Siam qui donne lieu à des projets d'exploitation de grande envergure, soutenus par des sociétés multinationales.

Malgré son indéniable vitalité, le marché de l'emploi thaïlandais génère ses effets pervers, dont les « usines infernales » et le travail des enfants sont les aspects les plus dénoncés. Il y a aussi le phénomène moins connu des travailleurs émigrés, partis tenter leur chance à Singapour ou sur les chantiers du Moyen-Orient, et qui insufflent dans les campagnes de l'argent frais vite dilapidé dans la boisson et le jeu… Le prix de la croissance, tout le monde le paie d'une façon ou d'une autre, citadins ou paysans, menacés dans leur identité par un monde crispé sur le profit.

Entre le lotus et le robot

Les Thaïlandais raffolent de tout ce qui est moderne et nouveau. C'est ainsi que les temples sont régulièrement repeints de frais, dans l'indifférence à la noble patine du temps. Curieusement, le culte du passé n'existe pas dans ce pays qui situe pourtant le respect de la tradition en tête des vertus sociales. L'école façonne la jeunesse dans un moule qui reproduit des valeurs immuables : obéissance envers les aînés, humilité face aux maîtres et au savoir qu'ils diffusent…

On considère que 90 % des Thaïlandais savent lire et écrire, l'école étant obligatoire de 7 à 14 ans. Enseigner en Thaïlande est encore une sinécure. La contestation n'est pas de mise dans les établissements scolaires, encore moins dans les écoles monastiques, et les révoltes historiques des étudiants sont à resituer à leur juste place de simples turbulences, ne mettant pas fondamentalement en cause le système éducatif.

Le mode d'enseignement peut paraître désuet au regard des exigences du XXIe s. Préconisant l'apprentissage « par cœur », il ne laisse aucune place aux remises en cause ni aux discussions de fond. L'environnement scolaire contribue ainsi à façonner un citoyen au-dessus de tout soupçon, discipliné, discret, poli, respectueux envers ses aînés, son Roi et sa religion. Cette conception confère une tonalité particulière à la société thaïe, solidaire et équilibrée mais peu aguerrie vis-à-vis du monde moderne.

La nostalgie de la rizière

Loin de sa famille, de ses amis, de ses racines, le Thaï s'étiole. Partout où il va, il éprouve le besoin de se

Le masque et la plume

Protégée et entretenue par les rois, la tradition artistique a survécu aux guerres et aux destructions. L'aristocratie siamoise a toujours su prendre le masque ou la plume quand il convenait. Les princesses jouent le khon *(danse masquée), se mettent au* takay *(instrument à cordes) tandis que leur seigneur guerroie. Et les rois composent des poèmes épiques entre deux charges à dos d'éléphant.*

Toujours très élaboré, le costume permet d'identifier le personnage. Un maquillage appuyé contribue à effacer la personnalité du danseur de façon à rendre plus explicites les mimiques exprimant les émotions.

De la littérature sans livres

Récente (fin du XIIIe s.), la littérature écrite est toujours relayée par la tradition orale dans un pays où la conservation des manuscrits, gravés sur feuilles de lataniers, se trouve menacée par le climat et par les guerres. Originaire de Sri Lanka, la littérature bouddhique est abondante et l'on sait que tous les textes sont, sinon apocryphes, du moins réinterprétés maintes fois. La littérature classique trouve dans le *Ramakien* (version thaïe du *Ramayana* indien) d'inépuisables prétextes à variations. Chacun y va de sa version et plusieurs souverains siamois s'y essaient, dont Rama II (début du XIXe s.), qui fait appel au poète Sunthon Phu pour enrichir ses interprétations. Le *Ramakien* est aussi à l'origine du théâtre et de la danse classique: on nous raconte de mille manières les mésaventures du Prince Rama et de son exquise Sita, à travers le *khon*, le théâtre d'ombres ou de marionnettes. Le récit exalte l'amour et le courage en jouant sur l'émotion et l'humour.

Un art très féminin

Dans le répertoire classique, qui privilégie la sensibilité, la femme domine la scène ; ainsi du *lakhon* qui mêle étroitement théâtre et danse. À l'époque de Sukhothaï (XIIIe-XVe s.), même les orchestres étaient féminins. La tradition s'est perpétuée jusqu'à l'ère de Bangkok (XVIIIe-XXe s.) où la cour royale entretenait deux corps de ballet: celui des concubines qui se produisait « dans les murs » et une troupe de danseurs masculins qui devait divertir le peuple, hors de l'enceinte du Palais royal. Les deux troupes n'ont été réunies qu'en 1934, concrétisant l'entrée du ballet classique dans le patrimoine national. Mais cet art reste figé et conventionnel. Les costumes sont cousus sur les danseurs (l'habillage dure près de trois heures), ce qui impose une gestuelle hiératique.

Jeux de scène acrobatiques, costumes étincelants sont les clefs des danses et du théâtre.

Fresque du Palais royal de Bangkok, représentant un personnage du *Ramayana*.

Le peuple aussi

Né à la fin du XIXe s., le *likhay* est la version populaire du *lakhon*, avec une spontanéité accentuée par des maquillages outrés et un jeu de scène frisant parfois l'acrobatie. Les arts gardent une vocation de distraction et non de contestation. Il faut attendre le dernier quart du XXe s. pour voir émerger une littérature « engagée », abordant les problèmes sociaux et politiques, au-delà de l'aventure individuelle d'amoureux contrariés par des parents trop rigides ou un seigneur despotique. Le discours contestataire reste entaché de suspicion et les intellectuels qui le pratiquent se marginalisent. Le conformisme figure en tête des valeurs dominantes, dans les arts comme dans la vie sociale.

La belle, le poète et le Roi

Il est beau, jeune, roturier, amoureux. Hélas, la belle est de noble famille. Amour impossible, scandale, drame – notre amoureux est jeté en prison ! La vie du grand poète thaï Sunthon Phu (1786-1855) est un roman où alternent comédie et tragédie. Il a mesuré la vanité des puissants, la fragilité du succès, les souffrances de l'amour, la faiblesse des hommes. Il a su puiser dans ses souffrances le meilleur de son inspiration. Son œuvre la plus connue, *Khun Chang, Khun Phen* (*La Femme, le Héros et le Vilain*) est un poème narratif écrit sous le règne de Rama II, quand le poète était le tuteur des enfants royaux. Il assistait alors le souverain dans sa traduction du *Ramakien*. Mais, ayant eu le mauvais goût de critiquer la poésie du Prince héritier, il fut évincé dès que celui-ci monta sur le trône. Il alla se consoler dans un monastère et porta la robe orange pendant sept ans. Il accéda à la célébrité à la fin de sa vie. Vénéré par le peuple thaï, Sunthon Phu figure au programme des écoliers. ■

Le *lakhon* fait la part belle aux créatures mythologiques comme la femme-oiseau ou l'homme-singe. Ici, la danseuse exprime la sensibilité du personnage qu'elle incarne par une gestuelle codifiée et l'expression de ses regards.

reconstituer une famille et un village. L'évolution de la société rend cette exigence de plus en plus problématique. L'exode rural, principalement alimenté par les provinces plus pauvres du Nord-Est, a des conséquences désastreuses. Prostitution, travail des enfants, délinquance sont aussi à mettre au passif de la croissance industrielle. De loin, Bangkok peut ressembler au paradis, mais quand il faut y vivre avec 168 bahts par jour (c'est le salaire minimum), on finit par regretter sa rizière.

Côté classes moyennes, déprime et stress sont au goût du jour. La jeunesse se drogue à l'héroïne. Il paraît que c'est la faute des maîtres (dépassés), des parents (démissionnaires et débordés) et d'un excès d'argent de poche qui, ici non plus, ne remplace pas l'affection. Une étude récente menée par des chercheurs de l'Université Mahidol sur le comportement des habitants de Bangkok fait état des conclusions suivantes: « La plupart pensent qu'ils doivent tricher pour survivre et devenir riches. Bien qu'ils fassent parfaitement la différence entre le bien et le mal *[sic]*, ils sont pleins d'indulgence envers ceux qui s'adonnent à la boisson et au jeu ou réduisent la femme à un simple objet sexuel. » La société thaïe serait-elle à ce point déboussolée par le succès?

Prise entre l'hypertechnologie de certains secteurs et l'ultraconservatisme d'autres secteurs, celui de la riziculture notamment, la Thaïlande subit des tensions très vives. D'un côté des *yuppies*, enfermés dans des tours de verre entre ordinateurs et téléphones portables, de l'autre des paysans qui labourent la terre avec leur buffle. Il faut reconnaître que la société thaïe supporte plutôt bien le choc, soutenue par les valeurs traditionnelles qui incitent à la modération, à la patience et à l'humilité. Chamlong, l'ancien gouverneur de Bangkok, qui s'opposa violemment au général Suchinda, chef d'un gouvernement de droite en 1992, a montré que les grands principes bouddhiques de la Thaïlande rurale ont toujours droit de cité: « Nous ne devons pas être égoïstes. Il faut manger moins et dépenser moins », déclare-t-il posément. Il s'empresse de donner l'exemple en dormant sur une natte, mangeant une fois par jour et portant la tunique des paysans. Au lieu d'une Mercedes ou d'une BMW, il conduit une vieille voiture et fait don de son salaire à la ville.

Bien des Thaïlandais embrasseront bon gré mal gré cette philosophie de l'ascèse, emportés par la tourmente de ce 2 juillet 1997, le krach boursier du siècle pour ces récents émules du libéralisme à tout crin.

Punie d'avoir vécu au-dessus de ses moyens, la Thaïlande s'est installée sans soubresauts ni conflits sociaux dans une économie de crise: inflation, chômage, chute de la consommation… Elle semble récolter les lauriers de sa sagesse forcée. Les affaires reprennent et Bangkok ressemble à tout sauf à la capitale d'un pays en crise. Même si les écarts entre les riches et les pauvres ne font que s'accentuer, le peuple thaï ne semble pas prêt à revendiquer dès lors que l'essentiel est préservé: l'institution monarchique et l'intégrité nationale. ■

BOUDDHISME

Lampe à bâtons d'encens.

Profondément attaché à ses racines, le peuple thaï tire sa quintessence du bouddhisme. Il vit en symbiose avec son clergé, le respecte, l'entretient, lui donne tous ses fils, se plie au rythme des fêtes religieuses… Tout naturellement, l'art siamois reflète une obsession multiforme du Bouddha.

Bouddha veille sur la Thaïlande. Bouddhas de pierre ou de bois, bouddhas de stuc ou de jaspe, d'or ou de bronze, bouddhas assis ou debout, couchés ou descendant du « Ciel des Trente-Trois Dieux », comme l'imaginèrent les artistes de Sukhothaï : chaque temple contribue à exalter le sentiment religieux à travers un art sacré accessible à tous. Le bouddhisme a influencé toutes les formes d'expression artistique en Thaïlande et inspiré la mémoire collective dans un pays où l'artiste n'est que l'intermédiaire discret entre l'esprit et la matière. L'art profane est, le plus souvent, un simple prolongement de l'art religieux.

Architecture, peinture, sculpture, littérature, danse puisent leur inspiration dans l'imaginaire hindouiste et la doctrine bouddhique. En dépit des « périodes » ou des « écoles » identifiées par les historiens, l'art thaïlandais fait preuve d'une remarquable continuité et n'est pas d'un accès difficile.

Le consensus bouddhique

Officiellement, 90 % de la population thaïe adhère au **bouddhisme theravâda**. Toute en nuances, cette doctrine se distingue par son esprit de tolérance et son sens de la mesure. Un équilibre subtil comme celui d'une cithare dont les trois cordes cassent quand on les tend trop et produisent une musique dissonante si on ne les tend pas assez.

Cette tolérance, profondément ancrée dans la mentalité thaïe, s'exerce à l'égard des autres religions minoritaires (islam, taoïsme, hindouisme, christianisme...). Mais elle permet aussi à la pratique religieuse bouddhique d'intégrer nombre de croyances qu'on pourrait qualifier de « non orthodoxes », quoiqu'elles reçoivent l'appui tacite du clergé. Ainsi, les affaires sont plus que fructueuses pour les devins, cartomanciens, chiromanciens, astrologues, tatoueurs (les tatouages sont supposés assurer une protection magique) et autres spécialistes occultes.

Dans les campagnes, la récolte reste tributaire du bon vouloir des esprits : les forces bénéfiques et la déesse du riz sont honorées assidûment pour triompher des loups-garous ou, plus prosaïquement, d'un orage malvenu. Le temple bouddhique lui-même est le théâtre de nombreuses pratiques au service des petits soucis de l'existence : ramener le mari volage, éliminer un rival, gagner à la loterie ou à la boxe...

Esprit, es-tu là ?

L'omniprésence des esprits est concrétisée de gracieuse façon par les *phra phum* (maisons d'esprits), accolées à chaque habitation ou construction susceptible de « déranger l'esprit du terrain ». Ces temples miniatures sont posés sur un pilier dont l'emplacement doit impérativement échapper à l'ombre portée de l'habitation principale (ne pas faire de l'ombre aux esprits est indispensable à la tranquillité des humains). Modestes ou ostentatoires, les maisons d'esprits reçoivent régulièrement les hommages de leurs voisins qui ne veulent pas d'ennuis. On ne s'étonnera pas de voir des maisons d'esprits accolées à des grands hôtels, des stations-service, des banques et même des universités, ce qui prouve que les intellectuels ne sont pas à l'abri d'occultes inquiétudes. La plus spectaculaire est celle de l'ancien hôtel Erawan (actuellement Grand Hyatt) à Bangkok, véritable temple dédié au dieu hindouiste Brahma (le Créateur), édifiée pour conjurer des influences maléfiques associées à la construction de l'hôtel. Les fidèles financent musiciens et danseuses pour séduire le panthéon hindouiste et améliorer leur quotidien. Les spectacles se produisent toute la journée, à la demande des donateurs. Coiffées de tiares étincelantes, drapées de soie et de brocart pailleté, les danseuses déploient leurs sortilèges dans les odeurs mêlées de jasmin, d'encens et d'oxyde de carbone. Pour le plaisir des esprits et, sûrement, celui des humains.

Par devoir ou par vocation

L'abbé de Choisy ne manqua pas de noter, en 1686, l'omniprésence de la robe safran au royaume du Siam. Il en tira une conclusion

Les deux bouddhismes

Le Wat Benjamabopitr, à Bangkok.

Comme toutes les grandes religions, le bouddhisme a connu son schisme. À sa mort, Bouddha n'a laissé ni successeur ni textes écrits. Sa doctrine a été conservée par la tradition orale jusqu'au Ier s. de notre ère, date à laquelle a été rédigé le « canon » du bouddhisme theravâda (ou école des anciens). Cette formalisation de la pensée du Maître a donné lieu à une interprétation divergente, le bouddhisme mahayana, ou Grand Véhicule, qui domine dans le nord de l'Inde. Diffusé dès le IIIe s. av. J.-C. par l'empereur indien Asoka (273-232 av. J.-C.), le bouddhisme theravâda s'est concentré au Sri Lanka, avant de conquérir l'Asie du Sud-Est à partir du Xe s. Actuellement, la quasi-totalité de la population thaïe se réclame du bouddhisme theravâda (ou Petit Véhicule).

Sans entrer dans les subtilités doctrinales, on peut souligner que le bouddhisme theravâda encourage l'abstention et le détachement, dans une perspective individuelle (chacun est responsable de son propre salut). Il ne reconnaît aucun dieu et n'investit pas son clergé de pouvoirs particuliers. Inversement, le bouddhisme mahayana prône l'action collective et met l'accent sur la conduite exemplaire du *bodhisattva* (l'Illuminé qui choisit de rester parmi les humains pour les sauver). Divinisé, le Bouddha devient la clé du destin de ses fidèles. ❖

cynique qui arrangeait bien son ambition de convertir ces vilains païens : « La raison de ce grand nombre de talapoins (moines) est aisée à rendre : tous les peuples de ce royaume sont obligés de travailler pour le Roi quand il lui plaît ; et il lui plaît souvent. Les seuls talapoins en sont exempts. »

La vie monastique serait-elle une sinécure ? La simple description de la journée d'un bonze permet d'en

Petit lexique du wat

Les bonzes font vœu de pauvreté et se contentent du minimum. Ils vivent avant tout des offrandes que leur font les fidèles.

Demeure des moines et du Parfait, le *wat* comporte divers édifices ou repères qui lui confèrent sa force sacrée. Ces quelques définitions vous aideront à y évoluer en toute sérénité *(voir aussi p. 94-95)* :

Bo : arbre sous lequel Bouddha reçut l'illumination (il s'agit d'un figuier banian).

Bot : bâtiment le plus sacré du *wat*, où se déroulent les cérémonies. Ses dimensions varient mais il doit pouvoir abriter au moins 21 moines, minimum requis pour certaines célébrations. On y trouve le Bouddha le plus vénéré du *wat*.

Chedi : reliquaire surmonté d'une flèche, à base le plus souvent circulaire ; il revêt une fonction analogue à celle du *stupa*.

Ho maine : crématorium.

Ho rakhang : beffroi abritant le gong qui rythme les activités monastiques.

Ho traï : bibliothèque, généralement construite sur pilotis pour protéger les écritures sacrées.

Kuti : quartiers d'habitation des moines.

Mondop : bâtiment carré renfermant une relique, surmonté d'une structure pyramidale souvent ornée de mosaïques.

Naga : serpent protecteur à cinq ou à sept têtes, utilisé dans la statuaire et l'architecture.

Phra : appellation respectueuse s'appliquant à Bouddha, à ses représentations et aux bonzes.

Sala : pavillon ouvert utilisé par les moines pour leurs réunions et leurs lectures. Les pèlerins et les hôtes de passage peuvent y dormir.

Stupa : construction en forme de cloche, surmontée d'une flèche, renfermant des reliques du Bouddha ou de saints. Le **prang** a la même fonction que le *stupa*, sous une forme architecturale différente apparentée au style khmer.

Viharn : pavillon généralement situé au centre d'une cour, dont la fonction est analogue à celle du *bot*. ❖

douter : lever à l'aube, prière, quête de la nourriture, repas (un seul par jour, qui doit impérativement être pris avant midi), méditation, travaux d'entretien, méditation, étude des textes canoniques, prière, retour dans l'austère cellule pour un sommeil bref, interrompu par le gong annonçant une nouvelle journée, semblable à la précédente…

Pourtant, ils sont nombreux : environ 10 % de la population masculine thaïe vit dans les monastères. Un tiers de ce chiffre constitue un clergé qu'on peut qualifier d'occasionnel, particularité remarquable du bouddhisme theravâda. Largement répandue, l'ordination temporaire est soutenue autant par la tradition et le devoir filial que par les convictions intimes.

Du jean à la robe safran

Chaque bouddhiste pratiquant doit se trouver une bonne raison de revêtir la robe orange, au moins une fois dans sa vie. Les jeunes gens choisissent généralement la saison des pluies (carême bouddhique) pour se retirer provisoirement du monde, attirant sur leur famille et leurs proches les bénéfices de « mérites » ainsi gagnés. Ils troquent leur jean contre la robe safran et abandonnent leur moto à la porte du *wat* (temple). Mais on peut décider d'entrer au monastère à tout moment (le contrat des fonctionnaires prévoit même un congé payé pour cause de retraite monastique) et c'est parfois commode pour se faire oublier quand on a fait des petites ou des grosses bêtises. L'opinion pardonne volontiers les pires turpitudes à ses dirigeants dès lors qu'ils sont prêts à se repentir quelque temps sous l'habit de moine…

Même pour le clergé permanent, l'engagement monastique demeure résiliable à tout moment. Ce système ouvert confère une vitalité particulière au bouddhisme thaïlandais, créant des échanges permanents entre laïcs et religieux. Car si le *wat* est un monde retiré, ce n'est pas un monde clos. Il reste, toutefois, un univers masculin. Bouddha n'avait pas une haute opinion des femmes et n'a accepté de créer un ordre féminin que pour faire plaisir à sa tante qui le suivait dévotement. Vêtues de blanc comme les novices, les nonnes de Thaïlande n'ont pas droit à la robe orange (contrairement aux nonnes birmanes). Elles ne peuvent ni mendier leur nourriture (elles mangent les restes de la quête des bonzes), ni prêcher et sont totalement dépendantes de leurs homologues masculins. Rien d'étonnant à ce qu'elles soient si peu nombreuses et guère motivées.

Au fond du bol à aumône

Sans déprécier les mérites des bonzes, supporter la rigueur des 227 règles est plus facile dans une perspective provisoire. Retour aux sources, pause bénéfique dans une vie routinière, enrichissement personnel, sécurité passagère, approfondissement spirituel… Le séjour dans un monastère a aussi ses bons côtés. La vie quotidienne y est régie par le renoncement, le retrait du monde, la simplicité. Ils possèdent une robe safran, un bol à aumône, un rasoir, une aiguille, un filtre à eau (pour ne pas risquer d'avaler une créature vivante), une ombrelle, un cabas et un *panka* (éventail). Chaque jour, ils quittent le monastère à l'aube pour mendier leur nourriture de la journée auprès des fidèles. Outre les cinq préceptes du laïc (ne pas tuer, ne pas voler, ne pas mentir, ne pas commettre l'adultère, ne consommer ni alcool ni drogue), ils doivent respecter des règles de vie qui les aident à se détacher des plaisirs du monde, source de la souffrance humaine. Par exemple, ne pas se parfumer, ne pas siffloter ou chanter, ne pas se livrer au jeu, ne pas toucher d'argent, etc. Il ne faut pas voir ces règles comme des interdictions mais comme l'ossature d'une discipline qui permet de se consacrer à l'essentiel: la méditation.

L'obsession du Bouddha

La sculpture thaïe a pour objet principal la représentation du Bouddha. Matérialisant la présence du Maître parmi les hommes, la statue est dotée de pouvoirs surnaturels. Plutôt que de « statue », les puristes préfèrent parler d'« image ». Prudence dès qu'il s'agit d'objets religieux, car les Thaïs ont un sens aigu de la dévotion et du sacré. L'art religieux est aussi un art populaire qui appartient à tout le monde. L'inspiration ne s'embarrasse pas des chaînes pesantes du rationalisme : l'art religieux accueille volontiers dans son panthéon démons, dragons et animaux mythiques. Ainsi, le *Ramakien* (version thaïe de l'épopée hindouiste du *Ramayana*) ou les *Jataka* (récit des 549 vies de Bouddha) constituent d'inépuisables sources d'inspiration qui égaient singulièrement le conformisme de l'art bouddhique.

En effet, dans la tradition siamoise, la création artistique n'a pas droit de cité. L'artiste n'intervient que comme un technicien dont la personnalité s'efface avec modestie derrière les normes fixées par les canons bouddhiques. Selon la formule lapidaire du théoricien indien Sukrâcârya (Ve s.), « les mensurations qui ne sont pas en accord avec celles données par les traités ne peuvent plaire au Sage ». Il faut donc se plier aux impératifs des *lakshana* (les marques) figurant dans les textes canoniques.

Le sens caché des signes

On reconnaît au Bouddha, selon ces écrits, 32 marques principales et 80 marques secondaires. Les marques corporelles sont suffisamment précises pour pouvoir guider l'imagier : tête à protubérance, *urna* (signe frontal divin), talons saillants, doigts allongés... Mais les choses se compliquent lorsqu'il s'agit de montrer que : « les poils du Bouddha poussent un à un, sa peau est délicatement lisse, son goût est suprêmement fin, sa voix est divine comme le chant mélodieux de l'oiseau... » Voilà de quoi alimenter la réflexion de l'artiste et, peut-être, laisser à son *ego* une chance de s'exprimer !

Les textes ont codifié aussi les attitudes, variations sur les thèmes assis, debout, couché, en marche – les positions fondamentales du Bouddha. Chacune exprime un état mental ou une action particulière : la méditation, l'enseignement, la médiation... Elle est accompagnée de gestes permettant l'interprétation des étapes de la vie du Bouddha : on en a recensé 40 dans l'iconographie thaïe (le cloître du temple de Marbre, à Bangkok, en donne un bon aperçu avec ses 52 bouddhas différents).

La merveilleuse histoire du prince Siddharta

Bouddha du Wat Mahathat à Sukhothaï.

C'est aux confins du Népal que le bouddhisme prit sa source, au VIe s. av. J.-C. Là vivait un prince, appelé Siddharta, à qui les devins avaient prédit une destinée extraordinaire. Entouré de luxe, il vivait dans l'ignorance des souffrances du monde. À 17 ans, il épousa une ravissante princesse. Pourtant, il n'était pas heureux.

Un beau jour, en se promenant hors de son palais, il découvrit brutalement les quatre plaies de l'existence : la maladie, la vieillesse, la pauvreté et la mort. Ce fut le début du long chemin qui devait le mener à l'ascèse. Car le prince ne s'en remit pas. À 29 ans, à la naissance de son fils, il quitta subrepticement le palais endormi, renvoya son serviteur, coupa sa longue chevelure, troqua ses vêtements de cour contre des écorces d'arbre et s'enfonça dans la forêt, à la recherche de la Vérité. Pendant sept ans, il mena une vie d'errance et de privations mais son insatisfaction demeurait. Vint enfin un jour où il découvrit, au pied d'un banian, les « quatre nobles vérités » : la douleur, l'origine de la douleur, la cessation de la douleur, la voie qui mène à la cessation de la douleur – le banian, figuier d'Inde aux racines aériennes, devint de ce moment le symbole de l'Illumination. Le prince partit alors pour Bénarès et prononça son premier sermon, « la mise en mouvement de la roue de la loi », avant de fonder le *sangha*, communauté monastique bouddhique. Il devait passer le reste de sa vie à enseigner. Il était désormais devenu le Bouddha, l'Éveillé, et à sa mort, il atteignit le *nirvâna*, illumination suprême qui permet de sortir du cercle des réincarnations. ❖

Le feu sacré de l'artiste

Faute de se laisser guider par son inspiration, l'artiste fait appel à la méditation pour remplir sa mission sacrée. Cette pratique lui permet de prendre de la distance vis-à-vis de son modèle et des textes de référence, sans s'abaisser à produire une copie servile. L'équilibre entre l'imitation et l'innovation est imputable à la puissance surnaturelle de la statue. L'important est de préserver les mérites que recèle n'importe quelle statue de Bouddha, sans considération de ses qualités artistiques ou de son ancienneté. L'imitation assure implicitement un transfert de mérites. Mais toute représentation

Le wat, maison du peuple de Bouddha

Le wat, monastère thaïlandais, est le cœur de la communauté bouddhique. Toits ouvragés, chedi *chaulés ou dorés, pavillons soulignés de pans d'étoffe safran le signalent au passant. On y entre librement pour méditer dans la fraîcheur du* bot, *discuter un point de doctrine avec le Vénérable ou glaner des mérites en collant des feuilles d'or sur un bouddha.*

À l'ombre du figuier banian

Véritables maisons du peuple et de la culture, les *wat* restituent l'atmosphère des églises du Moyen Âge où évoluaient librement les enfants, les sans-logis et même des chiens efflanqués ou des volailles échappées d'une basse-cour voisine. Socialement, le *wat* fait office de lieu de culte, d'école (la moitié des petits Thaïlandais sont encore scolarisés dans les monastères), de salle des fêtes, de champ de foire, de terrain de jeux, parfois même d'hôpital ou d'infirmerie. La population en assure l'entretien, de même qu'elle nourrit ses moines. Le bon accomplissement de ce devoir lui assure des « mérites » *(voir p. 97)* et l'espoir d'une meilleure réincarnation.

Passer la porte d'un temple, c'est, pour un jour ou pour une vie, accepter les 227 règles qui président à l'existence des bonzes.

Un refuge pour tous

Entouré d'un mur comportant plusieurs entrées, le *wat* comprend des lieux de culte et des bâtiments fonctionnels destinés aux moines ou aux laïcs. Il accueille avec bienveillance les voyageurs sans abri, les pauvres et tous ceux qui aspirent à une vie meilleure, et leur assure le réconfort en mettant à leur portée un peu de surnaturel: la connaissance de l'avenir, l'espoir de satisfaire un désir secret, une absolution dis-

Brûler des bâtons d'encens au temple est une des nombreuses façons de rendre hommage au Bouddha et d'acquérir des mérites. Le Bouddha n'est pas un dieu et ne s'est jamais prétendu tel. Il est vénéré en tant que sage, pour son enseignement et pour l'exemple qu'il représente.

Les pieds du Bouddha, qui portent les 108 marques distinctives, font l'objet d'une vénération particulière. Par des applications de feuilles d'or, des offrandes d'encens et de fleurs, ils reçoivent toute l'attention des fidèles.

Le temple de Marbre de Bangkok (Wat Benjamabopitr) reste fidèle au style classique thaï, malgré l'attrait de la fin du XIXe s. pour l'Occident. Les toits à étages, ornés de *naga*, témoignent du lien entre l'architecture Rattanakosin et les périodes antérieures de l'art siamois.

crête. Chaque temple a sa boutique où l'on peut se procurer des feuilles d'or pour embellir les statues, des bâtons d'encens et des fleurs, orchidées ou lotus aux pétales gracieusement repliés, des oiseaux en cage ou des tortues qu'il suffira de rendre à leur élément naturel, des médailles… multiples moyens d'obtenir des mérites. On peut aussi interroger son avenir en agitant des baguettes de bois emprisonnées dans un cylindre de bambou jusqu'à ce que l'une d'entre elles tombe sur le sol. En lisant le numéro inscrit sur la baguette, le bonze tire un papier et renseigne le fidèle sur ce qui le préoccupe : santé, amour ou argent.

Les 40 façons d'être

Le cloître du Wat Arun offre un large échantillon des gestes et positions significatives du Bouddha, que désigne le terme sanskrit de mudrâ.

Les attitudes du Bouddha permettent de traduire ses différentes qualités et ont en même temps une vocation d'exemplarité pour les fidèles. Le terme sanskrit de *mudrâ* désigne les gestes significatifs dont voici un aperçu :

Bhumisparsa mudrâ : Bouddha prenant la terre à témoin de son illumination et de sa victoire sur Mâra. Assis, jambes croisées, main gauche dans le giron, paume vers le ciel et main droite désignant la terre. C'est la plus répandue des attitudes en Thaïlande.

Dhyana mudrâ : méditation. Assis dans la position du lotus, les deux mains dans le giron, paumes vers le ciel.

Vitarka mudrâ : enseignement. Assis ou debout, le pouce et l'index de la main droite figurent un cercle.

Dharmachakra mudrâ : rotation de la roue de la Loi (premier sermon). Debout, le bras gauche le long du corps ou élevé au niveau du buste et la main droite esquissant le mouvement de la roue.

Abhaya mudrâ : médiation. Bouddha peut apaiser la colère des océans (les deux bras pliés à angle droit, paumes tournées vers l'extérieur) ou les querelles familiales (main droite levée, main gauche le long du corps).

L'iconographie thaïe représente aussi abondamment l'accession au *nirvâna* (Bouddha couché) et Bouddha descendant du Ciel des Trente-Trois Dieux (Bouddha en marche, créé à Sukhothaï). ❖

de Bouddha conserve son caractère sacré, d'où la récupération des statues dans les temples désaffectés. D'où également l'interdiction formelle d'exporter des bouddhas, même modernes.

Un bouddha ne s'achète pas

La meilleure façon de gagner des mérites consiste à faire exécuter une statue de Bouddha. Mais, paradoxalement, une telle statue ne peut ni s'acheter ni se vendre. Selon la tradition, un bouddha ne peut être que « loué » (le mot thaï *chao* désignant la transaction entre fabricants de statues et clients, signifie « louer »). On peut commander un bouddha dans un but particulier : pour s'attirer des mérites, pour se protéger d'un danger, en remerciement, à titre de consolation… Toutes les raisons sont respectables : « Même si un homme exécute une statue aussi petite qu'un grain d'orge, il crée les conditions d'une meilleure réincarnation, infinie comme les Sept Océans, dont le bénéfice s'étendra sur ses quatre prochaines renaissances », affirme I-Ching, un moine chinois du Ve s. Malheureusement pour le patrimoine historique, la réfection d'un ancien *wat* produit moins de mérites que la construction d'un neuf. Signe des temps, les *wat* sont désormais construits selon un plan type qui introduit dans la chronologie de l'art thaïlandais une époque nouvelle : le « style béton ». Mais l'art de la décoration demeure et les pinceaux vont bon train pour laquer de rouge et d'or les édifices récents ou anciens. L'important n'est pas de figer l'art religieux mais de le magnifier sans cesse, faisant du neuf avec du vieux. Les artistes donnent la priorité au fond sur la forme, ce qui confère à l'art religieux siamois une unité défiant les siècles. ■

Des fidèles très méritants

L'application de feuilles d'or sur une statue ou un objet religieux est l'une des façons les plus courantes d'acquérir des mérites.

Les mérites résultent des bonnes actions accomplies par les bouddhistes et constituent une sorte de « capital » permettant à chacun de s'assurer une meilleure réincarnation. Ils s'obtiennent aussi par des offrandes (feuilles d'or sur les statues, libération d'oiseaux en cage, aumône aux moines, commande de statue de Bouddha, etc.). On peut aussi acquérir des mérites pour quelqu'un d'autre : c'est le sens de la « retraite des pluies » (ordination temporaire) que les jeunes bonzes exécutent le plus souvent par dévotion filiale, au bénéfice de leurs parents. ❖

SUR PLACE

Prêts à prendre la pose pour le touriste, au cœur du Triangle d'Or, ces enfants ont enjolivé à leur manière le costume traditionnel des Lisus.

BANGKOK ET SES ENVIRONS

Bangkok***

Cité d'or et d'acier, Bangkok est le profil choc de la Thaïlande. À vivre avec frénésie ou avec nostalgie. À découvrir sans préjugés, en lui prodiguant tout l'étonnement qu'elle mérite : ce n'est pas une escale pour les tièdes.

Bangkok ne connaît jamais le silence : moteurs, klaxons, climatiseurs, chantiers de construction, sirènes... Bangkok ne connaît jamais de repos. Dans le petit matin bleuté où montent les vapeurs délétères de la pollution, la file orange des bonzes quêtant leur nourriture semble une apparition fantomatique. Ce n'est pas une illusion : dans le mur, il y a une porte. Et derrière cette porte, l'un des quelque quatre cents temples que compte Bangkok, enserrés dans les tours et les chantiers de construction.

ATMOSPHÈRE...

Un matin comme les autres à Bangkok : les artères sont déjà paralysées, les policiers ont le visage protégé par un masque, les employés et les écoliers en uniforme tentent de grimper dans le bus bondé qui marque l'arrêt, les motos-taxis foncent pour que leur client soit à l'heure à son rendez-vous (mission impossible en voiture), les petites marchandes de fleurs tressent des colliers frais et parfumés sur le trottoir, les marchés déploient leurs étals de fruits, de légumes, d'herbes aromatiques, de poisson séché… Simple matin à Bangkok.

De près, la capitale thaïlandaise n'est pas la carte postale que l'on rêvait. La circulation est le cauchemar des Bangkokiens. La municipalité n'a pas ménagé ses efforts pour ériger un réseau aérien contournant ou enjambant les échangeurs urbains saturés de voitures : une folle entreprise qui supposait de couler dans un sol instable des millions de mètres cubes de béton…

L'ouverture des voies aériennes crée désormais une ville à deux niveaux : celui de la rue, où les humains tentent de survivre dans les fumées d'échappement, et celui des échangeurs et du métro aérien. Comme le lent travail d'une implacable araignée, le Bangkok Transit System (BTS, le métro aérien) tisse sa toile. Inaugurées en décembre 1999, les deux premières lignes, qui ne totalisent que 23,5 km sur les 200 prévus au programme, ont remarquablement amélioré les conditions de circulation entre Siam Square et le long de Sukhumvit d'une part, et sur un axe nord-sud allant du pont Taksin au marché Chatuchak d'autre part. Certes, une bonne partie de la ville est défigurée par les superstructures monumentales en béton, mais tant qu'à choisir…

Jadis entre ciel et eau

En l'espace de deux siècles, la Venise de l'Orient devient un cauchemar écologique. La croissance de Bangkok constitue un exploit,

En smoking sous les bananiers

Paul Morand (1888-1976), qui se définissait comme le « globe-trotter» de la littérature, décrit son passage à Bangkok dans Rien que la terre, *en 1928.*

« C'est dans le délassement de l'obscurité, lors de la trêve du soleil, que Bangkok doit être parcourue ; le long des canaux obscurs, mystérieux, où soudain s'allume une bougie, au fond d'un bateau arrêté, mange une famille, le bol de riz blanc aux lèvres noires. D'autres se baignent dans ces jus saumâtres, s'y vident le ventre, puis s'aspergent avec l'eau recueillie dans une boîte à conserve. Parfois les barques ont été surprises par la marée basse et l'on voit des bateliers, à mi-jambes dans la fange, tirer leur embarcation engluée hors de cette bourbe. Quand l'on va dîner au loin, en smoking blanc, sous les bananiers trempés d'indigo électrique, l'on marche sur les crapauds, l'on enjambe, avec des souliers vernis, des racines monstrueuses, gluantes, qu'on prend pour des alligators. »

Bangkok nostalgie...

Bangkok au XIXe s. Ses canaux lui ont valu son surnom de Venise de l'Orient.

Dans l'ancien Siam, jusqu'en 1910, seuls les membres de la famille royale et les moines avaient le droit d'habiter des pavillons en dur. Tous les autres membres de la société, y compris les dignitaires et les riches marchands, demeuraient dans des maisons de bois. L'architecture en brique stuquée fut introduite par les commerçants chinois sous Rama Ier (1782-1809), mais il fallut attendre l'époque de Rama IV (milieu du XIXe s.) pour voir naître ces rangées de maisons-boutiques à deux étages qui marquèrent durablement le centre du vieux Bangkok.

Des marchands novateurs et raffinés

Le premier véritable ensemble urbain de Bangkok, comportant 40 maisons, fut édifié au milieu du XIXe s. sur Chanam Saï Rd (près du Grand Palais) : c'était une véritable révolution ! Il fallut l'adapter et conserver les structures en bois dur, capables de résister au climat tropical. Les Siamois se hâtèrent de tirer parti de leur nouvel urbanisme vis-à-vis des Européens, pour leur montrer combien eux aussi savaient être modernes. Les précepteurs étrangers de la Cour et les gardes du palais bénéficièrent de ces nouvelles dispositions d'esprit et furent logés dans des bâtiments en dur. Les marchands de tissus indiens s'insérèrent très vite dans le quartier de New Road, où on les trouve encore. L'architecture sino-portugaise fut à son zénith durant le règne de Rama V (1868-1910), et l'on vit fleurir sur des façades couleur pastel des ornementations en stuc, des balcons, colonnades et pignons, directes réminiscences du style colonial. C'est aussi l'époque où l'on vit les premières automobiles cracher leurs fumées d'échappement sur le crépi des belles façades.

D'étranges cadeaux d'anniversaire

Au début des années 1960, les marchés flottants demeurent les premiers moyens d'approvisionnement dans la capitale. Peu à peu, les klong sont comblés pour faire place à des routes. À l'aube du XXIe s., Bangkok cherche à réactiver les transports fluviaux pour désengorger ses axes de circulation.

Comme les maisons-boutiques, les vieux ponts de Bangkok sont menacés par la modernisation. Autrefois, on édifiait des ponts, à l'initiative des rois, principalement pour célébrer un événement heureux et, accessoirement, pour des raisons pratiques. Les ponts étaient essentiellement destinés aux éléphants, puisque les humains utilisaient plutôt le bateau pour se déplacer. Ceci explique leur extrême solidité.

Beaucoup de ponts virent le jour sous le règne de Rama IV (1851-1868), grâce à des donations de la famille royale, d'aristocrates ou de riches marchands. Rama V fit construire dix-sept ponts entre 1868 et 1910. En 1894, à l'occasion de son anniversaire, il offrit pour un nouveau pont une somme d'argent calculée d'après le nombre de jours écoulés depuis sa naissance. Cette initiative fut amplement saluée et... imitée.

un de plus à mettre au compte de l'insolente vitalité asiatique. À la fin de la période d'Ayutthaya (XVIIIe s.), ce n'était qu'un village de pêcheurs entouré de vergers. On y vivait sur l'eau, abandonnant les pistes aux éléphants. En 1782, Rama Ier quittait Thonburi, jugée trop exposée aux attaques des Birmans, pour s'installer sur la rive orientale du Ménam Chao Phraya: Bangkok commençait son irrésistible ascension.

La **borne de fondation** de la ville (Lak Muang), située sur l'esplanade royale Sanam Louang, marque le cœur historique de Bangkok. La cité se niche dans une boucle de la rivière des Rois, fermée à l'est par des canaux qui dessinent les contours d'une île en forme de mangue. On retrouve le concept lacustre d'Ayutthaya et le goût atavique des Thaïs pour la vie au bord de l'eau. On se hâte de construire temples et palais fastueux pour oublier le sac d'Ayutthaya. D'abord le temple du Bouddha d'Émeraude, puis le Grand Palais. De l'or pour les princes et les divinités, du bois et de la paille tressée pour l'humble peuple qui vit entre sa terrasse et sa barque, cultivant sa rizière sur ce qui est devenu une banque ou un condominium, et achetant le nécessaire au plus proche marché flottant.

La mort lente des klong

Très vite, le besoin de développer d'autres axes de communication se fait sentir. Dès 1784, on commence la première route, qui a conservé le nom de New Road, bien qu'elle soit maintenant la plus ancienne de la capitale. En 1869, elle atteint 8 km et témoigne de l'influence croissante de la minorité chinoise à Bangkok, avec ses entrepôts et ses échoppes. Car Bangkok est une ville chinoise : ouverte sur la mer, scellant le grenier à riz du Siam, sa vocation commerciale est évidente.

Les changements s'accélèrent avec l'avènement du roi Mongkut (1851-1868), partisan de l'ouverture à l'Occident, et de son successeur Chulalongkorn qui, durant 42 ans, s'emploie à moderniser le Siam. En 1883, l'inauguration de la première ligne de tramway annonce la mort lente des *klong*. Petit à petit, les maisons en bois sur pilotis cèdent la place aux banques, aux grands magasins et, plus tard, aux hôtels et aux sièges d'organisations internationales.

Au début du XXe s., Bangkok comptait 100 000 habitants. Actuellement, on avance le chiffre de 7 millions. Surpopulation, croissance anarchique, asphyxie, pollution, Bangkok souffre de tous les maux du monde moderne. Seules les flèches dorées des temples dominant les avenues rappellent que c'est toujours Krung Thep, « la Cité des Divinités, l'Inexpugnable Demeure du Dieu Indra, la Grande Capitale du monde qui renferme les Neuf Merveilles, la Cité heureuse ».

➤ *Informations pratiques p. 141.*

Bangkok et ses quartiers

Les **reports en gras** *renvoient au* **plan de Bangkok** *en rabat de couverture.*

Où se situe le centre de Bangkok ? À cette question, vous risquez de recevoir de multiples réponses. La vérité, c'est que Bangkok a plusieurs centres. Et que ces centres se déplacent, se rejoignent dans un mouvement insaisissable, à la mesure de l'anarchie qui prévaut dans l'urbanisme de la capitale. Hier quartier résidentiel, aujourd'hui quartier d'affaires, demain quartier de plaisirs… Comment s'y retrouver ?

Le vieux centre royal

A2-3 C'est le vrai centre historique de Bangkok. Autour de **Sanam Louang** (la Place royale), le Grand Palais, le Wat Phra Kéo, le Wat Po, le Musée national… De quoi s'occuper largement durant deux jours. Sur Sanam Louang se trouve la borne de fondation de la ville (Lak Muang) et se déroulent les crémations royales (d'où son autre nom, Phra Men, désignant le mont Méru, refuge de l'âme des défunts).

Les quartiers de la nouvelle cité royale

BC1 Situés au nord de **Phitsanulok Rd**, ils englobent le champ de courses, l'actuelle résidence du Roi (palais Chitralada), l'Assemblée nationale et d'autres bâtiments officiels. À voir : le temple de Marbre et le palais Vimanmek.

La ville chinoise

B3 Familièrement appelé Chinatown, le quartier perd peu à peu son caractère, avec la disparition

Bangkok : programme

La plupart des visiteurs séjournent en moyenne deux jours à Bangkok. C'est peu pour cette mégapole, écartelée entre plusieurs centres, qui ne livre pas facilement son mode d'emploi. Le bruit, la pollution, la chaleur, les distances incitent à la modestie dans l'organisation d'un programme. Utilisez au maximum le Sky Train : c'est un moyen rapide, économique et très agréable pour se déplacer. Il offre une vue panoramique qui vous aidera à vous repérer. Si vous ne disposez que de peu de temps, essayez de varier les plaisirs : visites, shopping, flânerie dans des marchés, piscine et détente. Vérifiez les jours et heures d'ouverture des temples et des musées. D'une façon générale, il vaut mieux démarrer tôt, car bon nombre d'endroits ferment à 16 h 30.

Une semaine à Bangkok

➤ **Jour 1.** Un petit tour en Sky Train pour vous repérer et une balade à pied autour de votre hôtel où il y a sûrement un centre commercial et des *soï* (ruelles) à explorer. Pas d'ambition grandiose pour cette première journée généralement consacrée à récupérer du décalage horaire.

➤ **Jour 2.** Sanam Louang, le centre historique de Bangkok *(p. 104)*. Entre le Wat Phra Kéo, le Grand Palais, le Wat Po et le Musée national, vous aurez l'embarras du choix.

➤ **Jour 3.** Excursion matinale à Damnoen Saduak *(p. 133)*. Prendre un tour organisé par une agence locale. Retour en début d'après-midi. Piscine ou shopping et dîner dans un restaurant thaï *(voir p. 141)*.

➤ **Jour 4.** Visite de la maison de Jim Thompson ou du palais Suan Pakkard *(p. 124)*. L'après-midi, le temple de Marbre ou le palais Vimanmek *(p. 125)*, ou encore shopping dans l'un des énormes complexes (climatisés) de la capitale *(p. 148)*.

➤ **Jour 5.** Excursion à Bang Pa-in et à Ayutthaya (*p. 133 et 134*), aller par bateau sur le fleuve Chao Phraya, retour par la route. Ne rien prévoir d'autre, sinon piscine, sauna ou massage relaxant au retour.

➤ **Jour 6.** Vous avez maintenant assez d'assurance pour vous lancer à l'aventure : prenez un bateau sur le fleuve Chao Phraya, visitez le Wat Arun, le musée des Barges royales et continuez au fil de l'eau *(p. 111)*...

➤ **Jour 7.** Faites les antiquaires de Nakhon Kasem (ville chinoise, *p. 104*), déjeunez au bord de la rivière ou allez voir la ferme des crocodiles *(voir p. 137)*. Il vous reste aussi de nombreux temples à découvrir *(p. 111)*.

Important. Ne laissez pas passer un week-end sans aller au marché Chatuchak *(p. 126)*. ❖

progressive de la boutique-logement, base du mode de vie traditionnel chinois *(voir p. 127)*. Distribuée autour de **Yaowarat**, son artère principale, la ville chinoise est truffée de petits marchés, de ruelles, de venelles. Les canaux qui étaient nombreux autrefois dans ce quartier sont, eux aussi, en voie de disparition.

Le vieux quartier touristique

C4 Il comprend le bas de **New Road, Silom** et **Suriwongse**. On y trouve à la fois des banques et des bureaux de change, des hôtels (notamment l'Oriental), des sièges de grandes sociétés, des magasins de souvenirs (Silom Village) et des antiquaires. C'est aussi le dernier refuge des nostalgiques, au bord de la rivière, autour de l'hôtel Oriental et de l'ambassade de France. Mais que penseraient les voyageurs du XIXe siècle en découvrant, dans leur « vieux » quartier touristique, l'architecture en tour du Shangri-La ou du Royal Orchid, la « nouvelle aile » de l'Oriental, sans parler du réseau aérien des voies express et du Sky Train qui enserrent peu à peu toute la ville ?

Les nouveaux quartiers touristiques

Ils se sont développés autour des hôtels qui ont attiré des activités annexes (restaurants, boutiques, bars, salons de massage). Plutôt que de quartiers, il s'agit d'avenues, de rues ou de *soï* ayant cristallisé une activité en certains points, parfois très localisés. Si un Thaï vous vante l'animation de Sukhumvit, ne vous lancez pas sur l'avenue comme vous le feriez sur les Champs-Élysées, avec l'intention de flâner, de musarder, de faire du lèche-vitrines : sur les dizaines de kilomètres de Sukhumvit, la partie animée s'étend sur une vingtaine de *soï* seulement.

Trois zones se dégagent actuellement pour défendre les couleurs du nouveau Bangkok :

➤ **Patpong, le haut de Silom, Suriwongse CD4**. Bien que le nom de Patpong soit associé aux pires turpitudes de la vie nocturne, c'est aussi le cœur des affaires et de la finance de Bangkok : banques, compagnies aériennes, assurances, import-export... On y trouve presque autant de restaurants japonais qu'à Ginza, le quartier nocturne de Tokyo. Chic et cher le jour, le quartier devient interlope à la tombée de la nuit, autour de Patpong 1 et 2, investis par un marché de nuit à l'usage des touristes.

➤ **Siam (Rama Ier), Rajdamri, Pratunam, Ploenchit D3**. C'est le cœur des commerces touristiques (antiquités, bijoux, tissus, maroquinerie, souvenirs en tous genres). On y trouve les plus grands magasins, hôtels de luxe et centres commerciaux de Bangkok. Siam Square, avec ses nombreux cinémas et ses boutiques branchées, est le rendez-vous des *teenagers* et des *yuppies*. Le marché de Pratunam a conservé son cachet populaire. Le quartier est en pleine mutation.

➤ **Sukhumvit, New Petchburi hors pl. par D3**. La partie animée de Sukhumvit est comprise entre **Wireless (Witthayu) Rd** et le **soï 23**. Il est impératif, sur cette avenue, de se repérer avec les *soï*, très nombreux et dont la vocation résidentielle évolue rapidement vers d'autres activités : restaurants (soï 55 mais aussi autour des hôtels), bars, shows, discothèques. New Petchburi est également un quartier nocturne.

Le Grand Palais* et le Wat Phra Kéo***

➤ **A2** *Na Phra Lan Rd ou Sanam Chaï Rd.* **Bus** *6, 8, 12.* **Embarcadères** *Tha Mahathat et Tha Chang. Ouv. t.l.j. de 8 h 30 à 11 h 30 et de 13 h à 15 h 30. Entrée payante sf*

Le style Bangkok : une nouvelle naissance (du XVIIIe s. à nos jours)

Le Wat Phra Kéo.

La période de Thonburi (de 1769 à 1782) fait figure de parenthèse entre la mort d'Ayutthaya et la naissance de Bangkok. Le renouveau artistique sera l'œuvre de la dynastie Chakri (actuellement régnante), matérialisé par l'installation de la capitale à Bangkok, sur la rive orientale du fleuve Chao Phraya. Le style dit Rattanakosin connaît ses premiers balbutiements.

On se préoccupe de rassembler dans la nouvelle capitale les statues des monastères en ruines qui, pour les fidèles, représentent un capital sacré qu'il importe de préserver. L'architecture renoue avec la tradition d'Ayutthaya, mais dans un style de plus en plus chargé, comme pour se prouver sa supériorité sur son modèle. En ce sens, Bangkok développe un art « nouveau riche », plutôt clinquant et tape-à-l'œil. On construit le Palais royal et des monastères prestigieux : Wat Po, Wat Phra Kéo, Wat Suthat ou encore Wat Benjamabopitr... Superposition de toits de tuiles vernissées, incrustations de porcelaine et de nacre, statues dorées ou polychromes, portes laquées, peintures murales : les artistes font appel à toutes les techniques traditionnelles. Mais l'influence croissante de l'Occident contribue à tuer l'inspiration. Les œuvres finissent par sombrer dans le conformisme et la raideur.

L'objectivité oblige à admettre que le style Rattanakosin a trop souvent sacrifié la qualité à la quantité. Les artistes ont parfois eu le cœur trop large, illustrant le mariage des idées par un mariage des styles qui, au vu de la tradition siamoise, est contre nature. La « cité des divinités » n'a pas su exorciser les démons de son passé.

dim. et fêtes bouddhiques. Tenue correcte (ni short ni mini jupe).

Symbole de Bangkok, le Grand Palais, entouré d'une **muraille crénelée** de près de 2 km, bénéficie généralement de la toute première visite du nouveau venu dans la capitale siamoise. Situé sur Sanam Louang (la Place royale), il comporte trois espaces distincts : la cour extérieure, la cour intérieure et la chapelle royale abritant le Bouddha d'Émeraude (Wat Phra Kéo). On doit prévoir d'y passer un minimum de deux heures. Malheureusement, de nombreux bâtiments sont fréquemment fermés aux visiteurs pour des motifs divers.

Le Grand Palais*

Terminé il y a un peu plus de cent ans, sous le règne de Rama IV, le Grand Palais présente une juxtaposition de styles où la tradition orientale rencontre des influences occidentales classiques. Sa construction fut entreprise en 1782, sous le règne de Rama Ier. Il n'est plus habité puisque le Roi actuel réside au palais Chitralada, sur Rama V Rd, dans un quartier plus aéré.

➤ **La première enceinte.** En y pénétrant, on remarque sur la g. la porte ouvrant sur le Wat Phra Kéo, temple royal fréquenté par le monarque pour ses dévotions. Les portes du deuxième portail donnant accès au Palais royal ont échappé par sept fois à la foudre, d'où leur caractère sacré.

➤ **Chakri Maha Prasad.** C'est le bâtiment principal dont l'architecture mêle, avec une rare audace, les styles thaï et victorien. Il abrite la salle du trône (fermée au public). La partie basse du bâtiment est due à un architecte britannique et les toits ont conservé l'aspect siamois traditionnel. On ne peut visiter que les salles de réception, ornées des portraits royaux de la dynastie, de bustes de monarques ou de dignitaires étrangers rencontrés par Rama V à l'occasion de ses voyages, ainsi que de divers objets d'art.

➤ **Dusit Maha Prasad** (à dr.). Construit à l'époque de la Révolution française, sous le règne de Rama Ier, il présente un style thaï précieux nettement plus élégant. Il fut utilisé pour la dernière fois en 1910, lors de la cérémonie d'investiture de Rama VI. Les **miroirs**, disposés dans les perspectives, ont pour fonction d'éloigner les mauvais esprits. Le petit pavillon Amporn Phimok Prasad, décoré de **mosaïques**, constitue l'un des plus purs exemples de l'architecture thaïe. Il était utilisé par le Roi pour troquer son costume de ville contre des habits de cour. Une reproduction en fut présentée en 1958 à l'Exposition universelle de Bruxelles. On en retrouve également une réplique au Palais d'été de Bang Pa-in *(voir p. 133)*.

➤ **Amarin Vinachaï Hall** (à g.). Il s'agit de l'ancienne Cour de justice, édifiée sous Rama Ier, où se déroule traditionnellement la cérémonie du couronnement. Vous remarquerez le parking de l'**éléphant royal**, devant les piliers rouges auxquels on l'attachait pendant que le Roi prenait place.

➤ **L'ancien harem du Roi.** Fermé au public, il est tombé en désuétude. On aimerait pourtant voir les pavillons et les jardins où déambulaient les belles jeunes femmes... Les dignitaires de la Cour et les diplomates étrangers ont le privilège de jouir des jardins une fois par an, à l'occasion de la *garden-party* qu'y donne le Roi pour son anniversaire.

➤ **Le palais Borompiman.** Ce bâtiment, de style hybride, jouxte le sanctuaire du Bouddha d'Émeraude et fut le théâtre de l'assassinat mystérieux, en 1946, du Prince Ananda, frère aîné du Roi actuel. Il ne se visite pas.

Wat Phra Kéo***, temple du Bouddha d'Émeraude

C'est le temple le plus prestigieux du pays, historiquement lié à la fondation de Bangkok puisqu'il fut édifié par Rama Ier de 1782 à 1784.

Les pérégrinations d'un bouddha

Nous sommes à Chiang Raï, au début du XVe s. et la foudre s'abat sur une modeste pagode. Le Vénérable (sage du monastère) extrait du désastre un bouddha recouvert de stuc qu'il installe avec respect dans sa cellule. Mais au bout de quelque temps, le stuc s'écaille et laisse apparaître une matière d'un beau vert profond. On découvre alors que le stuc dissimulait une ravissante statue de jade vert qui, avec l'amplification de l'admiration populaire, deviendra le Bouddha d'Émeraude. Et c'est alors que les ennuis commencent... Le roi de Chiang Maï envoie un éléphant pour rapporter la statue dans sa cité. Mais l'éléphant chargé de la sainte mission s'entête à prendre la route de Lampang et refuse de revenir à Chiang Maï avec le Bouddha. Ces étranges circonstances ne font qu'attiser les convoitises des puissants et le Bouddha d'Émeraude est successivement installé à Chiang Maï (au Wat Chedi Louang), puis à Louang Prabang et enfin à Vientiane où il alimente copieusement le différend lao-thaï. Finalement, il revient en Thaïlande dans les bagages du futur Rama Ier, vainqueur des Laotiens à la fin du XVIIIe s. La dynastie Chakri ne pourra faire moins que de lui offrir son plus beau temple, le Wat Phra Kéo. ❖

Temple royal, utilisé uniquement pour certaines cérémonies, le Wat Phra Kéo fait figure de véritable ville religieuse (bien qu'aucun moine n'y réside), avec ses multiples cours, pavillons, *chedi* et ses créatures mythologiques. Il fut construit pour abriter dignement le fameux **Bouddha d'Émeraude**, statuette investie de pouvoirs occultes. L'histoire du Bouddha d'Émeraude est, d'ailleurs, digne d'un roman de cape et d'épée *(voir encadré)*.

➤ **LE BOT***, CHAPELLE ROYALE.** Elle abrite le **Bouddha d'Émeraude** (66 cm de haut), assis sur un trône figurant le chariot céleste, protégé par un parasol à neuf étages. La statue dispose de trois parures changées solennellement par le Roi au début de chaque saison: résille d'or l'hiver, paillettes bleues à la saison des pluies, or et diamant l'été. Les murs du bâtiment sont décorés de **fresques** évoquant la vie du Bouddha et représentant la cosmogonie hindouiste.

➤ ♥ **LE CLOÎTRE***** fait partie de la chapelle royale. Ses galeries sont ornées de **peintures** (près d'un kilomètre) illustrant superbement le *Ramakien* (version thaïe du *Ramayana* hindouiste) où vous retrouverez les exploits du roi des singes, Hanuman. Réalisées au début du règne de Rama Ier, elles firent l'objet de six restaurations, la dernière en 1982 à l'occasion du bicentenaire.

➤ **Le Panthéon royal**** date de 1855. Ouvert au public uniquement le 6 avril, jour commémorant la fondation de la dynastie Chakri, il abrite des **statues** grandeur nature des rois de la dynastie régnante.

➤ **Le Mondop****. Il s'agit de la bibliothèque qui renferme les **textes sacrés**. Dans chacun des angles se tient un bouddha javanais de style Borobudur.

➤ **Maquette d'Angkor Vat*****. Mise en place par le roi Mongkut (Rama IV), à l'époque où le Cambodge était sous suzeraineté siamoise, elle fut achevée par son fils Chulalongkorn (Rama V) pour le centenaire de Bangkok.

➤ **Le chedi d'or****. Il fut édifié par le roi Mongkut dans le style d'Ayutthaya pour renfermer des **reliques** de Bouddha, selon la croyance populaire.

La présence de nombreuses statues monumentales et de créatures mythologiques contribue à créer une atmosphère fantasmagorique dans les cours du Wat Phra Kéo. Les portes sont gardées par des géants menaçants aux dents crochues (pour éloigner les mauvais démons) ou par des statues plus benoîtes, coiffées d'un haut-de-forme à la mode européenne (en vogue sous le règne de Chulalongkorn), qui servaient de lest dans les navires de commerce avec la Chine. On peut voir aussi les exquises *kinari* (femmes-oiseaux), les *garuda* (oiseaux servant de monture à Vishnou) et bien d'autres créatures nées de l'imagination débridée d'artistes démiurges.

Trouver une adresse à Bangkok

Bangkok semble investie par des génies occultes qui prennent un malin plaisir à égarer ses familiers : ils inversent le sens de la circulation, rasent des quartiers, font pousser des tours, enchevêtrent routes et passerelles aériennes... Au secours ! De fait, même avec un bon plan, il n'est guère évident de s'y retrouver dans Bangkok. Les noms des rues ne sont pas toujours indiqués. Quant à la numérotation des maisons et des immeubles, elle obéit à une logique très théorique qui voudrait que le numéro du bloc soit suivi de celui de l'immeuble (exemple : 135/26 Gaysorn Rd).

Les artères principales *(thanon)* sont coupées de *soï*, rues ou impasses numérotées, côté pair et impair (les *soï* peuvent aussi porter un nom). Ce système constitue un repérage précieux, les avenues s'étirant souvent sur plusieurs kilomètres. Ainsi, on vous recommandera un restaurant situé « Sukhumvit, soï 20 » : comprenez « au croisement de cette avenue et du soï n° 20 ». L'autre facette du repérage en ville repose sur l'implantation des hôtels. Du fait que les chauffeurs de taxis comprennent rarement l'anglais et jamais votre inimitable façon de prononcer le thaï, vous avez intérêt à leur indiquer l'hôtel le plus proche de l'endroit où vous souhaitez aller. Procurez-vous un plan détaillé (dans n'importe quel kiosque à journaux) et bonne chance ! ❖

La stupéfiante accumulation de vaisselle cassée qui orne le Wat Arun donne toute sa mesure à l'aube, lorsque les millions de parcelles de porcelaine incrustées dans la pierre étincellent sous les premiers rayons du soleil.

♥ Les temples : oasis au cœur de la ville

L'architecture thaïe trouve sa plus belle expression dans les milliers de temples du pays. Bangkok en compte environ 400, certains somptueux, d'autres humbles et méconnus. Les temples (*wat*) ne sont pas des monuments au sens traditionnel. Ils ont une vie propre et abritent une activité sociale et religieuse intense. La visite apporte un délassement, un enchantement qui contraste avec l'agitation trépidante de la ville. Le *wat* constitue une halte providentielle pour le promeneur, toujours bien accueilli. Notre sélection se doit de privilégier la valeur architecturale et historique, mais l'on sait que Bouddha prônait l'humilité…

Wat Arun*** ou temple de l'Aube

➤ **A3** *Arun Amarin Rd, Thonburi (rive droite). Traverser à l'embarcadère Tha Tien, derrière le Wat Po. Ouv. t.l.j. de 9h à 16h30. Entrée payante.*

Silhouette emblématique de la ville, avec ses tours qui se reflètent dans les eaux du fleuve Chao Phraya, depuis la rive de Thonburi, il fut édifié par Rama II au début du XIXe s., sur l'emplacement de l'ancien temple royal de Taksin (du temps où Thonburi était capitale). Il ne fut terminé que sous le règne de Rama III et les architectes durent faire appel à la générosité des fidèles pour recueillir la vaisselle nécessaire à la décoration.

➤ **LE PRANG CENTRAL*****. Haut de 79 m, ce reliquaire aux influences khmères et indiennes évoque la représentation symbolique mahayaniste de l'univers. Quatre escaliers abrupts, orientés selon les points cardinaux, donnent accès à des **terrasses** soutenues par des divinités. Les niches abritent des représentations du dieu Indra monté sur Erawan, l'éléphant à trois têtes.

➤ **LES QUATRE PRANG***. Entourant le *prang* central, ils symbolisent les quatre océans. On y découvre le dieu de la lune, monté sur un cheval blanc.

➤ **LE BOT* (CHAPELLE)**. Construite dans le style surchargé propre à la période Rattanakosin, la chapelle principale du temple est dotée, à l'intérieur, de **fresques** restaurées décrivant la vie de Bouddha.

Aux environs se trouve le **musée des Barges royales**, que l'on peut associer à cette visite *(voir p. 130)*.

Wat Benjamabopitr*** ou temple de Marbre

➤ **B1** *Sri Ayutthaya Rd, angle Nakhon Pathom Rd (près du palais Chitralada).* ***Bus*** *3. Ouv. t.l.j. de 9h à 17h. Entrée payante.*

Construit à l'initiative du roi Chulalongkorn en 1899, c'est le plus récent et le plus charmant des grands temples de Bangkok. Il est entouré de **jardins exquis** où déambulent les bonzes. Des tortues sacrées, offertes par les fidèles pour acquérir des mérites, prolifèrent dans le bassin où se reflètent les flèches élancées des toitures. Admirez l'élégance des proportions et le raffinement des matériaux utilisés: marbre de Carrare et tuiles chinoises vernissées.

➤ **LE BOT**. Son escalier principal est gardé par deux lions de marbre. L'intérieur abrite la copie d'un bouddha de Phitsanulok renfermant dans son socle les cendres de Chulalongkorn.

➤ **LE CLOÎTRE***. Cinquante-deux bouddhas** en bronze y illustrent les principales périodes de l'art bouddhique. Ils furent rassemblés par le roi Chulalongkorn, de façon à présenter un **panorama complet de l'iconographie bouddhique** thaïlandaise. Beaucoup sont des reproductions, les pièces originales ne pouvant pas toujours être déplacées. Les statues les plus précieuses sont d'ailleurs grillagées (voir deux bouddhas Dvaravati, à l'angle sud du cloître).

➤ **LES DEUX PAVILLONS**. De part et d'autre de la cour. D'influence javanaise, l'un abrite un bouddha birman, l'autre un bouddha provenant du sud de la Thaïlande et doté d'une inscription en cambodgien datée du XIIe s.

➤ **LES QUARTIERS DES MOINES ET LE PETIT MUSÉE**. On y accède par un pont arqué de style chinois. On y verra notamment un **curieux bouddha** debout en albâtre, originaire de Birmanie.

Wat Bovornivet*

➤ **B2** *Phra Sumen Rd.* ***Bus*** *11. Ouv. t.l.j. matin et soir pendant la prière. Entrée libre.*

Ce *wat* spacieux et paisible est associé à Rama IV (Mongkut) qui y fit retraite durant 27 ans, avant de revenir à la vie laïque et de concevoir 82 enfants. Une trentaine de ses fils suivirent d'ailleurs l'exemple paternel dans ce même *wat*. C'est un **centre d'enseignement bouddhique** important (avec aussi des cours en anglais) dont l'aura va jusqu'à impressionner les trafiquants d'opium qui, chuchote-t-on, participeraient à l'embellissement du temple en échange de bénédictions sur leurs coupables activités...

Le *bot* abrite deux bouddhas remontant à la création de Sukhothaï (XIIIe s.). Son plafond est orné de **peintures** particulièrement riches, d'inspiration tantôt allégoriques, tantôt réalistes (notamment une évocation du style architectural français et des courses de chevaux en Angleterre). Voir aussi le **pavillon polychrome** utilisé par les rois et les dignitaires pour troquer leurs habits de cour contre la robe de bonze.

Wat Mahathat** ou temple de la Grande Relique

➤ **A2** *Na Phrathat Rd. Entre l'université Silpakorn et l'université Thammasat.* ***Bus*** *6, 8, 12. Ouv. t.l.j. de 9h à 17h. Entrée libre.*

Le Wat Mahathat est le dépositaire d'une longue tradition d'enseignement religieux et abrite l'**université bouddhique** Mahachulalongkorn. Les bâtiments furent plusieurs fois reconstruits (après un incendie au début du XIXe s., notamment) et restaurés. L'édifice principal, un vaste *mondop* (bâtiment-reliquaire), protège la relique qui a donné son nom au temple et qui se trouve enchâssée dans un *chedi* doré. L'université accueille près d'un millier de bonzes qui résident sur place. La section 5, qui peut se visiter et même se fréquenter, est spécialisée dans la méditation *wipassana (accessible y compris à ceux qui ne maîtrisent pas parfaitement la concentration)*. Un enseignement est aussi dispensé en anglais *(se renseigner sur place)*. Comme le Wat Po, le Wat Mahathat dispense des cours de massage traditionnel. Les dimanches et les jours de fêtes religieuses, il est entouré d'un **marché hétéroclite** où les tentations profanes côtoient les objets religieux. Une promenade surprenante qui éclaire sur certaines pratiques ou croyances populaires (voir les amulettes, l'herboristerie, la boutique du bonze, les images terrifiantes utilisées par les dévots pour méditer sur la vanité de la vie humaine...).

Wat Po*** ou temple du Bouddha couché

➤ **A3** *Chetupon Rd.* ***Bus*** *6, 8.* ***Embarcadère*** *Tha Tien. Ouv. t.l.j. de 8h à 17h. Entrée payante.*

Situé au sud du Wat Phra Kéo, c'est le plus vaste et le plus ancien des temples de Bangkok. Appelé aussi Wat Phra Chetupon, il fut fondé au XVIe s. à l'époque d'Ayutthaya. Les rois Rama Ier et Rama III l'embellirent, le second ayant fait construire le *viharn* (chapelle) qui abrite le colossal Bouddha couché. Les deux traditions du Wat Po sont l'**enseignement** et la **médecine**. Lieu de culte, il fut aussi conçu comme un moyen privilégié de diffusion des connaissances parmi toutes les couches de la société (imaginez la Cité des sciences et de l'industrie de la Villette dans une cathédrale). Dans les pavillons destinés à l'enseignement, on peut voir des planches pédagogiques relatives à l'astrologie, à la littérature, aux techniques guerrières, à la morale, à la médecine et même à l'art du massage *(école de massage traditionnel réputée, voir ci-dessous)*.

Les bâtiments sont répartis dans deux cours séparées par le soï Chetupon. Les **seize entrées** de l'enceinte (deux seulement sont ouvertes au public), sont gardées par des statues de pierre représentant des Chinois coiffés d'un haut-de-forme à la mode européenne, comme au Wat Phra Kéo.

➤ **Le bot de la cour orientale*****. Bâtiment principal, gardé par des lions assis, il est entouré de deux galeries abritant **394 bouddhas**. Ses fresques sont assez délabrées, mais l'ensemble constitue un des plus beaux exemples de l'**architecture Rattanakosin**. Les quatre chapelles, donnant accès aux galeries extérieures, sont disposées selon les points cardinaux.

➤ **Quatre grands chedi****, décorés de porcelaine, symbolisent les quatre premiers rois de la dynastie Chakri. Il existe près de cent *prang* et *chedi* dans tout le Wat Po.

➤ ♥ **La galerie médicale*****, au pied du grand *chedi* sud, renferme une collection de **planches anatomiques en marbre**. Les médecins autorisés à y pratiquer appartiennent à l'**Association de l'École médicale** ancienne de Thaïlande. *Consultations t.l.j. de 16h à 18h*, avec un certain succès si l'on en juge par les dons des fidèles (animaux naïfs offerts en ex-voto et disséminés dans les cours, figurant les multiples réincarnations de Bouddha). *Le **centre de massage traditionnel**, situé dans le pavillon médical, fonctionne t.l.j. de 8h à 18h dans un genre de dortoir où vous ne risquez pas de recevoir des propositions malhonnêtes (120 ฿ pour 30mn, 200 ฿ pour 1h et 300 ฿ avec herbes médicinales). Cependant, une affichette propose un service « dans la chambre » en téléphonant au ☎ 221.29.74 et 225.47.71… Si vous optez pour un massage « sur le pouce »* in situ, *réservez votre tour avant de visiter le temple, il y a beaucoup de candidats!*

➤ **Le Bouddha couché*****. Symbolisant l'accès au *nirvâna*, le grand Bouddha couché repose à l'intérieur du *viharn* Phra Non qui n'attire que peu le regard. Fabriquée sous le règne de Rama III, la statue recouverte d'or mesure 46 m de long sur 15 m de haut. L'étrangeté naît de la disproportion entre cette **statue colossale** et le temple exigu qui l'abrite. Les visiteurs sont souvent déçus car il n'y a aucun recul et, finalement, pas grand-chose à voir, hormis la plante des pieds incrustée de nacre, illustrant les 108 marques et qualités du Bouddha.

➤ **Les quartiers monastiques*****. Situés dans la partie sud, de l'autre côté du soï Chetupon, les quartiers d'habitation abritent environ **trois cents moines,** véritable cité

D'or et de nacre, inspirant l'humilité et le recueillement, le grand Bouddha couché du Wat Po impressionne d'autant plus par ses dimensions qu'il repose dans une salle de très petite taille.

close avec ses écoles, ses petites chapelles et ses maisons thaïes. Si vous souhaitez vous y promener, vous trouverez facilement un guide bénévole en odeur de sainteté…

♥ Wat Rajabopitr*

➤ **B2** *Atsadang Rd.* **Bus** *1, 12. Ouv. t.l.j. de 8h à 18h. Entrée libre.*

Il s'agit d'un temple royal, relativement petit mais plein de charme, construit en 1869 par le roi Chulalongkorn.

Son originalité provient de l'utilisation massive de **faïence Bencharong** et de **tuiles vernissées**. Les bâtiments sont agencés harmonieusement autour d'un *chedi* de 43 m de haut, recouvert de tuiles jaune d'or. Les portes d'accès à la cour sont décorées de personnages grandeur nature représentant des soldats de l'époque de Rama V, vêtus de rouge ou de gris, et des marins habillés de blanc.

Le *bot* est particulièrement remarquable pour ses incrustations de nacre décorant les 10 portes et les 28 fenêtres. On observera certains détails qui trahissent l'intérêt du roi Chulalongkorn pour les modèles européens : plafond et moulures de type italien, lustres français…

Plusieurs pavillons ouverts invitent le pèlerin au repos ou à la méditation. Dans l'enceinte du cimetière royal, on peut voir de nombreux *chedi* dédiés à des personnages de la famille royale, notamment les épouses de Rama V et le père du souverain actuel, le Prince Mahidol de Songkhla.

Wat Sakhet** ou temple de la Montagne d'Or

➤ **B2** *Boriphat Rd.* **Bus** *8, 11, 12. Ouv. t.l.j. de 7h30 à 18h. Entrée payante.*

La **Montagne d'Or** (80 m, point culminant de Bangkok) fut édifiée par Rama III sur le modèle d'une colline artificielle d'Ayutthaya. On y jouit d'un **joli point de vue** sur le fleuve et les toits ouvragés des temples environnants (notamment le Wat Po). Le *chedi* doré recèle la relique d'un bouddha originaire d'Inde. Les bâtiments principaux, qui datent de la fondation de Bangkok, sont situés sur le versant est et l'un des pavillons présente des peintures murales d'**inspiration hindouiste**. Le *viharn*, édifié en dehors du mur d'enceinte, abrite un bouddha monumental vieux de 600 ans provenant de Sukhothaï.

Tous les ans, à la pleine lune de novembre, une foire pittoresque se tient autour du *wat*, dans une ambiance de fête de village : jongleurs, bateleurs, illusionnistes, danseurs, musiciens, marchands de tout, cuisines ambulantes, montreurs de singes ou d'ours dressés… Comme autrefois.

Wat Suthat** ou temple de la Balançoire géante

➤ **B2** *Bamrung Muang Rd (entrée Ti Thong Rd).* **Bus** *8. Ouv. t.l.j. de 9h à 17h. Entrée libre.*

Bamrung Muang Rd, rue spécialisée dans les magasins vendant des articles religieux, débouche sur le portique vertigineux de la « **balançoire géante** ». Autrefois (jusqu'en 1932), cette balançoire servait de tremplin à des jeunes brahmanes pour décrocher avec les dents des sacs de monnaie suspendus à 25 m de hauteur.

Le temple, qui n'a rien à voir avec la balançoire, fait partie des plus vastes et des plus anciens de Bangkok. Commencé sous Rama Ier, il fut achevé 27 ans plus tard sous le règne de Rama III. De **belles fresques murales**, du début du XIXe s., illustrent les *Jataka*. Le *viharn* abrite un **bouddha Sukhothaï** du XIVe s. de facture exceptionnelle, des portails et volets finement ouvragés (l'un sculpté par Rama III en personne). Voir aussi les petites pagodes chinoises entourant le *viharn* et les 80 disciples de Bouddha, grandeur nature, peints à l'intérieur du *bot*. Le Wat Suthat ne comporte ni *chedi* ni *stupa*, cas unique à Bangkok.

Wat Traymit** ou temple du Bouddha d'Or

➤ **BC3** *Charoen Krung Rd, près du cinéma Odéon.* ***Bus*** *1, 7, 17. Ouv. t.l.j. de 9h à 17h. Entrée libre.*

Ce temple, d'architecture banale, a la particularité d'abriter une **statue en or pur**, haute de 3 m et pesant plus de 5,5 t. C'est un bel exemple d'art Sukhothaï qui fut découvert fortuitement en 1955, à l'occasion du déplacement de la statue. Le trésor était dissimulé sous une couche de stuc, sans doute pour déjouer la concupiscence de l'ennemi héréditaire birman lors du sac d'Ayutthaya (d'où proviendrait la statue, encore que son origine ne soit pas clairement établie). La salle du Bouddha est accessible par un escalier extérieur et la statue est tout à fait impressionnante. Elle fait partie, tacitement, du patrimoine de la communauté chinoise de Bangkok, provenant d'un temple chinois, installée dans le quartier chinois et entretenue, très probablement, par les donations des Fils du Ciel.

Le Musée national***

➤ **A2** *Na Phra That Rd.* ***Bus*** *3, 11, 12. Visites guidées en français le mer. à 9h30, durée: 2 h. (rendez-vous porte principale). Ouv. de 9h à 16h, sf lun., mar et j.f. Entrée et photographies payantes ☎ 224.13.33 et 224.13.96. Les numéros en* **rouge** *renvoient aux salles numérotées sur ce plan.*

Installé dans l'ancien palais du Second Roi, le Musée national de Bangkok est indispensable pour se familiariser avec l'histoire de la Thaïlande. Il présente un panorama complet de l'art siamois, essentiellement religieux, mais aussi quantité d'objets associés à la vie royale, aux coutumes et à l'art de vivre du pays. L'idéal est d'en faire deux visites: l'une en début de séjour, pour se donner quelques repères, et l'autre à la fin, en fonction des intérêts que chacun aura développés au cours de son voyage.

Pour une visite rapide

Si vous avez moins de deux heures à consacrer à la visite du Musée national, voici quelles seront vos priorités.

COLLECTIONS RELATIVES À LA VIE DE LA COUR (ANCIENS BÂTIMENTS):

5 Objets précieux
6 Palanquins
7 Spectacles et jeux
10 Armes anciennes
14 Costumes, tissus, objets religieux
17 Chars funéraires
22 Tamnak Daeng

ART THAÏ (NOUVEAUX BÂTIMENTS)

S3-S5 Lopburi
S6-S7 Dvaravati
S9 Srivijaya
N7-N8 Sukhothaï
N9-N10 Ayutthaya

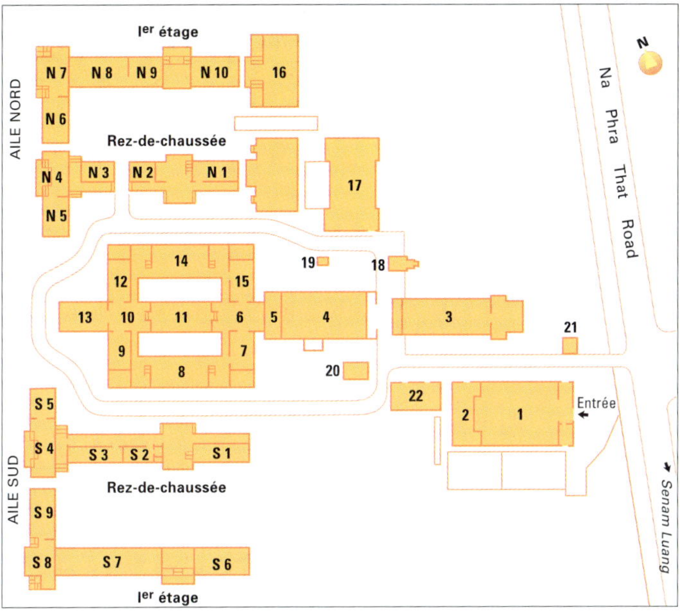

PLAN DU MUSÉE NATIONAL DE BANGKOK

1 Histoire thaïe
2 Préhistoire
3 Wat Buddhaisawan
4 Salle du trône
5 Objets précieux
6 Palanquins
7 Spectacles et jeux
8 Vaisselle et nacres
9 Ivoires
10 Armes anciennes
11 Emblèmes royaux
12 Stèles
13 Bois sculptés
14 Costumes, tissus, objets religieux
15 Instruments de musique
16 Résidence du roi Pinklao
17 Chars funéraires
18, 19, 20, 21 Pavillons
22 Tamnak Daeng (Pavillon rouge)
S1 Arts asiatiques
S2 Administration
S3 Lopburi
S4 Divinités hindouistes
S5 Lopburi
S6, S7 Dvaravati
S8 Java
S9 Srivijaya
N1 Rattanakosin
N2 Arts mineurs
N3 Monnaies
N4, N5 Statues de Bouddha
N6 Lan Na
N7, N8 Sukhothaï
N9, N10 Ayutthaya

IL ÉTAIT UNE FOIS UN PALAIS...

Le Musée national est la juxtaposition de bâtiments anciens et de deux ailes récentes, moins élégantes mais plus fonctionnelles.

Les **bâtiments anciens** **1** à **22** sont ceux d'un ancien palais remontant à l'édification de Bangkok (1782). Ils formaient la résidence du Roi suppléant, charge supprimée sous le règne de Chulalongkorn qui prit l'initiative de créer le musée en 1874. Le parc initial s'étendait sur la partie nord de Sanam Louang et sur l'espace actuellement occupé par l'université Thammasat, l'école des Arts dramatiques, l'école des Beaux-Arts et le Théâtre national. Les bâtiments de l'ancien palais abritent actuellement les collections relatives à la vie de la cour (objets précieux, palanquins, instruments de musique, etc.). On trouve aussi, dans le parc, un *wat* qui était affecté au Roi suppléant et des petits pavillons qui ont, pour la plupart, été rapportés de divers endroits du pays.

Les **bâtiments récents** ont été ajoutés en 1966 pour abriter les collections relatives à l'art thaï. Ils sont répartis en deux ailes, chacune sur deux niveaux: l'aile sud **S1** à **S9** qui traite plus particulièrement des précurseurs, et l'aile nord **N1** à **N10** qui présente essentiellement l'art national.

Le Musée national, salle par salle

➤ **1. Histoire thaïe.** Cette galerie aménagée à l'occasion du bicentenaire de Bangkok (1982) présente les grands événements de l'histoire du pays, de Sukhothaï à nos jours, par des photos, manuscrits, objets d'art et objets utilitaires. Le tout forme un mélange hétéroclite, dans un dédale favorisant la promenade. Des **maquettes** en trois dimensions représentent des batailles à dos d'éléphant et divers épisodes historiques. On peut voir le train miniature offert au roi Mongkut par la reine Victoria. Dans le hall d'entrée se trouve la **stèle** de Rama Khamhaeng qui décrit l'heureuse vie des gens de Sukhothaï en débutant par ces mots: « En l'an 1205, année de la Chèvre 1283, le roi Rama Khamhaeng s'appliqua de tout son zèle à composer ces caractères d'écriture thaïe, et ainsi ces caractères existent parce que le Roi les a composés… »

➤ **2. Préhistoire.** Cette section met en évidence la maîtrise très ancienne du bronze en Asie du Sud-Est (3500 av. J.-C.). Les plus grandes découvertes datent des années 1960 et permettent de remonter jusqu'à 10 000 ans avant notre ère (objets originaires de Ban Khao). On remarquera surtout les superbes **poteries de Ban Chiang** (de 3000 av. J.-C. au Ier s. de notre ère), décorées d'arabesques de couleur brique.

➤ **3. Wat Buddhaisawan.** Construit à la fin du XVIIIe s. pour les dévotions royales, il abrite un beau **bouddha en bronze doré**, Phra Bouddha Sihing (milieu du XVe s.). L'intérieur est décoré de **peintures murales** racontant la vie du Bouddha (extraits des *Jataka*).

➤ **4. Salle du trône.** L'ancienne salle d'audience du Roi (Issara Winitchaï Hall) est utilisée pour diverses expositions temporaires.

➤ **5. Objets précieux ♥.** La salle du trésor présente d'exquis bijoux en or et pierreries. À côté des **bijoux d'Ayutthaya**, d'un luxe étourdissant, on trouve des pièces superbes, beaucoup plus anciennes, provenant d'U Thong et de Nakhon Pathom.

➤ **6. Palanquins.** L'exposition des palanquins et *howdah* (plate-forme pour voyager à dos d'éléphant) donne une idée du faste des déplacements royaux au XVIIIe s. La simplicité n'est pas de mise: sculptures, dorures, incrustations aboutissent parfois à un résultat délirant (palanquin royal Rajenthraya de Rama Ier). La pièce la plus stupéfiante est le ***howdah* d'ivoire** offert au roi Chulalongkorn par un prince de Chiang Maï.

➤ **7. Spectacles et jeux ♥.** Cette salle, très intéressante, montre surtout des masques de *khon* (danse traditionnelle), des **figurines** de théâtre d'ombres (*nang taloung*) et des **coiffures** utilisées dans la danse classique. Les **masques** de *khon* étaient portés par les dignitaires de la cour de Rama VI pour les représentations qu'ils donnaient à leur roi. On peut voir aussi des jeux d'échecs en ivoire, des maillets de polo thaï et divers jeux chinois.

➤ **8. Vaisselle et incrustations de nacre.** La vaisselle précieuse est exposée au rez-de-chaussée.

Sukhothaï, la cité du bonheur

« Bienheureuse est la cité de Sukhothaï : l'eau regorge de poissons, le riz abonde dans les champs. Aucun droit n'est prélevé sur ceux qui empruntent les routes pour conduire leurs buffles au marché ou vendre les chevaux sur lesquels ils sont montés. Libre à tous de faire le commerce des éléphants. Libre à tous de faire le commerce des chevaux. Libre à tous de faire le commerce de l'or et de l'argent [...]. Quand un différend surgit parmi les gens du peuple, les nobles ou les princes du sang, le Roi ordonne une enquête loyale et tranche de sa haute autorité sans prendre le parti du voleur, sans témoigner non plus d'indulgence envers le simulateur. Car il n'éprouve aucune convoitise pour le riz appartenant à son prochain [...]. À la porte de son palais, une cloche est suspendue. Quiconque ayant une requête à présenter au Roi, d'ordre spirituel ou temporel, n'a qu'à l'actionner. Le roi Rama Khamhaeng entend l'appel de celui qui le sollicite, l'interroge alors et lui prête une oreille juste et attentive. »

Stèle de Rama Khamhaeng (XIIIe s.)

À côté des porcelaines chinoises et japonaises, on admirera les **céramiques** sino-thaïes du XIXe s. et des poteries de diverses époques (Lopburi, Lan Na, Sukhothaï). Quelques pièces européennes sont également présentées. Les incrustations de nacre se trouvent à l'étage supérieur. La qualité du travail est exceptionnelle. On retrouve les thèmes d'inspiration des fresques murales des *wat* (vie de Bouddha).

➤ **9. Ivoires.** L'éléphant a occupé une place privilégiée dans l'histoire de la Thaïlande. Animal de guerre, c'est aussi un animal de parade et le fait d'appartenir au Roi lui confère un caractère sacré. On verra, dans cette salle, des **défenses d'éléphants** royaux sculptées de motifs religieux.

➤ **10. Armes anciennes.** De très nombreuses armes (armes blanches et armes à feu) sont présentées ici. Cette salle vous ménage une rencontre impressionnante avec un guerrier monté sur un éléphant (faux, mais grandeur nature), donnant le signal de la charge avec des plumes de paon.

➤ **11. Emblèmes royaux.** Selon la tradition, les emblèmes de la royauté sont au nombre de cinq : l'ombrelle à étages (*chatra*), la couronne, l'épée dorée, le chasse-mouches et les chaussures dorées. Cette salle présente également des trônes, des *howdah* et un petit pavillon royal qui protégeait les reliques des princes de Wang Na.

➤ **12. Stèles.** L'intérêt de cette salle est uniquement historique et archéologique. Les pierres exposées portent des inscriptions en sanskrit, en pâli, en khmer et en thaï, allant du VIIIe au XVIIIe s.

➤ **13. Bois sculptés.** On sera séduit par la performance des artistes, sinon par les qualités esthétiques des pièces présentées dont beaucoup sont excessivement ouvragées. Le bois utilisé est surtout le teck, dense et imputrescible. Les créatures mythologiques (comme les *kinari*, femmes-oiseaux) voisinent avec les objets religieux. Admirez les **portes du Wat Suthat** (XIXe s.), transportées au musée après l'incendie du temple en 1959 et qui furent en partie sculptées par la royale main de Rama III.

➤ **14. Costumes, tissus, objets religieux** ♥. Somptuosité des matières, richesse des motifs, finesse du travail confèrent à l'ensemble une qualité exceptionnelle. À côté des **tissus précieux** (soieries, brocarts), on remarquera le style particulier des cotons tissés à motifs géométriques, du nord de la Thaïlande. La section consacrée aux objets religieux (étage supérieur) présente le **trousseau du bonze** : trois tuniques, un bol à aumône, un rasoir, une passoire, une ceinture et un petit nécessaire à couture.

➤ **15. Instruments de musique.** La musique thaïe, à cinq clés, n'a rien à voir avec la musique occidentale. Ses instruments ne nous sont pas familiers. Xylophones, métallophones, gongs, cymbales, tambours, instruments à cordes, flûtes sont exposés en compagnie d'un *gamelan* javanais (ensemble d'instruments à percussion) qui fut offert à Rama VII.

➤ **16. Résidence du roi suppléant Pinklao.** Ce bâtiment qui date de la fin du XIXe s. a conservé un aspect habité grâce aux meubles restés en place. On y trouve un mélange de **mobilier** européen et thaï (période Rattanakosin), l'ensemble d'un médiocre intérêt.

➤ **17. Chars funéraires** ♥. Il s'agit de palanquins et de chars funéraires royaux de la dynastie Chakri dont certains sont encore utilisés. Les crémations royales ont lieu sur Sanam Louang (esplanade en face du musée). Une urne funéraire en or, renfermant les cendres du royal défunt, est placée au sommet du char funéraire par un système de palans. Le char, actionné par plusieurs centaines d'hommes, défile au cœur de la ville accompagné d'une procession. Les chars exposés sont impressionnants par leurs somptuosité et leur dimensions. On peut aussi voir une réplique du **pavillon** utilisé pour la crémation de Rama IV.

➤ **18, 19, 20, 21. Pavillons.** Les quatre petits pavillons disséminés dans l'enceinte du musée ont été sortis de leur cadre d'origine, à l'exclusion du pavillon Mangkhalaphisek **18** qui faisait partie de l'ancien palais. Le plus gracieux (Samranmukhamat, **20**) provient du palais Dusit. Les pavillons **19** et **21** faisaient partie du palais de Rama VII à Nakhon Pathom.

➤ **22. Tamnak Daeng** ♥. Cette jolie maison de bois, appelée le **Pavillon rouge**, a abrité une sœur du roi Rama Ier, puis la reine Si Suryen, épouse de Rama II. Elle a été déplacée deux fois avant de trouver place dans le parc du musée. C'est une halte plaisante où l'on peut voir de **beaux meubles traditionnels** de la fin du XVIIIe s. (coffres laqués, vitrines) et des objets ayant appartenu à la reine Si Suryen.

Bâtiments sud (S1 à S9)

• Rez-de-chaussée

➤ **S1. Arts asiatiques.** Cette salle met en évidence les origines indiennes de l'art siamois, des influences notables sur la littérature, le théâtre et la danse (inspirés des épopées écrites en sanskrit), ainsi que sur la religion, puisque la langue du bouddhisme est le pâli. Des objets retrouvés en Thaïlande situent le processus d'indianisation au Ier s. de notre ère. Outre les représentations de Bouddha, de style Gupta et Gandara, on remarquera une **lampe romaine** en bronze, qui date du Ier ou du IIe s. (à droite en entrant) et un beau **bouddha debout**, de style Gupta (Ve-VIe s.), dont le déhanchement gracieux préfigure le style Sukhothaï. D'autres objets sont exposés, en provenance de divers pays d'Asie (Sri Lanka, Birmanie, Chine, Tibet, Japon).

➤ **S3**. **Lopburi** ♥. Cette salle couvre la période khmère (VIIe-XIVe s.; *voir p. 214*), illustrée en Thaïlande du Nord-Est par les sites de Phimaï, Phnom Rung, Muang Tham (à l'est) et Prasat Muang Singh (région de Kanchanaburi). On notera surtout une grande **tête de bouddha en pierre**, de facture splendide, illustrant l'art du Bayon (XIIIe s.), un beau bouddha en *samadhi* (méditation) provenant de Lopburi, et quelques bronzes. Des linteaux sculptés, comme ceux qu'on peut voir actuellement en place sur les temples, sont également présentés.

➤ **S4**. **Divinités hindouistes** Cette collection de statuettes réunit des pièces datant du début de l'indianisation (IIe-VIIe s.), trouvées à Si Thep (province de Phetchabun), Chaya et Wang Sa (province de Surat Thani). La plus précieuse est une **statue monumentale de Vishnou** en pierre, découverte à Takua Pa (Sud) et datant du VIe s. On remarquera aussi d'étonnants **phallus géants**, dont un curieusement sculpté d'une tête de femme (Mukhalinga, VIe-VIIIe s.), en provenance de Chaya.

➤ **S5**. **Lopburi**. On verra des petits bronzes de style Lopburi *(voir p. 214)*, des poteries et vases zoomorphes (pot en forme de singe ressemblant à un vase canope égyptien, jarre à tête d'éléphant).

La **galerie extérieure** présente des divinités, des têtes monumentales et des *naga* (serpent protecteur, utilisé dans la statuaire ou l'architecture religieuse).

• Premier étage

➤ **S6**, **S7**. **Dvaravati**. Cette salle présente des pièces de la période préthaïe, de culture mône (VIe-XIe s.; *voir p. 122*). Elle se distingue par la qualité de sa sculpture, d'inspiration bouddhique. L'influence indienne post-Gupta (Inde du Nord) est notable. La salle **S6** présente quelques pièces seulement: statues de bouddhas en pierre et têtes de bouddhas. On verra dans la salle **S7** des **roues de la Loi** en pierre, dont une de 2 m de haut trouvée à Nakhon Pathom, évoquant le premier sermon de Bouddha à Sarnath (Inde). La pièce la plus remarquable est une tête de bouddha en terre cuite, dont les yeux clos et le sourire traduisent l'accès au *nirvâna* avec un réalisme poétique saisissant. Cette section présente aussi des pièces de monnaie intéressantes pour les archéologues et des fragments en stuc de décorations de temples.

➤ **S8**. **Java**. Il s'agit, en majorité, d'objets d'art javanais ayant appartenu au roi Chulalongkorn. La Thaïlande a eu l'élégance de restituer à l'Indonésie, au début du XXe s., de nombreuses pièces provenant de Borobudur. Les royaumes représentés sont ceux de Java centre (VIIe-Xe s.) et de Java est (Xe-XIe s.) On remarque un énorme **Ganesh** (1,72 m), la divinité-éléphant des hindouistes qui, en Thaïlande, fait figure de patron des Beaux-Arts.

Le style Dvaravati : de brique et de stuc (VIe-XIe s.)

Fondé à la fin du VIe s., le royaume Dvaravati s'étendait dans toute la Thaïlande centrale ; son influence s'étendait jusqu'à Lamphun vers le nord et Chaya vers le sud. D'influence indienne, le style Dvaravati fut propagé par les Môns. L'architecture de cette période n'a laissé que peu de traces, car elle utilisait des matériaux périssables comme la brique, la latérite (terre rougeâtre) et le stuc pour les motifs décoratifs. On a retrouvé les vestiges d'une vingtaine de villes, de plan généralement ovale, dans le bassin du Ménam. Le déclin du royaume fut principalement le fait de l'expansion khmère.

L'inspiration dominante provient du bouddhisme theravâda, comme en témoignent de nombreuses inscriptions en pâli, mais l'art Dvaravati a laissé également des représentations hindouistes. Le bouddha Dvaravati affirme une personnalité originale qui se dégage des influences indiennes. L'attitude la plus représentée est celle de l'argumentation *(Vitarka mudrâ)*, traitée de façon hiératique. On trouve aussi des exemples de bouddhas assis en position dite « européenne » (c'est-à-dire assis sur un siège). ❖

➤ **S9. Srivijaya.** Sont présentées ici des pièces de la période artistique préthaïe de culture indonésienne (VIIIe-XIIIe s. ; *voir p. 231*). Originaire de Sumatra, le royaume de Srivijaya a étendu son influence jusqu'à la Thaïlande péninsulaire, dans la région de Nakhon Si Thammarat. Il a produit d'innombrables représentations de *bodhisattva* (disciples de Bouddha parvenus au seuil du *nirvâna*), la plus célèbre étant celle d'**Avalokitesvara**, trouvée à Chaya. On remarquera aussi un superbe **bouddha de bronze** de 1,60 m de haut, protégé par un *naga*, daté de 1183 et une curieuse statue représentant un disciple bouddhiste à tête ronde et sourire extatique (XIVe s.).

Bâtiments nord (N1 à N10)

• Rez-de-chaussée

➤ **N1. Rattanakosin.** Dite aussi période de Bangkok *(voir p. 107)*, elle couvre l'art thaï propre à la dynastie Chakri. En sculpture comme en architecture, elle accentue le **maniérisme** développé par Ayutthaya. Les statues de bouddhas sont richement parées et peu expressives. On s'arrêtera plutôt devant une série de **petits bronzes** insolites datant de Rama III, décrivant de façon allégorique des épisodes de la vie de Bouddha. Voir aussi les grands tambours en bronze.

➤ **N2. Arts mineurs.** Cette salle, très intéressante, présente les arts décoratifs thaïs du XIXe s. et du début du XXe. Laques, porcelaines, argenterie, émaux, incrustations de nacre, manuscrits sur feuilles de palme, ivoires, bijoux, objets usuels expriment le raffinement de la vie à la cour et dans les riches familles.

➤ **N3. Monnaies.** L'intérêt de cette salle réside dans la diversité des monnaies utilisées par la Thaïlande au cours de son histoire. Outre les pièces qui intéresseront surtout les numismates, on peut voir des jetons de porcelaine chinoise et des bols de métal frappés qui furent utilisés jusqu'au XIXe s.

➤ **N4. Statues de bouddhas.** Plusieurs statues, d'époques diverses, sont présentées dans cette galerie. On notera surtout un bouddha colossal en quartzite de style Dvaravati et des têtes en bronze provenant de Sukhothaï et d'Ayutthaya.

➤ **N5. Statues de bouddhas.** Non répertoriées.

• Premier étage

➤ **N6. Lan Na.** Il s'agit d'un style propre au nord de la Thaïlande, appelé aussi Chiang Saen *(voir p. 190)*, qui s'est développé à partir du XVIIIe s. Il est redevable d'influences Sukhothaï pendant la seconde moitié du XVe s. Dès le début du XVIe s., l'apport birman prédomine. La qualité de la statuaire peut paraître décevante, d'autant que les artistes se sont souvent attaqués à des **pierres dures ou semi-précieuses** (jade du Bouddha d'Émeraude du Wat Phra Kéo, cristal de roche…). Quelques **porcelaines** et de jolies pièces d'**orfèvrerie**.

➤ **N7, N8. Sukhothaï ♥.** La grande période de l'art thaï commence avec le royaume de Sukhothaï (XIIIe-XVe s. ; *voir p. 164*), illustrée par les capitales de Sukhothaï, Sri Satchanalaï et Kamphaeng Phet. Outre l'architecture, elle se distingue par la statuaire monumentale et la maîtrise de la céramique. La physionomie du Bouddha a une allure caractéristique, peu gracieuse (nez crochu, oreilles allongées) mais qui exprime de façon puissante l'idéal bouddhique. Sukhothaï invente une nouvelle attitude : le **bouddha en marche**, dont un bel exemple en bronze noir est présenté au musée. On verra aussi des **divinités hindouistes**, comme un Vishnou colossal et une représentation de la déesse Harihara. Les poteries de Sukhothaï, dites Sawankhalok, sont remarquables **N8** : céramiques monochromes ocre ou blanches, céladon vert pâle, poteries peintes et vernies.

➤ **N9, N10. Ayutthaya ♥.** La période d'Ayutthaya consacre un style qualifié de « national » qui couvre quatre siècles (XVe-XVIIIe s. ; *voir p. 136*). Des influences diverses (mône, khmère, Sukhothaï) se trouvent canalisées par une exigence de raffinement qui s'affirmera de plus en plus. Les statues de bouddhas parés abondent à partir du XVIe s. Salle **N9**, splendides statues provenant du royaume d'U Thong (Thaïlande centrale) qui se situe à la charnière de l'empire khmer et de celui d'Ayutthaya, notamment une tête du XIVe s. et un bouddha assis de 1 m de haut (fin du XIIIe s.). L'époque d'Ayutthaya a produit des œuvres d'art dans tous les domaines ; on admirera les meubles laqués et peints, d'une richesse époustouflante **N10**.

♥ Les maisons-musées : la vie en soie

Bangkok recèle des trésors cachés dans le secret des *soï* et des parcs : maisons de teck aménagées en demeures de rêve, serties de verdure et abritant les plus somptueuses collections privées d'art oriental ; maisons paysannes enracinant au cœur de Bangkok la pérennité des traditions siamoises ; palais de teck édifiés à l'aube du XXe s., à l'époque où l'on croyait que les forêts sauraient affronter l'éternité… Plusieurs de ces maisons ont été ouvertes au public ou transformées en musées. Un *must* pour les nostalgiques du Bangkok de Somerset Maugham et de Paul Morand *(voir p. 101)*.

♥ La maison de Jim Thompson***

➤ **C2** *2, soï Kasem San.* ***Bus*** *9.* ***BTS*** *Siam. Ouv. t.l.j. sf dim. de 9h à 16h30. Entrée payante ☎ 215.01.22.*

La propriété du célèbre Jim Thompson est située au bord du klong Saen Saep. Cet architecte new-yorkais qui relança l'industrie de la soie en Thaïlande était, indéniablement, un homme de goût et d'audace. Il n'hésita pas à faire venir de différents endroits du pays six maisons en teck, vieilles de 50 à 180 ans, pour les remonter et les agencer, de façon à en faire une seule et même demeure dédiée à la beauté et à la douceur de vivre. Il avait ainsi trouvé comment offrir aux œuvres d'art qu'il collectionnait un cadre digne d'elles.

♥ Le palais Suan Pakkard**

➤ **D2** *352, Sri Ayutthaya Rd.* ***Bus*** *2, 3.* ***BTS*** *Phaya Thai. Ouv. t.l.j. sf dim. de 9h à 16h. Entrée payante ☎ 245.49.34.*

Ancienne résidence de la Princesse Chumbot de Nakhon Sawan, ce palais est constitué de cinq vieilles maisons traditionnelles en teck édifiées dans un jardin exquis, aux essences choisies par la Princesse au cours de ses promenades en Thaïlande ou à l'étranger. La visite satisfera la curiosité la plus éclectique : **merveilles de la botanique** mais aussi **minéraux**, **coquillages** et **objets anciens** de grand prix…

Les collections du Prince Chumbot, décédé en 1959, dénotent un

L'espion aimait aussi la soie

Après avoir consulté un astrologue, Jim Thompson s'installa dans la maison du soï Kasem San en 1959, au milieu de statues khmères, de bouddhas birmans, de porcelaines chinoises, de peintures précieuses, recevant à dîner dans de la vaisselle Ming. Il n'en profita que huit ans puisqu'il disparut mystérieusement en Malaisie, à l'occasion d'un week-end amical ordinaire, en mars 1967. Nul ne retrouva jamais sa trace.

Mais sa vie avait déjà basculé dans la légende : officier de l'OSS (services secrets américains), il débarqua à Bangkok en 1945 pour une mission secrète qu'il n'eut pas à accomplir puisque l'armistice venait d'être proclamé. Euphorie de la paix, coup de foudre : James H.W. Thompson jura de revenir s'installer en Thaïlande. Dès 1946, il s'intéressa à la soie dont le travail n'occupait plus que quelques familles installées au bord d'un *klong* à Bang Krua, un quartier du vieux Bangkok. Il créa alors la Thai Silk Company et entreprit la promotion de la soie thaïe en Amérique, après avoir travaillé les couleurs et le design pour plaire aux élégantes de Manhattan. Le succès de son entreprise l'aida à satisfaire sa passion des beaux objets et en fit une personnalité de premier plan que Sa Majesté eut la grâce de décorer de l'Ordre de l'Éléphant blanc.

goût et une culture remarquables. La Princesse a su les mettre en valeur sans donner l'impression d'un musée: les meubles anciens sont à leur juste place et nul ne s'étonne de voir posé, ici et là, un bronze Dvaravati ou une tête de pierre khmère. Tambours de bronze, instruments de musique, peintures, armes, porcelaines... aucun objet ne saurait être renié par le Musée national.

La perle de la collection est un **pavillon de laque**, récupéré dans un *wat* près d'Ayutthaya, et restauré à l'initiative du Prince. L'intérieur est resté pratiquement intact. Les panneaux de laque, recouverts de feuilles d'or, racontent les *Jataka* et présentent une étonnante chronique illustrée de l'époque d'Ayutthaya. Les envoyés de Louis XIV y ont été croqués par les artistes de la cour.

Un pavillon présente une belle sélection de **poteries Ban Chiang**, bronzes et bijoux rudimentaires.

♥ Le palais Vimanmek**

➤ **B1** *Rajdawithi Rd, derrière l'Assemblée nationale.* ***Bus*** *3, 10. Ouv. t.l.j. de 9h30 à 15h15. Entrée payante. Tenue correcte exigée ☎ 281.81.66.*

Le palais Vimanmek, la plus vaste maison de teck blond jamais construite dans le monde, est l'œuvre de Rama V Chulalongkorn, artisan de l'ouverture du Siam à l'Occident. Il s'élève sur quatre étages et comporte plus de **80 pièces** dont 31 ont été restaurées et ouvertes au public, à l'initiative de la Reine Sirikit. Commencée en 1901, la construction du palais fut menée à bien en 19 mois et Rama V s'y installa avec 3 reines, 4 princes héritiers, 34 concubines et quelques-uns de ses 77 enfants. Il n'y vécut que cinq ans, préférant à la « maison de dessus les nuages », selon l'appellation de Vimanmek un autre palais de stuc.

Fermé, délaissé, presque oublié, le palais n'a repris vie qu'en 1982, lors du bicentenaire de Bangkok, où il fut réhabilité pour accueillir quelques hôtes de marque. C'est désormais un musée original où l'on verra la **première douche moderne**, dans la salle de bains royale, la machine à coudre de la Reine (provenant d'Italie), des cristaux et des objets d'art rapportés d'Europe, la **bibliothèque du Roi**, avec livres et photos dédicacés par les grands de l'époque. D'innombrables photos sépia montrent des scènes de la vie de cour, des chasses à dos d'éléphant, des portraits de famille, la première femme thaïe (une petite-fille de Rama V) au volant d'une voiture: toute une **fresque intimiste** qui se dessine au fil de la visite des appartements bleu, rose, vert, ivoire et pêche où résonnèrent les cris des enfants en culottes de soie et les rires des concubines.

Siam Society* ou maison Kamthieng

➤ **Hors pl. par D3** *131, soï Asok, Sukhumvit (soï 21).* ***Bus*** *1, 8, 11, 13.* ***BTS*** *Asok. Ouv. t.l.j. sf dim. et lun. de 9h à 12h et de 13h à 17h. Entrée payante ☎ 258.34.91.*

La Siam Society, association à vocation culturelle fondée en 1904, est installée dans une maison de teck qui constitue l'un des rares témoignages de **l'architecture dite Lan Na Thaï** *(voir p. 190)*. Construite vers le milieu du XIXe s., cette demeure a appartenu à une riche famille de Chiang Maï, comblée par la noblesse (côté thaï) et par la prospérité (côté chinois).

Elle est restée au bord de la rivière Ping jusqu'en 1969, date à laquelle les héritiers ont décidé d'en faire don à la Siam Society. Il fallut près de deux ans pour démonter à Chiang Maï, puis remonter à Bangkok les trois bâtiments sur pilotis qu'on visite actuellement.

Conçue comme un musée ethnographique, la maison a conservé à chaque bâtiment son aspect fonctionnel initial: pièce à vivre pour le vaste pavillon, grenier et cuisine pour les deux plus petits. Des objets de toute nature sont exposés: mobilier, instruments de cuisine, outils de culture et de pêche, vannerie, charrettes, gongs, jarres... Les **panneaux sculptés**** en teck, objets rarissimes, placés au-dessus de chacune des portes donnant accès à la pièce à vivre (et à dormir) sont dotés d'une fonction magique qui vise à préserver la virilité des occupants mâles.

La Siam Society publie une revue culturelle et divers fascicules scientifiques sur la Thaïlande. On peut consulter de nombreux ouvrages sur place, à la bibliothèque (publications en vente). Dans l'enceinte du musée, une belle boutique propose tissus anciens, laques, petit mobilier, objets en argent, porcelaines anciennes (Nagi Shop ☎ 661.64.80).

Les marchés : le panier et le boulier

Mettez trois Asiatiques ensemble et ils vous organiseront un marché: ici, chacun a toujours quelque chose à vendre ou à acheter. Il existe toutes sortes de marchés *(talat)* à Bangkok, depuis les petits marchés de quartier à découvrir au hasard, jusqu'aux grandes concentrations, de renommée nationale, comme le marché du week-end, dit ♥ **Sunday Market*****. La disparition progressive des *klong* relègue les derniers marchés flottants au rang de curiosité touristique *(voir Damnoen Saduak, p. 133)*. Il n'y a pas si longtemps, tous les produits s'échangeaient sur l'eau. Un nouveau marché flottant a été créé de toutes pièces au Wat Suwannaram, sur le klong Bangkok Noi (où se trouve le musée des Barges royales) : 100 bateaux-boutiques et 30 pavillons de style thaï où l'on vend de tout. Sur la terre ferme, on trouvera pourtant de quoi alimenter bien des promenades insolites, pour dénicher ici ou là de la corne de rhinocéros en poudre, une amulette porte-bonheur, un collier de jasmin, le dernier « tube » sur cassette piratée, un éléphant en porcelaine, un poisson combattant, et tout ce dont vous n'oseriez même pas rêver !

Bangrak* (fleurs et fruits)

➤ **B4** *Sur New Road, entre Silom et Sathorn Taï Rd.* ***Bus*** *2, 5.* ***BTS*** *Saphan Taksin. Ouv. t.l.j.*

Situé près de l'hôtel Shangri-La, ce petit marché offre une profusion inouïe de **fleurs**, orchidées, guirlandes et bouquets. On y trouve également toutes sortes de **fruits** et des **animaux** vivants pour la consommation. Les produits y sont acheminés par bateau.

♥ Chatuchak*** ou Sunday Market (tous produits)

➤ **Hors pl. par D1** *Pahol Yothin Rd, en face de la gare routière Nord.* ***Bus*** *2, 3, 9, 10, 12, 13.* ***BTS*** *Mo Chit. Ouv. sam. et dim. de 7h à 19h.*

Unique en son genre, le Sunday Market a su rester une fête populaire après son exil, en 1982, dans

Au secours des maisons-boutiques

Bangkok n'a pas le temps de se pencher sur son passé : aspirée par son ambition, elle se complaît désormais dans les lignes verticales. Au pied des tours subsistent encore des témoignages du XIXe s., comme ces vieilles maisons-boutiques édifiées par les riches marchands chinois.

Apologie du béton ?

À l'apogée de l'ère Rattanakosin, Bangkok comptait 10 000 maisons-boutiques. Comme le voulait la tradition chinoise, ces bâtiments à deux niveaux abritaient la famille à l'étage et son commerce au rez-de-chaussée. Cette conception du lieu unique de vie est encore très répandue chez les commerçants de province. Au XXe s., des constructions en béton, fermées au niveau de la rue par un grillage métallique coulissant, ont remplacé les antiques maisons de teck et les opulentes demeures aux façades décorées de stuc.

Un maigre souci de l'histoire

À Bangkok, le département des Beaux-Arts s'est heureusement réveillé avant que le désastre ne soit consommé et tente de sauver quelques-unes de ces maisons-boutiques qui furent à l'origine de la prospérité de la capitale. Parmi le millier de rescapées, treize (toutes localisées dans le quartier chinois) ont été classées « sites historiques ». Le plan de sauvetage des vieilles maisons-boutiques n'est pourtant pas du goût de tout le monde : les promoteurs n'apprécient guère de voir certains de leurs projets menacés ou modifiés ; quant aux propriétaires, ils ne rêvent que de vendre leur vieille bicoque à bon prix, convaincus que la seule maison qui mériterait d'être classée est celle de leur voisin !

Gravure de 1892. Une rue du quartier chinois de Bangkok, bordée de maisons-boutiques. Dès la fin du XIXe s., Bangkok a basculé dans le modernisme. Comme l'écrit avec regret l'abbé Chevillard, dans Siam et Siamois*, en 1889 : « Encore quelques années et le costume original des Siamois aura disparu à Bangkok. Il faudra l'aller chercher dans les campagnes. La tendance à s'européaniser dans ce qui regarde l'extérieur devient un vrai fléau. »* ❖

les quartiers périphériques nord. Car il s'est tenu, durant de nombreuses années, sur Sanam Louang, en plein cœur de Bangkok, attirant les promeneurs du dimanche comme un aimant magique. Avec ses 8 600 stands, il investit chaque week-end le parc Chatuchak, situé sur la route de l'aéroport, près du terminal nord du métro aérien Mo Chit, et reçoit 200 000 visiteurs par jour ! On peut prévoir d'y passer une demi-journée sans craindre de s'y ennuyer. Des tas de petits restaurants et cuisines ambulantes y proposent une **gastronomie locale** excellente. On trouve tout à Chatuchak, cela va de soi, et notamment matière à un inventaire qui ravirait Prévert : bergers allemands et cerfs-volants, orchidées et perroquets, petites voitures et bonne aventure, portraits du Roi et sculptures sur bois, poissons exotiques, bijoux en toc, paniers en vrac... Une vraie fête où tout se vend et tout s'achète. Chacun s'y presse, comme pour une récompense : écoliers en uniforme, moines en robe safran, paysans émerveillés, adolescents désœuvrés... En saison sèche, les enfants se livrent à des concours de cerfs-volants et, toute l'année, les combats de poissons font rage, tempête dans des bocaux surveillés âprement par les parieurs.

Bien qu'il s'agisse d'un marché à usage local, le touriste est à la fête. Rien de ce qui pourrait susciter sa convoitise n'est oublié : artisanat, antiquités, vaisselle, vanneries, objets des tribus du Nord, bijoux, T-shirts, montres, chemises, cassettes, sans compter animaux, fleurs, plantes, produits alimentaires... tout au prix le plus juste, sinon au juste prix (n'oubliez pas de marchander avec sourire et gentillesse).

Nakhon Kasem* (antiquités, brocante)

➤ **B4** *Yaowarat Rd, Mahachaï Rd, Charoen Krung.* ***Bus*** *1, 7. Ouv. t.l.j. sf Nouvel An chinois.*

Situé au cœur de la ville chinoise, le « marché aux voleurs » est entré dans le rang du commerce honorable, un peu comme les Puces à Paris. On y trouve quantité d'objets les plus hétéroclites, notamment des **antiquités** vraies ou fausses. Inutile d'espérer faire des affaires mirobolantes : les pièces anciennes sont vendues aussi cher que dans les boutiques de luxe du River City Center. Mais la promenade vaut son pesant de bahts et l'on y trouve encore de jolis objets chinois (porcelaines, statuettes en pierres dures, petits bronzes) au milieu d'un bric-à-brac de pièces détachées imprécises.

Pahurat* (textiles)

➤ **B3** *Pahurat Rd, quartier chinois.* ***Bus*** *1, 7. Ouv. t.l.j.*

Un vrai souk aux tissus, avec une majorité de marchands indiens (notamment sikhs) et malais. On y trouve des soies et cotons indiens, des batiks, des saris, des tissus industriels (naturels ou synthétiques). Dans le désordre, des superbes lainages, cachemires ou cotons et des tissus à trois sous. Si vous voulez vous faire fabriquer des **vêtements sur mesure** chez un tailleur chic, faites d'abord un tour à Pahurat talat pour y acheter votre tissu : il vous coûtera deux fois moins cher.

♥ Pak Klong talat** (fleurs, fruits, légumes)

➤ **B3** *Maharat Rd, près du Memorial Bridge.* ***Bus*** *6.* ***Embarcadère*** *Saphan Phut. Ouv. t.l.j. (activité quasi permanente).*

Il s'agit du plus ancien **marché en gros** de Bangkok, gigantesques halles situées au bord de la rivière, ravitaillées quotidiennement par des barges. On dit que le marché Pak Klong nourrit quotidiennement 8 à 10 millions de personnes (Bangkok et la périphérie). On y trouve la plus grande variété de fruits et légumes et une profusion de fleurs éblouissantes : orchidées, lys tigrés, roses, jasmin, lotus, chrysanthèmes (à voir en fin de journée, lorsqu'elles viennent d'être livrées).

Patpong* (marché de nuit)

➤ **C4** *Patpong Rd I et II, entre Silom et Suriwongse Rd.* ***Bus*** *2, 4, 5.* ***BTS*** *Sala Daeng. Ouv. t.l.j. de la tombée de la nuit à minuit.*

Le marché s'est installé là depuis la fin des années 1980 pour profiter de la manne des touristes attirés par la réputation sulfureuse de Patpong.

Pratunam* (vêtements et tous produits)

➤ **D2** *Carrefour Petchburi-Rajprarob Rd.* ***Bus*** *12, 13.* ***BTS*** *Chit Lom. Ouv. t.l.j. (dans la journée et en soirée).*

Un des grands centres commerciaux de Bangkok, fréquenté par une clientèle locale appartenant à la classe moyenne. On y trouve quantité de **vêtements** bon marché, de la maroquinerie, des chaussures et des objets usuels. On peut aussi y manger dans des restaurants ouverts dont certains servent d'excellents fruits de mer superbement cuisinés.

Sampheng* (tous produits)

➤ **B3** *Soï Wanit, parallèle à Yaowarat Rd, quartier chinois.* ***Bus*** *1, 7. Ouv. t.l.j.*

Dans la tradition chinoise, une succession de bazars propose les objets les plus divers à des prix défiant toute concurrence. Textiles, maroquinerie, bijoux, articles religieux thaïs et chinois voisinent avec les produits utilitaires dans une ambiance affairée. Le marché de Sampheng Lane est voisin de celui de Pahurat.

♥ Thevet** (fleurs)

➤ **C3** *Samsen Rd, sur le klong Phadung Krung Kasem.* ***Bus*** *6.* ***Embarcadère*** *Tha Thevet. Ouv. t.l.j.*

Ce marché aux fleurs permanent est installé au milieu des arbres (des flamboyants), le long d'un *klong*. On y trouve une variété considérable d'**orchidées**, présentées dans des caissettes suspendues, et la plupart des fleurs qui poussent en Thaïlande. C'est ici que s'approvisionnent les petits marchands de colliers de jasmin. Tout est un régal pour les yeux.

Voir aussi, sur l'autre berge du klong Krung Kasem, le **marché aux noix de coco**. Des paniers à la forme caractéristique servent à la fois à transporter et à calibrer les noix de coco, dont une bonne partie est cueillie par des singes, dans l'île de Samui *(voir p. 246)*.

Wat Rachanada talat* (amulettes)

➤ **B1** *Mahachaï Rd.* ***Bus*** *7. Ouv. t.l.j.*

Situé en face de la Montagne d'Or, le Wat Rachanada est célèbre pour son marché aux amulettes. Les anxieux ont l'embarras du choix pour se préserver des dangers réels ou imaginaires. Tous les cas sont prévus : accident, maladie, adultère, coup de revolver, stérilité… C'est le supermarché du bonheur. On peut acheter des médailles, pendentifs, statuettes, images et aussi des aphrodisiaques, sans oublier les paroles rassurantes d'un homme de l'art spécialisé dans les lignes de la main ou dans la lecture de votre carte astrologique. Un interprète n'est pas nécessaire.

♥ Bangkok au fil des klong

Circuler sur les *klong* de Bangkok, c'est un peu remonter à travers le temps, traquer les vieux daguerréotypes de la « Venise de l'Orient » complaisamment ancrés dans notre imaginaire. Heureuse surprise : le grand Bangkok, grâce à sa ville jumelle Thonburi et à son ancien marché flottant, reste une ville lacustre, avec des îlots de pleine campagne où poussent les hibiscus et les orchidées. Du fait des difficultés croissantes de la circulation dans Bangkok, les voies d'eau reviennent au goût du jour. La municipalité parle de lancer des ferries urbains et, pourquoi pas ? de recreuser des canaux !

Nonthaburi**

➤ ***Embarcadère*** *Tha Chang* **A2** *(Grand Palais) ou Tha Maharat* **A2** *(Université Thammasat). Bateaux express t.l.j. de 6 h à 18 h.*

Une longue promenade de 18 km et 35 escales, pour en avoir plein la vue au fil du fleuve Chao Phraya : le Memorial Bridge, le Wat Arun, le Grand Palais cerné de murailles crénelées, l'université Thammasat et l'incroyable ballet nautique sur le fleuve : barges à riz, pirogues chargées de primeurs, de fleurs ou de charbon, restaurants flottants, bateaux-taxis, rameurs à l'entraînement... Impossible de s'ennuyer jusqu'aux bornes de la province de Nonthaburi qui jouxte Bangkok vers le nord.

Le klong Mon**

➤ ***Embarcadère*** *Tha Tien* **A3** *(Wat Po). Bateaux réguliers toutes les 30 mn de 6 h 30 à 18 h. Tours organisés de 15 h à 17 h. Location de* ***hang yao*** *(pirogues).*

Une balade à faire de préférence dans l'après-midi, aux heures qui incitent à prendre le frais sur sa terrasse en regardant les bateaux passer sur le *klong* et en surveillant les plongeons des gamins. Promenade nostalgique sur un grand *klong* de Thonburi où les maisons sur pilotis restent tournées vers la vie lacustre. Temples pittoresques, vergers, plantations d'orchidées à profusion.

Les klong Bang Khoo Wiang et Bang Yaï***

➤ ***Embarcadère*** *Tha Chang* **A2** *(Grand Palais). Bateaux réguliers toutes les 20 mn de 6 h 15 à 20 h.*

Une des promenades les plus amusantes et les plus intéressantes. On peut s'arrêter en route et attendre le bateau suivant. Arrêts au **musée des Barges royales** et, pour les matinaux (avant 7 h), au petit marché flottant de Khoo Wiang. Vieilles maisons de bois, temples campagnards enfouis sous la végétation.

Le musée des Barges royales***

➤ **A1-2** ***Embarcadère*** *Tha Chang* **A2** *(Grand Palais). Bateaux réguliers toutes les 20 mn de 6 h 15 à 20 h. Nombreux tours organisés incluant également la visite du Wat Arun (contactez toute agence locale). Ouv. t.l.j. de 9 h à 16 h. Entrée payante et droit (élevé) à acquitter pour photographier ☎ 424.00.04.*

Ce musée n'est autre que le hangar où sont remisées les célèbres barges royales dont la tradition

Les marchés flottants sont désormais relégués au rang de curiosité touristique. De la vie au bord des klong, il reste pourtant une certaine indolence perceptible dans le tempérament thaï, même au cœur de la frénésie urbaine.

remonte à l'époque des premiers royaumes siamois. Il est situé sur le klong Bangkok Noï (côté Thonburi), en aval du pont Phra Pinklao. Du fait de leur fragilité, ces pirogues ne sortent plus que dans des circonstances exceptionnelles (anniversaires royaux, commémorations nationales). **Vaisseaux de parade**, elles furent aussi de véritables **navires de guerre**, utilisés par les souverains siamois pour des démonstrations de puissance. La flotte comprend actuellement une cinquantaine de barges (seules quelques-unes sont visibles au musée) manœuvrées par des rameurs entraînés vêtus d'or et d'écarlate. On en a compté jusqu'à 269 pour célébrer le couronnement du roi Mongkut (Rama IV). Chaque monarque s'est fait une gloire d'accroître et d'embellir la flotte royale. La dernière en date (Naraï Song Suban, Rama IX) a été offerte par la marine siamoise au Roi Bhumibol en l'honneur de son jubilé en 1996.

Le voisinage des barges royales et du Wat Arun n'est pas purement fortuit. Jusqu'à une époque récente, le Roi se rendait au temple de l'Aube dans sa barge attitrée pour offrir de nouvelles tuniques aux bonzes à l'occasion de la fête de Thot Kathin, qui marque la fin du carême bouddhique. On peut admirer cette barge somptueuse (*Suphannahongse*), qui fut construite sous Rama Ier et mesure près de 45 m, de la proue sculptée en tête de cygne à la poupe en queue de *naga* (serpent). ■

Les environs de Bangkok

Aux portes de Bangkok, c'est déjà la Thaïlande profonde : cités anciennes, vastes espaces dédiés à la nature, à la faune ou à l'histoire, marchés flottants, forêts de bambous où serpente la rivière Kwaï.

À l'ouest de Bangkok

Un jardin très policé, le plus haut *chedi* du monde, un marché flottant : de quoi enrichir votre album personnel.

Rose Garden*

➤ *À 32 km au S-O de Bangkok ☎ 253.02.95. Ouv. de 8 h à 17 h. Spectacle à 15 h. Entrée payante.*

Situé sur les bords de la rivière Kachin, le « jardin des roses » est un vaste parc doté d'un golf, de plusieurs hôtels et d'un complexe d'**attractions** autour de la culture thaïe. Il est surtout fréquenté par les groupes de touristes (étrangers ou thaïs) et offre un intérêt médiocre pour les voyageurs individuels ayant l'occasion de voyager dans la vraie Thaïlande. Mais le cadre est superbe et très bien entretenu.

Le spectacle présente, de façon très professionnelle, un *digest* des traditions de la Thaïlande : démonstrations d'artisanat, jeux, combats au sabre, danse et théâtre classiques, danses régionales, combats d'animaux, promenades à dos d'éléphant, etc. C'est une façon de se familiariser avec des aspects de la tradition thaïe qui ne sont pas aisément accessibles aux touristes de passage. Le site est d'ailleurs plaisant pour ceux qui souhaitent échapper à la pression de Bangkok : très beau golf 18 trous, 2 piscines, plan d'eau navigable (possibilité de ski nautique), location de bungalows.

Nakhon Pathom**

➤ *À 56 km à l'O de Bangkok.* ***Route :*** *env. 1 h 30 de trajet.* ***Bus*** *de la gare routière Sud (de 7 h à 22 h toutes les 30 mn).* ***Train :*** *1 h de trajet. Départs de la gare Hualampong ou de Bangkok Noï Station.*

Cité historique, centre culturel et universitaire, Nakhon Pathom tient sa célébrité de son *chedi*, le plus haut du monde bouddhiste avec ses 127 m, entièrement recouvert de tuiles dorées. Elle est aussi le théâtre d'une grande **foire populaire** en septembre-octobre.

L'histoire de Nakhon Pathom remonte à 150 ans av. J.-C. et le site est considéré comme le berceau du bouddhisme thaïlandais. Le chedi Phra Pathom qui signale de loin l'approche de la ville fut édifié, dans sa forme actuelle, sous le roi Mongkut (1851-1868) qui était fort pieux, et achevé sous son successeur Rama V. Il repose sur plusieurs **terrasses**, la plus élevée comportant vingt-quatre tours abritant des **cloches** que les fidèles font résonner pour acquérir des mérites. Un cloître circulaire entoure le *chedi*, une **chapelle** marquant chacun des points cardinaux. L'entrée de la chapelle nord est marquée par un bouddha doré debout, fait d'éléments rapportés dont certains proviennent de Sukhothaï. La chapelle ouest abrite un bouddha couché, la chapelle sud, un bouddha assis sur un *naga*, et la chapelle est, un bouddha méditant sous l'arbre de l'illumination.

Damnoen Saduak**

➤ *À 109 km au S-O de Bangkok.* **Route:** *2h de trajet.* **Bus** *de la gare routière Sud, Charansanitwong Rd (de 5h à 8h30, toutes les 30mn).* **Bateau:** *quelques agences locales proposent de rejoindre Damnoen Saduak par les canaux (2h30 env.) avec retour par la route.*

Ce célèbre marché flottant permet d'imaginer à quoi ressemblait Bangkok il y a moins d'un siècle. Il se tient tous les jours, jusqu'à midi, sur le klong Damnoen Saduak, dans la province de Ratchaburi. Il est recommandé d'y arriver le plus tôt possible, avant l'heure de pointe des cars d'excursion (10h-11h).

L'idéal est d'accéder au marché par bateau, après avoir découvert la vie au bord des *klong*, en longeant les maisons sur pilotis en *hang yao*, à un train d'enfer. Les **terrasses**, tournées vers le canal, laissent observer la vie paisible des campagnes. De grosses jarres chinoises en grès servent de réserve d'eau potable. Les grands-mères épluchent les légumes en gardant un œil sur le bain des enfants (pas trop regardants sur la propreté du *klong*), tandis que les mères s'affairent en cuisine ou attendent le passage de la barque d'un fournisseur. Car le commerçant flottant vient à domicile et n'hésite pas à s'arrêter sur la route du marché: épicier, charbonnier, vendeur de fruits et légumes, poissonnier, facteur et même fast-food cuisiné sur la barque avec la même aisance que dans la rue.

Au fur et à mesure que l'on s'approche du marché, l'enchevêtrement des barques se resserre jusqu'à devenir inextricable. Mais l'on connaît la science des Thaïlandais pour s'extraire des embouteillages les plus compacts et la démonstration vaut la peine, au milieu des commères en bleu, coiffées de chapeaux en paille de riz. La sensation de dépaysement se gâte quelque peu aux abords du marché « pour touristes », installé sur la terre ferme, qui propose des produits de l'artisanat thaïlandais (souvent le pire et rarement le meilleur) dans une ambiance qui n'est ni chaleureuse ni authentique.

À noter que l'arrivée par route permet de voir d'intéressantes et très photogéniques **salines**.

Au nord de Bangkok

En un jour ou deux, vous saurez prendre la mesure des vrais trésors du pays.

Bang Pa-in** : un Versailles siamois

➤ *À 61 km au N de Bangkok.* **Route:** *1h30 de trajet.* **Bus** *réguliers depuis la gare routière Nord (toutes les 30mn).* **Train:** *2 fois/j., au départ de Hua Lampong.* **Bateau:** *départ de Tha Tien. Descendre à Bang Pa-in (2h30 de trajet). Ouv. t.l.j. de 9h à 15h. Entrée payante.*

Cette île sur le fleuve Chao Phraya fut élue **résidence d'été**, dès le XVIIe s., par les souverains d'Ayutthaya. Elle a connu des fortunes diverses, avant de recevoir les faveurs du **roi Chulalongkorn** (Rama V, 1868-1910) qui y fit édifier la plupart des bâtiments actuels.

L'ensemble, popularisé par l'exquis pavillon royal au milieu d'un petit lac, est relativement disparate et reflète l'attrait qu'exerçait l'Occident sur les souverains de Thaïlande à la fin du XIXe s.

Il ne reste plus rien des bâtiments d'origine, détruits par les Birmans lors du sac d'Ayutthaya, en 1767. On sera parfois charmé, parfois surpris par la promenade dans le parc, où des statues néo-classiques contemplent des pièces d'eau reflétant un observatoire en forme de minaret, un pavillon chinois tarabiscoté, des palais baroques à l'italienne, ou encore des résidences à la française…

Premier des souverains siamois à découvrir l'Europe, le roi Rama V voulut ainsi traduire son admiration pour les **architectures occidentales**. Le Palais royal comporte cinq bâtiments importants, de styles divers. Chulalongkorn aimait passer la saison chaude à Bang Pa-in. Une de ses épouses y périt noyée, avec trois de ses enfants: la règle, en effet, interdisait de toucher une personne royale et aucun courtisan n'osa se porter au secours de la Reine qui ne savait pas nager.

Dressé au milieu d'un petit lac, le **Phra Thinang Aisawan Thipya-art**, qui date de 1876, est un exemple unique de l'architecture thaïe classique au summum de sa préciosité.

Le pavillon chinois (**Vihat Chamroon**), situé au centre du parc, fut offert par la communauté chinoise en remerciement des facilités d'installation qui lui étaient consenties au Siam. Il est somptueusement meublé et peut se visiter (ne faites pas comme un touriste de triste mémoire qui y cassa un vase Ming!).

Autre curiosité du parc, les **arbres** taillés en forme d'animaux, qui constituaient un décor très prisé au début du XXe siècle. En suivant le cours de la rivière principale, par le parc, vous arriverez à une église néo-gothique transformée en temple bouddhique, le Wat Nivet Dharmaprawat (qui peut se visiter), dont l'intérêt ne vaut que par la traversée de la rivière en télécabine artisanale.

♥ Ayutthaya*** : les vestiges de l'âge d'or

➤ *À 86 km au N de Bangkok.* ***Route:*** *1 h 30 à 2 h de trajet.* ***Bus*** *réguliers de la gare routière Nord (de 6 h 30 à 17 h).* ***Train:*** *1 h 30 de trajet. Départ de la gare Hua Lampong (de 4 h 30 à 20 h).* ***Bateau:*** *départ de l'embarcadère Tha Tien. Env. 3 h jusqu'à Bang Phaeng. Affréter ensuite un* ***hang yao*** *jusqu'à Ayutthaya (10 mn de trajet). Nombreuses possibilités d'****excursions****, avec l'aller en bateau et le retour soit en minibus, soit en croisière sur une ancienne barge de transport de riz aménagée en bateau de luxe (Asia).*
Temples *ouv. de 8 h à 16 h (entrée payante).* ***Musée*** *ouv. t.l.j. sf lun. et mar. de 9 h à 12 h et de 13 h à 16 h. Entrée payante.*

➤ *Informations pratiques p. 141.*

Fondée en 1350, cette **ancienne capitale du Siam** fut rasée par les Birmans en 1767. Elle fut la glorieuse Cité des Trente-Trois Rois et a abrité jusqu'à un million d'habitants. Autour des temples, des palais et même des églises, le petit peuple vivait dans des maisons de bois sur pilotis, qui n'étaient guère différentes des actuelles habitations paysannes. Avec l'entreprise de restauration menée par le département des Beaux-Arts, Ayutthaya est devenu un **parc archéologique** bien entretenu, aux pelouses rasées de près et bordées de massifs de fleurs. Conformément à la tradition thaïe, ce sont le ciment et le béton armé qui sont

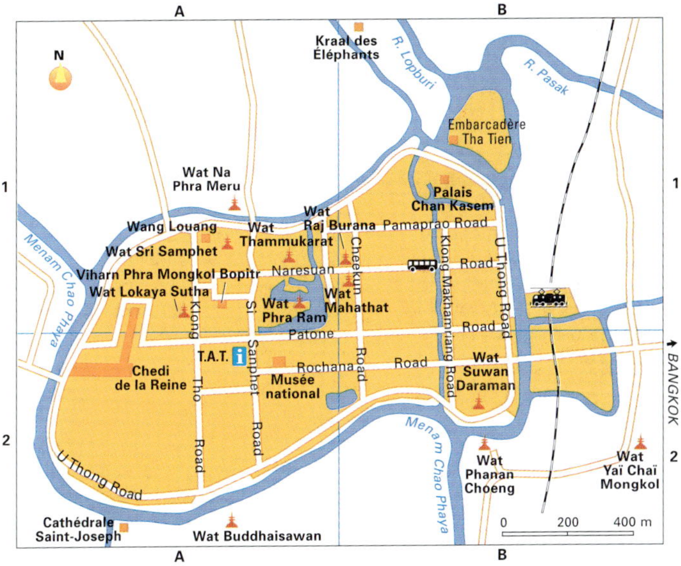

Ayutthaya, plan du site.

appelés au secours des édifices croulants, et des bouddhas anonymes, comme sortis d'usine, méditent sur une gloire désormais révolue. On peut prévoir de faire étape à Ayutthaya, en allant vers le nord du pays.

L'ancienne Ayutthaya est construite sur une île artificielle située au confluent de trois cours d'eau, Chao Phraya, Lopburi et Pasak. Elle est sillonnée par 140 km de canaux. Au fil des règnes de ses 33 rois, une quantité impressionnante de **temples** et de **palais** a été édifiée. Les ruines s'étendent sur 15 km². Vous aurez donc intérêt à louer un taxi pour la visite. Pour vous rendre compte de la topographie, vous pourrez aussi emprunter un *hang yao* devant le palais de Chandrakasen *(tour de l'île en 1 h en comptant les arrêts)*.

Sur l'île

➤ **Musée national Chao Phraya***.** Particulièrement intéressant du fait que tous les styles de l'art siamois s'y trouvent représentés. Il montre la filiation d'Ayutthaya par rapport aux traditions antérieures. Ne manquez pas les ravissantes **pièces d'orfèvrerie** exposées au 1er étage.

➤ **Viharn Phra Mongkol Bopitr**.** Reconstruit en 1951, ce sanctuaire abrite **le plus grand bouddha de Thaïlande**, une statue de bronze datant vraisemblablement de la fin du XVe s. et où se retrouvent les influences des styles U Thong et Sukhothaï.

➤ **Wat Sri Samphet**.** Temple royal (les trois *chedi* représentent les trois premiers rois d'Ayutthaya), il faisait partie du même ensemble que le Wang Louang. Fondé au XVe s., c'était le plus important d'Ayutthaya. Il abritait une statue de Bouddha recouverte d'or qui fut si soigneusement « épluchée » par les Birmans que ses restes furent murés dans un *chedi* du Wat Po (toujours cette volonté de conserver les mérites d'une statue).

La cité des lumières (XIVe-XVIIIe s.)

Bonze doré de style Ayutthaya, fin du XVIIIe s.

La période d'Ayutthaya couvre pratiquement quatre siècles de l'histoire thaïe. Rassemblant les traditions antérieures, son style évolue vers un raffinement de plus en plus poussé. Tributaire des choix et des vicissitudes de ses rois successifs, l'art d'Ayutthaya connut des influences très diverses, la plus surprenante étant celle des Français, sous le règne du roi Naraï.

L'élaboration du style dit « national » dérive directement de l'empreinte Sukhothaï avec des apports khmers plus tardifs. La relative froideur de la statuaire classique se trouve compensée par le raffinement des techniques, la richesse des parures, la finesse des ornementations. Le souci de préciosité s'exprime aussi bien dans les œuvres en bronze et en bois que dans la peinture murale illustrant les *Jataka* ou dans le travail des objets en laque.

L'architecture d'Ayutthaya plante un décor majestueux pour plus d'un million d'habitants. Cité lacustre sillonnée par 140 km de canaux, les temples, les palais et même les églises y sont le contrepoint des maisons de bois sur pilotis abritant le peuple des rizières. Le *prang*, nouveau type de *stupa* (reliquaire), tour à base carrée ou polygonale, fait son apparition dans l'architecture religieuse.

Mais nul ne mesure ce que furent vraiment les richesses d'Ayutthaya, réduites en cendres par les Birmans en 1767, et que les Siamois s'acharnèrent à faire renaître comme le décor d'un paradis perdu, à Thonburi d'abord et à Bangkok ensuite. ❖

➤ **WANG LOUANG.** Il faut beaucoup d'imagination pour retrouver, dans les ruines du Wang Louang, la splendeur de l'ancien Palais royal. Mais elles nous renseignent sur l'architecture de l'époque.

➤ **WAT MAHATHAT.** Cet ensemble imposant, malheureusement très délabré, était dominé par un *chedi* de 46 m de hauteur dont il ne reste plus que la base. On y a découvert, il y a 20 ans, des **objets d'orfèvrerie** actuellement exposés au musée. La **maquette de l'ancienne Ayutthaya**, située à l'entrée, éclaire sur l'ampleur initiale de la ville.

➤ **WAT RAJ BURANA****. Construit en 1424, ce temple est dominé par un *prang* qui a miraculeusement échappé aux destructions. On peut y voir également des peintures murales, en assez mauvais état, situées à l'intérieur du *chedi* principal *(accès par des escaliers extérieurs puis par un escalier intérieur très raide et très étroit, médiocrement ventilé).*

HORS DE L'ÎLE

➤ **WAT NA PHRA MERU**** *(nord de l'île).* Ce temple a été restauré à l'époque Rattanakosin (Bangkok).

Grand bouddha couché d'Ayutthaya. Les statues sont souvent parées d'étoffes safran, en signe de respect.

Un petit pavillon, fermé par de belles portes de bois sculpté, abrite un bouddha en pierre, de style Dvaravati, assis à l'européenne considéré comme une œuvre remarquable.

➤ **Cathédrale Saint-Joseph** *(sud de l'île)*. Elle fut construite sous le règne du roi Naraï, à l'intention des catholiques portugais et français qui résidaient alors à Ayutthaya.

➤ **Wat Buddhaisawan** *(sud de l'île)*. Ce temple très endommagé date de 1353.

➤ **Wat Phanan Choeng** *(sud-est de l'île)*. Antérieur à la fondation d'Ayutthaya, il fut édifié en 1324 par un roi d'U Thong et abrite un bouddha assis de 14 m de hauteur.

➤ **Wat Yaï Chaï Mongkol****. On y trouve un des plus hauts *chedi* d'Ayutthaya, édifié en 1360 par le **roi Naresuan** pour célébrer une de ses victoires contre les Birmans. Le temple a été entièrement reconstruit en **1982**, selon les techniques anciennes, pour témoigner de l'**architecture d'Ayutthaya.** Le résultat peut surprendre et quelques moussons seront encore bienvenues pour fignoler le (trop) beau travail des rénovateurs…

➤ **Kraal des éléphants** *(5 km au N)*. Il s'agit d'une enceinte où l'on domptait les éléphants sauvages pour en faire des montures de guerre ou de parade (imposante clôture de bois reconstituée).

Au sud de Bangkok

Une excursion adaptée à des vacances en famille.

La Ferme des crocodiles**

➤ *À 30 km au S-E de Bangkok, à Pak Nam (Samut Prakarn) ☎ 703.48.91/5. Ouv. t.l.j. de 8 h à 18 h. Démonstrations à 11 h, 13 h et 15 h. On les nourrit de 17 h à 18 h. Entrée payante. Excursions organisées par les agences locales.*

Cette ferme originale abrite environ **60 000 crocodiles** et autres sauriens tout aussi antipathiques mais combien fascinants… On y trouve aussi des éléphants, des gibbons, des tigres et des serpents. Des dresseurs intrépides se produisent dans des numéros à haut risque.

Les crocodiles autochtones appartiennent à trois espèces: ceux qui vivent en eau douce (plaine centrale), en eau de mer (Thaïlande péninsulaire) et le faux gavial. Leurs cousins viennent de Chine (fleuve Yangtsé), de Papouasie et des Philippines. Il y a aussi des alligators de Cuba, des caïmans du Paraguay…

Une trentaine d'entre eux, âgés de 5 à 30 ans et pesant jusqu'à 300 kg, sont gardés dans une fosse où sont présentés les **spectacles** qui font frissonner les foules: de jeunes thaïs intrépides attrapent des crocodiles par la queue (c'est très risqué), s'assoient sur leur dos, mettent la tête dans leur gueule immonde, les prennent dans leurs bras et, comble de l'abomination, les embrassent sur la bouche!

On peut ensuite se venger à la boutique (sacs, ceintures, chaussures et autres articles à la gloire du crocodile) ou tenter le steak de caïman dans un restaurant du cru. Il paraît que c'est excellent contre l'asthme. Le zoo est également intéressant et crée une aimable diversion pour ceux qui ont une dent contre les crocodiles. On peut aussi faire une petite balade à dos d'éléphant.

Ancient City: un musée délirant

➤ *À 33 km au S-E de Bangkok (route de Pattaya).* ***Bus*** *quotidiens à 8h et 13h, en face du monument de la Démocratie. Ouv. t.l.j. de 9h à 17h. Entrée payante ☎ 224.10.57. Il est recommandé de louer un véhicule (disponible sur place), du fait de la dispersion des points d'intérêt.*

Cette « ville ancienne » (en thaï: *muang boran*) est **un immense musée en plein air**, œuvre d'un millionnaire thaï fasciné par la civilisation siamoise. La visite est tout à fait intéressante, surtout pour les visiteurs qui n'ont pas le temps d'admirer les grands monuments de Thaïlande *in situ.*

Le parc couvre 500 km^2, soit un millième de la superficie de la Thaïlande. C'est dire la minutie de son créateur qui a inscrit les édifices dans un périmètre reproduisant la forme réelle du pays et reconstitué les caractères de la géographie locale. Sur les **60 bâtiments** (grandeur nature ou à un tiers de leur dimension réelle), certains représentent des édifices existants, d'autres des monuments disparus, comme le Grand Palais d'Ayutthaya et sa chapelle royale.

L'ensemble intègre également des reconstitutions d'habitations traditionnelles où travaillent des artisans. Un **musée anthropologique** présente des objets usuels anciens et contemporains. La **faune** n'est pas oubliée, avec un petit zoo et une réserve d'éléphants.

♥ La rivière Kwaï**

La rivière Kwaï, c'est bien sûr les terribles souvenirs de guerre. Mais c'est aussi un **paradis naturel**, un univers de jungle fascinant où l'on peut dormir sur des hôtels flottants, réveillé par des gibbons chanteurs et le bruissement des bambous…

♥ Kanchanaburi: une échappée dans la jungle

➤ *À 126 km à l'O de Bangkok.* ***Route:*** *2h30 env.* ***Bus*** *de la gare routière Sud, km 3 sur Pinklao-Nakhonchaisi Rd (de 6h à 22h*

Les dents du marigot

Khun Charoon n'a pas choisi : il est né au milieu des crocodiles. Son papa n'en avait que 15 en 1950 et déjà plus de 3 000 en 1964. Il faut dire que chaque femelle pond en moyenne 35 à 40 œufs d'où sort, au bout de 65 à 75 jours (selon la race) un adorable mini-croco mesurant 25 cm et pesant 65 g. Il faut attendre l'âge de 3 ans pour distinguer les mâles des femelles (encore que les différences ne soient guère apparentes pour un néophyte).

Le bébé croco cesse très vite d'être mignon, au fur et à mesure que poussent ses 65 dents et qu'il atteint sa taille adulte (5,6 m pour 1 000 kg est le record à Samut Prakarn). Il ne craint que les sangsues, car ses sens très développés lui permettent de survivre à tous les dangers de la jungle. Il voit en l'air (c'est ainsi qu'il peut attraper des proies au vol) et sous l'eau, grâce à de véritables lunettes de plongée formées par la pellicule protectrice de ses yeux. Il entend tout et peut même prédire les catastrophes naturelles (éruptions volcaniques, tremblements de terre) qu'il annonce à la population par un rugissement léonin que s'empressent de reprendre en chœur ses congénères. Ses seuls points faibles sont ses yeux et son vilain museau.

Contrairement à une rumeur malveillante, il ne mange les humains que poussé par la faim ou la colère et un bon repas peut lui profiter plusieurs jours (il faut quand même 5 000 kg de nourriture par jour pour les petits pensionnaires de Samut Prakarn : poissons, crevettes et carcasses de poulets). Un crocodile a toujours toutes ses dents, car dès qu'il en perd une, une autre pousse : c'est sans doute pourquoi il ne pleure jamais, même pas des larmes de crocodile. ❖

toutes les 30 mn). ***Train :*** *2 h 30. Départs de la gare de Thonburi (Bangkok Noï) à 8 h et 13 h 50.* ***Train spécial*** *sam., dim. et fêtes avec arrêts à Nakhon Pathom, au pont sur la rivière Kwaï et à Nam Tok : départ 6 h 35 de Bangkok Hualampong, retour à 19 h 35 ☎ 223.37.62 et 225.69.64.*

➤ *Informations pratiques p. 151.*

Pour ceux qui ne souhaitent voir que le pont et les souvenirs de guerre de Kanchanaburi, l'excursion peut se faire en une journée.

Le charme de Kanchanaburi, située au confluent des deux rivières Kwaï (Noï et Yaï), ferait volontiers oublier les horreurs de la Seconde Guerre mondiale, n'étaient les incontournables témoignages de ce tragique épisode. On sait que les Japonais, grisés par la chute de Singapour en février 1942, entreprirent la construction d'une ligne de chemin de fer stratégique de 415 km visant à relier la Thaïlande et la Birmanie en enjambant la rivière Kwaï. Ils mirent au travail des prisonniers alliés, dans des conditions à la fois atroces et héroïques, admirablement romancées par Pierre Boulle.

Les **cimetières alliés** sont toujours un lieu de pèlerinage pour les familles australiennes, britanniques, canadiennes dont les parents reposent à Kanchanaburi.

Le **musée JEATH** (abréviation anglo-saxonne des nations engagées dans la guerre, à commencer par le Japon. *Ouv. de 8 h 30 à 16 h 30. Entrée payante*) présente des photos impressionnantes, dans le décor d'un camp de prisonniers reconstitué. Un feuillet rappelant l'enfer de la construction du « chemin de fer de la mort » est distribué aux visiteurs.

Le pont actuel fut construit après la guerre, puisque le pont initial essuya plusieurs bombardements en 1945. Il est particulièrement laid, avec ses piliers de béton et ses superstructures en acier, comparé au premier pont de bambou qui apparaît sur certaines photos. Mais c'est un site incontournable qu'on ne peut que traverser en sifflotant un air célèbre, histoire de se donner du courage…

♥ Saï Yok Yaï

➤ *À 104 km en amont de Kanchanaburi, sur la rivière Kwaï Noï.*

Très belle balade par la rivière. À l'approche de la frontière birmane, la jungle se fait plus dense : bambous géants, kapokiers, orchidées et papillons multicolores. Des Môns, minorité ethnique implantée surtout au Myanmar, se sont réfugiés dans la région et présentent leurs **danses** dans les hôtels. On peut visiter certains de leurs villages *(voir au River Kwaï Jungle Raft, p. 151)*. L'excursion aux **chutes de Saï Yok Yaï** et à la **grotte de Kaeng Lawa** (rive gauche) est particulièrement prisée des Thaïs, amoureux de la nature grandiose.

Les chutes d'Erawan

➤ *À 55 km au N, sur la rivière Kwaï Yaï.*

Particulièrement spectaculaires à la fin de la saison des pluies, elles sont souvent présentées pour illustrer les beautés naturelles de la Thaïlande. Elles comptent quinze cascades agrémentées de pièces d'eau étagées qui, de loin, ressemblent à un éléphant blanc tricéphale (d'où leur nom d'« Erawan »), l'éléphant sacré à 3 têtes. ■

Bangkok et ses environs, pratique

Bangkok dispose d'un équipement hôtelier de premier ordre, et vous reviendrez sans doute y dormir entre deux excursions dans les environs. L'implantation dans la ville constitue un critère de choix important : les hôtels en bordure de rivière permettent des déplacements en bateau, par les navettes régulières. Les nouveaux quartiers touristiques (Sukhumvit, New Petchburi) et le quartier traditionnel des affaires (Silom, Suriwongse), les mieux pourvus en restaurants, sont bien desservis par le **BTS** (métro). La proximité d'une station de métro est un critère à ne pas négliger.

Ayutthaya

Indicatif téléphonique ☎ *(035)*

Hôtels et restaurants

▲▲▲ **Krungsri River**, 27/2 Rochana Rd Moo 11 ☎ 244.333. Sans cachet, confortable, bien situé. Piscine. *222 ch.*

▲▲ **Ayutthaya Grand Hotel**, 55/5 Rochana Rd ☎ 335.483. Piscine. *122 ch.*

▲ **Wiang Fa**, 1/8 Rochana Rd ☎ 241.353. Propre et bien situé. *22 ch.*

Côté **nourritures terrestres**, plusieurs restaurants flottants sur la rivière Pasak : Phrae Krung Kao et Ruenpae.

Souvenirs

Pas d'illusion sur les « bronzes Ayutthaya » proposés par les vendeurs avec une jubilation de pilleurs d'épave : ce ne sont que de (bonnes) copies.

Bangkok

Les reports au plan renvoient au plan de Bangkok, en rabat de couverture.

Indicatif téléphonique ☎ *(02)*

❶ **Tourism Authority of Thaïland** (TAT), Concorde Office Bldg, 202 Ratchadaphisek Rd, Huai Khwang **hors pl. par D1** ☎ 694.12.22. Numéro spécial d'assistance touristique (*hot line*) ☎ 1155. Information multilingue sur les services et nouveautés touristiques.

Circuler

La circulation à Bangkok s'est considérablement améliorée grâce à la multiplication des voies express et au métro aérien. Elle reste toutefois problématique aux heures de pointe et en cas de pluie. Le port du masque antipollution devient de plus en plus fréquent.

À PIED

Compte tenu de l'étendue de la ville, on ne peut pas espérer visiter Bangkok à pied : il faut se méfier de l'impression de proximité que peut donner le plan et consulter l'échelle ! Cela ne veut pas dire qu'on ne peut pas marcher dans Bangkok. Vous apprendrez vite à contourner les pièges qui guettent le piéton : peu de passages protégés (il faut emprunter des passerelles aériennes qui imposent escaliers et longs détours), des feux tricolores interminables (les Thaïs ont adopté des séquences très longues pour le passage du rouge au vert), une vigilance perturbée par la **circulation à gauche** qui rend particulièrement dangereuse la traversée des grandes avenues.

EN TAXI

Les taxis de Bangkok sont plutôt empressés à proposer leurs services et peuvent se héler n'importe où. Les chauffeurs ne parlent généralement pas l'anglais, ni le thaï prononcé avec l'accent français, et ne savent pas lire un plan de ville imprimé. Il est très utile de se faire écrire l'adresse de destination en thaï. En principe, tous les taxis sont équipés de compteurs *(taximeter)*. Aux abords des hôtels, certains chauffeurs proposent un forfait : n'acceptez pas. Il suffit souvent de « menacer » le chauffeur de prendre le Sky Train ou d'appeler la police touristique pour le ramener à de meilleurs sentiments… Vérifiez que le compteur est en marche et affiche le tarif de prise en charge (35 ฿) quand vous êtes dans le taxi. En ville, comptez 50 à 200 ฿ pour une course.

Les grands hôtels disposent de **comptoirs de location** où l'on peut obtenir un taxi à prix fixe, avec la garantie d'un chauffeur qui saura où il doit vous emmener. Les tarifs sont forfaitaires et ne dépendent pas du nombre de passagers. Le chauffeur n'attend pas de pourboire.

BTS : le métro aérien

Prendre le métro à Bangkok est plutôt agréable, surtout en dehors des heures de pointe. Les stations sont en plein air (mais couvertes) et très en hauteur par rapport à la ville, ce qui donne une impression de respiration.

Le **Bangkok Transit System** (**BTS**) ou Sky Train est facile à utiliser. Vous ne pouvez pas manquer les stations, car elles sont bien signalées et directement accessibles depuis la rue par de grands escaliers (peu d'escalators installés) : impossible de se perdre. La **Green Line** (ligne verte) actuellement en service suit deux itinéraires qui se rejoignent dans une immense gare centrale en face du Siam Center **D3**.

La ligne Sukhumvit dessert, au départ du soï 77 (On Nut) Sukhumvit, Ploenchit **D2**, Siam Square **D3**, le Monument de la Victoire **D1**, Pahol Yothin Rd jusqu'au terminal Morchit en face du parc Chatuchak.

La ligne Silom longe la rive orientale du fleuve depuis le pont Sathorn (dit aussi pont Taksin), près de l'hôtel Shangri La **B4** pour rejoindre le Stade national, *via* Sathorn Rd, **C4** Silom, Rajdamri, World Trade Center **D3** et Rama I.

Service assuré **de 6h à minuit.** Le prix est fonction de la distance (de 10 à 40 ฿). Les tickets sont délivrés par des distributeurs automatiques à pièces (on peut faire de la monnaie au guichet). Ils se glissent dans un portillon à l'entrée et à la sortie (il faut donc les conserver jusqu'à la sortie, où ils sont « avalés » par le portillon).

En touk-touk

Le *touk-touk* est un taxi à trois roues, né des amours coupables d'un scooter et d'une voiture. Les Thaïs l'ont baptisé de son premier cri. Mais pour le néophyte, ce terme de *touk-touk*, plutôt doux à l'oreille, traduit mal l'effroyable vacarme de motocyclette en colère qui hante Bangkok jour et nuit. Les *touk-touk* sont des taxis très exclusifs (deux *farang* à la fois, mais jusqu'à quatre Thaïs), dotés de la climatisation la moins sophistiquée, celle de l'air du temps. Protégé par diverses amulettes et pieuses images, le chauffeur met un point d'honneur à faire l'étalage de son intrépidité. Il est recommandé de bien s'accrocher, sans laisser dépasser les mains ni les doigts de pied, ce qui nécessite un léger entraînement. Bien entendu, les chauffeurs ne parlent pas l'anglais mais ils ne sont jamais à court d'idées pour vous emmener vers un lieu de perdition. Le **prix** se négocie d'avance selon le code suivant: 2 doigts levés pour 20 ฿, 3 doigts pour 30 ฿, etc. Les *touk-touk* coûtent nettement moins cher que les taxis pour les Thaïs, mais pas pour les *farang* (compter 50 ฿ minimum pour une petite course).

En bus

Pour qui aime le contact humain, un voyage en bus urbain s'impose. Ne vous laissez pas décourager par les files d'attente aux abribus. Procurez-vous une **carte du réseau** chez les marchands de cartes postales ou de tabac, ou au TAT (**B2**, *voir p. 141*), et vous verrez que l'autobus peut vous mener absolument partout pour 5 à 10 ฿. Les bus climatisés sont recensés sur les plans du réseau, mais pas les bus ordinaires, moins chers et tellement surpeuplés que les portes ne sont jamais fermées. Il existe également des mini-bus climatisés et confortables, gérés par des sociétés privées.

En bateau

Quelques « bus flottants » longent les berges du fleuve Chao Phraya, côté Bangkok et côté Thonburi.

Entre Memorial Bridge et Pinklao Bridge **A2-3**, cinq embarcadères *(tha)* donnent accès à des quartiers centraux:

À propos des touk-touk

On compte plus de 8 000 touk-touk *à Bangkok.*

La plupart des *touk-touk* appartiennent à des propriétaires chinois qui les louent 100 à 200 ฿/j. sans trop se préoccuper de savoir si le chauffeur a son permis de conduire. Ajoutons 50 ฿/j. pour le carburant et l'on admettra que ce métier n'est pas toujours une sinécure. Préoccupées, à juste titre, par la pollution, les autorités ne délivrent plus de nouveaux permis (300 à 400 demandes par mois). Mais de la même façon qu'on conserve les mérites d'un bouddha ancien en le restaurant, on garde pieusement le châssis d'un vieux *touk-touk* pour en faire un neuf et éviter les tracas administratifs si *maï sanuk* (déplaisants). Il a été question de remplacer tous les *touk-touk* par des taxis, mais les *touk-touk boys* ont adressé une pétition au Roi. Ils ont obtenu satisfaction et, en remerciement, ont décidé de donner leur sang une fois par an !

Malgré tout, le marché des *touk-touk* est loin d'être saturé et les constructeurs se tournent sagement vers les marchés d'exportation comme la Birmanie (3 000 véhicules par an) ou l'Égypte. La principale société productrice, Pholasith Touk-touk Group, se porte d'ailleurs très bien : elle exporte ses petits monstres dans 40 pays. Bientôt les Champs-Élysées en *touk-touk* ? ❖

Tha Saphan Phut (Charaphet Rd).

Tha Rachini (Rachini Rd, perpendiculaire à New Road).

Tha Tien (Thaï Wang Rd, entre le Wat Po et le Grand Palais).

Tha Chang (Na Phralan Rd, derrière le Wat Phra Kéo).

Tha Maharat (derrière le Wat Mahathat, le temple de la Grande Relique).

Des **vedettes rapides** partent de l'embarcadère de Thanon Tok, à l'extrémité sud de Charoen Krung Rd, pour remonter le cours du Chao Phraya jusqu'à Nonthaburi. Des ***hang yao*** (pirogues à moteur) assurent les traversées d'une rive à l'autre pour une poignée de satangs. On peut les affréter pour une promenade sur les *klong*, si l'on ne souhaite pas se joindre à un tour organisé.

En moto-taxi

Ceux qui ne craignent ni l'asphyxie ni la crise cardiaque peuvent confier leur destin à un motard qui n'aura pas son pareil pour se glisser entre les voitures et les autobus. Les conducteurs portent une casaque numérotée et fournissent un casque à leur passager. À n'utiliser qu'en cas d'urgence.

Hôtels

Tous les hôtels cités acceptent les cartes de paiement. Les numéros en **bleu** *renvoient au* **plan** *en rabat de couverture.*

▲▲▲▲ **Oriental** 7, 48 Oriental Av. **C4** ☎ 236.04.00. Palace de réputation mondiale, fondé en 1876. A accueilli de nombreuses célébrités des arts, des lettres et de la politique (notamment Somerset Maugham, Joseph Conrad, Graham Greene, Romain Gary). Tout y est top niveau: cadre (au bord de la rivière), service, cuisine et, bien sûr, clientèle... *394 ch.*

▲▲▲▲ **Royal Meridien** 1, 971-973 Ploenchit Rd. *BTS Chit Lom* **D3** ☎ 656.04.44. Un des derniers-nés de l'hôtellerie haut de gamme de Ploenchit, avec une piscine de rêve en plein air au dernier étage et un spa paradisiaque. *300 ch.* À la même adresse, le ▲▲▲ Méridien Président, plus intime et d'un service irréprochable.

▲▲▲▲ **Shangri-La** 10, 89 soï Wat Suan Plu, New Road. *BTS Saphan Taksin* **B4** ☎ 236.77.77. Architecture tournée vers la rivière. Décoration luxueuse et élégant pavillon thaï pour dîner somptueusement dans les jardins. Héliport sur le toit. *858 ch.*

▲▲▲▲ **The Sukhothaï** ♥ 12, 13/3 Sathorn Taï Rd **D4** ☎ 287.02.22. Situation médiocre (peu de commerces et d'animation). Le nouveau rendez-vous de la jet set. Mélange somptueux et audacieux des styles khmer et Art déco. *222 ch.*

▲▲▲ **Ambassador**, 171 Sukhumvit **hors pl. par D3** ☎ 254.04.44. Dans un quartier très animé jour et nuit qui compte 24 restaurants et tous les services pour hommes d'affaires stressés et touristes décontractés. *946 ch.*

▲▲▲ **Indra Regent** ♥ 3, 120-126 Rajprarop Rd **D2** ☎ 208.00.22. Au cœur d'un des grands centres commerciaux de Bangkok (Pratunam), dans un quartier malheureusement asphyxié par les embouteillages. *439 ch.*

▲▲▲ **Ménam**, 2074 Charoenkrung Rd **hors pl. par C4** ☎ 289.03.52. Une excellente situation, au bord de la rivière, dans le quartier de l'hôtel Oriental. Apprécié des Français pour son rapport qualité-prix. *727 ch.*

▲▲▲ **Novotel** 6, Siam Square soï 6. *BTS Siam* **D3** ☎ 255.68.88. Une excellente étape, très bien située au cœur de Siam Square. *430 ch.*

▲▲▲ **Rembrandt** 2, soï 18, Sukhumvit Rd. *BTS Asok* **E3** ☎ 261.71.00. Bien situé sur Sukhumvit. Ambiance agréable et bons restaurants (le Rang Mahal, indien, au 26e étage, et le Red Pepper, thaï, style nouvelle cuisine dans un décor contemporain).

▲▲ **Boulevard**, 17 soï 7 Sukhumvit. *BTS Nana* **hors pl. par D3** ☎ 255.29.30. Membre de la chaîne Amari. Bon rapport qualité-prix. Dans la partie animée de Sukhumvit. *129 ch.*

▲▲ **Federal** 5, 27 soï 11, Sukhumvit Rd. *BTS Nana* **E3** ☎ 253.53.32. Un classique des hôtels de budget moyen. Chambres de confort inégal. Petite piscine. *93 ch.*

▲▲ **First** 13, 2 Petchburi Rd **D2** ☎ 255.01.11. Très bonne situation dans le quartier Pratunam. Bon rapport qualité-prix. Piscine. *350 ch.*

▲▲ **Manohra** 4, 412 Suriwongse Rd **C4** ☎ 234.50.70. Très agréable situation. De l'hôtel, on peut rejoindre à pied Silom Village, New Road et les bords de la rivière du côté de l'hôtel Oriental. *240 ch.*

▲▲ **Royal** ♥ 8, 2 Rajdamnern Av. **A2** ☎ 222.91.11. Pour habitués. Un confort moyen, mais une situation idéale: on peut gagner à pied le Musée national, le Wat Phra Kéo, le Wat Po, le Wat Mahathat... Bref, le cœur historique de Bangkok. *297 ch.*

▲▲ **White Palace** 9, 40 soï Somprasong, Petchburi soï 15 **D2** ☎ 255.27.01/5.

Hôtel de bon confort, bénéficiant d'une situation très centrale. Agréable piscine extérieure. *93 ch.*

▲ **Boran House** **11**, 487/48 soï Wattanasin, Rajprarob Rd **D2** ☎ 253.22.52. Pour une chambre bien située (quartier de Pratunam) et bon marché, sans services particuliers. *30 ch.*

▲ **City Lodge**, soï 9 Sukhumvit Rd. *BTS Nana* **hors pl. par D3** ☎ 253.77.05. Climatisé, moquette, mini-bar, TV couleur. Bien situé, très bon rapport qualité-prix. *28 ch.* Même établissement soï 19. *BTS Asok* ☎ 254.47.83. *35 ch.*

▲ **Premier Travelodge** **14**, 170/1 soï 8, Sukhumvit Rd. *BTS Nana* **E3** ☎ 253.50.78. Petit hôtel, dans une partie animée de Sukhumvit. Climatisation, bon confort à prix très raisonnables. *16 ch.*

Restaurants

La plupart des restaurants ferment tôt le soir (entre 22 h et 23 h).

Sukhumvit-New Petchburi

➤ *BTS Nana, Asok, Phrom Phong* **hors pl. par D3**.

♦♦♦ **Baan Khanita**, 36/1 Sukhumvit soï 23 ☎ 258.41.81. Thaï. Une cuisine de qualité, dans une maison en bois au décor traditionnel et raffiné.

♦♦♦ **Lai Cram**, 11/1 Sukhumvit soï 49 ☎ 392.58.64. Très bonne cuisine thaïe authentique pour couche-tôt *(ferme à 21 h en semaine et à 20 h le dim.)*. Autre établissement au soï 33 ☎ 238.23.37.

♦♦♦ **Le Dalat Indochine** ♥, 14 Sukhumvit soï 23 ☎ 661.79.67. Vietnamien. Un belle maison, décorée de façon raffinée par Madame Ly, dont la cuisine est excellente. Pour un dîner chic.

♦♦♦ **Lemongrass** ♥, 5/1 Sukhumvit soï 24 ☎ 258.86.37. Thaï. Apprécié par les étrangers résidant à Bangkok pour son décor et son raffinement. Cuisine thaïe un peu édulcorée, délicieuse à voir et à manger.

♦♦♦ **Red Pepper**, hôtel Rembrandt, 19 Sukhumvit soï 18 ☎ 261.71.00 ext. 75.40. Excellente cuisine thaïe à tendance végétarienne et « fusion » dans un décor contemporain. Menus à 350 et 400 ฿. Dîner uniquement.

♦♦♦ **Zanzibar**, 139 Sukhumvit soï 11 ☎ 651.29.00. Italien. Un ancien ministère transformé en restaurant. Pour ceux qui souhaitent faire une pause dans la cuisine thaïe. Belle cave (chère), jardin.

♦♦ **A. Restaurant – Sea food center**, 1087/1-2 New Petchburi Rd (en face du théâtre Petchrama) ☎ 251.40.79. Le palais du crabe, le temple de la crevette et du poisson frais à la portée de toutes les bourses.

♦♦ **Ban Mai San**, 4/11 Sukhumvit soï 23 ☎ 258.40.34. Thaï. Cuisine inventive sous la houlette d'un chef de grand hôtel. Formule menu à 150 ฿ à midi, et à 250 ฿ le soir. Un bar sympathique propose des cocktails et des vins sud-africains.

♦♦ **Cabbages & Condoms**, 10 Sukhumvit soï 12 ☎ 252.73.49. Une institution où l'on mélange curieusement la (bonne) cuisine thaïe et le militantisme antisida. Une heureuse surprise côté cuisine.

♦♦ **Seafood Market** ♥, 89 Sukhumvit Rd soï 24 ☎ 261.20.71. Fruits de mer. « Tout ce qui nage, nous l'avons », clame la publicité. Souvent imité, jamais égalé, une idée géniale : on vous prête un caddy pour choisir les produits frais. Vous donnez ensuite le tout au cuisinier qui s'en arrange. Éviter toutefois les heures de pointe.

♦ **Bua Thong**, soï Asoke-Din Daeng Rd. Thaï et chinois. Une énorme concentration de restaurants en plein air (le plus grand fait 3 000 places). Plus de 100 plats proposés à tous les prix. Pour déjeuner ou dîner (tous les chauffeurs de taxi connaissent l'endroit).

♦ **Marché de nuit du soï 38 (Sukhumvit)**, thaï, chinois, malais. Vous aurez l'embarras du choix, dans des odeurs de friture et d'épices, pour expérimenter les cuisines de rue.

Silom-Suriwongse-rivière

➤ *BTS Sala Daeng* **CD4**.

♦♦♦ **Bussaracum** ♥, Sethiwan Building ☎ 266.63.12/8. Les créations de l'école royale de cuisine thaïe dans un décor exquis.

♦♦♦ **Le Café Siam**, 4 soï Aksorn, Chuapleung Rd ☎ 671.00.30. Maison et jardin dans un petit *soï* et de la vraie cuisine française dans l'assiette.

♦♦♦ **Soho** ♥, 44/5 Convent Rd ☎ 632.03.11. Ambiance méditerranéenne pour cet excellent restaurant où le chef (français) fait d'heureuses concessions au meilleur de la cuisine latine.

♦♦ **Ban Chiang** ♥, Pramuan Rd, soï Si Wiang 14, Silom Rd ☎ 266.69.94. Une maison en bois rescapée de la folie destructrice. Délicate cuisine thaïe.

♦♦ **Ban Khrua**, 29/1 soï Saladaeng 1, Silom Rd ☎ 233.69.12. Thaï. Pas de pitié pour les papilles, pas de concessions pour les *farang* qui n'aiment pas relever le plat!

♦♦ **Café de Laos**, 16 soï Silom 19, Bangkrak ☎ 635.23.38. Spécialités de l'I-San et du Laos dans une maison de style colonial avec jardin.

♦♦ **Ta-Ling-Pling**, 60 Pan Rd, Silom (près du temple indien) ☎ 236.48.30. Cuisine thaïe traditionnelle sans chichis mais de qualité. Prix raisonnables.

♦ **Marché de nuit du soï 20** (soï Pratcheun), petits plats populaires simples et bons préparés dans des cuisines ambulantes.

♦ **Prik Kee Noo**, 1/2 Sivadon Building, Convent Rd, Silom ☎ 631.23.25. Thaï. Cuisine tonique et pas chère dans un décor moderne sans prétention.

♦ **Ruen Thep** ♥, Silom Village, 286 Silom Rd ☎ 235.87.60. Thaï. Spectacle à 20 h 30 et 21 h 30. Cadre reposant entouré de boutiques d'artisanat installées dans des maisons de bois.

♦ **Sweet Basil** ♥, 1 Sirivieng Rd, Silom. ☎ 238.30.88. Très bonne cuisine vietnamienne dans un décor années 1930. Une occasion de goûter des spécialités inhabituelles.

Siam Square-Ploenchit-Petchburi

➤ *BTS Siam, Chit Lom, Phloen Chit* **D2-3**.

Fréquenté par les jeunes, Siam Square est le quartier des *fast-foods* (McDonald, Pizza Hut, Mister Donut, Kentucky Fried Chicken) et aussi du Hard Rock Café. Les gourmands y trouveront également Haagen Daas... Et dans un registre plus local, on n'a que l'embarras du choix.

♦♦♦ **Tan Dinh** ♥, 20/6 soï Ramrudee, Ploenchit ☎ 650.89.86. Vietnamien. Appartient à la même famille que le célèbre Tan Dinh de la rue de Verneuil à Paris et c'est une référence. Ambiance chic et intime. Beau mobilier ancien et serre luxuriante à l'étage. Carte courte mais irréprochable. Vins français. Sur le même square que Tan Dinh, tenter aussi le **Bistrot** (français), **Vito's** (italien), **Wit's Oyster Bar** (anglais) ou un **Steak & Lobster**.

♦♦ **Baan Khanita and Gallery**, 49 soï Ruamrudee, Ploenchit ☎ 253.46.38. Thaï. Même maison que celle de Sukhumvit. Décoration raffinée avec jardin intérieur. Menu à 200 ฿ le midi. Galerie d'art à l'étage.

♦♦ **Jao Khun Ou Gallery** ♥, 32 soï Petchburi 17, Pratunam ☎ 252.86.29. Ambiance rétro dans une vieille maison en bois décorée d'objets de brocante et de vieilles photos. Cuisine thaïe soignée à déguster à l'intérieur ou sous les manguiers du jardin.

♦♦ **Wanalee Earth Kitchen**, 63/12 soï Lang Suan, Ploenchit ☎ 652.29.39. Plats de toutes les régions de Thaïlande concoctés par le Jean-Pierre Coffe de la télévision thaïe. Un endroit à la mode, à découvrir.

♦♦ **Restaurants du marché Nai Lert**, 646/8-9-10 Nai Lert Market Pratunam ☎ 251.14.39. Chinois. Immense choix de fruits de mer très frais cuisinés dans une ambiance surexcitée.

♦ **Mahboonkrong**, centre commercial, Phaya Thaï Rd. Thaï et autres. Au 5e ét., un assortiment incroyable de tous les snacks et mets à grignoter dont raffolent les Thaïs. *Fermé le soir.*

♦ **Marché Pratunam**, intersection Petchburi-Rajprarob. Thaï. Excellents snacks pour manger sur le pouce (brochettes, beignets, gâteaux) et fruits de mer proposés par de nombreux restaurants en plein air.

World Trade Center, Rajdamri (angle Rama I) : au 6e étage, grand choix de restaurants pas chers.

VIEUX BANGKOK, THONBURI A2-3

♦♦♦ **Supatra River House**, 226 soï Wat Rakhang, Arunamarin Rd, Siriraj Bangkoknoï ☎ 411.03.05. Thaï. Installé dans une ancienne résidence, face au Grand Palais. Terrasse sur la rivière. Magnifique situation. Spectacles de théâtre et danse ven. et sam.

♦♦ **Hoï Tien Lao**, 1449/1 Lad Yah Rd, Klong Sarn, Thonburi ☎ 437.37.91. Le plus vieux restaurant chinois de Bangkok a quitté la rue Suapha en emportant ses vieilles recettes et ses serveurs bruyants de l'autre côté de la rivière. Mérite d'être suivi.

♦♦ **Hualampong Station**, 86/167 Onnuch 40, Sukhumvit soï 77 ☎ 332.31.61. Le restaurant de la gare, fidèle à sa vocation, sert des cuisines de toute la Thaïlande. Très bon rapport qualité-prix.

♦♦ **Kaloang** ♥, 2 Sri Ayutthaya Rd, Si Sao Thevet ☎ 294.14.99. Thaï. Restaurant local excellent et très agréable, au bord de la rivière, superbe choix de plats et spécialités de fruits de mer. Autre succursale (même nom) près des barges royales, au 127/41 Lieb Ménam Rd, Rajadapisek Rd ☎ 294.14.88.

♦♦ **Rimnam**, 11/1 Prapinklao Rd (contrebas du pont Pinklao) ☎ 424.11.12. Plats thaïs et chinois à déguster en plein air, au bord de la rivière. Possibilité de dîners flottants (en louant un bateau).

♦♦ **Yok Yor Marina** ♥, 885 Somdej Chao Phraya 17 Rd, Klongsan ☎ 863.05.65. Restaurant flottant très populaire. Propose des croisières t.l.j, départ à 20 h 30, retour à 22 h 30.

♦ **Chao Phraya Paradise**, 451/3 Arunamarin Rd ☎ 424.21.14. Amateurs d'endroits intimes, s'abstenir… Plus de 3 000 places, toute sorte de cuisine asiatique, dans une ambiance populaire.

AUTRES QUARTIERS

♦♦ **Baan Khun Louang** ♥, 131/4 Khao Rd **A1**, en face du Royal River ☎ 241.09.28. Superbe variété de plats thaïs et chinois, avec buffet et choix de fruits de mer, à déguster en terrasse au bord de la rivière. Possibilité de dîner-croisière.

♦♦ **Tum Nak Thaï**, 131 Rajadapisek Rd **hors pl. par D3** ☎ 274.64.20. Thaï. Décor inspiré d'un marché flottant pour « le plus grand restaurant du monde » (répertorié dans le *Guinness des records*). Il faut voir les serveurs évoluer en rollers pour servir plus vite les 3 000 convives chouchoutés par 120 chefs et un nombre non répertorié de marmitons ! Cuisine thaïe de toutes les régions.

♦ **Marché Chatuchak**, Pahol Yothin Rd (gare routière Nord) **hors pl. par D1.** Le célèbre marché du week-end (Sunday Market) offre une sélection de restaurants et de cuisine de rue où l'on mange merveilleusement pour une poignée de *satang*. La préparation se fait sous vos yeux et vous pouvez choisir les ingrédients.

Sports et loisirs

BOXE THAÏE

Des matches ont lieu tous les soirs (350 à 800 B la place, selon les challengers) au **stade Lumpini** près de l'hôtel Dusit Thani **D4** ☎ 251.43.03 *(ouv. les mar., ven. et sam.)*. et au **stade Rajdamnern**, près du Parlement **B1** ☎ 281.42.05 *(ouv. les lun., mer., jeu. et dim.)*.

CERFS-VOLANTS

Joutes animées sur Sanam Louang en saison sèche (fév.-avr.), surtout le week-end.

CINÉMA

Il y a quantité de cinémas à Bangkok. Consultez les programmes dans les journaux (*Bangkok Post, The Nation*). Films occidentaux à Siam Square (La Scala, Lido), Rama I **D3**, à l'Emporium (United Artists), Sukhumvit soï

24, au World Trade Center (World Trade), Rajdamri **D3**. Films français à l'Alliance française, 29 Sathon Tai Rd **D4** ☎ 213.21.22/3.

Danse et théâtre traditionnels

La plupart des grands hôtels donnent des spectacles de danse du répertoire classique au moins une fois par semaine (se renseigner à la réception). Autre alternative, les dîners-spectacles *(voir « Restaurants »)*. Pour une approche plus approfondie: **Théâtre national**, Na Phra Lane Rd **A2**, près du Musée national ☎ 224.13.42, de 8h30 à 16h30. Spectacles de danses et musiques classiques thaïes les derniers ven. du mois à 17h30.

Garder la forme

À Bangkok aussi, la mode est aux *health centers* et *fitness centers*. Les hôtels récents sont dotés de tous les instruments de torture imaginables pour avoir de beaux muscles, sauna, piscine, jacuzzis, parfois parcours de santé, squash ou tennis. Après l'effort, un massage réconfortant est toujours bienvenu (disponible dans tous les hôtels ou dans les *massage parlours*).

Golf

Il existe 36 terrains dans les environs proches de Bangkok. Quelques-uns sont accessibles en moins d'une heure du centre-ville: **Bangkok Golf Club** (18 trous, 6,559 yards par 72) ☎ 501. 28.28 ; **Thana City Golf & Country Club** (18 trous, 7,052 yards par 72) ☎ 336.05.68 ; **Windmill Park Country Club** (18 trous, 6,957 yards par 72) ☎ 316.95.91/2. *Liste disponible auprès du TAT.*

Opéra chinois

Low Sai Poh Hong Show, 527/5 New Road ☎ 291.61.52 **B3**. Rencontre avec les vieux mythes de la Chine éternelle, dans la pure tradition de l'opéra de Pékin, au cœur de Chinatown.

Takraw

En saison sèche (fév.-avr.), des matches informels se déroulent sur **Sanam Louang**. Le reste de l'année, on peut aller au **National Stadium** ☎ 214.02.01 ou au **Hua Mak Stadium** ☎ 318.09.40 *(voir aussi p. 55)*.

Shopping

De gigantesques **centres commerciaux** se sont développés à Bangkok, véritables temples de la consommation où les jeunes accourent en masse pour s'abrutir de musique disco (chaque boutique joue sa partition), de foule et de lumières. D'autres centres commerciaux, les *shopping arcades*, spécialisés dans les antiquités, les vêtements sur mesure, les bijoux et les objets d'artisanat, sont plus particulièrement destinés aux touristes. Enfin, marchés et grands magasins offrent encore une possibilité en sus du petit commerce (de boutique ou de rue).

Les quartiers commerçants

➤ **Yaowarat-Chinatown A2-3**. La ville chinoise est spécialisée dans les bijouteries (bijoux au poids, peu dans le goût des Occidentaux), les antiquités (**Nakhon Kasem**, *voir p. 128*), la brocante, les tissus, les articles funéraires et religieux chinois.

➤ **Siam Square-Siam Center-Mahboonkrong.** *BTS Siam* **D3**. De multiples boutiques élégantes à Siam Square (antiquités, vêtements, librairies, objets d'artisanat) ; vêtements et gadgets branchés pour les *teenagers* qui ont horreur des imitations et contrefaçons. Attention au vertige dans **l'énorme complexe Mahboonkrong**, sur plusieurs niveaux, avec un lacis de passerelles, escaliers roulants, galeries et une profusion de restaurants (*fast-food* à la mode thaïe). Plus élégant et tout aussi étourdissant, le **World Trade Center** et son *duty free*, au 7e étage (les achats se récupèrent sous douane à l'aéroport, à un guichet spécial).

➤ **Rajprasong-Rajdamri-Ploenchit-Pratunam.** *BTS Chit Lom* **D2-3**. C'est sans doute le plus actif de tous les quartiers de Bangkok, avec une dizaine de grands magasins, quantité de galeries couvertes, des salles de spectacles, des restaurants et cafétérias. Le **centre commercial de l'hôtel Indra** est très spectaculaire (beaucoup de vêtements et de bagages). Au **marché Pratunam**, plus populaire, vêtements très bon marché (T-shirts, chemises). Voir aussi le **centre commercial Peninsula Plaza** (72 boutiques au 153 Rajdamri Rd) et Gaysorn Plaza (carrefour Rajdamri /Ploenchit).

➤ SILOM-SURIWONGSE-PATPONG. *BTS Sala Daeng* **C3-4**. Quartier d'affaires mais aussi de tourisme avec deux points d'attraction majeurs : Silom Village le jour et Patpong la nuit. **Silom Village** est l'implantation réussie de boutiques et de restaurants en bois dans le style traditionnel d'un village thaï (bagages, artisanat, antiquités, vaisselle, restaurants). **Patpong 1** et 2 se transforment la nuit en marché de fringues, de montres et autres gadgets, tandis qu'évoluent les rabatteurs. De jour, ne pas manquer le soï Laï La Sap, perpendiculaire à Silom, qui longe l'immeuble de la Bangkok Bank, **petit marché populaire** sympathique où l'on trouve de tout.

➤ SUKHUMVIT-NEW PETCHBURI. *BTS Nana, Asok, Phrom Phong* **hors pl. par D3**. Les commerces se développent autour des grands hôtels (autour de l'Ambassador, du Landmark). Entre le soï Nana et le soï Asoke (n° 21), nombreuses bijouteries, prêt-à-porter, maroquineries, tailleurs, sociétés de location de voitures... Mobilier en rotin côté impair de Sukhumvit, entre les soï 45 et 63. **Nouvel Emporium** (produits de luxe), entre les soï 24 et 26.

➤ BANGLAMPOO **A2**. Phra Sumen Rd, côté Chakkra Phong Rd, au nord de Sanam Louang. Un quartier populaire intéressant pour les vêtements et articles de cuir. Plusieurs grands magasins et une sélection d'objets thaïs.

➤ CHATUCHAK. *BTS Mo Chit* **hors pl. par D1**. Un parc dans le nord de Bangkok où se tient le célèbre marché du week-end *(voir p. 126)*.

OÙ TROUVER...

➤ ANTIQUITÉS. Yaowarat, Siam Square, River City Center ♥ (centre commercial près de l'hôtel Royal Orchid Sheraton), Oriental Plaza (près de l'hôtel Oriental).

➤ ARTISANAT THAÏLANDAIS. **Silom Village**, Chitralada Shop (fondation pour l'artisanat patronnée par la Reine Sirikit, palais Chitralada), grands magasins, Siam Square, River City Center, **Narayanaphand Pavilian** ♥ (Rajdamri, en face du World Trade Center), Gaysorn Plaza, marché Chatuchak.

➤ CÉLADON. Au rond-point de Rajtewi (Petchburi Rd, à 200 m de l'hôtel First), Thaï Céladon (18/7 soï Asok, Sukhumvit Rd) et chez les antiquaires.

➤ JOAILLERIE. Silom Rd, galeries marchandes des grands hôtels (voir les créations d'Yves, un Français installé à Bangkok), le River City Center et l'Oriental Plaza.

➤ LAQUES. Dans les magasins d'artisanat (laques modernes), chez les antiquaires et à Chiang Maï Lacquerware Shop (276 Silom Rd).

➤ LIVRES. Dans les galeries marchandes des hôtels (journaux, tabac, cartes postales), et dans de grandes librairies comme **Asia Books** ♥, 221 Sukhumvit Rd, entre les soï 15 et 17, dans des centres commerciaux (World Trade Center, Times Square ou l'Emporium sur Sukhumvit) et dans des hôtels (Landmark, Peninsula), **DK Bookshop**, 244-246 Siam Square soï 2. Large choix de cartes, guides et livres d'art sur la Thaïlande à la librairie de l'hôtel **Méridien** (Ploenchit Rd).

➤ PRÊT-À-PORTER. Dans les grands magasins, centres commerciaux, tous marchés de jour et de nuit et Siam Square où de prestigieuses marques françaises (véritables ? contrefaçons ?) ont pignon sur rue.

➤ ROTIN. Sukhumvit, soï 45 à 63.

➤ SOIE. Chez les tailleurs (galeries marchandes des hôtels, centres commerciaux), dans les magasins d'artisanat et les boutiques spécialisées comme Jim Thompson ♥ (9 Suriwongse Rd), Choisy (1 Patpong, 2 Suriwongse Rd), Anita Thaï Silk

(294/4-5 Silom Rd), Shinawatra (94 soï 23 Sukhumvit).

➤ **VANNERIE.** Marché Chatuchak.

Vie nocturne

Boire, danser, écouter de la bonne musique, s'encanailler : ce n'est pas la peine de chercher bien loin ! Mais la débauche n'est plus vraiment à la mode. Grâce au dévouement d'associations humanitaires et à la virulence de nombreuses campagnes de presse internationales, on a enfin restitué à l'industrie du sexe sa dimension scandaleuse et dégradante. Marquée au front du rouge de l'opprobre par ceux-là mêmes qui s'en sont délectés, la Thaïlande aura bien du chemin à parcourir pour retrouver son honneur perdu. Les discothèques branchées comme **Spassol** (hôtel Grand Hyatt Erawan, carrefour Rajdamri-Ploenchit **D3**), **El Nino** (style latino, Méridien, même quartier), **CM2** (Novotel, Siam Square **D3**), **Taurus** (Sukhumvit soï 26), **Narcissus**, en faveur auprès de la jeunesse dorée de Bangkok, à la décoration extravagante (Sukhumvit soï 23), **Factory** (Silom Rd, dans le *soï* en face du Silom Complex **D4**) et encore le **Salsa Club** (444 MBK Center, Phyathaï Rd **D3**) illustrant l'engouement des Thaïs pour les danses latines.

PATPONG

D3 Situés entre Silom et Suriwongse, les deux Patpong (1 et 2) se valent en matière de turpitudes à la tombée du jour : bars, cabarets, discothèques, salons de massage et souvent tout à la fois, les établissements se succèdent vantés par une armada de rabatteurs promettant le maximum de bonheur avec le minimum de vocabulaire. Patpong 3 (soï Jaruwan, perpendiculaire) est le coin des bars gays. Le marché de nuit, qui n'existe que depuis quelques années, a redonné un vernis de respectabilité à Patpong.

LE SOÏ COW-BOY

hors pl. par D3 Près de l'hôtel Ambassador, sur Sukhumvit (entre les soï 21 et 23), le soï Cow-Boy (du nom d'un des premiers bars installés dans ce quartier) a des allures plus crapuleuses, n'offrant pas l'alibi du shopping. On a l'embarras du choix entre le Midnite Bar, le Bluebird Club, Suzie Wong, Joe's Bar, Black & White et même After Skool (sic)…

BARS À JAZZ, CIGARES

Sur Narathiwatratchanakharin, soï 15/17, *BTS Chong Nonsi* **C4**, plusieurs bars avec cour-jardin : **Galerie V Club** ☎ 286.02.28, **Three Mangoes** ☎ 676.19.95, qui sert aussi de la bonne cuisine thaïe, **Mongkey Shock 2nd** ☎ 285.61.02 ou **Absolute** ☎ 286.02.28. Et aussi 306/1 Sukhumvit soï 55, *BTS Thong Lo*, **Witch Tavern** ☎ 391.97.91 où des orchestres de jazz se produisent les ven. et sam. Pour les amateurs de cigare, la Casa del Habano, avant ou après un verre au Bambou Bar où se produisent des célébrités du jazz (les deux à l'hôtel Oriental).

Informations utiles

➤ **AÉROPORT** ☎ 535.11.11. Info départs ☎ 535.12.54 Info arrivées ☎ 535.13.01. Consigne dans les terminaux international et domestique (compter 70 ฿ par bagage et par jour). Nombreux points Internet sous douane, fonctionnant avec carte de paiement. Banque 24 h/24 et bureau de poste.

➤ **AMBASSADES. Belgique**, 44 soï Pipat, Silom Rd **D4** ☎ 236.01.50. **Canada**, 990 Rama IV Rd **D4** ☎ 636.05.41. **France**, 35 Customs House Lane (près de l'Oriental **C4**) ☎ 266.82.50/6. **Laos**, soï Ramkhamaeng 39, Bangkapi **hors pl. par D2** ☎ 539.66.67. **Malaisie**, 35 Sathorn Taï Rd **D4** ☎ 679.21.90/9. **Myanmar**, 132 Sathorn Nua Rd **D4** ☎ 233.22.37. **Suisse**, 35 Witthayu Rd **D4** ☎ 253.01.56. **Vietnam**, 83/1 Witthayu Rd **D3** ☎ 251.58.35. **Attention**, les services des visas ne fonctionnent que le matin.

➤ **BANQUES. Banque nationale de Paris**, 208 Witthayu (Wireless) Rd **D4** ☎ 651.56.78/84. **Indosuez-Crédit Agricole**, 142 Witthayu (Wireless) Rd **D3** ☎ 651.45 90/2.

➤ **BUREAU DE L'IMMIGRATION**. Soï Suanphulu, Sathorn Taï Rd **D4** ☎ 287.31.01.

➤ **CARTES DE PAIEMENT** (perte ou vol). VISA ☎ 256.73.26 ; American Express ☎ 273.00.33 ; Diners Club ☎ 232.41.11

➤ **CHAMBRE DE COMMERCE FRANCO-THAÏE** ☎ 261.56.78/84. Richmond Building, Sukhumvit soï 26, *BTS Phrom Phong.*

➤ **COMPAGNIES AÉRIENNES. Air France**, Vorawat Bldg, 849 Silom Rd ☎ 635.11.99/635.11.86. **Bangkok Airways**, Queen Sirikit Convention Center, New Rajdapisek Rd ☎ 229.34.56. **PB Air**, 17th Floor UBC II Building, 591 Sukhumvit Rd soï 33 ☎ 261.02.21/6. **Thaï Airways International**, 6 Larn Luang Rd ☎ 280.00.60, ou message enregistré 24 h/24 au ☎ 1566 (précédé du 02 si vous appelez de l'extérieur de Bangkok).

➤ **DOUANES** (Custom Department) ☎ 249.04.31/40

➤ **HÔPITAUX. Saint Louis Hospital**, 215 Sathon Taï Rd **C4** ☎ 675.50.00. **Bangkok Nursing Home**, 9 Convent Rd **C4** ☎ 632.05.50. **Chulalongkorn Hospital**, Rama Ier **C3** ☎ 252.81.81/9. Sérum disponible dans cet hôpital, en cas de morsure de serpent. **Dental Polyclinic**, Sukhumvit 49 ☎ 260.50.00/15. **Ambulances** ☎ 255.11.33/6.

Liste exhaustive des hôpitaux avec spécialités dans les pages jaunes de l'annuaire.

➤ **LIMOUSINES AÉROPORT** ☎ 533.62.08/11.

➤ **POLICE. Police touristique** ☎ 1699. **Police secours** ☎ 191. **Pompiers** ☎ 199.

➤ **POSTE. General Post Office** (en thaï, Praisani Klang), New Road **C4** ☎ 233.10.50. Ouv. de 7h30 à 17h30 du lun. au ven. et de 9 h à 13 h les sam., dim. et fêtes (informations au ☎ 573.54.88).

➤ **RENSEIGNEMENTS TÉLÉPHONIQUES** en anglais : ☎ 13 pour Bangkok, ☎ 183 pour la province. Téléphone international (*international long distance*) : composer le 001.

➤ **TAXI** ☎ 1661.

■ Kanchanaburi

Indicatif téléphonique ☎ (034)

ⓘ Saengshuto Rd ☎ 511.200.

Hôtels et restaurants

▲▲▲ **Felix Kanchanaburi Swissotel River Kwaï** ☎ 515.061. Au bord de la rivière, à 2 km au N du pont. Cadre luxueux, beau jardin, 2 piscines. *256 ch.*

▲▲▲ **Home Phu Toey**, Tambon Tha Sao, Saï Yok ☎ 280.348.8/9 à Bangkok. *Lodge* de luxe dans un parc naturel. S.d.b. à ciel ouvert envahies par les fougères arborescentes. Pour citadins stressés (et fortunés). Golf, héliport. *105 ch.*

▲▲ **River Kwaï Village**, Tha Sao, Saï Yok ☎ 591.055. Piscine alimentée par une cascade, bar dans un arbre. *114 ch.*

▲ **Kasem Island Resort** ♥ ☎ 513.359. Petit hôtel flottant sympathique sur une île, près du centre de Kanchanaburi, salle à manger mobile. *30 ch.*

▲ **River Kwaï Jungle Raft** ♥ ☎ 247.53.73 à Bangkok, 8 km au N de Nam Tok, Tambon Tha Sao. Hôtel flottant ; confort volontairement rustique pour une cure de nature. Danses mônes authentiques présentées dans un petit théâtre flottant par des villageois exilés de Birmanie. *76 ch.*

▲ **Sayok View Raft**, près du pont suspendu de Saï Yok ☎ 514.194. Petit hôtel flottant. Sympathique et pas cher. Confort rudimentaire. Pour une cure de nature. Le trafic sur la rivière compromet parfois le calme de l'endroit.

Nombreux **restaurants flottants** sur la rivière (Menam, Lotus). **En ville**, l'Isan (Saengchuto Rd), est spécialisé dans la cuisine du Nord-Est.

Informations utiles

➤ **ACHATS**. Kanchanaburi est la ville des **saphirs** (mines proches). Côté cuisine, spécialités de champignons salés, de pousses de bambous et de nouilles.

➤ Prévoir des produits antimoustiques et une lampe de poche pour la visite des grottes.

➤ **SEMAINE DE LA RIVIÈRE KWAÏ**. En nov. ; **spectacle historique** son et lumière. ■

LA CÔTE EST

La côte est du golfe du Siam, qui étire ses plages, ses baies, ses promontoires de Chonburi à Trad, a été popularisée par Pattaya. Si vous n'aimez pas la foule, vous pouvez chercher l'ombre sous les cocotiers de Bangsaen ou de Rayong.

Bangsaen : week-end aux bains de mer

➤ *À 104 km à l'E de Bangkok, par la route n° 3.* ***Bus*** *réguliers de la gare routière Est (Ekamaï), toutes les heures, de 6h à 18h.*

➤ *Informations pratiques p. 156.*

La plage la plus proche de Bangkok n'a pas (encore ?) connu un destin international. Elle reste un endroit de détente privilégié pour les Thaïs, particulièrement le week-end et les jours fériés *(réservation impérative, surtout pour le Nouvel An chinois)*. Une étape agréable pour mettre un peu de *sanuk* (distraction) dans sa vie...

La plage de Bangsaen se trouve à env. 10 km de Chonburi. Tout y est organisé pour la détente : cuisines ambulantes et vendeurs de sucreries abondent sur le front de mer, à côté des loueurs de chaises longues, de masques et de tubas. On peut s'y rendre pour la journée (douches disponibles sur la plage).

Pattaya, la grande station balnéaire du golfe de Thaïlande, est un haut lieu de la plongée sous-marine. Parmi les récifs coralliens évoluent des myriades de poissons colorés.

Un golf 18 trous réputé se trouve à 8 km et offre des facilités d'hôtellerie et de restauration (Bangphra ☎ 240.91.70).

Un petit tour au **marché Nong Mon** s'impose *(à 1 km de l'entrée de Bangsaen)*, histoire de recenser les diverses et parfois surprenantes façons d'accommoder les produits de la mer. On y trouve aussi des objets en rotin fabriqués localement, dans la région de Panat Nikhom. Les enfants se délecteront plutôt de l'aquarium et du parc aquatique voisins.

Pattaya* : la ville à la plage

➤ *À 147 km à l'E de Bangkok.* ***Route:*** *2h30 de trajet par la route n° 3.* ***Bus*** *réguliers de la gare routière Est (Ekamaï), toutes les 30mn de 6h à 20h30 (dernier départ à 22h). Plusieurs sociétés privées assurent aussi la liaison.* ***Train:*** *w.-e. et j.f. uniquement (départs de Hua Lampong).* ***Ferry*** *de la compagnie Aou Udom Industrial Marine: 4 départs/j. (de Bangkok) entre 6h et 17h.* ***Liaisons aériennes*** *avec Bangkok Airways.*

➤ *Informations pratiques p. 156.*

La star de la riviera siamoise suscite des sentiments divers, pas toujours chaleureux, surtout de la part des épouses légitimes. Pourtant, c'est juré, Pattaya va maintenant s'acheter une conduite et ses hôteliers vous invitent à venir y goûter en famille des plaisirs honnêtes.

Pattaya, comme Acapulco, a accédé au mythe. Qui se souvient encore qu'elle ne fut qu'un modeste village de pêcheurs? Elle a l'étoffe d'une grande station balnéaire internationale: tout tourne autour du plaisir, du sport et de la futilité. Au nombre de ses atouts, une grande accessibilité, un équipement hôtelier remarquable, d'excellents restaurants et une gamme de distractions des plus inventives...

Pattaya fut « découverte » par les GI's américains en 1961. Basés à Nakhon Ratchasima, ils avaient grand besoin de distractions et tombèrent amoureux de cette jolie baie bordée de cocotiers où tout incitait au bonheur et à l'abandon. On commença à leur construire des petits bungalows, puis les premiers hôtels en dur se mirent à pousser le long du boulevard qui longe la plage: une station balnéaire était née.

Heureusement pour les affaires, les touristes ont pris le relais des soldats rapatriés et Pattaya a continué son ascension. Mais la station est restée marquée par ses origines centuriones et illustre assez tristement le raffinement thaïlandais. La culture n'y est guère au programme, à part la culture physique. Ne boudons pas pour autant les attraits de Pattaya qui sont nombreux pour les sportifs (ski nautique, planche à voile, scooter marin, parachute ascensionnel, tennis, golf, équitation, etc.) et pour les joyeux drilles (bars, shows, discothèques...).

Pour ceux qui ont la bougeotte...

Les îles coralliennes à explorer sous l'eau ou en bateau à fond de verre: Koh Larn *(20mn en vedette rapide)*, Koh Sak, Koh Khrok, Koh Lin et Koh Paï.

➤ **Nong Nooch Village**, *au km 163, à 20mn en voiture de Pattaya.* Ce parc d'attractions présente les différentes traditions de la Thaïlande aux visiteurs pressés.

➤ **Le Kraal des éléphants**, *à 15 km à l'O de Pattaya Beach.* Ce centre de dressage d'éléphants, propose des démonstrations d'adresse *(show quotidien de 15h à 17h).*

➤ **Mini-Siam**, *au km 143, à 10mn de Pattaya.* 80 modèles réduits des grands sites de Thaïlande attendent les visiteurs pressés, en bottes de sept lieues.

➤ **La plage de Jomthien,** *à 3 km à l'E de Pattaya.* Sur cette belle plage de sable fin s'est implantée une des plus grandes unités hôtelières de Thaïlande (l'Ambassador, avec 2 500 chambres).

➤ **Le musée Ripley.** Believe it or not, centre commercial du Royal Garden Plaza. Faites-vous photographier avec l'homme le plus grand (ou le plus gros) du monde, pesez-vous comme si vous étiez sur la lune, faites-vous peur…

Rayong* : éloge de la simplicité

➤ *À 220 km à l'E de Bangkok par la route n° 3 ou 185 km par la route 36, via Pattaya. Env. 3 h de trajet.* ***Bus*** *réguliers de 5 h à 22 h (toutes les 50 mn) de la gare routière Est (Ekamaï). Une voie ferrée est à l'étude.*

➤ *Informations pratiques p. 157.*

La province de Rayong, à l'est de Pattaya, a tous les atouts pour prendre le relais d'une riviera siamoise qui s'essouffle un peu : belles plages de sable fin, eaux claires, vie locale préservée. Les perspectives touristiques qui s'ouvrent au Cambodge lui confèrent aussi un intérêt évident.

Rayong a marqué l'histoire thaïe puisque c'est là que le **roi Taksin** recruta son armée pour lancer une attaque par voie de mer contre les Birmans et restaurer, en 1767, l'indépendance du Siam. C'est aussi la patrie du grand poète **Sunthon Phu** (1786-1855).

Du fait de la beauté de sa côte et de sa relative proximité de Bangkok, Rayong est inscrite dans le plan de développement du tourisme balnéaire thaïlandais et dispose déjà d'environ 5 000 chambres. Les hôtels internationaux s'implantent peu à peu à côté des petits hôtels locaux qui accueillent, depuis des décennies, les familles thaïes de la classe moyenne. Les plages situées à l'ouest de Ban Phe, ombragées de filaos, sont longées par la route. Les hôtels de cette zone ne donnent pas sur la plage. En revanche, il y a pas mal d'activités (sports nautiques, équitation). Les hôtels situés à l'est de Ban Phe sont plus isolés mais bénéficient d'un accès direct à la plage (Novotel, Palmeraie, Ban Phe Cabana…).

L'île de **Samet** au large de Ban Phe *(30 mn en bateau)* est réputée pour la beauté de ses fonds sous-marins. Bien que classée parc national, ses plages sont sales et la plupart des bungalows chers et peu soignés. Mieux vaut fréquenter la plage de **Klaeng** (sur le continent). ■

Bangsaen

Indicatif téléphonique ☎ *(038)*

Hôtels

▲▲ **Bangsaen Beach Resort**, 55-150 Tambon Saenuk ☎ 381.675. Piscine, restaurant, bar, salle de conférences. *170 ch.*

▲ **Bangsaen Villa**, 290 Moo 13, Amphoe Muang, Chonburi ☎ 382.088. Bien tenu et bon marché, piscine. *72 ch.*

Pattaya

Indicatif téléphonique ☎ *(038)*

ℹ 382/1 Chaihat Rd ☎ 427.667.

Hôtels

Pattaya dispose d'un équipement hôtelier très varié, réparti entre la ville (North Pattaya, Central, South) et les plages voisines: Naklua, Jomthien et Cliff. Si l'hôtellerie de luxe est remarquable, on ne peut en dire autant des *guest-houses* et petits hôtels...

Tous les hôtels cités (sauf ▲) acceptent les cartes de paiement.

▲▲▲▲ et ▲▲▲ **Royal Cliff Beach**, near Pattaya ☎ 250.421. Vaste complexe luxueux, à 4 km de la ville, sur un promontoire dominant 2 plages privées. 3 catégories de chambres dont les superbes suites de l'aile royale (Royal Wing), avec majordome attitré. *700 ch.*

▲▲▲ **Amari Orchid Resort**, Beach Rd, North Pattaya ☎ 428.161. Bien situé et soigné, dans la tradition de la chaîne Amari. Piscine, tennis et nombreux services. *236 ch.*

▲▲▲ **Dusit Resort**, 240 Pattaya Beach Rd ☎ 429.901. Accès direct à la plage. Haute qualité, équipement très sophistiqué. *474 ch.*

▲▲ **Island View**, near Pattaya ☎ 250.813. En dehors de Pattaya, près du Royal Cliff. Prix modérés. Piscine. *209 ch.*

▲▲ **Pattaya Park**, 345 Jomthien Beach ☎ 423.000. Sur la plage de Jomthien, l'hôtel préféré des enfants. Parc aquatique et toboggans géants. *270 ch.*

▲ **Bay Breeze**, 503/2 Pattaya 2nd Rd ☎ 428.384. Situation centrale. Chambres propres et spacieuses avec belle vue (étages élevés). Petite piscine. Bon marché. *70 ch.*

▲ **Koh Larn Resort**, sur l'île de Larn ☎ 428.422. Récemment rénové. Prix modérés.

▲ **Sea Breeze**, 347/12 Moo 12, Jomthien ☎ 231.056. Agréable et bien tenu, sur la plage de Jomthien. Piscine. *105 ch.*

Restaurants

Pattaya compte de multiples restaurants, de la taverne bavaroise à la pizzeria version thaïe. C'est surtout le paradis des fruits de mer dont les prix sont, malheureusement, souvent exagérés. Les grands hôtels ont quelques restaurants remarquables (Royal Cliff, Dusit, Amari).

♦♦♦ **Bruno's Restaurant & Wine Bar**, 463/77 Sri Nakhorn Center, North Pattaya ☎ 361.073. Thaï et international. Décor élégant et cuisine soignée. Bar à vin à l'étage.

♦♦ **Mon ami Pierrot**, 220/3 Beach Rd, South Pattaya (près de l'hôtel Bayshore) ☎ 429.792. Cuisine de bonne tradition française. Dîner uniquement.

♦♦ **Pic Kitchen**, soï 5, Beach Rd ☎ 428.374. Agréable et dépaysant pour dîner à la thaï, sur des tables basses et assis sur des coussins. Quelques plats européens à la carte.

♦♦ **Thaï House**, 171/1 Pattaya North Rd ☎ 370.539. Thaï et chinois. Accent sur les fruits de mer. Danses thaïes à partir de 19 h.

♦♦ **Ventiane**, 458/18 Pattaya 2nd Rd ☎ 411.298. Thaï et laotien. Très grand choix de plats authentiques à prix raisonnables.

♦ **Bang Saray Seafood**, Bang Saray. Pas de téléphone dans ce restaurant populaire tenu par une coopérative de pêcheurs. Cuisine très locale, sans fioritures, en un mot: excellente.

♦ **Baraques à nouilles** et **cuisines ambulantes** (autour de la gare routière) aux saveurs exotiques.

♦ **Ciao**, 139 Moo 10 soï Sengsaram ☎ 710.614. Italien et thaï. Petit restaurant sympathique où l'on peut déguster des vins italiens.

♦ **Sugar Hut**, plage de Jomthien ☎ 251.686. Cuisine thaïe authentique dans un décor sympathique et sans prétention.

Informations utiles

➤ **Cafés Internet. Pattaya Café Net**, soï Yamato, Beach Rd ☎ 421.050. **Explorer Internet Café**, Beach Rd ☎ 900.009.

➤ **Golf. Phoenix Golf & Country Club** (par 72), km 158 Sukhumvit ☎ 239.391. **Plu-Ta-Luang Golf Club** (par 72), Moo 6 Plutaluang Rd Sattahip. ☎ 701.843.

➤ **Plongée. Diver's World**, soï Yamato, Beach Rd ☎ 426.517. **Seafari Sports Center**, soï 5 North Pattaya ☎ 429.253. Budget moyen : 1 300 à 1 800 ฿ la demi-journée (2 plongées, repas, guide). Possibilités de stages pour qualification PADI et de plongée sur épaves.

➤ **Police touristique** ☎ 429.371 et ☎ 410.044 (urgences ☎ 1699). La prudence est de rigueur à Pattaya, comme dans toutes les villes internationales où la richesse des touristes attire les pauvres. Le bon sens est votre premier ange gardien, la Police touristique le deuxième…

➤ **Shopping.** Pour restaurer l'honneur perdu de Pattaya, les autorités locales s'efforcent de remplacer les bars par des centres commerciaux. Désormais, on trouve (presque) tout à Pattaya, surtout à South Pattaya. À voir, le Royal Garden Plaza Shopping Mall (annexe du Royal Garden Plaza), entre South Pattaya II Rd et Beach Rd, avec 200 boutiques sur 4 niveaux.

➤ **Spectacles.** Deux cabarets (Tiffany's et l'Alcazar) présentent avec un égal succès d'étonnants spectacles de travestis.

■ Rayong

Indicatif téléphonique ☎ (038)

ℹ 153/4 Sukhumvit Rd ☎ 655.420/1.

Hôtels

▲▲▲ **Ao Prao Resort**, sur la côte ouest de Koh Samet ☎ 651.814. Bungalows climatisés avec grande terrasse et très bon restaurant. Plage privée. Sports nautiques. *24 ch.*

▲▲▲ **Purimas Beach**, 34 Payoon Namrin Rd, Ban Chang ☎ 630.382. Très bel hôtel sur la plage de Ban Chang. Tennis, piscine, verdure et calme. *79 ch.*

▲▲ **Baan Phe Cabana** ♥, 205 Moo 3, Meung district ☎ 648.488/9. Charmants pavillons avec s.d.b en plein air. Intime et sur la plage. *35 ch.*

▲▲ **Baan Phe Resort**, 109 Moo 3, Chakphong Klaeng ☎ (2) 251.89.77 à Bangkok. Ambiance sympathique, bon confort, plage, piscine, tennis. *100 ch.*

▲▲ **Novotel Rim Pae**, Kae Klang Kram Rd, Chakphong Klaeng ☎ 648.008. Piscine, tennis, et une belle plage. Un très bon hôtel de séjour. *120 ch.*

▲▲ **Rayong Resort**, Ban Phe ☎ (02) 651.000 à Bangkok. Hôtel international sur le cap Tarn. Site splendide. Piscine, tennis, club de sport. *170 ch.*

Sport

➤ **Golf. Rayong Green Valley Country Club** (par 72), 27 Moo 7 Banchang, Rayong ☎ 603.000. **Eastern Star Golf Course** (par 72), 24/5 Moo 3 Banchang, Pala Rd, Rayong ☎ 630.410. ■

LA PLAINE CENTRALE

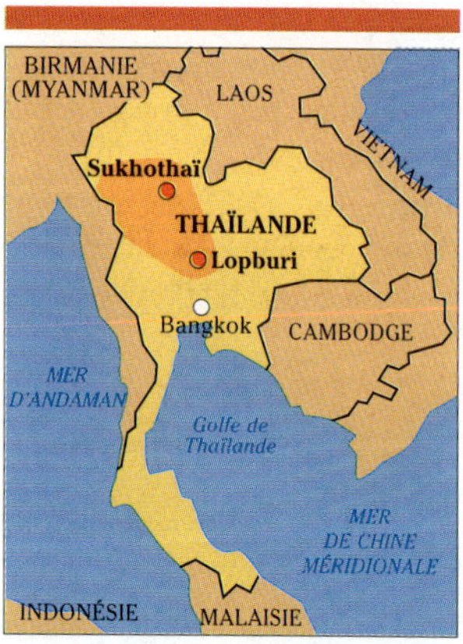

Suivez le buffle, vous trouverez l'éléphant : telle est la magie d'une traversée de la Thaïlande, de Bangkok aux confins du Laos et de la Birmanie. La lenteur doit être du voyage. La mélancolie vient d'elle-même, au vu des ruines glorieuses arrachées à la jungle : palais déchus, temples écroulés peuplés de bouddhas décapités.

La plaine centrale offre, grandeur nature, une méditation sur la vanité de la puissance et de la gloire : Ayutthaya *(voir p. 136)*, Lopburi, Sukhothaï, Sri Satchanalaï, Kamphaeng Phet... Toutes tombées en poussière, vaincues par l'ambition des princes et l'oubli du petit peuple. Les charges terribles et magnifiques des guerriers à dos d'éléphant ont laissé place au paysan et à son buffle, harassant la rizière, comme une discrète incarnation de l'éternité...

La voie royale des anciennes capitales

Prenez le temps de faire attendre Chiang Maï et suivez sans impatience la route des cités perdues. Voie de communication majeure (n'oublions pas que le peuple thaï a glissé lentement par ce passage, depuis les contreforts de l'Himalaya jusqu'à la mer), la plaine centrale est un des axes les mieux desservis de Thaïlande: routes, voies ferrées, vols réguliers vous offrent des choix confortables pour un pèlerinage aux sources de ce que l'art thaï a produit de plus achevé.

Lopburi** : l'ombre du Roi-Soleil

➤ *À 154 km au N de Bangkok, route n° 1.* **Route:** *3 h de trajet.* **Bus** *réguliers toutes les heures (de 6 h à 20 h 30) de la gare routière Nord.* **Train:** *2 h 30 à 3 h de trajet. Départ de la gare Hua Lampong.*

➤ *Informations pratiques p. 170.*

La cité de Lopburi connut deux fois la gloire: sous l'empire khmer (du Xe au XIIe s.) et sous le règne de Naraï, le contemporain siamois de Louis XIV. Vestiges de l'époque où Lopburi était une **capitale khmère**, de nombreuses ruines sont désormais le domaine de hordes de singes, incarnations démoniaques du brave Hanuman (attention aux appareils photo, bijoux et autres objets tentateurs)... Mais Lopburi, c'est aussi l'**ancienne Louvo** dont le faste sut éblouir les familiers du Roi-Soleil, venus en ambassade dans le sillage du chevalier de Chaumont.

La Lopburi moderne est une ville de garnison, dénuée de charme particulier, qui s'est développée sans se soucier outre mesure de la valeur de ses trésors historiques, sinon par un penchant pour les locomotives rétros (un spécimen est exposé à la sortie de la gare). Les vestiges khmers étant loin d'égaler ceux que l'on admire dans le Nord-Est, on cherchera plutôt, dans la visite de Lopburi, une évocation du siècle de Louis XIV, version siamoise.

Lopburi au siècle de Louis XIV

« Nous sommes enfin arrivés au palais de Son Excellence, au milieu d'une foule incroyable de peuple: on ne voit que des têtes. La ville est assurément fort peuplée, mais ce n'est pas encore Paris. La cour de ce palais est grande et fort gaie. À droite est un grand lieu à colonnes qui est peint d'un jaune qui paraît or. Les murailles sont blanches, toutes peintes de niches où il y a des porcelaines; ce jaune, ce blanc et ce bleu se marient fort bien ensemble. Il y aura dans deux jours une fontaine jaillissante [...]. Voyez par là si ces gens oublient quelque chose! »

Abbé de Choisy,
Journal du voyage de Siam
(1685-1686)

Il faut imaginer l'arrivée de l'ambassadeur du Roi-Soleil sur les barges royales, débarquant par l'escalier majestueux qui donnait accès au palais du roi Naraï. Dans l'état actuel des ruines, on mesure difficilement l'admiration et la surprise des Français accueillis avec un faste inouï. On sait que le roi Naraï consentit à s'incliner (attitude réprouvée par le protocole siamois) pour prendre la lettre de Louis XIV tendue par le chevalier de Chaumont qui, pour sa part, avait obstinément refusé de s'agenouiller devant le souverain. Les Français eurent suffisamment de suite dans les idées pour continuer à traiter les Siamois comme des «sauvages», en dépit des égards qu'on leur témoignait!

Le palais du roi Naraï** (Naraï Radja Niwes)

➤ *Entre Ratchadamnoen Rd et Pratoo Chaï Rd. Ouv. t.l.j. sf lun. et mar. de 9h à 16h. Entrée payante.*

Construit par le roi Naraï d'Ayutthaya entre 1665 et 1677, ce palais servait de résidence d'été et fut partiellement réalisé par un architecte français. Une partie était réservée aux audiences, une autre à la vie privée du Roi. Le chevalier de Chaumont fut le premier hôte du Dusit Maha Prasat (salle d'audiences) doté, grâce à Louis XIV, d'une très exotique galerie des glaces (l'emplacement des miroirs est encore visible).

Le palais était entouré d'une muraille percée de portes. Il comportait de nombreux aménagements et pavillons dont on peut voir les vestiges : le grand réservoir, les écuries royales (pour chevaux et éléphants), la salle des banquets, la maison des trésors…

Un **musée** a été installé dans deux pavillons plus récents dont l'un fut habité par le roi Rama IV. On peut y admirer de belles **sculptures** de style Lopburi et Dvaravati, du **mobilier**, des **poteries**.

➤ **PRANG SAM YOD** ** **(pagode aux Trois Flèches)**. Situé à 200 m de la gare, ce bel exemple d'**architecture khmère** illustre plus particulièrement le style du Bayon (début XIIIe s.). Il se caractérise par trois *prang* en latérite édifiés sur une esplanade. Devenu le symbole de Lopburi, il fut probablement restauré au XVIIe s. à l'initiative du roi Naraï.

➤ **WAT PHRA SI RATANA MAHATHAT**. Situé derrière la gare, l'édifice initial date vraisemblablement du XIIe s. Il a fait l'objet de nombreuses restaurations à l'époque d'Ayutthaya, comme en témoigne la **juxtaposition des styles**. Le cloître qui l'entourait a disparu, mais l'agencement des différentes constructions reste visible.

Naresuan, le tigre indomptable

En 1564, Naret, un jeune prince thaï âgé de neuf ans, découvrait avec amertume les fastes de la cour de Pegu, en Birmanie. Ayant fait plier l'arrogante Ayutthaya, le vainqueur birman Bayinnaung avait pris soin d'emmener l'héritier du trône en otage à Pegu, après avoir laissé un monarque fantoche régner sur les ruines fumantes de sa dernière conquête. Il pensait sincèrement faire de Naret un vrai Birman, pour mieux assurer son pouvoir. Le fait est que le jeune prince mit son séjour à profit pour tout savoir sur les Birmans : la langue, l'art de la guerre, les petites intrigues et les inimitiés.

Naret, devenu par la suite Naresuan, était en effet un guerrier exemplaire lorsque ses « parents adoptifs » le rendirent à son Siam natal. Envoyé à Phitsanulok, il créa un mouvement de résistance clandestine, les « Tigres sauvages » et n'eut de cesse de combattre l'oppression birmane pour rendre son honneur à son pays. Il alla même jusqu'à se mesurer à un rival birman par un combat de coqs mémorable qu'il gagna et qui alimenta encore sa légende.

Naresuan, qui régna de 1590 à 1605, restaura la puissance d'Ayutthaya ; il fait toujours figure de héros national. ❖

➤ **Prang Khaek**. Situé sur la place du marché, Vichayen Rd, près du Palais royal, c'est un charmant petit temple khmer dédié à l'**hindouisme** et au **culte de Shiva**. Son *prang* central renferme un phallus sacré.

➤ **San Phra Ken, le temple aux Singes (temple Kala)**. Ses ruines, de style khmer, sont envahies de racines de banian où se sont installées des colonies de singes (si vous êtes en voiture, fermez portières et vitres). Un petit sanctuaire moderne abrite une divinité hindoue.

➤ **Conserveries de poisson**. Dans un autre registre, vous vous livrerez à une expérience olfactive inédite en visitant les conserveries artisanales de poisson (fumé ou séché au soleil) implantées à la sortie nord de la ville. Bon courage !

Phitsanulok*

➤ *À 377 km au N de Bangkok* ***Route :*** *6 à 7h de trajet.* ***Bus*** *réguliers (11 bus/j.) de la gare routière Nord.* ***Train :*** *6h de trajet en rapide (2 trains/j.). Départ de la gare Hua Lampong (évitez de partir en milieu de journée ou l'après-midi pour ne pas arriver en pleine nuit).* ***Avion :*** *2 vols/j. (50mn).*

➤ *Informations pratiques p. 170.*

Phitsanulok marque le passage de la région centrale à la région Nord. Cette situation géographique est à l'origine de sa vocation historique, puisque cette ville fut capitale siamoise durant 25 ans, sous le règne de **Boroma Trailokanat**, roi centralisateur d'Ayutthaya (fin XIVe s.). Sa population fut souvent sollicitée par les princes d'Ayutthaya pour aller combattre les Birmans. Phitsanulok est aussi la ville natale du grand roi Naresuan. Un gigantesque incendie a ravagé la ville en 1960. Mais l'aspect pittoresque du site demeure, avec ses **maisons flottantes** romantiques sur la rivière Nan.

À part le **Wat Mahathat**, Phitsanulok n'offre pas d'intérêt particulier et fait plutôt figure de ville-étape avant la visite des anciennes capitales de la plaine centrale. Mais on se promènera agréablement sur la **rivière Nan** en empruntant des bateaux qui font aussi bistrot.

Wat Phra Si Ratana Mahathat***

Situé à la lisière de la ville, il a miraculeusement échappé au désastre de l'incendie. Désigné localement sous le nom de Wat Yaï (le Grand Temple), sa fondation remonte à 1357. Il abrite une statue particulièrement vénérée, le **Phra Bouddha Chinarat**, de style Sukhothaï tardif (milieu XIVe s.). Cette statue, qui remonterait à 1438, représente un bouddha assis, en bronze poli (remarquez ses doigts qui sont curieusement de la même longueur). Elle est située dans le *bot* principal, gardée par des portes sculptées, incrustées de nacre, datant de la fin du XVIIIe s. Le roi Rama V souhaita l'installer à Bangkok dans le temple de Marbre, mais les habitants de la ville s'y opposèrent. Le souverain fit donc exécuter une copie pour le temple de Bangkok et manifesta sa vénération à l'image de Phitsanulok en la recouvrant d'or.

Un *prang* doré de style khmer, construit à l'époque d'Ayutthaya, domine l'ensemble, entouré de cloîtres où sont disposées des statues de différents styles.

Le style U Thong : l'art du compromis (XIIe-XVe s.)

Bouddha debout se rattachant au style U Thong, datant de la fin du XIIIe s.

Propre à la région centrale de la Thaïlande, le style U Thong annonce la formidable renaissance artistique d'Ayutthaya. Vieille cité mône de l'époque Dvaravati, U Thong est située sur une voie de passage qui la prédestine à de multiples influences et la met en situation d'en tirer avantage, notamment par le contrôle des accès à la mer. Au XIVe s., ses princes sont suffisamment puissants pour annexer une partie de l'empire khmer, du territoire de Sukhothaï et d'Ayutthaya. C'est d'ailleurs un prince d'U Thong qui règne le premier sur Ayutthaya en 1350, sous le nom de Rama Tibodi Ier.

Art de compromis, le style U Thong ne parvient pas réellement à se dégager des influences des écoles Dvaravati, Sukhothaï et même de l'art khmer qui reste sa référence quasi exclusive jusqu'au XIIIe s. Les artistes de cette époque ont une prédilection pour les statues de bronze et représentent un Bouddha hiératique, drapé d'une robe aux plis rigides et le front ceint d'un bandeau. L'attitude la plus fréquente est celle de la victoire sur Mâra (Bouddha prenant la terre à témoin de son illumination). ❖

♥ Sukhothaï*** : première capitale

➤ *À 466 km au N de Bangkok. 55 km à l'O de Phitsanulok.* ***Avion :*** *4 vols/sem. avec Bangkok Airways (liaisons Bangkok/Sukhothaï/Chiang Maï).* ***Bus*** *climatisés directs (3 départs/jour) de la gare routière Nord, sur Pahol Yothin Rd à Bangkok.* ***Train :*** *la gare la plus proche est Phitsanulok, d'où vous pouvez prendre un taxi.*

➤ *Informations pratiques* *p. 170.*

Première capitale du Siam, de 1257 à 1379, Sukhothaï est l'un des plus beaux sites historiques du royaume. Implantée dans une ample vallée, gardée à l'ouest par des collines boisées, elle illustre symboliquement, pour le peuple thaïlandais, l'émergence de la **nation siamoise.** Parmi les huit rois qui régnèrent sur son destin, **Rama Khamhaeng** (1277-1317) fut une sorte de Saint Louis, juste et compatissant. Une remarquable prospérité économique associée à une formidable **vitalité artistique** valurent à Sukhothaï le titre de « cité du bonheur ».

Le parc archéologique

➤ *À 14 km de la Sukhothaï moderne, sur la route de Tak (prendre un* ***song téo*** *derrière le poste de police). Site ouvert t.l.j. sf* *lun. et mar. de 9h à 16h. Entrée payante.*

Le site archéologique s'étend sur une dizaine de kilomètres d'est en ouest et autant du nord au sud. Une grande partie a été aménagée en parc et les plus aventureux pousseront jusqu'aux édifices, encore envahis d'herbes folles, situés en dehors de l'enceinte principale. Un petit train dessert les principaux monuments mais l'on peut aussi louer des vélos.

En se limitant aux ruines les plus spectaculaires (celles des vingt *wat* situés à l'intérieur de l'enceinte), une demi-journée suffit. Mais il n'y a pas moins de 193 édifices répertoriés. Consultez le plan à l'entrée pour organiser votre visite.

Le Musée national Rama Khamhaeng**

1 Situé dans un jardin, près du Wat Mahathat, à l'entrée du parc, il rassemble de très nombreux objets trouvés à Sukhothaï, à Sri Satchanalaï et à Kamphaeng Phet. Dans la salle du bas est exposé un des plus beaux exemples de bouddha « en marche », attitude repré-

SUKHOTHAÏ, PLAN DU SITE

1 Musée Rama Khamhaeng
2 Wat Mahathat
3 Wat Si Sawaï
4 Wat Sra Si
5 Wat Chana Songkram
6 Wat Trakuan
7 Wat Tha Pa Daeng
8 Wat Sorasak
9 Wat Son Kao
10 Wat Phra Paï Luang
11 Wat Si Chum
12 Wat Saphan Hin
13 Wat Chetupon

Sukhothaï : la longue marche du Bouddha (XIIIe-XVe s.)

Bouddha debout en stuc (restauré) du Wat Mahathat, caractéristique du style Sukhothaï.

Source d'inspiration dominante pour les écoles qui lui succèdent, le style Sukhothaï consacre l'émergence d'un art proprement thaï. En moins de deux siècles, il développe, au cœur d'une des régions les moins artistiques de Thaïlande, un rayonnement jamais atteint par les royaumes précédents. Trois sites donnent une idée de sa grandeur : l'ancienne Sukhothaï, Sri Satchanalaï et Kamphaeng Phet qui voient l'apogée de la statuaire monumentale. La grande création de l'école de Sukhothaï est le « Bouddha en marche » qui enrichit de façon insolite le registre des imagiers (les postures assise, debout, couchée sont jusque-là les seules induites par les canons bouddhiques).

L'art Sukhothaï marque une prédilection pour le Bouddha assis en *Bhumisparsa mudrâ* (« prenant la terre à témoin de son illumination »). En dépit de ses traits disgracieux, de son nez crochu et de ses lobes d'oreilles exagérément allongés, le bouddha Sukhothaï séduit par la sérénité de son sourire et la majesté de son port de tête.

L'architecture de latérite et de stuc n'a guère résisté aux assauts conjugués de la jungle et des moussons. Mais la stèle de Rama Khamhaeng (l'inventeur de l'écriture thaïe, *voir p. 119*) et le talent des archéologues ont permis de restituer la grandeur passée des anciennes capitales déchues.

On ne connaît pratiquement rien de la peinture de cette époque, mais l'on sait que la céramique y fut un art brillant et parfaitement maîtrisé, exporté par les ports de la mer de Chine. En 1378, Sukhothaï devint un état vassal d'Ayutthaya et ses richesses s'effritèrent, comme sa puissance, jusqu'à la ruine.

sentant l'Éveillé qui entre dans le monde des hommes pour leur montrer la voie *(voir encadré)*. Dans la galerie du 1er étage, on peut admirer des **sculptures Chiang Saen** et **Lopburi**, ainsi que des **céramiques**. Une copie de la stèle de Rama Khamhaeng (l'original se trouve au musée de Bangkok) est exposée sur la mezzanine.

À l'intérieur de l'enceinte

➤ **Wat Mahathat***** **2**. Ce vaste édifice était jadis entouré de près d'un kilomètre de douves. Au centre se trouve un grand *chedi*, décoré à sa base de **bas-reliefs** en stuc où l'on distingue une procession de moines (mal restaurée et endommagée par des graffitis). **Quatre tours** de style khmer sont disposées en angle. **Deux bouddhas** debout monumentaux, très restaurés, sont disposés symétriquement, et enfermés dans une sorte de sarcophage en brique laissant dépasser la tête. Ils confèrent au *wat* un aspect étrange. Avec ses 185 *chedi* et ses très nombreux sanctuaires, ce temple était le plus important de Sukhothaï. Réservé aux dévotions de la famille royale, il est à l'origine de la tradition siamoise du « *wat* royal », perpétuée à Bangkok par le Wat Phra Kéo qui est édifié à côté du Grand Palais.

➤ **Wat Si Sawaï*** **3**. Fondé à l'époque où la région était sous domination khmère, il se rattache au style Lopburi. Les décorations en stuc de ses trois *prang* (oiseaux mythiques et divinités) ont été ajoutées au XVe s. On peut aussi voir, avec de bons yeux et beaucoup d'imagination, des vestiges de peintures murales (renfoncement, côté droit).

➤ ♥ **Wat Sra Si**** **4**. C'est un des temples les plus poétiques de Sukhothaï, avec son bouddha monumental assis sur une plateforme rythmée par six rangées de colonnes. Il se reflète dans un étang piqué de lotus, ce qui plaît beaucoup aux photographes.

D'autres temples méritent une visite, dans le périmètre intérieur, pour ceux qui ont le temps de flâner. Plus particulièrement : **Wat Chana Songkram 5**, **Wat Trakuan 6**, **Wat Tha Pa Daeng 7**, **Wat Sorasak 8**, **Wat Son Kao 9**… Mais n'oubliez pas ceux du **périmètre extérieur**.

À l'extérieur de l'enceinte

➤ **Wat Phra Paï Luang 10**, au nord. Vestige de l'époque khmère, il se trouvait autrefois au centre de la ville. L'édifice principal est un *chedi* pyramidal dans lequel furent murées de nombreuses statues de Bouddha. Les trafiquants d'antiquités ont, malheureusement, fait preuve de plus de vivacité que le département des Beaux-Arts dans la chasse aux trésors, ce qui a contribué à enrichir quelques collections privées…

Khun Nikom, protégé des rois

La restauration de Sukhothaï est, en grande partie, l'œuvre de l'archéologue thaïlandais Nikom. Cet homme a consacré plus de 20 ans de sa vie à faire renaître la splendeur de Sukhothaï. Son pire ennemi n'était pas le temps, mais la cupidité des hommes. Il combattit les pillards, affronta des brigands, endura des menaces de mort avec la tranquille conviction qu'« un honnête homme est protégé par les rois ». Il négocia avec les paysans qui s'étaient installés sur le site, obtint le soutien de la Princesse Sirindhorn. La consécration de son œuvre arriva en 1991, lorsque l'Unesco reconnut Sukhothaï comme site du Patrimoine mondial. Arrachée à la jungle et à l'oubli, Sukhothaï est le site le plus visité de Thaïlande et 80 % de ses visiteurs sont des Thaïlandais.

➤ ♥ **Wat Si Chum**** **11**, au nord. *Entrée payante.* Il est célèbre pour son **bouddha assis** de 15 m de hauteur. Un escalier dissimulé dans le mur permet d'atteindre le niveau de la tête de la statue ; il pourrait être une représentation symbolique de l'accès au *nirvâna.* Cet escalier permit à un roi de Sukhothaï de mystifier son armée pour l'encourager à combattre, en faisant parler miraculeusement la statue. L'ennemi fut vaincu, ce qui a contribué à la gloire de la statue.

➤ **Wat Saphan Hin***** **12**, à l'ouest. Dominé par un bouddha debout de plus de 15 m de haut, ce temple offre une des plus belles vues sur les ruines de Sukhothaï, jusqu'aux montagnes de Sri Satchanalaï en direction du nord.

➤ **Wat Chetupon***** **13**, au sud. Construit entre 1292 et 1412, il est entouré d'une **enceinte en schiste**. Les larges murs de pierre du *mondop* sont travaillés à la façon du bois. L'*ubosot*, hall consacré, est orienté vers le sud, hors des murs. Il est situé sur une élévation et la zone sacrée délimitée par 8 pierres orientées selon les points cardinaux.

Son *chedi* était autrefois gardé par quatre bouddhas illustrant chacun une attitude différente (debout, assis, couché, en marche). Bien qu'ayant, entre autres outrages, perdu sa tête, le **bouddha en marche** est considéré comme un modèle du genre. La courbe de l'épaule lui confère une majesté restée intacte.

♥ Kamphaeng Phet*** en robe safran

➤ *À 357 km au N de Bangkok. 65 km au S de Tak, sur la route n° 1. Plusieurs* ***bus*** *par jour à destination de Tak, gare routière Nord, Pahol Yothin Rd.* ***Train :*** *la gare la plus proche est Phichit (95 km). Liaisons avec Kamphaeng Phet par* ***bus*** *ou* ***song téo*** *(taxi collectif).*

➤ *Informations pratiques p. 170.*

Le parc archéologique de Kamphaeng Phet se trouve à 2 km du village moderne. *Ouv. t.l.j. sf lun. et mar. de 13 h à 16 h. Entrée payante.*

Construite au XIVe s. par le roi Li Taï (1347-1368), Kamphaeng Phet fut l'une des trois capitales du royaume de Sukhothaï. C'est dans ses murs que se réfugia le dernier roi de ce royaume et qu'il se soumit à son rival d'Ayutthaya en 1378. Avant de constituer le dernier bastion de Sukhothaï face à la puissance montante d'Ayutthaya, Kamphaeng Phet fut utilisée comme centre de commerce des porcelaines avec la Chine.

La **cité ancienne** se trouve sur la rive gauche de la rivière Ping. Ses vestiges, éparpillés sur 16 km², ont été abandonnés à la jungle jusqu'à la fin des années 1970, bien que le site ait été protégé depuis les années 1950. Sur 37 temples répertoriés, seuls quelques-uns ont été dégagés et les archéologues poursuivent leur travail de restauration.

➤ **Musée national Kamphaeng Phet****. Situé derrière le **Wat Phra Kéo**, il présente des objets préhistoriques et historiques de toute la Thaïlande, en plus de ceux découverts localement. On peut y voir un bouddha assis considéré comme une des pièces maîtresses de l'**époque U Thong**.

➤ **Wat Phra Kéo****. Situé au cœur de la cité, ce temple majeur est construit en grès. Ses murs sont disposés parallèlement aux remparts et il est dominé par une structure pyramidale de **style srilankais**.

Des bouddhas de pierre drapés de tissu safran délavé par les intempéries, un enchevêtrement chaotique de colonnes, de stuc, de têtes au sourire usé : la nostalgie est de mise pour qui parcourt les ruines de Kamphaeng Phet, au bord de la rivière Ping.

➤ **Wat Phrathat.** *À l'est du Wat Phra Kéo (toujours à l'intérieur des remparts).* Ce temple est une illustration du style classique de Kamphaeng Phet. Second monument de la cité par ses dimensions, il comporte un *viharn* aux murs de grès très endommagés, ainsi que plusieurs *chedi.*

➤ ♥ **Wat Chang Rob****. *Sur une colline, à l'extérieur des remparts.* C'est le temple le plus spectaculaire du site, avec son *chedi* reposant sur une plate-forme soutenue par **68 demi-éléphants** (tête et pattes avant). Bien que construits en stuc et latérite, certains sont bien conservés. Un autre exemple de ce motif peut être observé au Wat Chang Lom de Sri Satchanalaï *(voir p. 168)*. Le Wat Chang Rob témoigne d'une architecture de transition entre le **style Sukhothaï** et le **style Ayutthaya**.

➤ **Wat Phra Si Ariyabot** (ou **Wat Phra Yuen**). Situé au bord d'une vaste pièce d'eau, il présente des **décorations murales** illustrant les attitudes du Bouddha : couché, en mouvement, debout ou assis.

♥ Sri Satchanalaï ** : chedi et bouddhas

➤ *À 524 km au N de Bangkok et 58 km au N de Sukhothaï, sur la route 101.* ***Train :*** *la gare la plus proche est Uttaradit (35 km). Liaisons avec Sri Satchanalaï par* ***song téo*** *(taxi collectif).*
Le parc archéologique se trouve à 15 km du village moderne de Sri Satchanalaï. Ouv. t.l.j. sf lun. et mar. de 9h à 16h. Entrée payante.

➤ *Informations pratiques p. 170.*

Beaucoup moins connue que sa contemporaine Sukhothaï, Sri Sat-

Dans la magie de Loy Krathong

Chacun a tressé son *krathong* en feuilles de bananier. On dirait un lotus géant, paré de lumières, de fleurs vives et d'encens. Loy Krathong (de *loy*, flotter, et *krathong*, coupe de feuilles) va illuminer la nuit. C'est la fin de la saison des pluies. Mae Khongkha, la déesse des Eaux, va recevoir les offrandes qu'elle mérite. Chaque *krathong* est décoré de fleurs, d'encens et de bougies, toujours en nombre impair pour plaire au Bouddha. Certains glissent une pièce de monnaie ou une chique de bétel, signe de dévotion supplémentaire.

Originaire de Sukhothaï, la fête donne lieu à un festival grandiose dans les ruines de l'ancienne cité. Ici et là, des lumières surgissent, sautillent, virevoltent, soulignées de chuchotements et de rires. Les *krathong* illuminés sont posés sur les pièces d'eau tandis que des feux d'artifice illuminent le ciel et que des danseuses restituent les arts aristocratiques de Sukhothaï avec un spectacle de son et lumière. Le temps n'est plus aux regrets. Loy Krathong purifie chacun de ses petits méfaits et de ses gros péchés, embarqués au fil de l'eau, à vau-l'eau, jusqu'à l'an prochain.

Certains affirment que les dieux disposèrent ainsi des lumières sur les fleuves pour guider le Bouddha lorsqu'il descendit du Ciel des Trente-Trois Dieux. Qui sait? ❖

chanalaï fut fondée au XIIIe s. par les vice-rois de Sukhothaï, au bord de la **rivière Yom**, et abandonnée sous le règne de Rama Ier au profit de **Sawan Khalok**, qui offrait davantage de protection contre les Birmans. À part quelques maisons de bois, la cité ne comprenait que des **édifices sacrés**, dédiés au Bouddha. Les collines et la rivière constituent le cadre naturel d'un décor étonnant hérissé de *chedi* élancés. Il se dégage de ces ruines une impression de grandeur et de poignante solitude que seuls les touristes viennent désormais troubler.

Le département des Beaux-Arts a protégé le site depuis 1953 et effectué les travaux de restauration en plusieurs étapes. Dédié à la mère du Roi pour son 90e anniversaire, le parc archéologique a été inauguré solennellement en 1990. Le vieux passeur a rangé sa barque après construction sur la rivière Yom d'un pont qui permet désormais un accès direct par la route.

Les édifices sont éparpillés sur un vaste espace, ce qui nécessite de bonnes chaussures de marche. En pleine chaleur, l'excursion est d'ailleurs fatigante, si l'on veut se rendre jusqu'aux sanctuaires perchés sur les **collines**. Il est avisé de faire du bruit en marchant dans les hautes herbes, les **serpents** de Thaïlande n'étant pas tous de sympathiques *naga* protecteurs… Saluons l'heureuse initiative de Khun Pradit, un *mahout* (cornac) de Ban Pa Kluay (district de Sawan Khalok), qui propose des visites à dos d'éléphant.

➤ ♥ **WAT CHANG LOM*** (le Temple entouré d'éléphants)**. Il fut construit de 1285 à 1291, à l'initiative de **Rama Khamhaeng**, comme nous l'apprend la fameuse stèle du monarque. La base de son *stupa*, en stuc et latérite, est décorée de **39 têtes d'éléphants** auxquelles le *wat* doit son nom. La terrasse supérieure supportait des statues de Bouddha méditant dans leurs niches.

➤ **Wat Chedi Chet Thao****. *Au sud du Wat Chang Lom.* Ce temple se caractérise par **sept rangées de *stupa***, dont l'un se trouve flanqué d'un bouddha assis abrité par un superbe ***naga***, serpent à la fois dominateur et protecteur. On reconnaît là une inspiration d'origine khmère.

Sur les collines, au nord

➤ **Wat Khao Suwan Kiri (le temple de la Colline d'or)**. Il est dominé par un *chedi* aux proportions harmonieuses.

➤ ♥ **Wat Khao Thanom Plung (temple de la Montagne du feu)**. C'est le plus proche de la rivière. La beauté du site et la calme méditation d'un grand bouddha assis vous récompenseront des fatigues de l'ascension.

➤ **Wat Phra Si Ratana Mahathat*****, *à 2 km au S-E de la vieille ville, au lieu-dit Chaliang. On peut s'y rendre en bateau ou à pied.* Il est construit sur une sorte de presqu'île formée par une boucle de la rivière Yom. Ses deux bâtiments principaux sont séparés par une **plate-forme** sur laquelle repose un *chedi* circulaire de style cinghalais, et par un *prang* impressionnant de style khmer. On peut y voir des **statues de Bouddha** dont un bouddha marchant, en stuc, d'une grande beauté (bâtiment sud). C'est un des plus beaux temples de Sri Satchanalaï.

➤ **Thao Thuriang Ko Moi**. Des **fours de potiers** ont été exhumés à 6 km du périmètre archéologique principal (quitter l'enceinte du côté opposé à l'entrée principale, vers le nord, et traverser le petit village). Des vendeurs occasionnels vous proposeront des céramiques de Sawankhalok. Elles sont généralement authentiques, puisque trouvées sur place. On peut marchander avec détermination... ■

■ Kamphaeng Phet

Indicatif téléphonique ☎ (055)

Hôtels

▲▲ **Chakangrao**, 123/1 Tesa Rd ☎ 711.315. Tennis, salle de sport. *116 ch.* ▲▲ **Phet**, 99 Wichit soï 3 ☎ 712.810. Près du marché. Piscine. Bon restaurant. *259 ch.* ▲ **Navarat**, 2 soï Prapan, Tesa Rd ☎ 711.106. Près de la rivière, propre et bon marché. *78 ch.*

■ Lopburi

Indicatif téléphonique ☎ (036)

Hôtels

▲▲▲ **Lopburi Inn Resort**, 144 Tambon Tha Sala ☎ 420.777. Le meilleur hôtel et le plus cher. Piscine. *76 ch.*

▲▲ **Lopburi Inn**, 28/9 Naraï Maharat Rd ☎ 412.300. Dans la partie moderne de la ville. Très net et bon marché. *133 ch.*

▲ **Asia Hotel**, 1/7-8 Surasak Rd ☎ 411.892. Face au palais de Naraï. Très bon marché mais bruyant. *90 ch.*

Transports locaux

On peut négocier avec un *samlo* pour faire le tour des ruines. Nombreux *samlo* motorisés stationnés autour des gares routière et ferroviaire.

Fêtes

Le **banquet des singes** ♥ *(dernier dim. de nov.)*. Héritage de la tradition hindouiste, les singes sont vénérés par les habitants de Lopburi. Chaque année, des plats végétariens sont servis à des hordes de singes arrogants (plus de 500) dans les temples de Phra Ken et de Prang Sam Yod, à 10h, 12h et 14h. On leur offre aussi des miroirs et des jouets. Se tenir à distance: tout leur est permis!

■ Phitsanulok

Indicatif téléphonique ☎ (055)

ℹ 209/7-8 Surasi Trade Center, Boroma Trailokanat Rd ☎ 252.742.

Hôtels

▲▲ **Amarin Nakorn**, 3/1 Chao Phraya Rd ☎ 258.588. Central. *130 ch.*

▲▲ **Pailyn**, 38 Boroma Trailokanat Rd ☎ 252.411/5. Très confortable. *247 ch.*

▲ **Rajapruk** (hôtel et *guest-house*), 99/9 Phra Ong Dam Rd ☎ 258.788. Confort très correct, piscine. *123 ch.*

■ Sri Satchanalaï

Indicatif téléphonique ☎ (055)

Hôtel

Peu de possibilités d'hébergement, sinon le **Wang Yom Resort**, à l'entrée du parc historique. Bungalows simples, restaurant sympathique. *24 ch.*

■ Sukhothaï

Indicatif téléphonique ☎ (055)

Hôtels

▲▲ **Pailyn**, à 4 km des ruines, 8 km du centre-ville ☎ 613.310. Confortable mais sans cachet. Piscine. *238 ch.*

▲▲ **Sukhothaï Resort**, 99 Moo 7 Tambol Sarmruen, Srisamrong ☎ 681.696. Cadre enchanteur, à mi-route vers Sri Satchanalaï. Piscine avec jacuzzi. *80 ch.*

▲ **Lotus Village** ♥, 170 Ratchatani Rd ☎ 621.484. Charmant hôtel créé par un Français au bord de la rivière Yom. Ambiance sympathique et conviviale.

▲ **Rajthanee**, 299 Charodvithiving Rd, sur la route du parc historique ☎ 611.031. Confortable. Piscine. *81 ch.*

▲ **Riverview**, 92 Nikhon Kasem Rd ☎ 611.656. Près de la rivière Yom. Ambiance locale. *45 ch.*

▲ **Thaï Village** ♥, 214 Charodvithiving Rd, Muang Kao ☎ 611.049. Tout près des ruines, jolis pavillons au confort rustique. Petit centre culturel et danses locales. *100 ch.*

Fête

Loy Krathong ♥, fête des lumières, la nuit de pleine lune du 12e mois lunaire *(voir p. 168). Dates variables. Rens. à l'Office du tourisme à Bangkok.*

■ Uttaradit

Indicatif téléphonique ☎ (055)

Hôtel

▲▲ **Seeharaj**, 163 Borom Art Rd ☎ 411.106. Piscine. *124 ch.* ■

LA RÉGION NORD

Les provinces du Nord demeurent, en dépit de l'afflux de visiteurs, un monde méconnu. Montagnes boisées, hautes vallées, rivières, jungle dense, cascades, le Nord est un pays de confins où se croisent Thaïlande, Laos et Birmanie. Une Asie extrême, carrefour de migrations, avec ses populations montagnardes qui se reconnaissent les sommets pour seul royaume : Hmongs et Lahus, Akhas et Lisus, Yaos et Karens…

À chaque minorité sa langue, ses traditions, son costume. En ces temps où la forêt se meurt, les hommes vêtus d'indigo s'accrochant à leur bien le plus précieux : la liberté. Pendant que les États discutent ou se font la guerre, ils traversent des frontières qui n'existent que sur les cartes.

Chiang Maï, c'est aussi le lieu où la découverte prend forme : trekking en montagne, descente de la rivière Kok en pirogue, promenades à dos d'éléphant dans les forêts de teck…

En remontant vers Chiang Raï, on croise de vieilles capitales assoupies au bord du Mékong, des bouddhas rescapés de mille rapines, des villages de bambou où rampent les cochons noirs…

L'ouest de la région reste à découvrir, où les *chedi* de la colline de Mae Hong Son veillent sur la jungle birmane.

Chiang Maï★★★

La séduction use parfois d'armes discrètes. Chiang Maï a ensorcelé des milliers de voyageurs avec ses maisons de teck enfouies sous la végétation, ses cyclo-pousse nonchalants, ses petits montagnards subjugués par les lumières de la ville. Chiang Maï est restée longtemps une belle au bois dormant, au bord de la rivière Ping. Ces dernières années, la croissance et l'extravagance ne l'ont pas épargnée : autoroutes, immeubles modernes, hôtels, circulation excessive et bruyante… Chiang Maï paie aussi son tribut au modernisme.

Pourtant, l'effet de grâce perdure. La « Rose du Nord » symbolise, pour beaucoup de ses admirateurs, la quintessence de la beauté, une sorte de *shangri-la* (paradis) où l'air est plus pur, les fruits plus doux, les filles plus belles, les temples plus gracieux…

Située à 300 m d'altitude, la ville jouit d'un climat plus frais toute l'année. Sa population n'excède pas 200 000 habitants, mais la ville est promise à un développement spectaculaire. La célébration de son **700e anniversaire**, en 1996, lui a donné un coup de fouet. À cette occasion, de nombreux édifices anciens ont été rénovés.

Une tradition d'indépendance

Ancienne capitale du Lan Na Thaï, royaume du « Million de Rizières », Chiang Maï fut la capitale du premier royaume indépendant établi dans le Triangle d'Or. Sa fondation remonte à 1296, à l'initiative du **roi Mengraï**, contemporain du grand Rama Khamhaeng de Sukhothaï dont il sollicita la protection. Près de 100 000 hommes furent mobilisés pour construire la place forte en forme de quadrilatère dont les remparts et les douves sont encore visibles et partiellement restaurés.

Songkran et Loy Krathong

Les fêtes les plus nombreuses ont lieu en saison sèche (de novembre à mai). Deux sont particulièrement spectaculaires à Chiang Maï :

♥ **Songkran** (du 13 au 15 avril) : la « Rose du Nord » fête le Nouvel An thaï avec éclat et éclaboussures… Tout l'arrière-pays converge en camionnette avec des bidons ou des jarres pleins d'eau. L'imagination est sans bornes lorsqu'il s'agit d'arroser son prochain : mitraillettes à eau, pompes artisanales, tuyaux d'arrosage, casseroles, seaux, bidons… Nul n'échappe à la douche ! Processions religieuses, concours de beauté (à pied ou à bicyclette en tenant une ombrelle) et diverses réjouissances dont un défilé de *farang* habillés en Thaïs !

Loy Krathong (novembre, pleine lune du 12e mois lunaire) : pour célébrer la fête des lumières, les fameux *krathong* (petites embarcations en feuille de bananier) sont lancés sur la rivière Ping, illuminant la nuit et les cœurs *(voir p. 168)*…

Et aussi : la fête des Ombrelles (janvier), le carnaval des Fleurs (février), la fête du Letchi (mai)… ❖

De gré ou de force, la ville a entretenu des liens étroits avec le royaume de Louang Prabang (Laos) au cours de son histoire. Elle s'est aussi trouvée sous domination birmane pendant plus de deux siècles, de 1556 à 1775. Ce n'est qu'en 1892 que le royaume du Lan Na Thaï fut annexé par le Siam.

Sur le plan artistique, le style Lan Na s'est trouvé profondément influencé par ses voisins birman et laotien *(voir p. 190)*. Sa personnalité a pu s'épanouir à l'écart des autres royaumes dominants (Sukhothaï, Ayutthaya) en raison d'un isolement qui ne s'est trouvé rompu qu'au début du XXe s. : jusqu'en 1920, on ne pouvait gagner Chiang Maï que par la rivière ou à dos d'éléphant !

Aujourd'hui, c'est une ville aérée, assez étendue. Autour des vieux quartiers, cernés par les douves, se sont développés des quartiers modernes, en particulier sur la rive gauche de la rivière Ping, au nord et à l'ouest. Le centre touristique est à Chang Klan Rd, où sont concentrés hôtels, commerces et marché de nuit. Quelques hôtels sont implantés dans le quartier résidentiel de Huey Kaeo Rd, au nord-ouest.

➤ *Informations pratiques p. 200.*

Les temples

La profusion de temples (84 *wat* répertoriés), havres de verdure et de silence, est l'un des grands charmes de Chiang Maï. Leur architecture révèle un mélange de styles môn-birman, cinghalais et Lan Na Thaï. Les artisans signent leurs créations par une richesse et une générosité fascinantes : escaliers ornés de serpents, lions et gardiens statufiés, ombrelles en métal doré, boiseries ciselées, panneaux laqués, incrustations d'émaux et de nacre... Si certains temples ont une valeur artistique ou historique incontestable, d'autres sont des *wat* de quartier, sans trésors ni prétention. Mais chacun trouvera plaisir à musarder, entre le sublime et le toc, conduit par un *samlo* despotique et hilare qui ne songe qu'à entraîner son client dans la boutique de son cousin...

➤ ♥ **WAT PHRA SINGH*****. *Phra Singh Rd* **A3**. Fondé en 1345, le « Temple du Bouddha Lion » est le plus important de la ville. La statue à laquelle il doit son nom serait d'origine cinghalaise et se trouve dans un pavillon raffiné aux murs ornés de **fresques** du XVIe s. La **bibliothèque**, d'origine, présente des décorations remarquables en bois sculpté.

➤ **WAT CHEDI LOUANG*****. *Phra Pokklao Rd* **B3**. Il a une valeur symbolique pour Chiang Maï : la légende assure que la sécurité de la ville dépend de la qualité de son entretien ! Il fut édifié en 1391 par le roi Saen Muang Ma. En 1454, le roi Tilokaraj y apporta des transformations, élevant son *chedi* à 86 m de haut. C'est aussi sous son règne que le Bouddha d'Émeraude *(p. 109)* fut enchâssé dans la niche orientale du *chedi*. Un siècle plus tard, un tremblement de terre endommagea le *chedi* et ce n'est qu'en 1990 qu'une restauration fut entreprise. On verra aussi, dans l'enceinte du temple, deux jolis **pavillons** anciens en bois.

➤ **WAT CHIANG MAN*****. *Rajpakinaï Rd* **B2**. Attribué à Mengraï, le fondateur de Chiang Maï, c'est le plus ancien temple de la ville. C'est aussi l'un des plus charmants avec ses pavillons ornés de **statues en bois** et son *chedi* cerné par 15 éléphants sculptés. L'un des

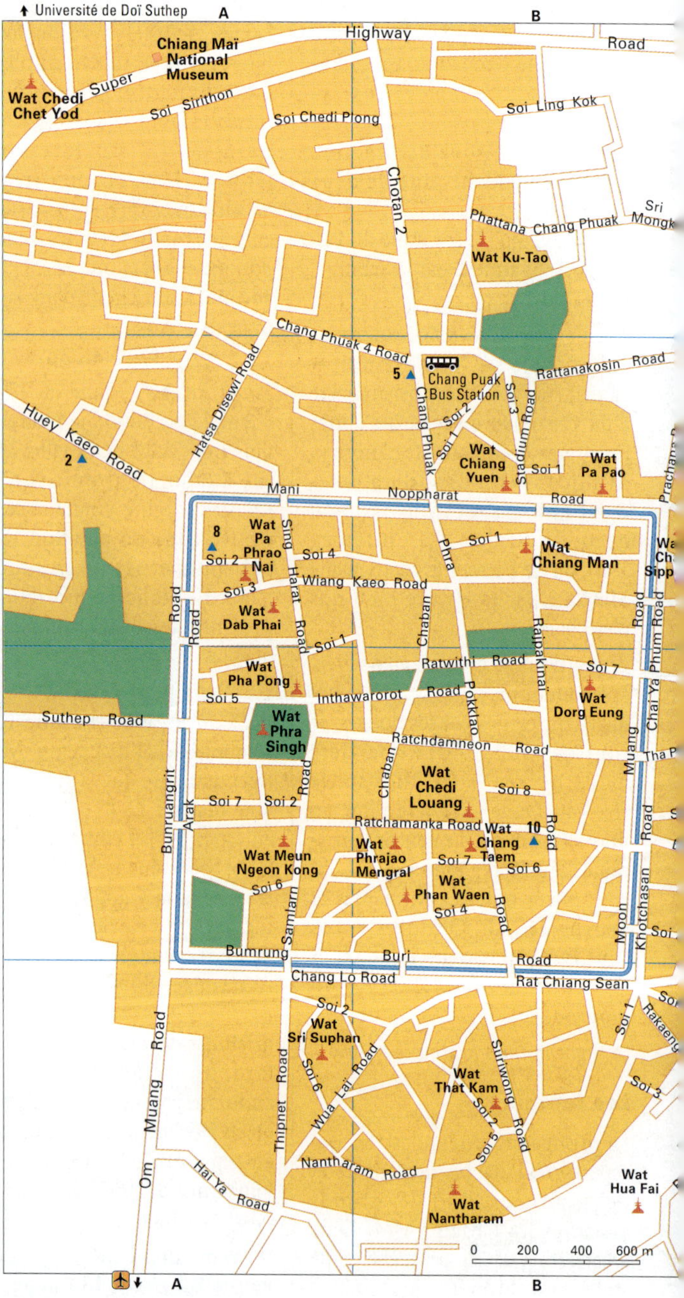

Chiang Maï, plan de la ville

Hôtels

Voir p. 200

1 Chiang Inn
2 Chiang Maï Orchid
3 Chiang Maï Plaza
4 Diamond
5 Novotel
6 Porn Ping
7 Royal Princess
8 The Red Hibiscus
9 Riverview Lodge
10 Anodard

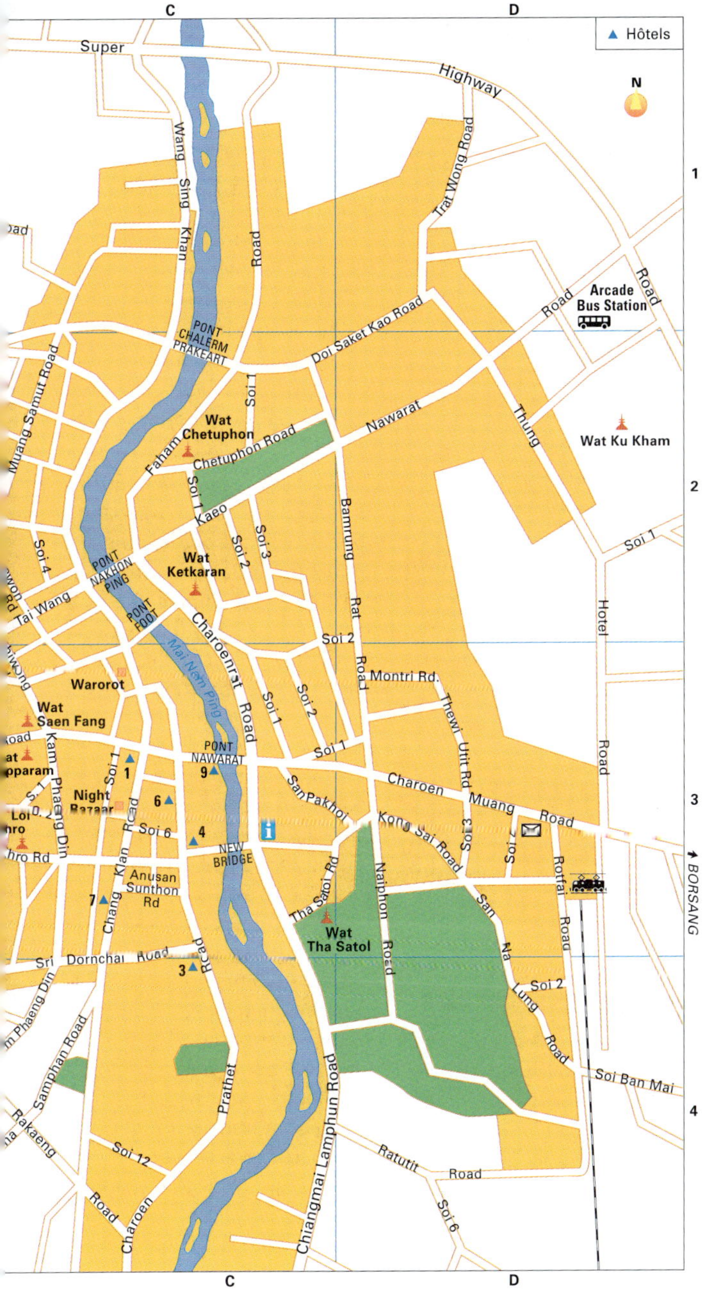
Hôtels
N
Super Highway
Wang Sing Khan
Road
Trat Wong Road
Arcade
Bus Station
Road
Road
PONT CHALERM PRAKEART
Doi Saket Kao Road
Muang Samut Road
Soi 1
Wat Chetuphon
Chetuphon Road
Faham
Nawarat
Thung
Wat Ku Kham
Soi 1
Kaeo
Soi 2
Soi 3
Bamrung
Rat
Road
Soi 1
Soi 4
PONT NAKHON PING
Wat Ketkaran
Tai Wang
PONT FOOT
Charoenrat Road
Mai Nam Ping
Soi 2
Hotel
Montri Rd.
Warorot
Wat Saen Fang
Soi 1
Soi 2
Thewi Utit Rd
Road
Kam Phaeng Din
Soi 1
PONT NAWARAT
Soi 1
Charoen Muang Road
Night Bazaar
Road
Soi 6
SanPakhoi
Kong Sai Road
Soi 3
Soi 2
NEW BRIDGE
Rotfai Road
BORSANG
Anusan Sunthon Rd
Chang Klan
Tha Satoi Rd
Naiphon Road
San Na Lung Road
Wat Tha Satol
Sri Dornchai Road
Road
Soi 2
Samphan Road
Rakaeng
Prathet
Chiangmai Lamphun Road
Soi Ban Mai
Soi 12
Ratutit Road
Road
Charoen
Soi 6
1
2
3
4
6
7
9
C
D

pavillons abrite un **bouddha en cristal de roche**, apporté de Lamphun par le roi Mengraï, et qui a la réputation de provoquer la pluie. À ce titre, on le promène dans la ville tous les ans, au début de la saison des pluies. Il abrite également un **bouddha de marbre** qui aurait 2 500 ans. *Ce pavillon n'est ouvert que le dimanches et jours de fêtes bouddhiques.*

➤ ♥ **WAT CHEDI CHET YOD**** **A1**. Sur l'autoroute de Lampang, près du musée. Construit au XVe s. sur le modèle d'un temple de Pagan (Birmanie), qui était lui-même imité d'un temple indien, il tient son nom de son *chedi* aux sept pointes effilées et aux beaux bas-reliefs figuratifs.

➤ **WAT SUAN DOK**** **hors pl. par A3**, Chern Doï Rd, en face de l'école dentaire. Le « Temple du Jardin Fleuri » abrite un très vieux bouddha de style Chiang Saen. Les **restaurations** successives ont quelque peu altéré son caractère originel. Derrière le *chedi*, on peut voir des *stupa* renfermant les cendres de membres de la famille royale de Chiang Maï.

♥ Doï Suthep*** : le choix de l'éléphant blanc

➤ **Hors pl. par A1** *À 11 km à l'O de Chiang Maï. En taxi, song téo ou excursion organisée. Ouv. t.l.j. Entrée libre.*

Le Doï Suthep est une colline dominée par un monastère très vénéré, le **Wat Phrathat Doï Suthep**, qui dresse son *chedi* et ses parasols dorés à 1 050 m d'altitude. Il a fallu 172 jours pour construire, en 1934, la route actuelle qui permet d'y accéder. Beaucoup de visiteurs dédaignent le funiculaire, préférant monter à pied et terminer l'ascension par un escalier de 306 marches, jonché de fleurs de frangipaniers, gardé de part et d'autre par un *naga* féroce aux écailles de céramique.

Le choix du site est dû à la perspicacité d'un éléphant blanc qui, chargé par le roi Kuena (XIVe s.) de choisir un endroit propice pour y ensevelir une relique de Bouddha, s'arrêta brusquement au Doï Suthep et mourut. Le signe était incontestable : on construisit un *chedi* pour la relique, embelli et enrichi par les souverains successifs de Chiang Maï.

Le Wat Phrathat Doï Suthep montre, dans son architecture et dans son atmosphère, une nette influence birmane. Le *chedi* doré, haut de 24 m, domine une plateforme où évoluent fidèles et visiteurs. Quatre gracieux parasols en cuivre doré montent la garde autour du *chedi*. Les galeries entourant l'esplanade abritent des bouddhas dont plusieurs sont originaires de Sukhothaï et de Chiang Saen. Les réfections permanentes ont fini par altérer l'intérêt purement historique du *wat* (certaines fresques néo-réalistes peu gracieuses font regretter les belles patines qu'eussent méritées les peintures murales des chapelles…). Mais l'ambiance reste unique, chargée de spiritualité, halte intemporelle au-dessus des vicissitudes du monde. En descendant l'escalier, il est agréable de s'arrêter au Rose Café (à droite du parking), entouré d'un joli jardin.

On peut visiter une petite **taillerie de jade**, en bas de l'escalier. Cette pierre, entourée de mystère, fait l'objet de contrebande depuis la Birmanie. Les lieux d'extraction sont tenus secrets et l'on y travaille la nuit. Les négociations sont soigneusement dissimulées et les

Le petit coq tatillon du Doï Suthep

Le temple du Doï Suthep.

L'histoire se passe dans les années 1960. Un beau jour, un poussin est enlevé par un aigle sous les yeux des villageois. Aussitôt, ceux-ci se mobilisent, vocifèrent, envoient des projectiles au rapace qui ne tarde pas à lâcher sa proie. Notre poussin chanceux retombe sain et sauf sur la terrasse du Wat Phrathat Doï Suthep, quel heureux hasard ! Chouchouté par les moines et les fidèles, le poussin grandit en force et en sagesse. Il devient un coq splendide, imbu de ses pouvoirs et, même, de ses devoirs : en effet, il rappelle à l'ordre les visiteurs qui oublient d'enlever leurs chaussures en leur piquant les mollets avec son bec ! Maintenant qu'il est au paradis des coqs, son comportement exemplaire lui a valu la postérité, comme en témoigne sa photo pieusement conservée dans le temple. ❖

offres de prix s'effectuent les mains cachées sous une étoffe. Le jade est encore transporté par caravanes jusqu'aux lieux de commerce. La néphrite (matériau du Bouddha d'Émeraude) se distingue de la jadéite, plus dure et plus précieuse. La serpentine et l'aventurine appartiennent à la famille du jade.

Sur la route du retour, on peut visiter les **jardins du palais d'été** du Roi (palais de Phu Bing) lorsqu'il n'y réside pas, et le **zoo de Chiang Maï** où sont rassemblés tous les animaux sauvages de la région.

Le musée de Chiang Maï**

➤ **Hors pl. par A1** *Au bord de l'autoroute (superhighway) au N-O de la ville, à 400 m du Wat Chedi Chet Yod. Ouv. t.l.j. sf lun., mar. et fêtes de 9 h à 12 h et de 13 h à 16 h.*

Il abrite de nombreux bouddhas et objets illustrant les styles des écoles de Chiang Saen, Sukhothaï, Lopburi, U Thong et Ayutthaya. Son département ethnologique présente des objets provenant des populations montagnardes.

Les activités artisanales

Malgré la multiplication des centres commerciaux où l'on cherche vainement le pittoresque, le « circuit des artisans » reste la meilleure façon d'apprécier le savoir-faire, la patience, le perfectionnisme, en un mot le talent des Thaïlandais. De quoi vous donner honte de chipoter pour quelques bahts !

Chiang Maï dans une valise

Les sculpteurs thaïs sont passés maîtres dans l'utilisation du teck, bois noble et dense, qui permet une grande qualité d'exécution. La raréfaction du teck et l'accroissement de la demande ont encouragé des productions à la chaîne souvent médiocres. Mais le savoir-faire des artisans reste intact, comme en témoignent encore de nombreux ateliers.

D'où viennent les laques? de Chiang Maï. Le teck? de Chiang Maï. Le céladon? de Chiang Maï. Les vieux bijoux d'argent? de Chiang Maï encore. Les poids à opium? de Chiang Maï toujours. Par son savoir-faire et son respect des traditions, la capitale du Nord est devenue le principal fournisseur d'artisanat de la Thaïlande.

Artisans de père en fils

Autrefois, les différentes corporations étaient réparties par quartiers ou par villages. Mais le tissu social de Chiang Maï a considérablement évolué avec l'essor du tourisme. L'engouement des visiteurs pour l'artisanat local a modifié les modes de vie et la géographie des métiers traditionnels. Peut-être serez-vous déçu par ce que recouvre désormais l'appellation « villages d'artisans » : des ateliers que l'on visite à la hâte, gentiment harcelé par un rabatteur pressé de vous faire passer dans la boutique où vous attendent un verre de Coca et des étiquettes *fixed prices* (pas de marchandage, cartes de paiement acceptées).

Le goût du travail bien fait

Pourtant, la qualité d'exécution reste soignée. Les produits évoluent sans cesse, selon le goût des clients, traduisant l'esprit créatif et les capacités d'adaptation des Thaïs. On ne peut que regretter la transformation des villages artisanaux de jadis en supermarchés pour touristes. En revanche, les ateliers n'ont guère changé, ni les conditions de vie de ceux qui y travaillent. Le fait de voir les artisans à l'ouvrage donne une autre dimension à l'objet rapporté en souvenir et peut rendre dérisoires et déplacés certains marchandages…

➤ **Antique ou en toc.** La plupart des antiquités vendues à Chiang Maï arrivent en fraude de Birmanie, par les méandres d'un trafic discret et très lucratif. Les antiquités troquées auprès d'un caravanier shan contre du sel ou des médicaments se retrouvent chez les antiquaires au juste prix, c'est-à-dire chères. En dépit de cette source miraculeuse, qui finira bien par se tarir, des « usines d'antiquités »

Sous le soleil comme sous la pluie, les ombrelles en papier seront de vos balades. Motifs floraux ou animaux, paysages d'étangs et de temples y sont peints à la main dans des couleurs chatoyantes.

La fabrication des objets en laque est un processus long et délicat. Sur un support en rotin et en bambou sont appliquées les couches successives de laque, très soigneusement polies. La laque n'est pas une peinture, mais la résine d'un arbre que l'on trouve en abondance dans la forêt birmane.

fonctionnent à plein rendement, inventant les procédés les plus sophistiqués pour faire du vieux avec du neuf en un temps record. Un seul conseil : ouvrez l'œil.

➤ **Le poids de l'argent.** La plupart des boutiques consacrées au commerce de l'argenterie sont installées dans le quartier de la Porte de Chiang Maï et sur Wua Laï Rd. On y trouve des pièces récentes fabriquées dans les ateliers (bols à offrandes, plats, bijoux fantaisie) ainsi que des objets anciens somptueux dont beaucoup proviennent des minorités montagnardes : colliers méos, bracelets, boucles d'oreilles, ceintures ou encore services à bétel. L'unité de poids pour peser l'argent s'appelant aussi le *baht*, vous ne vous étonnerez pas d'acheter un baht (d'argent) pour quelques bahts de plus.

➤ **Point de croix sur indigo.** La plupart des femmes des minorités montagnardes se distinguent par la richesse de leur costume. Pour embellir les tissus traditionnels (toile indigo ou cotonnades aux couleurs acidulées), elles ont recours au batik, à la broderie, aux patchworks, aux incrustations de tissus ou de minuscules miroirs. Le résultat est superbe, particulièrement sur les vêtements de fête. Mais là encore, le marketing a fait quelques ravages et la manie la plus répandue consiste à découper en menus morceaux des pièces uniques (dont certaines, très probablement, ne seront plus jamais exécutées) pour en décorer un sac à dos ou une poche de chemise à la mode du moment ! Certains vêtements authentiques comme la jupe plissée méo (brodée et décorée de motifs géométriques en batik) ont réussi l'exploit d'arriver en plein Paris, sur le boulevard Saint-Germain.

La Reine Sirikit, protectrice des artisans

La préservation de l'artisanat thaïlandais a toujours été un sujet d'intérêt pour la famille royale. La Reine Sirikit a créé en 1976 la fondation SUPPORT dont l'objet est de développer les activités artisanales en zone rurale pour fournir de nouveaux débouchés aux paysans, les fixer sur leur terroir, conserver et développer les techniques anciennes de création artisanale. La fondation s'est particulièrement attachée à préserver des techniques uniques qui tombaient en désuétude, souvent faute de débouchés. Elle commercialise ses produits dans les magasins Chitralada (à Chiang Maï : dans l'aéroport). Les bénéfices de ces magasins sont acquis à la fondation. ■

Orfèvres**

➤ **B4** *Quartier sud, sur Wua Laï Rd.*

Le martèlement du métal signale, du bout de la rue, sa présence. On y travaille principalement l'argent. Tout est fait à la main. Les objets les plus souvent exécutés sont des bijoux, des coupes, des ceintures, des plateaux, des services à bétel, le tout très ouvragé. Dernière mode: des tableaux en aluminium repoussé, représentant des scènes inspirées de la mythologie ou de la vie quotidienne, très prisés des Chinois... Les orfèvres thaïs savent vraiment tout faire!

Laques

➤ **B4** *Ban Tharam, quartier sud, sur la route de Chom Thong.*

La fabrication des laques est une illustration de la patience asiatique puisqu'il faut plusieurs mois pour réaliser un objet, selon les techniques traditionnelles encore en usage. La matière première est une résine recueillie dans la forêt par les Karens. Elle est appliquée, par couches successives, sur un objet en bois ou en vannerie. Polies avec un mélange d'argile et de cendre, les neuf ou dix couches de laque mettent environ trois mois à sécher, dans une atmosphère entretenant une humidité optimale. Les techniques évoluent sans sacrifier à la facilité: les laques à base de coquille d'œuf concurrencent désormais les objets dorés à la feuille, artisanat délicat empruntant à la technique du batik (la colle remplaçant la cire qui s'utilise pour le tissu). Les boutiques spécialisées proposent de nombreux objets anciens en laque provenant souvent de Birmanie.

♥ Ombrelles**

➤ **hors pl. par D3** *Bo Sang, 9 km à l'E de Chiang Maï, route de San Kamphaeng.*

La plupart des habitants de Bo Sang se consacrent à la fabrication des ombrelles selon une tradition remontant au XVIIIe s. Depuis 1978, le village s'est structuré dans le but de défendre la corporation, de fixer la population et d'améliorer son niveau de vie. La fabrication des ombrelles exige beaucoup de minutie. Les artisans n'utilisent que des matériaux traditionnels: bambou, papier fabriqué manuellement et enduit, soie... Les ombrelles sont décorées de dessins de couleurs vives: fleurs, dragons, paysages... Plus simple, on peut s'offrir la bonne vieille ombrelle en papier enduit qui fait le bonheur du bonze et de la ménagère.

Les artisans de Bo Sang ont un certain don pour le marketing: on trouve ainsi de superbes parasols de jardin (possibilité d'expédition). Moins encombrant, on peut faire personnaliser en un clin d'œil son sac, son appareil photo ou un vêtement par le pinceau magique d'un (ou d'une) autochtone.

Céladon**

➤ **hors pl. par D3** *Route de San Kamphaeng, 1 km après Bo Sang.*

L'art du céladon, céramique vert pâle, est connu en Chine depuis 2000 ans. Le royaume de Sukhothaï a hérité du savoir-faire des potiers chinois et l'a développé. La tradition s'est transmise de génération en génération, préservant les secrets de fabrication qui augmentent l'attrait du céladon. Vous pourrez jeter un œil sur les différentes étapes de la création. Rien n'est laissé au hasard: qualité et traitement de l'argile, contrôle de chaleur des fours, décoration. La **San Kamphaeng Kilns Co** *(3 km après Bo Sang)* a ouvert un remarquable

musée privé et produit des pièces de grande qualité.

Tisserands**

➤ **Hors pl. par D3** *San Kamphaeng, 13 km à l'E de Chiang Maï.*

San Kamphaeng est devenu le centre de fabrication de la plupart des vêtements vendus à Chiang Maï. Le travail de la soie est relativement récent dans le village (début du XXe s.) et intègre les différentes étapes de production, des mûriers étant cultivés localement. Bien qu'une partie de la fabrication soit semi-industrialisée, les métiers traditionnels opèrent encore dans le secret des arrière-boutiques. Avec un bon entraînement, on peut tisser jusqu'à 5 m de tissu en une journée. De nombreux magasins et ateliers proposent du tissu au mètre (soie et cotonnades) mais aussi des vêtements, du linge de table et de maison, des jouets et divers objets d'artisanat.

Vers les populations montagnardes

Chiang Maï est la porte qui ouvre sur le monde mystérieux des tribus montagnardes. C'est là que s'organisent les expéditions de trekkers aguerris ou les excursions tranquilles pour petits curieux qui n'ont pas envie de marcher. Akhas, Méos, Karens, Lahus, Lisus, Yaos, tous attendent impatiemment votre visite, à en croire une multitude d'agences locales dont le seul regret est de ne pas avoir de coupeur de tête à vous offrir en prime !

Ne vous bercez pas d'illusions : les villages facilement accessibles sont aussi les moins authentiques, souvent exploités commercialement à tous les niveaux (5 ฿ la photo).

Les villages montagnards ne sont pas des sites touristiques anodins. Ils témoignent de cultures vivantes, très anciennes, dont l'existence se trouve de plus en plus menacée. Il importe de les approcher avec respect et intelligence *(voir p. 192)*. Avant de vous lancer, vous pouvez toujours vous documenter un peu plus à Chiang Maï.

Old Chiang Maï**

➤ **B3** *185/3 Wua Laï Rd. Ouv. de 9h à 22h. Dîner spectacle de 19h à 22h.*

Ce **musée vivant** regroupe des familles appartenant à diverses minorités ethniques, ayant pour consigne de vivre « comme si le touriste n'était pas là ». Les maisons ont été construites par les habitants avec les matériaux traditionnels et donnent une apparence d'authenticité. Mais les villageois semblent déguisés, bien qu'ils ne fassent qu'arborer le costume propre à leur ethnie.

Tribal Research Center

➤ **Hors pl. par A1** *Université de Chiang Maï. Ouv. de 8h30 à 12h et de 13h à 16h sf sam., dim. et fêtes.*

Ce centre de recherches sur les tribus est un département de l'université de Chiang Maï qui couvre les différentes minorités ethniques du nord de la Thaïlande. Vous pouvez vous y renseigner sur l'implantation des villages et les moyens de vous y rendre (mais n'en attendez pas les services d'une agence de voyages). Un petit musée ethnographique peut être visité. Les deux salles qui présentent costumes, fêtes, techniques agricoles et objets traditionnels sont minuscules, mais la bibliothèque offre une documentation passionnante et très consistante, avec un grand choix d'ouvrages en anglais et des cartes. ■

Trekker sans craquer

Le trekking en Thaïlande (de trek, *qui signifie piste en anglais) n'est pas un sport anodin. Il se pratique dans la jungle, dans un environnement où des risques objectifs existent: se perdre, se blesser, faire de mauvaises rencontres... Les tribus montagnardes ont une prédilection pour les endroits peu accessibles. Il faut donc prendre un minimum de précautions avant de se lancer dans l'aventure, hors des grands circuits.*
Voici les dix commandements du trekkeur sachant trekker sans craquer:

1. Ne pas partir seul

Un guide local est indispensable, il n'y a pas de panneaux indicateurs dans la jungle. De plus, les villages migrent et n'acceptent pas tous volontiers de recevoir des étrangers.

2. Bien choisir son guide

Votre guide doit réellement connaître les villages (ce n'est pas toujours le cas), être capable de servir d'interprète, offrir des garanties de sécurité en cas de problème. Évitez les « étudiants » (les vrais ne promènent pas les touristes dans la jungle: ils sont à l'université). Il est recommandé de faire appel exclusivement aux agences reconnues par l'Office du tourisme (liste disponible dans ses bureaux).

3. Savoir ce qu'on achète

Avant le départ, informez-vous sur le détail des prestations prévues dans le prix afin d'éviter des surprises déplaisantes.

4. Bien choisir la période

Évitez la saison des pluies (de juin à octobre) où la boue rend la marche difficile et où, de plus, les sangsues vous harcèlent. La saison la plus chaude (de mars à juin) n'est pas non plus idéale.

5. Être bien équipé

Prévoyez des vêtements légers mais couvrants (pantalons et manches), des chaussures fermées et aérées, un sweat pour les nuits plus fraîches. Prenez un bagage léger, car c'est

Se déplacer à dos d'éléphant peut avoir l'air d'un jeu ; mais c'est souvent l'unique moyen de circuler en forêt.

Il suffit de s'écarter des grands axes asphaltés pour trouver les aménagements les plus rustiques en matière de routes et de ponts...

vous qui le porterez. Un sac de couchage n'est pas indispensable (on peut louer des couvertures dans les villages, à condition de ne pas être trop regardant sur l'hygiène).

6. Penser aux moustiques (pour mieux les oublier)

Le meilleur (et le seul) moyen de se protéger du paludisme est de ne pas être piqué par les moustiques, surtout la nuit entre 10 h du soir et 4 h du matin. Il faut se munir de répulsifs et dormir sous une moustiquaire.

7. Garder son passeport

Les contrôles de police sont fréquents dans la région et vous devez pouvoir présenter votre passeport à la Police des frontières sur certains itinéraires, comme la rivière Kok, par exemple.

8. Rester dans la légalité

Ne cédez pas à la tentation de « faire sortir le dragon » (fumer de l'opium) sous prétexte que vous êtes au bout du monde. Ne cherchez surtout pas à rapporter des « souvenirs » euphorisants. Méfiez-vous des propositions trop excitantes pour être honnêtes : photographier une caravane d'opium, passer clandestinement en Birmanie, etc.

9. Respecter les coutumes

La politesse élémentaire a une valeur quasi universelle : se montrer discret, ne pas entrer chez les gens sans y être invité, ne pas photographier sans permission, ne pas polluer... Suivez les recommandations de votre guide.

10. Ne pas jouer au Père Noël

La tentation peut être forte, face à des populations démunies, de distribuer des médicaments ou autres produits qui nous semblent indispensables. Les conséquences de la générosité ne sont pas toujours celles qu'on escomptait...

Aux environs de Chiang Maï

Toutes ces excursions peuvent se faire individuellement (taxi, bus, *song téo*) ou par le biais d'agences locales qui utilisent des minibus et vous assurent les services d'un guide.

Vers le sud

Le sud de Chiang Maï reste sagement à l'écart des grandes migrations touristiques, happées par le Triangle d'Or. Lamphun et Lampang exhalent avec modestie un doux parfum de tradition.

Lamphun**

➤ *À 26 km au S de Chiang Maï.*

Située sur un affluent de la rivière Ping, cette petite ville est une ancienne capitale mône du royaume d'Hariphunchaï. Centre de culture du longane (fruit de la même famille que les letchis), elle doit aussi sa notoriété à son **Wat Phrathat Hariphunchaï** dont la fondation remonte au Xe s. Ce *wat* a été construit entre la rivière et la rue principale. L'accès actuel correspond à l'arrière du temple, les bâtiments étant tournés vers la rivière (il est important d'en tenir compte dans la visite).

Comme dans la plupart des temples anciens, plusieurs styles se juxtaposent, des bâtiments récents en ayant remplacé d'autres détruits. Ainsi, le premier sanctuaire visible en entrant dans la cour principale date de 1925 et la bibliothèque (à g.) a été construite au début du XIXe s. Le *chedi* central, haut de 51 m, a été érigé en plusieurs étapes, à compter de l'an 897. Le *bot* abrite deux belles statues en bronze. On admirera les portes du *viharn*, finement sculptées, et les piliers laqués et dorés. Le **gong** suspendu dans la *sala* (pavillon ouvert) est le plus grand du monde.

En face du *wat*, un petit **musée** *(ouv. t.l.j. sf lun. et mar. de 8h30 à 16h. Entrée payante.)* présente de belles collections d'objets religieux, de meubles, de stèles, d'armes. Une salle est consacrée à l'époque du Lan Na. Voir aussi la salle ethnographique présentant des objets de minorités Karen, Thaï Yong, Khonmuang et Mône.

Ne quittez pas Lamphun sans admirer les superbes soieries artisanales fabriquées sur place et vendues dans les boutiques de la ville. Les ateliers de tissage se visitent.

Pasang*

➤ *À 36 km au S de Chiang Maï (continuer 10 km après Lamphun).*

La population de Pasang, d'origine mône, est spécialisée dans le tissage du coton. Il y aurait 2000 métiers à tisser dans les environs. Le village s'illustre également dans la fabrication artisanale de batiks.

Impossible d'établir une relation de cause à effet, mais, comme à San Kamphaeng (autre village de tisserands), les jeunes filles sont de vraies beautés !

Lampang**

➤ *À 93 km au S de Chiang Maï; 604 km au N de Bangkok.* ***Bus*** *réguliers, de Bangkok (gare routière Nord) ou de Chiang Maï.* ***Train :*** *2 trains/j. (ligne Bangkok-Chiang Maï).* ***Avion :*** *2 vols/semaine.*

➤ *Informations pratiques p. 204.*

Construite sur la rive sud de la rivière Wang, la petite ville de

La région Nord

Lampang a conservé un cachet désuet, avec ses maisons aux toits de tuiles et ses calèches-taxis. En ville et dans les alentours, des temples vénérables illustrent magnifiquement l'architecture de style Lan Na Thaï. Ancien centre de commerce du teck, Lampang doit aussi sa célébrité à l'école des éléphants, implantée dans la forêt voisine de Mae Ngao.

➤ **Wat Phra Sang****. On y reconnaît les jolis toits à étages, caractéristiques de l'architecture birmane. Doré au sommet, le grand *chedi* blanc est entouré par sept **chapelles** (chacune correspondant à un jour de la semaine), abritant des bouddhas d'albâtre.

➤ ♥ **Wat Phra Kéo Don Tao*****. Il est situé sur la rive opposée de la Wang, à la périphérie de la ville. Dominé par un grand *chedi* doré aux proportions harmonieuses, il possède un *viharn* magnifique, datant du XVIIIe s., dont on admirera tout particulièrement les plafonds et les colonnes en bois sculpté incrusté de minuscules fragments de nacre, d'émail et de porcelaine.

Plusieurs autres temples témoignent de l'**architecture du Lan Na**. Certains remontent à la période Chiang Saen, comme le **Wat Seng Muang Ma** (Thamma Oo Rd) et le **Wat Hua Kuang**. On peut également visiter le gracieux **Wat Pongsanuk Taï**, coiffé d'un toit à trois étages, situé dans le plus vieux quartier de Lampang.

♥ Lampang Louang***

➤ *À 20 km plus au sud.*

On découvrira à Lampang Louang un des plus beaux temples du Nord. Le cadre exerce une séduction magique : une colline coiffée d'un bouquet d'arbres d'où émerge un *chedi*. En s'approchant, on découvre deux **escaliers** majestueux, orientés au nord et à l'est, laissant couler en guise de rampe des *naga* à l'air féroce. Les **sanctuaires**, datant du XVIe s., sont entourés d'une enceinte, vestiges d'une ancienne cité fortifiée. Le *viharn*, décoré de bois sculpté, abrite deux beaux bouddhas de style Chiang Saen.

Dans le petit **musée**, on peut apercevoir derrière sa grille un bouddha couleur émeraude qui, selon la tradition, serait taillé dans le même bloc de jade que celui de Bangkok. Des bibliothèques en bois laqué et diverses sculptures sont également exposées.

♥ L'école des éléphants***

➤ *Elephant Conservation Center de Thung Kwian, 37 km à l'O de Lampang, route de Chiang Maï. Entraînement des éléphants le matin (de 7h à 11h) de juin à fév., sf fêtes religieuses.*

Ce centre d'entraînement (*Young Elephant Training Center*) dépend du service vétérinaire de l'Office des forêts. Avec une centaine d'éléphants, c'est le plus important de Thaïlande. Son but principal consiste à former les éléphanteaux pour qu'ils sachent travailler dans les forêts. L'entraînement comporte plusieurs séquences : la compréhension des ordres du cornac, le bain, la manipulation des grumes à l'aide de la trompe et des défenses, l'apprentissage de la marche en file indienne, la familiarisation avec les machines utilisées par les forestiers, etc. Les éléphanteaux font parfois un peu de chahut dans la classe, mais la tendance est plutôt au sérieux et à la discipline. Tout cela mérite bien quelques bananes !

Vers le nord

Une excursion pour tous les goûts : jardin d'orchidées, éléphants au bain, et des bouddhas par milliers.

Pépinière d'orchidées de Saï Nam Phung**

➤ *À 14 km au N de Chiang Maï, route de Mae Saï (juste après Mae Rim). Ouv. t.l.j. Entrée payante.*

Ce jardin existe depuis les années 1980. Son propriétaire, qui appartient à la Police des frontières, en a fait un centre de stages pour les étudiants en horticulture. On y apprend que les orchidées sont des plantes parasites qui poussent généralement sans terre. Il en existe une centaine d'espèces qui ont le tact de fleurir à des moments différents.

Les orchidées sont des plantes capricieuses qui adorent qu'on s'occupe d'elles. Il n'existe pas moins de quatorze préceptes pour garder les semis en bouteille (par exemple : nourrir l'orchidée deux fois par semaine, le matin seulement, une petite cuillère à café de « nourriture d'orchidée » pour dix litres d'eau)… La meilleure façon de conserver les orchidées consiste à les tremper dans de l'or (démonstration à la boutique).

Le camp d'éléphants de Mae Sa*

➤ *À 27 km au N de Chiang Maï, route 107 jusqu'à Mae Rim (17 km) puis à gauche route 1096 (10 km) vers Mae Sa. Spectacles à 9 h 30, 11 h 30 et 13 h 30 ☎ 297.060.*

Ce camp abrite une vingtaine d'éléphants dressés qui font la démonstration de leur intelligence et de leur connivence avec les dresseurs (équilibre, pirouettes,

Un éléphant, c'est charmant

Les Karens sont les meilleurs dresseurs d'éléphants de la région. Tous les éléphants de Thaïlande sont enregistrés et déclarés à l'état civil sous leur propre nom.

Intelligent, gentil, habile, travailleur : l'éléphant a toutes les qualités pour faire un délicieux compagnon. Mais il a deux défauts : sa taille et son appétit (200 kg de verdure et 240 litres d'eau par jour).

Entraîné pour travailler dans les forêts de teck de l'État, l'éléphant thaïlandais a un statut de fonctionnaire privilégié : 3 jours de travail, 3 jours de repos, 3 mois de vacances et la retraite à 60 ans ! De quoi faire des jaloux parmi les humains. L'école des éléphants dure 6 ans. Vers l'âge de 3-4 ans, ils apprennent à marcher à petits pas, les pattes enchaînées ; puis à déplacer les grumes, les empiler, les aligner. La trompe sert de bras articulé, de douche et même de radar (pendant la guerre du Cambodge, on a utilisé des éléphants pour détecter les mines).

Contrairement à la légende, l'éléphant n'a pas peur des souris. En revanche, il est terrorisé par les fourmis qui pénètrent vicieusement dans sa trompe pendant qu'il se nourrit aux arbres. Grand sensible, il l'est jusqu'au bout des ongles : quatre soldats étaient jadis affectés à la protection des ongles des éléphants de guerre !

L'âge d'un éléphant s'évalue à la déchirure de son oreille et à sa taille ; on mesure la circonférence de son empreinte de pied et on multiplie par deux. Élémentaire ! Au cas où vous ne sauriez pas distinguer le mâle de la femelle, sachez encore que seul le mâle porte des défenses.

Un petit problème de baby-sitting ? Éléphant-service est là et votre bambin s'en trouve bien : le gentil éléphant berce bébé avec sa trompe (avec les berceaux suspendus thaïlandais, c'est facile) et vient prévenir les parents si son protégé se met à pleurer ! Il ne vous en coûtera que quelques bananes. ❖

foot, etc.). Le spectacle vaut la peine. Il y a également une nursery où l'on peut caresser les éléphanteaux et les gaver de bananes. Promenades dans la forêt (chères : compter 300 B les 30 mn). Restaurant agréable et correct sur place. Visite intéressante pour ceux qui ne disposent que de peu de temps.

Sur la route, on peut en profiter pour visiter une **ferme de serpents** (☎ 860.719). Démonstrations avec des cobras à 11 h 30, 14 h 15 et 15 h 30.

Le camp d'éléphants de Chiang Dao**

➤ *À 56 km au N de Chiang Maï, Training Center de Chiang Dao (route de Fang). Ouv. t.l.j. Entraînement de 9h30 à 12h. Renseignements et réservations: Tourex, hôtel Chiang Maï Plaza à Chiang Maï ☎ 252.050.*

Ce camp d'entraînement pour éléphants est situé en pleine forêt, près du village de Ta Yaak, au bord de la rivière Ping. Comme à Lampang, il s'agit d'une véritable **école** qui prépare les jeunes éléphants au travail forestier. Les démonstrations ont lieu dans une clairière aménagée. Ne manquez pas le bain dans la rivière, moment de détente pour les éléphants et leurs cornacs avant la séance de travail. L'entraînement porte surtout sur la manipulation des énormes troncs en teck que les éléphants manipulent (presque) comme des allumettes! On peut offrir des bananes (en vente sur place) aux élèves les plus studieux. Attention à ne pas vous faire marcher sur les pieds: les éléphanteaux sont parfois très pressés d'obtenir leur récompense et n'hésitent pas à courser le touriste en qui ils ne voient qu'un régime de bananes à pattes! Des bungalows sur pilotis, au confort très rustique, ont été aménagés pour les amoureux de la nature: descente de rivière en radeau, promenades en forêt à dos d'éléphant, excursions dans des villages Lisus ou Hmongs, dîner aux chandelles.

Les grottes de Chiang Dao*

➤ *À 70 km au N de Chiang Maï, route de Fang.*

Facilement accessibles en taxi ou en bus, ces grottes abritent de nombreuses **statues de Bouddha** et constituent un lieu de pèlerinage. L'ambiance est fantastique et l'on raconte toutes sortes d'histoires merveilleuses sur les vertus magiques de cet endroit. En réalité, personne n'a jamais osé explorer toutes les salles et galeries creusées dans la montagne calcaire. On y a retrouvé des vestiges préhistoriques permettant de supposer que ces grottes furent habitées. La grotte principale abrite des statues de Bouddha de toutes tailles que vous pouvez éclairer à la bougie (en vente à l'entrée) pour ajouter au mystère des lieux. ■

Chiang Raï et le ♥ Triangle d'Or***

Chiang Raï (580 m d'altitude) est la capitale de la province la plus septentrionale de la Thaïlande. Elle ne jouit d'une renommée internationale que grâce à sa proximité du Triangle d'Or, carrefour des trois frontières (Thaïlande, Laos et Myanmar). L'or du triangle se réfère aux revenus considérables générés par la culture du pavot à opium qui fut, jusqu'à la fin des années 1980, exploité sans vergogne dans la région. Dans les cafés, sur les terrasses au bord de la rivière Kok, on se chuchote des histoires qu'on a peut-être lues dans des livres, à moins qu'elles n'arrivent vraiment par ici...

De Chiang Maï à Chiang Raï***

Une journée peut suffire. Le dépaysement sera au rendez-vous, mais l'on restera sur sa faim... Car le principal intérêt de cette superbe balade, c'est de découvrir **différentes ethnies** dans leur habitat naturel, cheminant de village en village. L'excursion la plus classique consiste à relier Chiang Raï en trois jours en descendant la rivière Kok, selon le programme suivant:

➤ **1er JOUR.** Départ de Chiang Maï pour Thaton et embarquement sur une pirogue pour descendre la Mae Kok jusqu'à Ban Maï. Marche de 2 h jusqu'au village lahu où l'on passe la nuit.

➤ **2e JOUR.** Randonnée de 5 h: visite de villages karens et akhas et nuit au village chinois du Kuomintang (partisans de Chiang Kaï Chek dont l'implantation remonte à la révolution chinoise).

➤ **3e JOUR.** Retour à Ban Maï et embarquement sur la pirogue pour rejoindre Chiang Raï (arrivée dans l'après-midi).

Des randonnées plus longues (jusqu'à une semaine) sont proposées à Chiang Maï et Chiang Raï par des agences spécialisées.

♥ La descente de la rivière Kok**

La première étape est Fang, à 152 km de Chiang Maï, sur la route 107 (accessible par bus régulier). En continuant sur 22 km, vous rejoignez le petit village de Thaton, au bord de la rivière Kok: c'est là que se trouve l'embarcadère. Si vous n'avez pas pris de guide à Chiang Maï, vous en trouverez un ici. Vous embarquez alors sur un *hang yao* (pirogue à longue queue) étroit et inconfortable. Pour éviter l'insolation, il est prudent d'acheter un chapeau de paille à l'épicerie du coin. Chiang Raï est à 5 ou 6 h de navigation.

La rivière mène sa vie au travers de la jungle, animée par les villages, le bain des enfants, les lavandières, les bateaux-taxis que le boa en laine rouge d'une femme yao ou la robe d'un bonze signalent comme des lumignons. Le passage de rapides ajoute au frisson de l'aventure...

Les villages les plus nombreux sont au nord de la Mae Kok (Lisus, Karens, Shans, Akhas, Yaos, Lahus, Méos et Chinois du Kuomintang). La rive sud étant plus accidentée, elle impose des marches plus longues, à distance égale.

Le style Lan Na ou Chiang Saen : les chedi à l'assaut du ciel (XIIe-XXe s.)

Bibliothèque du Wat Phra Singh. Le bâtiment est surélevé afin que les manuscrits échappent aux intempéries et aux rongeurs.

Propre au Nord de la Thaïlande, le style Chiang Saen est contemporain de Sukhothaï. Il s'est développé avec l'avènement du royaume du Lan Na, fondé à la fin du XIIIe s. au détriment du dernier royaume môn d'Haripunjajaya (actuel Lamphun). Le style du Lan Na (ou Chiang Saen par référence à l'une de ses capitales au bord du Mékong), a subi l'influence de ses deux voisins, la Birmanie et le Laos.

Bien que l'architecture utilise souvent les mêmes procédés qu'à Sukhothaï, comme en témoigne le Chedi Chet Yod à Chiang Maï, elle a souvent recours à des matériaux encore plus périssables, comme le bois. Beaucoup d'édifices originaux ont donc disparu, reconstruits tardivement avec une fidélité sujette à caution.

Le style du Lan Na est élégant et raffiné, avec les toits de temples inclinés bas sur le sol et les *stupa*, souvent chaulés, empruntés à l'art épuré de Pagan (Birmanie). La céramique doit tout à ses maîtres de Sukhothaï, c'est-à-dire aux meilleurs. Toujours dans le registre du raffinement et dans un souci de pérennité, on utilise des pierres semi-précieuses pour sculpter des statuettes de Bouddha. Ainsi naquit le fameux Bouddha d'Émeraude *(voir p. 109)*, attribué à cette période.

Isolé géographiquement, le royaume du Lan Na garda longtemps sa personnalité et son indépendance, sans connaître destructions violentes et décadence comme les autres capitales siamoises. ❖

Trois villages proches constituent le point de départ des randonnées :

➤ **THAMAKENG** *(1 h de Thaton)*. De là on peut accéder à des villages lahus et lisus en 2 ou 3 h. On peut y organiser des excursions de plusieurs jours en rejoignant l'axe Ban Maï/Sam Shuo vers le nord.

➤ **BAN MAÏ** *(45 mn de bateau de Thamakeng)*. C'est un village de Thaï Yaï établi depuis 1962. À sa population initiale (1 900 habitants) se sont ajoutés des gens de Mae Chan, de Mae Saï et des réfugiés de Birmanie. On y cultive le soja, les arachides et le piment et c'est un petit centre d'approvisionnement régional. L'école, offerte par le Roi, scolarise les enfants jusqu'à 12 ans. De Ban Maï, on peut rejoindre facilement des villages lahus, karens, akhas, et prévoir l'étape de nuit dans le village du Kuomintang.

➤ **MAE SALAK**. C'est le dernier point donnant accès aux villages de la rive sud (Lahus, Yaos, Lisus). En principe, votre guide connaît bien les villages où il vous emmène. On sait qu'il apporte, avec les touristes, une source de revenus et l'opportunité de cadeaux. L'accueil est donc presque toujours amical. Vous devinerez facilement la nationalité des visiteurs qui vous ont précédé au sabir des plus délurés.

Bien que le confort qui vous est réservé soit plus que rustique, c'est toujours le meilleur possible et les chefs de village mettent un point d'honneur à vous recevoir comme leurs hôtes personnels. L'accueil le plus méfiant est celui des Akhas qui craignent les « mauvais esprits » apportés par les étrangers. Leurs conditions d'hygiène laissant plus qu'à désirer, vous serez bien inspiré en évitant d'y dormir.

Chiang Raï*

➤ *À 823 km au N de Bangkok ; 180 km de Chiang Maï. Plusieurs* **bus***/j., soit au départ de Bangkok (gare routière Nord : 10 à 11 h de trajet), soit au départ de Chiang Maï (Arcade Bus Station : 3 h de trajet).* ***Avion :*** *au moins 1 vol/j. au départ de Bangkok et de Chiang Maï.*

➤ *Informations pratiques p. 203.*

Capitale régionale, Chiang Raï est une bourgade commerçante sans grand charme. Sa fondation, comme celle de Chiang Maï, est due au roi Mengraï en 1262. Ou plutôt à un éléphant qui s'arrêta net en cet endroit, après une course effrénée et inexplicable. Les éléphants ayant toujours raison en Thaïlande, ce choix ne fut pas discuté. Les vestiges du passé de Chiang Raï tiennent en quelques temples dont le plus spectaculaire, de style Lan Na, est le **Wat Phra Kéo**** qui, bien entendu, abrita le Bouddha d'Émeraude dans une vie antérieure. On pourra voir également le **Wat Phra Singh***, fondé au XVe s., mais trop souvent restauré pour illustrer un style particulier.

Les environs de Chiang Raï

Le moment est venu de chausser ses *jungle boots* : de très nombreuses agences proposent d'alléchantes expéditions dans les villages montagnards. Suivez le guide, mais choisissez-le bien *(voir p. 182)*. Si vous préférez les routes goudronnées, vous ne serez pas privé pour autant d'images grandioses, de rencontres sidérantes, de sensations inédites. Les trois sites principaux peuvent se visiter en une journée.

Mae Chan**

➤ *À 29 km au N de Chiang Raï.*

➤ *Informations pratiques p. 204.*

Mae Chan est la mini-capitale des peuples du Triangle d'Or. Juste avant d'arriver à l'agglomération, vous trouverez sur votre droite une piste qui mène à **Ban Padua**, un village de Yaos sédentarisés, descendus de leurs montagnes pour pratiquer la riziculture irriguée. Les femmes brodent, tandis que les hommes travaillent dans les champs. L'accueil est sympathique. Avant le village yao, un embranchement sur la dr. conduit à un village akha (piste impraticable en saison des pluies). Ces deux villages peuvent être visités à moindre fatigue et restent, malgré tout, assez typiques.

Vous traverserez Mae Chan en vous arrêtant au marché où vous rencontrerez peut-être des Yaos et des Akhas (on peut y louer facilement un *song téo* pour aller dans les villages). Après Mae Chan *(2 km)*, une piste sur la g. mène au centre de sédentarisation de Mae Kam. Ce centre vise à inculquer aux minorités des notions d'hygiène et à leur

Peuples des brumes

Vêtus d'indigo, parés de pièces d'argent, riches d'une mémoire fragile, les peuples montagnards sont le diamant du Triangle d'Or.

Les Karens, dresseurs d'éléphants

Le dressage des éléphants est une spécialité des Karens qui entretiennent avec les pachydermes des relations mystérieusement privilégiées et familières.

Doté d'un fort sentiment d'appartenance nationale (conforté par l'existence d'une armée karen), le peuple karen négocie difficilement sa mutation économique dans une région particulièrement troublée et instable. Il cultive toujours le pavot dans les régions élevées, intéressante monnaie d'échange pour acquérir des armes, mais la priorité revient au riz, surtout si la topographie permet une riziculture irriguée.

La société karen a la particularité d'être de type matrilinéaire : la transmission de la propriété passe par les femmes et non par la branche masculine de la famille. Dans les cérémonies religieuses, l'officiant est toujours une femme. Heureusement, cette situation n'affecte pas le moral de messieurs les Karens qui savent se rattraper sur une bonne bouteille d'alcool de riz. Là s'arrêtent leurs débordements car la morale est assez stricte.

Ces tendances puritaines ont contribué à améliorer le score des missionnaires baptistes en Thaïlande, lesquels se prévaudraient de 25 000 ouailles karens ! Mais les véritables conversions sont exceptionnelles : l'animisme reste profondément enraciné.

Pour accroître les revenus de la famille, les hommes karens se louent comme ouvriers agricoles ou comme cornacs dans les forêts de tecks. Les femmes vendent leurs tissages, leurs broderies ou leurs tuniques traditionnelles.

Les Hmongs, seigneurs des monts

Plus connus sous le nom de Méos, les Hmongs constituent la minorité montagnarde la plus importante de Thaïlande. Ils appartiennent à un groupe ethnique d'environ six millions d'individus, originaires de Chine (Yunnan, Hunan, Kweichow, Kwangsi), dont l'histoire remonte à plus de 4 000 ans. Leur arrivée en Thaïlande ne date que de la fin du XIXe s. La révolution laotienne de 1975 a provoqué une arrivée massive de Méos et ils sont actuellement estimés à 150 000, installés entre 1 000 et 1 200 m d'altitude dans les provinces de Chiang Maï, Chiang Raï, ainsi que dans les régions de Tak, Phrae et Phetchabun.

Payés par la CIA, courtisés par les maquis communistes, ils ont toujours embrassé le parti de celui qui leur promettait la liberté. Doués pour les études, ils ont tous les atouts

La discipline chez les Lisus.
La société lisu ne tolère pas le laisser-aller, comme en témoigne cette liste, affichée dans les villages et détaillant les pénalités appliquées à chaque faute :
Se disputer : 500 B.
Être absent aux réunions : 100 B.
Se livrer au jeu : 500 B.
Laisser ses ordures dans les rues : 100 B.
Laisser le bétail souiller les rues : 100 B.
Ne pas envoyer ses enfants à l'école : 500 B.
Couper un arbre : 1 000 B.

Un proverbe asiatique l'affirme : « Aux poissons les ondes, aux oiseaux les éthers, aux Méos les montagnes ».

pour s'intégrer à la société thaïlandaise moderne et beaucoup ont déjà franchi les portes de l'université. Mais la diaspora Hmong est plus que jamais à l'ordre du jour dans ces régions de confins, véritable bouillon de frondes. En 1977, à l'initiative de la France, 550 réfugiés hmongs qui avaient fui le Laos en guerre pour se retrouver dans un camp de réfugiés en Thaïlande ont ainsi abouti en... Guyane où ils font un tabac sur les marchés locaux avec le produit de leurs cultures vivrières.

Les Lisus, de joyeux lurons

D'origine tibéto-birmane, les Lisus (appelés aussi Lishaw ou Lissaw) sont implantés dans les environs de Chiang Mai (Chiang Dao, Fang), Chiang Raï, Tak et Mae Hong Son. Ils sont au nombre de 20 000 en Thaïlande et de 400 000 au Myanmar. Leurs villages, situés sur des terres hautes (1 800 m), peuvent regrouper jusqu'à 100 foyers. Ne tenant pas à abandonner la culture du pavot qui constitue leur principale source de revenus, ils ont une prédilection pour les sites défensifs et pratiquent le brûlis dans des coins de moins en moins accessibles, même si le plus proche point d'eau est à une journée de marche.

L'étranger qui bénéficie de l'hospitalité lisu est assuré d'une nuit blanche. Autour de la maison, construite à même le sol, gravitent les chiens, les cochons, les volailles et les mules. La famille se lève au petit jour et, à l'heure où d'autres enfants prennent le chemin de l'école, les petits Lisus partent travailler dans les champs de maïs, de melons ou de millet. Les hommes affûtent leurs flèches empoisonnées pour chasser à l'arbalète.

Bien qu'entretenant de bons rapports avec les autres minorités, grâce à leur don des langues, les Lisus sont assez querelleurs et n'aiment pas beaucoup les étrangers. Pratiquant le culte des ancêtres et certaines formes d'exorcisme, ils adoptent une relation prudente vis-à-vis des esprits, cherchant à se faire « oublier » d'eux plutôt qu'à les flatter par des offrandes répétées.

Les Akhas à guêtres brodées

Venus de Birmanie, ils sont environ 30 000, installés au nord de la rivière Kok (ou Mae Kok), dans la province de Chiang Raï, autour de Mae Saï et de Mae Chan. On pense généralement qu'il s'agirait de descendants des Lo-Los, dont l'origine remonte à 4 000 ans. Du fait de certaines habitudes (comme celles de manger du chien ou de ne se laver que très rarement), on les considère comme plus « primitifs ».

Excellents musiciens, les Akhas sont capables d'apprendre des chansons très exotiques comme « Frère Jacques » ou « It's a long way to Tipperary », au gré de leurs professeurs. Ils organisent fréquemment des sortes de « boums » où les jeunes gens dansent en rond et se font la cour avant de conclure dans les fourrés (ce que leur morale ne réprouve pas vraiment). Profondément animistes, ils se méfient des étrangers et des « esprits de l'eau ». Parfois, certains s'enhardissent jusqu'à descendre dans la vallée pour y voir des choses incroyables comme des voitures, des ascenseurs, des postes de télé… Mais le plus étonnant, ce sont quand même les *farang* qui débarquent au village, délaissant le confort climatisé de leur hôtel pour une nuit blanche dans une hutte en paille tressée. Bizarres, ces *farang*!

Malgré l'austérité imposée par de dures conditions de vie en altitude, les Akhas sont des gens gais qui ne perdent pas une occasion de s'amuser.

Les Yaos au boa écarlate

Ils seraient près de 4 millions en Asie, répartis entre la Chine du Sud, le Myanmar, le Laos, le Vietnam et la Thaïlande. Au début du XIXe s., ils se sont installés dans les provinces de Nan et de Chiang Raï, où leur nombre est estimé à 20 ou 25 000.

Comme les Hmongs, les femmes yaos portent de lourds colliers d'argent, des bracelets, des pendentifs, des boucles d'oreilles. Mais leur élégance tient surtout à une ample tunique, ornée d'une sorte de boa écarlate du plus bel effet. Leurs travaux de broderie sont largement utilisés aujourd'hui par les stylistes.

À l'heure actuelle, les communautés yaos ont tendance à se sédentariser. Peu combatives, elles sont prêtes à abandonner la culture du pavot en échange d'une relative sécurité économique.

Les croyances animistes des Yaos s'accompagnent de rites empruntés à la tradition chinoise, comme le culte des ancêtres. Les esprits du foyer reçoivent régulièrement leurs offrandes de bâtons d'encens et, de temps à autre, un porc ou un poulet est appelé à conjurer, bien malgré lui, les forces maléfiques.

Les Lahus, princes de l'arbalète

« Quand un Lahu quitte ses montagnes, il se languit de la chasse d'abord, de sa famille ensuite. » Ce dicton justifie une autre appellation donnée aux Lahus, celle de *moussuh*, mot thaï signifiant « chasseur ».

Les Lahus représentent environ 20000 personnes dans les provinces de Mae Hong Son, de Chiang Maï et de Chiang Raï. Tous sont de même souche tibéto-birmane, leur arrivée en Thaïlande datant du milieu du XIXᵉ s. Le goût de la chasse est une constante chez les Lahus. Ils passent des journées entières à bichonner leur arbalète ! Les Thaïs leur achètent du gibier boucané et des cornes de cervidé pour fabriquer des potions aphrodisiaques. Fermiers pauvres, les Lahus comptent surtout sur le commerce de l'opium pour améliorer l'ordinaire.

Ils croient en l'existence d'un Dieu créateur, entouré par un panthéon de divinités variées. On connaît des Lahus christianisés, mais le fait remarquable réside surtout dans un vieux fonds messianique, exploité à plusieurs reprises par des prophètes visionnaires (dont Ah Sha Fu Cu, mort en 1890). Vu ce qui l'attend dans l'au-delà, le mortel a intérêt à filer doux: s'il se conduit bien, à lui les délices du Ciel; s'il se conduit mal, il en sera quitte pour mijoter dans les sept marmites de l'enfer !

Les femmes au long cou

Un collier pèse en moyenne 4 kg (même poids pour les anneaux de jambes), ce qui ne gêne nullement ces dames pour vaquer à leurs occupations.

Leurs ancêtres descendraient de l'union du dieu du vent et d'un dragon femelle… Les Padaungs n'en sont pas à une légende près ! Cette tribu, appartenant au groupe Karen, est celle des « femmes-girafes » et compterait de 7000 à 8000 personnes, selon les estimations. Plusieurs familles, déplacées par l'armée birmane en manœuvre contre les Karens, sont établies à la frontière birmano-thaïe, dans la région de Mae Hong Son.

Les Padaungs n'ont eu aucun contact avec les étrangers depuis des décennies et l'on retrouve intacte cette tradition qui consiste à orner le cou et les jambes des femmes de spirales de laiton. L'origine de cette coutume est mal connue, mais il est sûr qu'elle est devenue l'ultime coquetterie de ces femmes de la jungle, vêtues de toiles grossières et dépourvues de bijoux d'argent.

La petite fille reçoit ses premiers anneaux à 6 ou 7 ans et c'est l'occasion d'une cérémonie solennelle. Jusqu'à 21 ans, on les renouvelle tous les 3 ans. Les adultes ne les font enlever que tous les 5 ans, pour « faire les cuivres », car ces anneaux doivent conserver un brillant séduisant. Une femme peut porter jusqu'à 25 anneaux. Contrairement à une opinion répandue, ce carcan n'étire pas le cou mais provoque une atrophie des muscles des épaules qui crée l'effet visuel de « femme-girafe ».

faire adopter des cultures de substitution au pavot à opium.

Après le centre, la piste continue jusqu'au village akha de **Ko Saen Chaï****, édifié sur une colline. Ce sympathique village peut constituer le point de départ d'une randonnée vers d'autres implantations akhas dont certaines sont visibles depuis Ko Saen Chaï.

♥ Chiang Saen** : la magie du Mékong

➤ *À 32 km au N-E de Mae Chan.*
➤ *Informations pratiques p. 204.*

Cette minuscule bourgade assoupie au bord du Mékong a connu une histoire prestigieuse, comme en témoignent ses nombreuses ruines dont certaines remontent au Xe s. Pour le néophyte, le **musée** *(Chiang Saen National Museum, ouv. de 9h à 16h sf lun., mar. et j.f.)* sera plus instructif et évocateur que ces amas de briques fort délabrés. Chiang Saen fut rasée à la fin du XVIIIe s., sur ordre de Rama Ier, pour empêcher les Birmans de s'en emparer. Elle est restée inhabitée pendant près d'un siècle. L'activité est loin d'y être frénétique et l'on prend plaisir à rêver, nonchalamment installé devant un verre de Singha sur l'une des nombreuses terrasses qui surplombent le Mékong. Une promenade en pirogue mène vers Chiang Khong en aval, poste frontalier situé en face de Ban Houei Saï *(accès au Laos dans cette région).*

Il faut sacrifier au rite et pousser jusqu'au monument *(9 km au N)* qui marque symboliquement le **carrefour des trois frontières** (Thaïlande, Laos et Birmanie). Surprise : ce n'est pas un triangle et il n'est pas en or.

Mae Saï** : porte du Myanmar

➤ *À 34 km au N de Mae Chan.*
➤ *Informations pratiques p. 204.*

C'est le village situé le plus au nord de la Thaïlande, poste frontière avec le Myanmar, à quelques centaines de mètres du Laos. Mae Saï est un important centre de transactions pour les pierres précieuses et le jade (une taillerie de jade peut se visiter). Son marché est particulièrement pittoresque, avec les Birmans qui se mêlent aux Thaïs et aux populations montagnardes pour s'échanger leurs produits. Mais la principale attraction, c'est le **pont** qui relie Mae Saï au village birman de **Tachilek**. Il donne lieu à un trafic incessant de Birmans pour qui ce trou perdu des confins thaïlandais fait figure de paradis de la consommation ! De nombreuses boutiques vendent de beaux objets birmans et chinois : laques, porcelaines, bijoux d'argent. ■

Mae Hong Son et la frontière birmane

La province de Mae Hong Son est longtemps restée dans l'isolement. Jusqu'au début du XXe s., on ne pouvait s'y rendre qu'à dos d'éléphant. Même les princes de Chiang Maï n'ont mis leur nez dans la région qu'en 1831 (sous le règne de Rama III), pour y capturer des éléphants sauvages et peut-être pour espionner les populations shans clairsemées, venues de Birmanie, qui constituaient le gros de la population.

De Chiang Maï à Mae Hong Son

Deux routes possibles que vous pourrez combiner. À l'aller, *via* Paï: forêts et tribus montagnardes. Au retour: montagnes couvertes de jungle, cascades, gorges et rivières…

En passant par Paï

➤ *Comptez 4 à 5h de trajet pour 274 km; la route 1095 est récente, en bon état, mais très accidentée.*

Les belles forêts d'autrefois sont désormais très clairsemées. Des populations montagnardes sont établies dans la région (principalement Karens, Shans et Chinois du Kuomintang).

Paï

➤ *À 160 km à l'O de Chiang Maï, route 1095.*

Rien de bien remarquable dans cette tranquille petite bourgade de montagne, sinon la région qui est superbe. De nombreuses *guest-houses* se sont ouvertes, à la faveur de l'engouement pour le tourisme vert: on peut, au départ de Paï, descendre la rivière en radeau et faire des trekkings ou des randonnées à dos d'éléphant dans les environs. À voir: les chutes de **Mao Pong** *(à 16 km de Paï)* ainsi que les sources chaudes de **Tha Paï** *(à 8 km).*

♥ Soppong

➤ *À 45 km à l'O de Paï, route 1095.*

Les grottes de **Lot** (Tham Lot) sont traversées par une rivière souterraine. Des guides proposent leurs services et un éclairage fort appréciable (marchandez ferme). Les amateurs de calme peuvent même passer la nuit sur place au Cave Lodge, un endroit étonnant créé par un Australien tombé amoureux de l'endroit.

En passant par Mae Sariang

➤ *Trajet de 350 km. Comptez 7 à 8h de route.*

La route 108 se singularise par son tracé: elle ne compterait pas moins de 1864 courbes et virages, ce qui pourrait suggérer que ceux qui l'ont construite ont abusé du *mékong* (l'alcool, pas le fleuve).

Chom Thong**

➤ *À 58 km au S de Chiang Maï, route 108.*

Cette petite ville mérite un arrêt pour le remarquable **Wat Phra Thaï Si Chom Thong**, situé en son centre, qui date du XVe s. Le bâtiment principal est particulièrement élégant, avec ses toits étagés et ses frontons de bois sculpté. Son **plan cruciforme** est inhabituel. La décoration intérieure s'inspire du style birman. On remarquera les quatre bouddhas debout, richement parés, encadrant le haut *prang*. L'édifice le plus ancien est le *chedi*, de **style birman**, construit en 1451.

Hot

➤ *À 88 km au S de Chiang Maï, route 108.*

La route continue, bordée de cocotiers, de bananiers, de bambous, de manguiers, de flamboyants, de frangipaniers, de tecks, de kapokiers… Les paysans cultivent l'ail, le tabac, le soja et, bien sûr, le riz. Hot est un petit bourg commerçant qui a conservé le nom de la ville ancienne, située plus au sud sur la route 1012. Le site intéressera les archéologues.

Les gorges d'Ob Louang*

➤ *À 105 km au S-O de Chiang Maï, route 108.*

On les qualifie parfois de « Grand Canyon de la Thaïlande », ce qui est très exagéré ! Après cette halte, on entre en pays karen, du groupe Skaw Karen. Certains villages sont visibles de la route et vous y serez bienvenus. Si vous êtes en voiture, arrêtez-vous pour prendre des stoppeurs : ils vous feront découvrir leur village et, une fois la glace rompue, vous dénicheront sûrement quelques cousins ou amis à amener en ville. Avec un peu de chance, vous récolterez même un poulet ou un petit cochon sur les genoux…

♥ Mae Sariang*

➤ *À 188 km au S-O de Chiang Maï, route 108.*

➤ *Informations pratiques p. 204.*

Située dans la vallée de la rivière Yuam, Mae Sariang n'est qu'à quelques kilomètres du **Myanmar**. Le district compte 40 000 habitants vivant des forêts de tecks et du commerce avec le Myanmar. Ne demandez pas quel commerce, ce n'est pas l'habitude.

La petite ville est disposée le long d'une rue centrale, un peu comme au far-west, avec des maisons en bois et des boutiques ouvertes. Au marché, les Birmanes se reconnaissent à leur blouse fermée à l'oblique, à leur peigne planté dans le chignon et à leur énorme cigare.

Les **temples** de Mae Sariang ont bien du charme, avec leurs toits étagés et leurs *chedi* chaulés, de pur style birman.

♥ Mae Hong Son**

➤ *À 274 km de Chiang Maï par la route 1095 (*via *Paï) ; 350 km par la route 108 (*via *Mae Sariang) ; 924 km de Bangkok. Au moins 5* **bus***/j. au départ de Chiang Maï (Arcade Bus Station).* ***Avion :*** *2 vols/j. depuis Chiang Maï (30 à 40 mn).* ***Attention :*** *vols souvent interrompus en saison sèche (mars-avril : trop de brume pour atterrir à Mae Hong Son).*

➤ *Informations pratiques p. 204.*

Mae Hong Son garde le cachet de ces confins d'Asie, borne entre deux mondes où le voyageur passe sans laisser son empreinte. Ville frontière, ville charnière, plus tout à fait thaïe mais pas encore birmane : ici, les Thaïs sont presque aussi minoritaires que les *farang*, dans une population dominée par les Shans (près de 50 %) et diverses ethnies montagnardes, dont les réfugiés padaungs.

Il faut attendre que les brumes matinales se soient dissipées pour escalader le **Doï Kong Mou** où un joli temple, flanqué de deux grands *chedi* birmans, domine la

Parasols et tournesols

♥ **Poï Sang Long** (début avril). Cette fête, propre à Mae Hong Son, célèbre l'ordination collective des novices (âgés de 9 à 13 ans) selon un rite particulier à la minorité ethnique des Thaï Yaï (Shans). Vêtus et couronnés comme des princes, abrités par des parasols d'or, les enfants paradent dans la ville, juchés sur les épaules d'hommes-chevaux. Saisissant spectacle où la richesse des costumes évoque les débuts de la vie de Bouddha, qui vécut dans le luxe avant d'avoir la révélation de la nécessité du renoncement. Cette fête fait souffler, trois jours durant, un vent de folie sur la petite ville de Mae Hong Son.

Floraison des tournesols (novembre-décembre ; faites-vous préciser les dates par l'Office du tourisme de Bangkok). C'est dans les environs de Ban Mae Ho (Mae Sariang) que les grandes fleurs jaunes *Tithonia diversifolia* sont au meilleur de leur forme. Lorsqu'elles se fanent, leurs graines sont utilisées pour fabriquer des insecticides. ❖

vallée. On y accède par un escalier gardé par des lions chaulés. Mais le temple le plus poétique est le **Wat Chong Klang** ♥, construit en 1827 en bordure d'un petit lac où les gamins pêchent à la ligne. Sa structure en bois et ses toits à étages sont caractéristiques du **style shan birman**. On peut y voir une intéressante collection de fixés sous-verre décrivant des scènes de la vie de Bouddha et, dans une petite salle, trente-trois statues en bois polychrome représentant des personnages légendaires. Ces objets proviennent de Birmanie.

Le **marché** *(à fréquenter avant 8 h du matin)* semble rempli de trésors pour les familles rurales qui viennent s'approvisionner en sel, en saumure de poisson ou en cuvettes de plastique. On y croise des femmes hautaines à la peau sombre qui débusquent de leur corsage des petits papiers enveloppant des pierres précieuses mal taillées. Hélas, les vrais joyaux, réservés au marché international, ne scintillent pas sur le marché de Mae Hong Son !

Dans les environs, il est possible de visiter les **villages des Padaungs**, où les femmes-girafes évoluent dans leur costume traditionnel *(voir p. 195)*. Des guides occasionnels ne manqueront pas de vous y mener. Vous pourrez prendre des photos moyennant quelques bahts, en demandant l'autorisation à l'intéressée. Les Padaung, qui sont très souvent des réfugiés venant de Birmanie, n'ont pratiquement aucune autre ressource que le tourisme. ■

Chiang Maï

Les **reports au plan** *renvoient à la carte de Chiang Maï p. 174-175.*

Indicatif téléphonique ☎ *(053)*

ℹ 105/1 Chiang Maï-Lamphun Rd **C3** ☎ 248.604. *Ouv. de 8h30 à 16h30.* Dans une belle maison en bois de style thaï. Accueil sympathique, beaucoup de petites infos locales à glaner.

Arriver

À 700 km au N de Bangkok. **Route:** trajet en plusieurs étapes conseillé. **Bus** directs climatisés 11 fois/j., au départ de la gare routière Nord à Bangkok, Pahol Yothin Rd (env. 10h de route). Trajets de nuit à éviter, la conduite thaïe n'étant pas de tout repos. **Train:** 5/j. au départ de la gare Hua Lampong (12h en express, 15h en rapide). Couchettes confortables, même en 2de (réservation impérative). **Avion:** 6 à 7 vols/j. (durée: 65mn) avec la Thaï Airways et 4 fois/sem., *via* Sukhothaï, avec Bangkok Airways.

Circuler

Si vous ne disposez que de 2 ou 3 jours, vous pouvez louer une voiture (avec ou sans chauffeur-guide), ou vous joindre à une excursion organisée. Si vous préférez la liberté, utilisez les transports locaux: taxi, *samlo*, *touk-touk*, *song téo*, vélo ou moto. **Chiang Maï intra-muros** mérite d'être visitée en *samlo* ou à vélo, seuls moyens de transport en harmonie avec les belles avenues que bordent les murets des temples et les vieilles maisons en teck. Les **localités environnantes** sont desservies par des bus réguliers.

Hôtels

Côté qualité, l'hôtellerie n'a rien de provincial. Loger dans une maison en teck relève désormais du rêve pour qui reste attaché au confort moderne. Plus simplement, il existe quantité de *guest-houses* (liste à l'Office du tourisme). Mais l'hôtellerie classique garde l'inimitable qualité d'accueil propre à la Thaïlande, amplifiée par un charme typiquement nordique.

Tous les hôtels cités, sauf ▲, acceptent les cartes de paiement. Les numéros en **bleu** *renvoient au* **plan** *p. 174-175.*

▲▲▲ **Chiang Maï Orchid** 2 (groupe Accor), 100-102 Huey Kaeo Rd **A2** ☎ 222.099. Un des meilleurs hôtels de la ville en termes de confort, mais manque d'intimité et un peu excentré (5mn en voiture de l'aéroport et du centre-ville) *267 ch.*

▲▲▲ **Chiang Maï Plaza** 3, 92 Sri Dornchaï Rd **C4** ☎ 272.230. Palace récent, d'une situation très appréciable pour se déplacer à pied. *444 ch.*

▲▲ **Amari Rincome**, 301 Huey Kaeo Rd **hors pl. par A2** ☎ 221.044. Un grand classique de Chiang Maï, dans un quartier aéré (un peu excentré). Agréable jardin, 2 piscines. *175 ch.*

▲▲ **Chiang Inn** 1, 100 Chang Klan Rd **C3** ☎ 270.070. Au cœur de la ville. Excellent confort, sans luxe tapageur, pour cet hôtel ancien mais bien entretenu. *175 ch.*

▲▲ **Novotel** 5, Chang Puak Rd Sripoom Muang **B2** ☎ 225.500. Confort standard, dans un quartier excentré, mais navettes gratuites pour le marché de nuit et l'aéroport. Piscine. *159 ch.*

▲▲ **Porn Ping** 6, 46-48 Charoen Prathet Rd **C3** ☎ 270.110. Bien situé. Restaurant continental assez bon. La nuit, on s'éclate au Bubbles, une des boîtes branchées de Chiang Maï. *180 ch.*

▲▲ **The Red Hibiscus** ♥ 8, 1 Arak Rd soï 2 **A2** ☎ 217.631. Au cœur de la vieille ville, charmante *guest-house* intime et soignée. *10 ch.*

▲▲ **Royal Princess** ♥ 7 (ex-Dusit Inn), 112 Chang Klan Rd **C3** ☎ 281.033. Décoré avec l'habituel raffinement de la chaîne Dusit. Impeccable et intime, très bien situé. *198 ch.*

▲▲ **Suan Doï House**, 38/3 Charntrasup, Huey Kaeo Rd **hors pl. par A2** ☎ 221.869. Chambres nettes et calmes, dans un luxuriant jardin peuplé de ménates. Restaurant vietnamien.

▲ **Anodard** 10, 57-9 Ratchamanka Rd **B3** ☎ 270.755. Près du Wat Chedi Louang. Idéal pour les pérégrinations dans la vieille ville. Piscine. *160 ch.*

▲ **Diamond** 4, Riverside 33/10 Charoen Prathet Rd **C3** ☎ 270.080. Bien situé. Dîners *khantoke* dans une ancienne maison en teck. *145 ch.*

▲ **The River Ping Palace** ♥, 385/2 Charoen Prathet Rd **hors pl. par C4** ☎ 274.932. Grande maison ancienne en teck dans un jardin luxuriant. Chambres standard un peu spartiates. En catégorie «de luxe», climatisation, s.d.b., moustiquaire. *9 ch.*

▲ **Riverview Lodge** ♥ 9, 25 soï 2 Charoen Prathet Rd **C3** ☎ 271.110. Caché dans un petit soï, central et calme. Joli jardin, piscine entourée d'une terrasse en bois au bord de la rivière. *36 ch.*

Restaurants

Profitez de l'étape pour découvrir les particularités de la cuisine du Nord. Le riz gluant gagne à être connu: l'essayer, c'est l'adopter, d'autant qu'il s'emporte partout dans un petit panier de paille tressée. Il n'a rien de gluant, mais il est ferme et peut se manger avec les doigts. On le cultive en montagne, en rizière sèche, et il se cuit à la vapeur. Autres spécialités, les *naems* (qui ne sont pas des pâtés impériaux mais des saucisses épicées), le *hang le* (curry à la mode birmane), le *khaepmu* (peau de porc croustillante), les *khao soi* (nouilles à la sauce curry). Et la gâterie du fumeur, c'est le cigare *khiyo*, mélange de tabac et de tamarin roulé dans une feuille de bananier: explosif!

Le repas traditionnel porte le nom de *khantoke*, terme désignant les petites tables basses sur lesquelles sont servis les plats. On mange assis par terre, ce que seuls les Asiatiques savent faire avec élégance et sans souffrir d'ankylose.

Cuisine traditionnelle savoureuse et sans prétention dans les petits restaurants en plein air situés autour du marché central, près de la porte Est ou au marché Nong Hoy (sur la route 106, près de la station-service Caltex). De nombreux restaurants plus huppés sont installés dans de vieilles maisons en teck. Les grands hôtels se piquent aussi de cuisine et plusieurs s'en sortent plutôt bien.

♦♦♦ **Baan Suan** ♥, 51/3 San Kamphaeng Rd **hors pl. par D3** ☎ 262.568. Un des meilleurs restaurants thaïs hors de la ville, installé dans plusieurs maisons en teck. On mange à l'intérieur ou dans le jardin. Le soir, étonnant spectacle théâtral, inspiré des croyances mystiques des tribus montagnardes.

♦♦♦ **The Gallery** ♥, 25-29 Charoenrat Rd **C3** ☎ 248.601/2. Une maison de teck centenaire, de style chinois, convertie en galerie d'art et restaurant, avec terrasse sur la rivière Ping.

♦♦♦ **Old Chiang Maï**, 185/3 Wua Laï Rd **A4** ☎ 202.993. Plusieurs restaurants dépendant d'une sorte de musée vivant des minorités *(voir p. 181)*. Agréable dîner *khantoke* avec danses tous les soirs au **Haw Muk** (Pearl Room).

♦♦♦ **Oriental Style**, 36 Charoenrat Rd **C3** ☎ 262.746. Thaï et européen. Dîner très chic dans la boutique et la cour d'un décorateur stylé. Réservation impérative.

♦♦ **Antique House**, 71 Charoen Prathet Rd **C3** ☎ 276.810. Restauration (thaïe et occidentale) et antiquités dans une maison de teck centenaire.

♦♦ **Aroon Raï**, 45 Khotchasan Rd **B3** ☎ 276.947. Une institution fidèle à une honnête cuisine Lan Na Thaïe.

♦♦ **La Gritta**, hôtel Amari Rincome **hors pl. par A2** ☎ 221.130. Cuisine italienne de qualité.

♦♦ **Tha Nam** ♥, 43/3 Moo 2, Phadad Rd **hors pl. par C4** ☎ 275.125. Thaï. Magnifique maison en teck sur la rive ouest de la rivière Ping, à la fois brocante, auberge et restaurant. Ambiance très agréable, musique thaïe. Carte courte mais cuisine savoureuse.

♦♦ **Neua Toon**, 2/6 Charoen Prathet Rd, soï 6 **C3** ☎ 274.664. En face de l'hôtel Diamond. Spécialités de bœuf vapeur, comme son nom thaï l'indique. Autre spécialité au menu: location de jeeps et de motos.

♦♦ **Wangkung-Rena**, 149/53 Chang Klan Rd **C3** ☎ 274.588. Au marché Anusan, pour petite ou grande faim, 24h/24.

♦♦ **Whole Earth**, 88 Sri Dornchaï Rd **C4** ☎ 232.463. Cuisine à dominante végétarienne, thaïe et indienne.

♦ **L'Éléphant Blanc**, 59/5 Loi Khro Rd **C3** ☎ 206.901. Restaurant thaï tenu par un couple franco-thaï ; se veut « l'espace francophone de Chiang Maï ».

♦ **Galare Food Center et Galare Plus 2**, au r-d-c du Night Bazar **C3**, de 10h à 22h. Prendre des tickets au comptoir (plats 20-30 ฿) et choisir son plat dans les différents stands. Spécialités thaïes, chinoises, indiennes. Spectacles de boxe et de danse le soir.

♦ **The River Deli**, 233 Charoen Prathet Rd **C4** ☎ 260.404. L'ancien Cow Boy Guest-house reconverti dans une cuisine éclectique avec spécialités thaïes, européennes, mexicaines... Formule buffet.

♦ **The Wok**, 44 Ratchamanka Rd **B3** ☎ 208.287. Restaurant d'application d'une petite école de cuisine thaïe. Jardin agréable.

➤ **Dîners croisière**: Mae Ping River Cruise ☎ 274.822. Devant le Wat Chaï Mongkol, Charoen Prathet Rd, à partir de 18h30.

Shopping

Le grand centre commercial de Chiang Maï est le **marché de nuit** *(night bazaar)*, sur Chang Klan Rd, ouv. t.l.j. de 18h à minuit. Les montagnards s'installent sur un coin de trottoir, déguisés en citadins, pour brader de beaux tissus brodés ou des bijoux d'argent. Échoppes pour une cuisine savoureuse à déguster en plein air.

Il existe une multitude de boutiques attrayantes en ville, en dehors du marché et des villages d'artisans. Pour moraliser la profession, l'Office du tourisme a créé un label (représentant une femme thaïe entre deux paniers à balancier) qui garantit que l'endroit est fréquentable et offre un bon rapport qualité-prix. Un petit guide gratuit, régulièrement mis à jour, *Thaïland Shopping Guide*, en tient la liste : il est disponible à l'Office du tourisme ou au comptoir des hôtels.

Vie nocturne

Chiang Maï propose quelques activités dans le même registre qu'à Bangkok ou Pattaya. Mais son vrai registre reste plus ingénu.

Riverside ♥, 9-11 Charoenrat Rd (en face de l'hôpital Chinda) **C3** ☎ 243.329. Un succès mérité pour ce bistrot ouvert dans les années 1970 par des Hollandais. Il y a deux Riverside l'un à côté de l'autre : même carte (excellente cuisine thaïe), même musique *live*, même situation au bord de la rivière. Un must à toute heure.

The Goodview, 13 Charoenrat Rd **C2** ☎ 241.866. Même situation et même formule qu'au Riverside, mais avec une clientèle surtout locale.

➤ **Jazz** au Lobby Bar de l'Amari Rincome, de Empress ou du Chiang Inn.

➤ **Discothèques.** Dans les grands hôtels. Les plus en vogue se signalent au nombre de motos sur le parking : **Bubbles** (au Porn Ping), **Casablanca** (au Royal Princess), **Fantasy Discotheque** (au Chiang Inn).

➤ **Bars.** Sur Loi Khro Rd, à l'intersection de Khotchasan Rd.

Informations utiles

➤ **Alliance française.** 138, Charoen Prathet Rd ☎ 275.277. Films français.

➤ **Banques.** Ouv. de 8h30 à 15h30 sf sam., dim. et fêtes. Guichets ouvert jusqu'à 22h au marché de nuit.

➤ **Cafés Internet. American restaurant & bar**, Thapae Rd ☎ 252.190. **Goodwill Restaurant & e-mail**, Kotchasan Rd ☎ 273.115.

➤ **Compagnies aériennes. Thaï Airways**, 240 Phra Pokklao Rd **B2** ☎ 211.044/7 (réservation) ☎ 277.782 (aéroport) ; **Bangkok Airways** ☎ 922.958 (aéroport).

➤ **Consulat français** ☎ 281.466. Permanences à l'Alliance française, du lun. au ven., de 10h à 12h.

➤ **Cyclotourisme VTT.** Bike & Bite, 23/1 Sriphum Rd ☎ 418.534. The Wild Planet Adventure, Charoen Prathet Rd, près de SK Money Changer,

☎ 277.178. Organise aussi des trekkings et des descentes de rivière.

➤ **Écoles de cuisine.** Chiang Maï Thaï Cookery School, 1-3 Moon Muang Rd (en face de Thapae Gate) ☎ 206.388, www.chiangmainews.com. Gap's Thaï Culinary Art School, 3 Rajdamnoen Rd, soï 4 ☎ 278.140.

➤ **Écotourisme.** Marche dans la jungle, balades à dos d'éléphant, en radeau, en VTT et hébergement chez les Lisus (Lisu Lodge). Rens. : East West Siam ☎ 281.789, www.lisulodge.com.

➤ **Gare ferroviaire.** Charoen Muang Rd **D3** ☎ 242.094.

➤ **Gare routière.** Chiang Maï Arcade Bus Station, Kaeo Nawarat Rd **D1** ☎ 241.449. Chang Puak Bus Station **B2**.

➤ **Hôpitaux. Chiang Maï Provincial Hospital**, Suthep **hors pl. par A3** ☎ 221.122 et 221.544. Assure aussi les soins dentaires. **Lanna Hospital**, Superhighway **hors pl. par D3** ☎ 221.037 à 41. **Malaria Center, Suan Dok Medical Center**, Boonruangrit Rd **A2** ☎ 221.529. Rens. et soins pour le paludisme.

➤ **Immigration.** Fang Rd ou aéroport ☎ 277.510.

➤ **Location de voitures.** **Avis** (aéroport) ☎ 221.316. **Hertz** (hôtel Chiang Inn) ☎ 279.474. **North Wheels** ☎ 216.189.

➤ **Marionnettes** (tribus et folkloriques). Au **Chiang Maï Contemporary Art Museum**, Nimanhemin Rd (près de l'embranchement de Suthep Rd). T.l.j. à 18 h 30 ☎ 892.450.

➤ **Massage traditionnel. Thapae Smoonprai Thai Massage**, 2/3 Chayaphum Rd ☎ 234.655 (pieds et réflexologie). **Thaï Massage Conservation Club**, 9 Rajdamri Rd ☎ 406.017 (masseuses non voyantes). **VIP Thaï Massage**, 4 Nimanhemin Rd, soï 13 ☎ 215.434 (traitements aux herbes).

➤ **Police touristique.** 135 Praisani Rd et au r-de-c de l'Office du tourisme **C3** ☎ 248.130 et ☎ 1699.

➤ **Poste centrale.** Charoen Muang Rd, près de la gare **D3**. Ouv. de 8 h 30 à 16 h 30 en sem., de 9 h à 11 h sam., dim. et fêtes. Télégrammes de 7 h à minuit. Téléphone pour l'Europe au 1er étage.

Chiang Raï

Indicatif téléphonique ☎ (053)

ⓘ 448/16 Singhakhaï Rd ☎ 717.433.

Hôtels

Les hôtels cités acceptent les cartes de paiement.

▲▲▲ **Dusit Island Resort**, 1129 Kraisorasit Rd ☎ 715.777. Un îlot de luxe sur une île de la rivière Kok. *271 ch.*

▲▲ **Golden Triangle Inn**, 590 Pahol Yothin Rd ☎ 711.339. Sympathique hôtel familial, au centre-ville. *39 ch.*

▲▲ **Rimkok Resort**, 6 Moo 4 Chiang Raï-Thaton Rd ☎ 716.445. Des pavillons répartis dans un parc en bordure de rivière, en dehors de la ville. *256 ch.*

▲▲ **Wiang Inn**, 893 Pahol Yothin Rd ☎ 711.533. Le plus ancien des hôtels modernes de Chiang Raï, en plein centre-ville. Restaurant réputé. *260 ch.*

▲ **Wang Din Place Resort**, 341 Kwae Waï Rd ☎ 713.363. Bungalows de style thaï en bordure de rivière. Ambiance familiale. *12 ch.*

Restaurants

Plusieurs restaurants sympathiques au bord de la rivière (Kaew Waï, Rim Nam). En centre-ville, restaurants locaux agréables (**Siam** ou **Ruan Thong**, sur Pahol Yothin Rd, ou **Ang Pochana**, Thanalaï Rd). Les grands hôtels servent à la fois une cuisine locale raffinée et l'inévitable cuisine occidentale. Au marché, vous grignoterez pour une poignée de bahts.

Informations utiles

➤ **Centre artisanal**, route de Mae Chan (1 km de Chiang Raï). Objets fabriqués localement ou à Chiang Maï : tissages, poteries, articles en bois, vannerie… Au **marché** et autour : objets et tissus des tribus montagnardes.

➤ **Café Internet.** Xmas Gift Shop, Wiset Wiang Rd.

Chiang Saen

Indicatif téléphonique ☎ *(053)*

Un hôtel **Méridien** domine la rivière Ruak de sa superbe architecture inspirée du style Lan Na : le **Baan Boran** ♥ ☎ 784.078. Les objets d'art dont il est décoré en font un vrai musée. Tout près, l'**Imperial Golden Triangle** ☎ 784.001. Chambres avec vue sur le Mékong, confort très cosy.

Lampang

Indicatif téléphonique ☎ *(054)*

▲▲ **Tipchang Lampang,** 54/22 Takrao Noï ☎ 226.501. Confort moyen à très bon selon les chambres. Piscine. *130 ch.*

▲ **Asia Lampang,** 299 Boonyawat Rd ☎ 227.844. Très central, café plaisant ouvert sur la rue. *73 ch.*

▲ **Ban Faï** ♥, route de Chiang Raï (3 à 4 km du centre-ville) ☎ 224.602. Sympathique *guest-house* dans une vieille maison en bois entourée d'un jardin tropical et de rizières. Confort rustique, mais charme certain. *14 ch.*

Mae Chan

Indicatif téléphonique ☎ *(053)*

Laan Tong Lodge, route de Thaton, 11 km de Mae Chan ☎ 772.049. Pour dormir dans une hutte de bambou au milieu de la jungle. Comme les tribus montagnardes, à part le pain maison et le müesli ! Rustique. Intéressants trekkings proposés au départ du Lodge.

Mae Hong Son

ℹ ET POLICE TOURISTIQUE ☎ 611.812.

Indicatif téléphonique ☎ *(053)*

Hôtels

▲▲▲ **Tara Mae Hong Son,** 149 Moo 8 Tambon Pang Moo ☎ 611.021. À 2 km du centre. Premier hôtel international installé à Mae Hong Son, sous l'égide de la chaîne Impérial. *104 ch.*

▲▲ **Mae Hong Son Riverside,** 165 Moo 3, Tambon Plabong ☎ 611.504. Sympathique et calme, en bordure de rivière. Piscine et restaurant. *40 ch.*

▲ **Bai Yok Chalet,** 90 Khunlumpraphat Rd ☎ 611.533. Confort variable selon les chambres. *40 ch.*

▲ **Golden Pai Resort,** Ban Pang Moo km 202 (à 5 km au N de Mae Hong Son) ☎ 612.265. Bungalows dans la nature, près de la rivière. *30 ch.*

Informations utiles

➤ **Thaï Airways** ☎ 611.367 et 612.194.

➤ **Immigration** ☎ 612.106.

➤ **Hôpital Sri Sangwarn** ☎ 611.378.

Mae Saï

Indicatif téléphonique ☎ *(053)*

Hôtels

Wang Thong ☎ 733.388. Son centre de mise en forme saura requinquer les randonneurs fatigués… *150 ch.* sur 9 étages.

Thaï Thong ☎ 731.975. Moderne et confortable.

Top North ☎ 731.955. Confort comparable au Thaï Thong.

Nombreux petits hôtels simples et *guest-houses.*

Accès au Myanmar

S'adresser au **Bureau d'Immigration**, sur l'avenue principale qui mène au pont. Obtention d'un permis valable pour un jour ou plus, sur présentation du passeport et acquittement des droits, si les relations entre la Thaïlande et le Myanmar sont dans une bonne phase…

Mae Sariang

Indicatif téléphonique ☎ *(053)*

Mitaree ☎ 681.110. Hôtel économique et propre, mais plus habitué aux représentants de commerce qu'aux touristes.

Plusieurs *guest-houses* au confort rustique et prix en rapport. ■

L'I-SAN (NORD-EST)

Aux portes de l'I-San

Les Khmers ont oublié quelques éléphants par ici. Ils ont aussi abandonné à une lente décrépitude les châteaux de pierre qui jalonnaient la route d'Angkor. L'I-San, vaste plateau situé au nord-est de la Thaïlande, n'a pas à rougir de sa culture, même si d'aucuns se moquent de ses « mangeurs de riz gluant ». Bordées par le Laos et le Cambodge, les 18 provinces de l'I-San (un tiers de la superficie du royaume, (un tiers de sa population) n'ont pas toujours été une terre déshéritée, ce *talat phi* (marché aux fantômes) oublié de la prospérité.

Des sentinelles de grès et un cœur d'or

C'est dans la province d'Udon Thani, à **Ban Chiang**, que fut découverte la plus ancienne civilisation connue utilisant le bronze, vieille de 5000 à 7000 ans. Mais ce sont surtout les Khmers qui ont fait flamboyer l'histoire de l'I-San, sombres guerriers bâtisseurs, exaltés et raffinés, respectueux des dieux et de la nature. Vaincus, évanouis dans la nuit des temps, ils ont laissé leur empreinte, tout comme les Laos dont la migration fut, elle, pacifique et fluide. De fait, les Thaïlandais de l'I-San ne sont jamais tout à fait thaïs, mais

L'I-SAN (RÉGION NORD-EST)

lao-thaïs ou thaï-khmers. Fiers de leur particularisme, ils restent dignes dans leur pauvreté et solidaires dans leurs succès, sur une terre ingrate au climat capricieux. Ici, la mousson donne toujours trop ou trop peu et la vie des paysans baigne dans le mélodrame. Les Thaïs de l'I-San ont leur Zola, **Pira Sudham** *(voir p. 265)*, lui-même paysan pauvre et écrivain célèbre, toujours tourmenté par le sort de son milieu d'origine.

L'I-San n'a guère, jusqu'à présent, profité de la manne du tourisme. Les hôtels y sont peu nombreux, les déplacements longs et souvent peu pratiques. À part quelques voyageurs aventureux ou passionnés par l'archéologie et la culture rurale, les touristes préfèrent la facilité des grands itinéraires balisés, vantés par tant de dépliants flatteurs. Pourtant, cette région offre aussi ses richesses cachées, ses grands espaces, la magie du Mékong et, surtout, un cœur d'or. Qui revient de l'I-San avec le bracelet de coton du *phuk siao (voir p. 215)* noué autour de son poignet sait ce qu'il a gagné. Et il sait qu'il reviendra.

Nakhon Ratchasima

➤ *À 266 km au N-E de Bangkok. Compter de 3 h 30 à 5 h de route, selon la circulation (beaucoup de camions desservent les zones industrielles des environs de Bangkok).* ***Bus*** *toutes les 15 mn de 5 h à 21 h,* *au départ de la gare routière Nord, Pahol Yothin Rd.* ***Train***: *7/j. au départ de Hua Lampong (env. 5h de trajet).* ***Avion***: *1 vol/j. sf dim. (durée: 40mn).*

➤ *Informations pratiques p. 224.*

Considérée comme la porte d'entrée de l'I-San, Nakhon Ratchasima est plus communément appelée Korat. Sa fondation remonte au milieu du XVIIe s. mais son intérêt historique est médiocre. Elle est devenue un gros centre commercial et militaire (base aérienne à proximité). On y vient pour affaires ou pour rayonner vers les châteaux de pierre, gloire de l'empire khmer déchu… Elle dispose pourtant d'un monument emblématique dédié à **Thao Suranaree** (Khunying Mo), en face de la vieille porte ouest de la ville. Érigé en 1934, il commémore la défense héroïque de l'épouse du gouverneur de la ville contre les Laotiens sous Rama III et fait l'objet d'une grande vénération. Une fête annuelle (du 23 mars au 3 avril) attire des milliers de personnes.

Si vous êtes d'humeur curieuse, vous pourrez jeter un coup d'œil sur le **Wat Sala Loy**, temple moderne (1967) de forme intéressante, évoquant une jonque chinoise.

Les environs de Nakhon Ratchasima

Deux villages facilement accessibles illustrent la qualité du travail artisanal propre à l'I-San: Dan Kwian et Pak Thon Chaï.

Village de potiers à Dan Kwian**

➤ *À 15 km au S-E de Korat (Nakhon Ratchasima), route 24.* ***Taxi*** *ou* ***song téo*** *depuis Pratu Chainarong, porte sud de Korat.*

Impossible d'ignorer la spécialité de la région: les productions sont largement disposées le long de la route, signalant les ateliers qui se succèdent. L'aspect particulier des poteries de Dan Kwian est dû à la haute **teneur en fer de l'argile** qui provient de la rivière Moun. À l'origine, il s'agissait de fabriquer des jarres pour la conservation des produits alimentaires, des creusets et des ustensiles utilitaires. Bien conseillés par des architectes d'intérieur et des designers de la capitale, les artisans fabriquent désormais (toujours entièrement à la main) des objets dont le raffinement et la modernité tranchent avec l'habituelle production banalisée «pour touristes». Cherchez, fouinez!

Village de soyeux à Pak Thon Chaï**

➤ *À 27 km au S de Korat (Nakhon Ratchasima), route 304.* ***Taxi***, ***song téo*** *ou* ***bus***, *depuis la gare centrale de Korat.*

Le travail artisanal de la soie est un art très ancien dans ce petit village qui compte près de deux cents ateliers de fabrication, la plupart dotés de quatre ou cinq métiers seulement. Après un déclin dû à la mode du pantalon (autrefois, tous les hommes portaient le *phanong*, longue pièce de tissu drapé), l'activité connaît un renouveau grâce à l'action de la Reine en faveur des artisanats traditionnels. Dans les fabriques familiales, on peut voir en détail le **processus de fabrication** du précieux tissu: filage, teinture, tissage. Un vaste choix de soies, unies ou de qualité *mut-mee*, à prix d'ami. Pour tout savoir sur la soie, vous pouvez aussi visiter le **Silk and Cultural Center**, situé à l'entrée du village. ■

Les parcs nationaux : la jungle apprivoisée

Le mode de vie de la plupart des Thaïs est resté proche de la nature. Pourtant, de nombreux dégâts ont été commis, au nom de l'argent ou, tout simplement, par inconscience. Certaines régions sont maintenant classées Patrimoine mondial.

Le parti de la nature

Les 58 parcs nationaux du royaume couvrent une superficie de 50 000 km² (soit 1/10e de la France). Ils sont placés sous la responsabilité du département royal des Forêts et équipés de sentiers de randonnée, ainsi que de facilités d'hébergement et de restauration. Sur les dix parcs que possède l'I-San, Khao Yaï et Phu Kradung sont les plus connus. Ils offrent l'espace, la solitude, l'intimité avec une nature particulièrement ardente et généreuse.

***Rens. :** National Parks Division, Royal Forestry Department, Pahol Yothin Rd, Bangkhen, Bangkok ☎ (2) 579.05.29.*

Parmi les 282 variétés de mammifères répertoriées en Thaïlande, les cervidés ont élu domicile dans la forêt de mousson où ils sont peu menacés par d'autres espèces. Il existe certes des félins (tigres et panthères), mais ils sont peu nombreux et il est très rare d'en apercevoir en liberté.

Le parc de Khao Yaï

Khao Yaï (la Grande Montagne) occupe 2 170 km² répartis sur quatre provinces : Nakhon Ratchasima, Nakhon Nayok, Sara Buri et Prachin Buri. Le parc offre un peu de fraîcheur et un hébergement confortable. Des randonnées pédestres à travers la jungle permettent d'y observer les plus belles orchidées du monde et, peut-être, de faire une rencontre inattendue avec un tigre (très hypothétique) ou avec un ours... que vous ne fusillerez qu'à la jumelle !

Le parc de Khao Yaï fut créé en 1959, après avoir servi de repaire à des brigands qui préféraient laisser une certaine épaisseur de jungle entre eux et la police. Depuis, on s'efforce de ne pas troubler la quiétude des éléphants, des gaurs (bœufs sauvages), des cerfs, des singes, des chevreuils, des oiseaux et des nombreux autres animaux laissés à la vie sauvage. En matière de grand spectacle, la nature tient ses promesses : montagnes (elles culminent à 1 320 m), cascades, forêts, pièces d'eau... Les marcheurs s'en donneront à cœur

joie sur les nombreux sentiers balisés, s'enivrant des senteurs de fleurs et d'humus, franchissant audacieusement les torrents sur des ponts de lianes... Des sorties nocturnes sont organisées dans des camions équipés de projecteurs puissants; elles permettent d'observer principalement des cervidés et des éléphants.

L'orchidée, emblème du pays, est une plante parasite qui pousse sans terre. Il en existe une centaine de variétés dans le royaume, sauvages ou élevées en pépinières. La Thaïlande est en pointe pour l'hybridation des orchidées et en a créé de nombreuses variétés.

KHAO YAÏ PRATIQUE

➤ À 205 km à l'E de Bangkok, sur la route n° 2.

Périodes de visite. Toute l'année. Le meilleur moment pour observer la faune se situe en avril et mai. Les cascades sont les plus belles de juin à novembre.

Hébergement. Bungalows gérés par l'Office du tourisme (confort simple) ou Juldis Khao Yaï Resort, bel hôtel de séjour avec piscine et golf à proximité.

Parmi les oiseaux qui peuplent la jungle, certains semblent peints par un artiste surnaturel. Ici, un *Buceros rhinoceros*.

Le parc de Phu Kradung

À la frontière des régions Nord et Nord-Est de la Thaïlande, le Parc national de Phu Kradung occupe, sur près de 350 km², une vaste région retirée. Il a été ouvert en 1966, ce qui a permis de sauvegarder une forêt par ailleurs très malmenée. Le parc occupe un terrain accidenté, culminant à 1 360 m. Il faut 5 à 6 h d'escalade pour atteindre le haut plateau, à 1 200 m d'altitude. Mais les courageux sont récompensés : du sommet, le paysage est époustouflant et les marcheurs peuvent savourer l'ivresse de la solitude sur plus de 50 km de sentiers de randonnée bien balisés.

La végétation offre un mélange d'essences tropicales et tempérées, comme le pin ou le chêne. Torrents et cascades alimentent un fond sonore permanent, mêlé aux chants des oiseaux. Le parc abrite encore une vingtaine d'éléphants, des cervidés et de nombreux singes et sangliers. Outre les faisans, les paons, les échassiers, les perroquets et autres oiseaux familiers, on peut admirer une étonnante variété d'oiseaux. Certaines espèces participent à la pollinisation des orchidées.

Les parcs nationaux ont permis la préservation d'un patrimoine forestier très endommagé par l'exploitation clandestine du teck et autres bois de prix.

PHU KRADUNG PRATIQUE

➤ À 615 km au N de Bangkok, sur la route 201, dans la province de Loei.

Périodes de visite. De février à avril pour les azalées et les rhododendrons. En novembre et en décembre pour les cascades et les érables. Le parc est fermé de juillet à octobre.

Hébergement. Les lodges offrent un confort rustique (électricité, eau courante et couvertures). La restauration (locale) est assurée sur place.

Quelques conseils. Des vêtements chauds sont recommandés de décembre à février, la température nocturne pouvant descendre à 0 °C. De mars à mai, il fait autour de 30 °C pendant la journée. Prévoir une protection antimoustiques. ■

La route des forteresses khmères

Dominé par les Khmers du IXe au XIIIe s., le sud de l'I-San a gardé en otage les plus beaux vestiges khmers connus en dehors du Cambodge. Les principaux ont été restaurés, d'autres sont en cours de restauration. Mais partout, l'émerveillement est là, devant ces *prasat hin* (châteaux de pierre) austères et gracieux, qui résument les ambitions de leurs princes: plaire aux dieux, domestiquer la nature, savourer les plaisirs de l'amour, conquérir le monde... Les Khmers furent les ennemis jurés des Siamois. Mais sans les Khmers, les Thaïlandais ne seraient pas devenus ce qu'ils sont.

Ce qu'a écrit Chateaubriand à propos de l'Alhambra de Grenade s'applique magnifiquement à l'art khmer: « quelque chose de voluptueux, de religieux et de guerrier ». Une promenade à travers les plus grands sites khmers de la Thaïlande est un cadeau que chaque voyageur peut s'offrir.

Phnom Wan*, le plus discret

➤ *À 15 km au N-E de Nakhon Ratchasima (route n° 2).* ***Bus :*** *3 départs/j. depuis la gare routière (7h, 10h, 12h) ou* ***taxi****. Ouv. t.l.j. de 8h à 17h30. Entrée payante.*

Ce temple relativement modeste date du XIe s. Comme Phimaï, il est orienté vers l'est et comporte un **toit pyramidal**. Initialement dédié à Shiva, il fut transformé en sanctuaire bouddhique à l'époque d'Ayutthaya, jusqu'à l'ère Rattanakosin (période de Bangkok). Le roi Rama V s'y est rendu, comme en témoigne une stèle gravée. Le temple, entretenu par une communauté de moines résidant autour, est toujours utilisé comme lieu de culte. Il est actuellement restauré par des archéologues français.

♥ Phimaï***, le plus prestigieux

➤ *À 60 km au N-E de Nakhon Ratchasima.* ***Bus*** *toutes les 30 mn depuis la gare routière (1h de trajet) ou* ***taxi****. Ouv. t.l.j. de 8h à 17h30. Entrée payante.*

Souvent qualifié d'Angkor Vat siamois, l'ensemble de Phimaï (début du XIIe s.) est un témoignage exceptionnel, superbement restauré, de l'architecture classique khmère en Thaïlande.

Le sanctuaire de Phimaï est maintenant enserré dans une petite bourgade provinciale qui occupe, en partie, l'intérieur de l'enceinte initiale, au confluent de la rivière Moun et de la Khem. Sa restauration a été conduite par l'archéologue français Bernard Groslier (qui travailla également à Angkor). Il fut très probablement construit sous le règne de Suryavarman II et terminé sous Jayavarman VII, à la fin du XIIe s. Mais certains édifices seraient plus anciens (fin du XIe s.). Avec ses blocs de grès rose et blanc, associés à une latérite sombre, il illustre parfaitement l'architecture altière des « châteaux de pierre » dressés entre les dieux et les hommes. Le plan s'inspire du **mandala**, représentation hindouiste de l'univers dominé par le mont Meru (figuré par le *prang* central).

Orientée côté sud, la **porte de la Victoire** (entrée du temple) regarde Angkor qui n'est qu'à 250 km. Le **sanctuaire principal** (*prasat*) est entouré d'une cour rectangulaire percée de quatre portes (*gopura*) donnant accès à quatre couloirs convergents. La terrasse est surmontée d'un toit pyramidal soutenu par des *garuda* et des *naga*. Cette architecture rigoureuse est loin d'être froide et l'on peut admirer sur les linteaux des sculptures exquises illustrant l'éclectisme religieux des Khmers: épisodes du *Ramayana* voisinant avec des représentations du Bouddha ou de divinités hindouistes. Les scènes de la vie quotidienne célèbrent volontiers la fête des corps dans un monde plutôt bienveillant, malgré les batailles.

Le **musée**, *ouvert en 1994 (ouv. de 9h à 16h, sf lun. et mar.)*, présente l'héritage culturel de l'I-San: objets khmers (linteaux, statues, dont l'original de Jayavarman), statuettes en bronze, bijoux. Son architecture évoque les perspectives khmères. Le musée présente également des photos sur les fouilles et des objets traditionnels contemporains (tissus, ustensiles de la vie quotidienne).

On pourra aussi admirer *(à 1 km au N-E du sanctuaire)* le plus grand **banian** du monde.

♥ Phnom Rung***, le plus majestueux

➤ *À 67 km au S-E de Buriram, qui est desservie par le* ***train****, depuis Bangkok et Nakhon Ratchasima, ou des* ***bus*** *réguliers.* ***Au départ de Buriram:*** *rejoindre Nang Rong (60 km) par* ***bus*** *régulier, puis Ban Ta Koe (7 km) sur la route 24. Accès au temple par* ***song téo****. Ouv. t.l.j. de 8h à 17h30. Entrée payante.*

Édifié sur un ancien volcan éteint dominant la route d'Angkor, Phnom Rung jouit d'un site exceptionnel.

Le **Prasat Hin Kao Phnom Rung** (le Château de pierre sur la montagne) fut édifié en grande partie sous le règne de Suryavarman II, en hommage à Shiva. Sa construction, œuvre colossale, s'est étalée sur plusieurs siècles (Xe-XIIIe s.). Selon l'illustre orientaliste Gabriel Le Ramier, il fallait 160 hommes et 60 cordes pour déplacer chaque bloc de pierre depuis la carrière jusqu'au chantier!

Bien qu'il ait été abandonné pendant plusieurs siècles, le temple a bien résisté aux outrages du temps. Sa rénovation dura 17 ans. Elle a été marquée par l'épisode du linteau Phra Narayana, volé durant la guerre du Vietnam et exhibé sans pudeur à l'Art Institute de Chicago. Il aura fallu 16 ans pour convaincre les Américains que le linteau devait revenir à Phnom Rung. Cette mission fut accomplie en 1988, grâce à la ténacité de nombreux Thaïs et Occidentaux. Les voleurs avaient d'ailleurs signé leur forfait en abandonnant sur place une partie de la sculpture qui s'ajustait parfaitement à celle de Chicago…

Le site est particulièrement beau et spectaculaire. L'arrivée s'effectue par une allée longue de 160 m, faite pour recevoir des parades d'éléphants, et qui se prolonge par un escalier gardé de *naga*. La **flèche du *prang*** de grès rose, posé comme un joyau sur la terrasse supérieure, culmine à près de 27 m de hauteur. Les quatre portes marquent les points cardinaux. Le vaste corridor (5,70 m de long et 3 m sous plafond), situé à l'est de la tour, accueillait les brahmanes à l'occasion des récitatifs et des chants. Inspirées du *Ramayana*, du *Mahabharata* et des *Purana* hindouistes, les **sculptures** sont les plus fines et les plus achevées de tous les sites khmers de Thaïlande. Le fameux linteau Phra Narayana, situé à l'entrée principale, montre le dieu Vishnou reposant sur un *naga* dans la mythique mer de lait. Aucune représentation de Bouddha n'a été trouvée à Phnom Rung.

Muang Tham**, le plus romantique

➤ *À 8 km au S-E de Phnom Rung, près de Ban Charake.* ***Song téo*** *ou* ***taxis*** *depuis Phnom Rung ou Ban Ta Koe. Ouv. t.l.j. de 8h à 17h30. Entrée payante.*

Au pied de la colline où s'élève Phnom Rung, ce temple khmer garde le charme tragique des sites abandonnés à la décrépitude. Il est en cours de restauration.

Muang Tham, la « cité basse », fut édifiée sous le roi Jayavarman V (968-1001), un siècle avant Phnom Rung, sur la route d'Angkor à Sri Thep. Initialement, elle était entourée de murailles de latérite. Ses ruines se reflètent dans les pièces d'eau sacrées. Les **quatre portes** (*gopura*) sont disposées selon les points cardinaux ; trois d'entre elles ont gardé leurs linteaux sculptés. La **première cour** est remarquable par les *naga* qui ornent les quatre bassins symétriques. La **cour principale** comporte les vestiges de cinq *prang* de latérite. La plupart des bas-reliefs sont en excellent état, peut-être grâce aux soins des bonzes d'une pagode voisine qui assurent l'entretien du site.

La rénovation, conduite par des archéologues allemands, doit restituer peu à peu sa grandeur au sanctuaire dont l'architecture est très endommagée.

Phra Viharn, le plus mystérieux

➤ *À 100 km au S de Sisaket. Depuis Phnom Rung : regagner la route 24 et l'emprunter en direction de l'est sur 205 km, jusqu'à l'embranchement de la route 221. Prendre ensuite vers le S (50 km) vers Kantharalak et Phumsaron, qui n'est qu'à 4 km des ruines. Kantharalak, le village le plus proche, sur la route 221, est relié par* ***bus*** *et* ***song téo*** *à Sisaket. Ouv. t.l.j. de 8h à 16h sous réserve de l'accord de l'armée thaïe. Entrée payante.*

Revendiqué par la Thaïlande et par le Cambodge, ce temple khmer a été attribué à ce dernier en 1962 par la Cour de La Haye. La guerre au Cambodge en a rendu l'accès impossible pendant 28 ans. À la suite d'un accord entre les autorités khmères et thaïlandaises, le site a été réouvert en 1990, depuis le territoire thaï, puisqu'il n'existe aucune possibilité d'accès côté cambodgien. Édifié sur la chaîne frontalière des Dangkrek, à 657 m d'altitude, le temple principal domine magnifiquement la plaine, confirmant sa **vocation guerrière**. Commencée au Xe s., sa construction fut achevée par les bâtisseurs d'Angkor, au XIIe s. Du fait de son isolement et en dépit de sa situation délicate au cœur de maquis de Khmers rouges, le site est remarquablement préservé. L'accès au **sanctuaire principal**, dédié à Shiva, s'effectue par une enfilade d'escaliers et de portes, comportant trois paliers principaux, l'ensemble s'étirant sur 850 m de distance. De nombreuses sculptures sont en bon état, comme une partie de la rampe en forme de *naga* et des linteaux illustrant des thèmes hindouistes. Le département des Beaux-Arts envisage les restaurations avec pru-

La fête des Éléphants a été « inventée » en 1960 par l'Office du tourisme pour créer un pôle touristique dans une région reculée peu visitée. Une centaine d'éléphants y participent avec leurs cornacs.

dence, le temple devant être libéré non seulement de l'emprise de la jungle mais des mines enfouies dans la campagne proche. Autant dire que la visite de Phra Viharn reste encore un privilège.

Surin : les éléphants déchaînés

➤ ***Train spécial de nuit*** *au départ de Bangkok (460 km) pour la fête des Éléphants (2e week-end de nov.). Forfait incluant le spectacle, les repas et une excursion à Phnom Rung. Inscriptions à l'Office du tourisme ou auprès d'agences agréées.*

Si vous vous retrouvez coincé dans un encombrement d'éléphants, ce ne peut être qu'en novembre à Surin ! C'est l'époque où les pachydermes déambulent dans la ville, avec la complicité de ses policiers, indifférents aux feux de signalisation et aux interdictions de stationner…

On leur a construit un vaste stade sur Lak Muang Rd, où se déroulent les festivités. Le spectacle comporte **trois animations** principales : un match de foot, le travail dans les forêts et une simulation de bataille entre Siamois et Birmans. Des épisodes humoristiques s'intercalent, visant le plus souvent à ridiculiser les humains au profit des éléphants. Le match de foot jouit d'un succès particulier, joué par douze éléphants arbitrés par un bipède prudemment vêtu d'une tenue fluo. Les cartons jaunes ne pleuvent pas, c'est le moins qu'on puisse dire. Car malgré leurs talents, les joueurs pachydermiques n'ont pas intégré toutes les règles du jeu…

Du côté des reconstitutions historiques, l'épisode favori du public retrace l'intervention romantique de la reine Suriyothaï (en 1549) qui, observant que son royal époux se trouvait en difficulté lors d'un combat singulier avec un prince de Phrae, s'interposa avec son éléphant et lui sauva la vie.

Le style Lopburi : les châteaux de pierre (VIIe-XIVe s.)

On reconnaît dans cette tête de bodhisattva *de style Lopburi la pureté de l'art khmer.*

L'école de Lopburi correspond à la période khmère de l'ancien Siam. Trois grands rois khmers ont exercé leur suzeraineté sur une partie du territoire actuel de la Thaïlande : Suryavarman Ier (1002-1050), Suryavarman II (1113-1150) et Jayavarman VII (1181-1218). Chacun s'est singularisé par une influence artistique qui englobe chronologiquement le style de Baphuon, celui d'Angkor Vat (sous Suryavarman II) et celui du Bayon.

Le Prasat Hin ou « château de pierre » est le lieu géographique qui rassemble les dieux et les hommes. On les trouve dans le Nord-Est *(voir p. 210)*. En dépit de la prédominance d'une architecture massive, voire guerrière, la disposition harmonieuse des bâtiments donne une impression d'élégance et de majesté. La sculpture et les bas-reliefs sont d'une pureté exquise, mêlant les thèmes religieux et la chronique de la vie quotidienne (guerre, plaisirs, travaux des champs). L'apogée de l'école de Lopburi se situe sous le règne de Jayavarman VII, dont la fin traduit déjà le dégagement progressif des influences khmères.

Les plus nombreux vestiges khmers sont concentrés dans l'est de la Thaïlande, mais on a retrouvé un temple bien conservé (restauré) au nord-ouest de Kanchanaburi (Prasat Muang Singh) qui montre les limites occidentales de l'empire. Le monument le plus important est l'ensemble de Phimaï, construit sous le règne de Suryavarman II. Mais trois ensembles majeurs sont à signaler, correspondant à la première période : Tamuen Tom (province de Surin), Phnom Rung et Muang Tham (province de Buriram). ❖

Contrairement au reste de l'I-San où domine une population lao-thaïe, la région de Surin est peuplée d'une majorité de Khmers. Selon la tradition, l'éléphant jouit ici d'un statut peu différent de celui des êtres humains dont il a d'ailleurs la longévité. Menacé par la disparition des forêts, la guerre du Cambodge, la modernisation de l'agriculture et des véhicules de guerre, il a trouvé de nouveaux emplois, comme beaucoup de paysans, dans le secteur du tourisme. La plupart des éléphants présentés dans les *shows* ou utilisés comme mascotte par les hôtels proviennent de la région de Surin. ■

La route de Vientiane

La route n° 2, dite « route de l'amitié », fut longtemps un axe stratégique aboutissant en cul-de-sac sur une zone interdite. Cette situation a changé depuis l'inauguration du premier pont sur le Mékong qui relie **Nong Khaï** (frontière thaïe) à **Vientiane**, la capitale laotienne. Bien que les perspectives touristiques au Laos soient encore modestes, ce pont a désenclavé les provinces limitrophes, entraînant une ouverture sur la Chine du Sud et le Vietnam. Les « pays du Mékong » se sont d'ailleurs regroupés pour envisager des programmes de développement communs où le tourisme a une part importante *(voir p. 225)*.

La capitale de la soie : Khon Kaen et sa région

➤ *450 km de Bangkok ; 184 km de Nakhon Ratchasima ; 166 km de Nongkhaï (frontière laotienne).* ***Vols** t.l.j. depuis Bangkok.* ***Train** (env. 8 h de trajet) depuis Hua Lampong et **bus** climatisé (7 h de trajet au départ de la gare routière du Nord-Est sur Pahol Yothin Rd).*

➤ *Informations pratiques p. 224.*

Khon Kaen est située au cœur de l'I-San, sur la route de Vientiane (Laos). Sa région s'est illustrée dans le travail de la soie depuis des lustres. Elle doit surtout sa notoriété à la soie *mut-mee* (soie nouée teinte) aux motifs et aux couleurs incomparables. C'est au terme d'un processus long et compliqué que les pièces de tissus chatoyantes arrivent dans les boutiques chic de Bangkok : culture des mûriers, élevage des vers à soie, filage des cocons permettant d'obtenir des fils de longueur et de texture uniformes… La maîtrise de la soie *mut-mee* suppose que les motifs soient déjà choisis au moment de la teinture des fils qui s'effectue par nouage et trempage dans divers bains de couleurs. Le tissage fait apparaître des motifs géométriques ou inspirés de la nature : arbres, fleurs, serpents, oiseaux…

Longtemps réservée à l'usage local (fabrication des vêtements de

Le phuk siao, cérémonie de l'amitié

Le terme de *siao* désigne une amitié profonde et durable, impliquant une protection mutuelle en cas de besoin. Cette cérémonie, propre à cette région, a une signification particulière pour le peuple de l'I-San qui y voit un moyen de préserver l'intégrité de sa région. On peut l'observer à l'occasion de la foire de la Soie qui rassemble des gens que la vie a dispersés ou qui suscite de nouvelles rencontres. Concrètement, les anciens sont mandatés pour nouer une cordelette autour du poignet des membres de l'assistance qui souhaitent se témoigner une amitié mutuelle. Il est d'usage de choisir un partenaire du même sexe. La cérémonie se déroule dans une ambiance de recueillement, autour de décorations florales spectaculaires, assis par terre sur ses jambes repliées, position quelque peu inconfortable pour les *farang* volontaires… ❖

La soie en fête

La foire de la Soie est célébrée tous les ans à Khon Kaen, fin nov. ou début déc. (dates à faire préciser à l'Office du tourisme) pendant 7 jours et 7 nuits. Elle fut créée en 1979, à l'initiative de l'équivalent thaï du Conseil régional qui souhaitait mettre en valeur la fabrication artisanale de ce produit. Un calendrier des réjouissances est édité chaque année par la municipalité, qui cherche à varier les plaisirs autour de l'incontournable élection de Miss Soie défilant dans son char enluminé. La plupart des animations se déroulent sur l'esplanade de l'hôtel de ville et dans le parc Ratchadanusorn. ❖

fête), la production de soie *mut-mee* fut réactivée à l'initiative de la Reine Sirikit, dans le cadre de sa fondation SUPPORT dont l'objet est de préserver les artisanats traditionnels. La souveraine a donné l'exemple en exhibant des tenues en soie *mut-mee* et a souhaité que le costume traditionnel thaï se substitue, dans les cérémonies officielles, au costume occidental inadapté au climat et à la culture.

Khon Kaen est une ville provinciale paisible. Vous prendrez plaisir à flâner sur **Klang Muang Rd** pour y acheter de jolis objets artisanaux et, bien sûr, de la soie: pièces de tissu à coudre ou à draper, écharpes et accessoires, vêtements… Le marché central est particulièrement animé, riche en expériences olfactives et gastronomiques (essayez les spécialités comme la salade de papaye verte, ou *som tam*, et le poulet aplati et grillé sur braises). Il vous restera à faire une visite au **Musée national** *(ouv. de 9h à 12h et de 13h à 16h sf lun. et mar.)* créé en 1972 par le Roi Bhumibol et où, faute de profiter des commentaires (exclusivement en thaï), vous pourrez admirer de nombreux objets préhistoriques, religieux et folkloriques de la région.

Autre visite très intéressante: celle d'un **écomusée** privé (appartenant à la famille Prathamakant) qui vend aussi des produits de l'artisanat régional. On peut y voir, dans une maison thaïe ancienne, une admirable collection de textiles de l'I-San, du Laos et d'autres pays d'Asie (Japon, notamment).

♥ **Prathamakant Local Goods Center,** 81-85 Ruen Rom Rd ☎ (043) 224.080.

Chonabot et la soie mut-mee

Une visite s'impose au village de Chonabot *(54 km au S sur la route n° 2)* où sont produites une grande partie des pièces de soie *mut-mee* vendues le long de Klang Muang Rd. Vous pouvez visiter les petits ateliers de tissage où sont souvent employées de très jeunes filles, et assister aux différentes phases de la fabrication. Ces ateliers produisent principalement pour les boutiques de Bangkok et Chiang Maï. On peut acheter sur place à des prix qu'il n'est pas honorable de discuter (ne pas lésiner sur les métrages, ce type de soie étant quasiment impossible à réassortir).

Udon Thani : la caserne et l'orchidée

➤ *À 564 km de Bangkok et 137 km de Khon Kaen.* ***Vols*** *quotidiens au départ de Bangkok. Liaisons par* ***bus*** *climatisé (2h), au départ de*

Le géant du Mékong

À l'âge de 7-8 ans, il pèse déjà 100 kg. Adulte, il peut atteindre 250 kg et 2 à 3 m de longueur. Comme tous les géants, il suscite l'admiration et, en même temps, la crainte. Son esprit exige des offrandes : riz gluant, fleurs, encens, sacrifices d'animaux. Nul ne prononce son vrai nom, *Pangasianodon gigas*. On l'appelle simplement *plaa buk*, le poisson-chat géant.

Chaque année, en avril-mai, le *plaa buk* effectue sa migration saisonnière pour se reproduire, remontant le courant depuis le lac Tong Le Sap, au Cambodge, jusqu'au lointain lac Ta Li, dans le Yunnan chinois. Des deux rives du fleuve, Laotiens et Thaïs sont prêts pour tenter le jack-pot de l'année : pêcher un *plaa buk* qui leur rapportera 300 à 400 ฿ le kg.

La pêche au poisson-chat géant n'est pas de tout repos. Chaque barque de pêche, manœuvrée par trois à cinq hommes, n'a que 24 heures pour réussir. Équipés de filets de nylon mesurant 250 m de long, les pêcheurs draguent le chenal pour traquer le *plaa buk* qui remontera imprudemment chercher son oxygène. Dès qu'une barque revient sur la berge, une autre repart immédiatement.

L'office des pêches s'est préoccupé de réglementer la pêche au poisson-chat géant, pour protéger l'espèce qui se trouve menacée par divers facteurs écologiques. Il a créé un centre d'insémination artificielle, achetant les œufs 200 ฿ le kg (le « caviar lao ») et créant des élevages. Chaque année, des milliers de petits *plaa buk* sont remis à l'eau dans les rivières, les lacs et les fleuves de Thaïlande. Petit *plaa buk* deviendra grand, pour faire rêver, encore longtemps, les courageux pêcheurs du Mékong. ❖

Khon Kaen, toutes les 30 mn. On peut aussi prendre le ***train*** *(moins de départs et trajet plus long : 3 h).*

➤ *Informations pratiques p. 225.*

Udon Thani, dont l'existence administrative ne remonte qu'à 1893, doit sa prospérité à la présence américaine durant la guerre du Vietnam. À cette époque, d'importantes bases aériennes étaient installées dans la région. Même si les GI's ont été évacués, Udon Thani reste marquée par ce passé. Les Américains sont d'ailleurs toujours présents et l'on a le sentiment de se trouver dans une ville de garnison. Ce penchant militaire n'a pas empêché Udon Thani de donner son nom à la plus belle des fleurs : une variété hybride d'orchidée, l'*Udon Sunshine*. Sur le plan touristique, l'étape d'Udon Thani se justifie aussi par la visite du grand **site préhistorique de Ban Chiang**.

♥ La pépinière de l'Udon Sunshine

➤ *Orchid Farm, 127 Soi Kamolpatana. À 2 km du centre-ville, sur la route de Nong Samrong. Ouv. t.l.j. de 9 h à 16 h.*

Un amoureux des orchidées, M. Pradit Kampumpul, a créé la variété Udon Sunshine, hybride de Vanda et Joséphine, la seule orchidée au monde dégageant un parfum. De couleur orangée, elle donne neuf fleurs par an, ce qui ne suffit pas à répondre à la demande. Visitez plutôt le matin, quand l'exhalaison du délicat parfum de l'Udon Sunshine est à son zénith… On peut acheter sur place (ou en ville) des parfums fabriqués à partir des essences de cette orchidée.

Ban Chiang**, berceau de l'humanité

➤ *À 50 km à l'E d'Udon Thani sur la route 22 vers Nakhon Sawan. Plusieurs* ***bus****/j. au départ de la gare routière de Sai Uthit Rd.*

Découvert en 1967, ce site a mis en évidence l'existence d'une civilisation du bronze extrêmement ancienne, remontant jusqu'à 5600 ans, sans lien de parenté avec le peuple thaï, venu beaucoup plus tardivement de Chine. L'excavation principale (localisée à **Wat Phi Si Naï**), où ont été trouvés des squelettes et de nombreuses poteries, a été reconstituée et on peut la voir dans l'état où la découvrirent les archéologues.

Le site de Ban Chiang a été déclaré Patrimoine mondial de l'Unesco en 1992. Le **musée** mériterait sans doute quelques travaux de modernisation, mais cela n'empêche pas d'admirer les poteries ornées de motifs circulaires très caractéristiques, de couleur brique (qui rappellent curieusement certains vases crétois). On peut y voir aussi de très nombreux objets en bronze, en os, des bijoux, des moules en fonte et même des lambeaux de soie *(t.l.j. sf lun. et mar. de 9h à 16h)*.

Pour rapporter une poterie de Ban Chiang, inutile de cambrioler le musée: les artisans du village de Ban Pu Lu *(à 2 km)* s'emploient à les reproduire avec un talent certain. Un autre village de potiers, Ban Kham O, se trouve sur la route 22, à l'embranchement de la route de Ban Chiang.

Phu Phra Bat*, des reliefs étranges

➤ *À 60 km au N-O d'Udon Thani (prendre la route n° 2 sur 40 km, puis la route 2021). Peut aussi se visiter au départ de Nong Khaï. Le parc ferme à 16h.*

La région de Phu Phra Bat, classée parc historique, présente un double intérêt: elle s'enorgueillit d'une empreinte du pied de Bouddha et présente un relief très étrange, unique en Thaïlande. La légende associe les deux, racontant que le Bouddha refusa d'ordonner moine un serpent géant. Le Maître laissa son empreinte en consolation au serpent et celui-ci disparut dans un rocher. Le paysage du parc est hérissé de rochers de grès de formes bizarres dont certains semblent défier la pesanteur. Plusieurs grottes comportent des **fresques millénaires** dont l'origine est controversée. La magie fait partie de ce lieu. Le bruit court qu'un tunnel mène jusqu'au Mékong *(20 km)*, mais personne ne l'a jamais trouvé!

La Sainte Empreinte du Pied de Buabok, longue d'environ 2 m, est abritée sous un *chedi* édifié entre 1920 et 1934 sur le modèle du célèbre Chedi Phra That Phanom (à Nakhon Phanom, *voir p. 223*). Le nom de Buabok fait référence à une plante autrefois très répandue dans la région. Une importante **fête religieuse** a lieu tous les ans du 13e au 15e jour du 3e mois lunaire (vers la **mi-février**).

♥ Nong Khaï**, au bout de la route

➤ *À 616 km au N-E de Bangkok.* ***Vols*** *quotidiens sur Udon Thani (51 km au S de Nong Khaï).* ***Trains*** *de jour ou couchettes au départ de Hua Lampong (10h30 de trajet).*

La fête des Bougies à Ubon Ratchathani

Des chars présentant les statues de cire défilent dans la ville.

La fête des Bougies marque l'ouverture du carême bouddhique, ou retraite des pluies, et vise à offrir aux moines et à Bouddha des bougies colossales qui les éclaireront le plus longtemps possible. Chaque communauté monastique, chaque association met un point d'honneur à fabriquer la plus grande et la plus élaborée des bougies. Moulées ou sculptées dans la cire d'abeille, les bougies géantes doivent illustrer un thème religieux : temples ou personnages inspirés des vies antérieures de Bouddha (plus de 500 au répertoire !). Le site principal des festivités est la promenade do Thung Si Muang, un grand parc en centre-ville *(voir p. 223)*. On peut y voir deux statues qui ont l'aspect de figures de cire mais qui sont en métal peint, témoignage permanent de la qualité du travail des sculpteurs dont l'œuvre est chaque fois détruite. La veille de la fête, les figures de cire sont exposées en différents endroits : cours de temples, écoles, sièges d'associations.

Période : lors de la pleine lune de juillet (les dates sont à faire préciser à l'Office du tourisme). ❖

Plusieurs ***bus*** *quotidiens au départ de la gare routière de Pahol Yothin Rd (12h de trajet env.) et depuis les autres villes de l'I-San.*

➤ *Informations pratiques p. 224.*

Jusqu'au milieu des années 1990, Nong Khaï était « au bout du monde », dernière ville thaïe avant la puissante barrière du Mékong ouvrant sur un Laos trop longtemps clos. Elle apparaissait comme une ville frontière où les races se côtoient, se mêlent, s'épient, une ville ouverte à maints trafics licites ou secrets. Ici s'arrêtaient la route et la voie ferrée. Ici commençait l'imagination.

Derniers jours tranquilles à Nong Khaï? Peut-être. Car le pont sur le Mékong a donné un coup de fouet à l'économie régionale depuis 1994. Nong Khaï est devenue un point de passage obligé. Le Laos se trouve désenclavé, relié à la mer par la route et ouvert aux séductions de la société de consommation, version thaïe. Par sa situation, Nong Khaï est appelée à devenir un nœud de communication majeur pour les « pays du Mékong ». Remerciez ou maudissez les Australiens qui ont financé une grande partie des travaux. Et savourez, tant qu'il existe, le charme provincial de cet endroit encore discret…

➤ **Meechaï Rd.** L'architecture des « Champs-Élysées » de Nong Khaï, parallèles au Mékong, trahit encore une influence chinoise et coloniale française dans d'antiques maisons-boutiques ou résidences de négociants. Ne vous étonnez pas de trouver certains plats français au menu des restaurants : les Laotiens ont réussi à exporter ce vieux souvenir de la colonisation. Au **marché Chayaporn**, ne pensez pas être l'objet d'une hallucination en voyant des baguettes de pain : c'est encore grâce aux Laotiens.

➤ **Les temples.** Les portes sont toujours grandes ouvertes pour admirer le vieux *viharn* du **Wat Hai Sok** ou le gong imposant du **Wat Si Sumung**. Le Wat Pho Chaï abrite un célèbre **bouddha d'or**, le Louang Pho Phra Saï, haut de 66,5 cm. Comme beaucoup de statues précieuses en Thaïlande, cette image a connu une histoire mouvementée. Elle faisait partie d'un groupe de trois (Phra Soem, Phra Suk et Phra Saï), commandées par les trois fils d'un roi du Laos. Sous le règne de Rama III, elles furent enlevées par un général siamois qui les chargea sur un radeau. À la suite d'un malencontreux orage, Phra Suk sombra dans le Mékong. Phra Soem fut ramenée à Bangkok (au Wat Sa Pathum), mais un incident laissa croire aux Siamois que Phra Saï refusait le voyage. Ainsi, la statue resta à Nong Khaï.

➤ **Le village de tisserands.** Il est situé à côté du Wat Pho Chaï et abrite 350 familles spécialisées dans la production du coton *mutmee*, tissé à partir de fils noués et plongés dans de l'indigo.

➤ **Sala Kaeo Ku.** *À 3 km, sur la route de Phon Phisaï.* Également appelé « temple indien » (Wat Khaek), c'est un endroit inclassable, né dans les années 1970 de l'imagination d'un mystérieux et riche personnage (humoriste ? espion communiste ? bouddhiste exalté ?), l'honorable M. Boun Leua Sourirat. Dans un vaste jardin, d'étranges statues en béton reflètent une interprétation très peu conventionnelle du bouddhisme et même de l'hindouisme. On notera un cobra à sept têtes, des divinités géantes auréolées de serpents et un éléphant poursuivi par une meute de chiens démoniaques et lubriques (en Vespa ou en décapotable avec des lunettes d'aviateur !)... Certains y voient une parodie de la société humaine, d'autres une inspiration de Jérôme Bosch. Et chacun peut y trouver matière à méditation.

À l'ouest de Nong Khaï

Il existe des bus réguliers qui empruntent la route 211, très spectaculaire.

➤ **Ban Muang Mee** *(15 km).* Des plages de sable sur le Mékong, c'est très chic et peu fréquenté (attention aux courants).

➤ **Sri Chiang Maï** *(40 km).* Centre de production de crêpes de riz dû, non pas à des Bretons prosélytes, mais à des Vietnamiens expatriés.

À l'est de Nong Khaï

La route 212 qui longe le Mékong en direction de Nakhon Phanom n'est guère fréquentée par les touristes et l'infrastructure d'accueil est pratiquement inexistante dans les villages. De nombreux Vietnamiens sont installés dans la région, pratiquant une riziculture intensive. Pour rejoindre Nakhon Phanom, il est préférable de redescendre sur Udon Thani puis d'emprunter la route 22 *via* Sakhon Nakhon. ■

Dans la boucle du Mékong

Majestueux est le Mékong. Magique est le Mékong. Magnifique. Majuscule. Ce fleuve impose sa domination, ses bienfaits, ses caprices sur plus de 4 000 km, depuis la Chine où il prend sa source, jusqu'au Vietnam. Il scelle le Triangle d'Or: Thaïlande, Laos, Myanmar. Géographiquement, il renvoie le Laos à la Chine, lui coupant l'accès à la mer. Il dessine une majeure partie de la frontière nord-est de la Thaïlande, suggérant curieusement une oreille d'éléphant.

Le Mékong est une barrière, mais c'est aussi un lieu d'échanges. Il impose une culture et un mode de vie qui se retrouvent de part et d'autre de ses rives, au-delà des références nationalistes. La plupart des traditions de la région sont lao-thaïes: courses de pirogues, fête des bateaux illuminés (Nakhon Phanom), pêche au *plaa buk* *(voir p. 217)*... Plus fort que les querelles d'États et que les guerres, il est pour le parti de l'éternité. Symbole de ce pouvoir occulte, on a construit un pont sur le Mékong. Vientiane, la capitale provinciale sortie d'un chromo d'Indochine, se trouve reliée à la frénétique capitale Bangkok par la célèbre route n° 2, bien connue des GI's en d'autres temps. Nong Khaï n'est plus le bout du monde.

Plus tard, d'autres ponts enjamberont le Mékong pour l'amitié des peuples et le profit des multinationales à la recherche de nouveaux débouchés.

Nakhon Phanom et ses bateaux de feu

➤ *740 km au N-E de Bangkok; 252 km d'Udon Thani. Liaisons régulières par* ***bus*** *avec Bangkok, Udon Thani (où passe le chemin de fer) et toutes les autres villes de l'I-San.*

➤ *Informations pratiques p. 224.*

Nakhon Phanom est située au bord du Mékong, en face de la ville laotienne de Thakhek, au bord de l'oreille d'éléphant que dessine l'I-San. Elle n'a pas encore son pont sur le Mékong et reste un « bout du monde », y compris pour les Thaïs. Ville tranquille, sinon léthargique, elle s'anime une fois par an à la faveur de la grande **fête des bateaux illuminés** qui clôt le carême bouddhique.

Si vous vous y rendez à cette occasion, vous aurez peut-être la chance d'être accueilli par une cérémonie de *bai sri*, propre à l'I-San et au Laos, dont l'objet est d'honorer un hôte de marque. Les femmes édifient de véritables châteaux de feuilles et de fleurs, savamment pliées et tressées sur des coupes empilées. Les hommes sortent leurs instruments de musique (flûtes, cymbales, orgues à bouche en bambou). Des mets délicats sont préparés et servis dans le recueillement, accompagnés de bénédictions destinées à l'étranger. Des bracelets de coton sont noués autour de son poignet en signe d'amitié. Il ne faut pas les couper mais attendre qu'ils tombent d'eux-mêmes.

♥ La fête des bateaux illuminés

Cette fête religieuse se déroule à la fin de la saison des pluies, à date variable (interroger l'Office du tourisme) pendant un jour et une nuit. Elle marque la fin du carême bouddhique. Les moines qui ont

♥ La fête des Fusées à Yasothon

Cette fête (en thaï : *boun bang faï*) est célébrée à Yasothon *(98 km au N-O d'Ubon)* durant le 2e week-end de mai. Elle a été popularisée par des paysans pauvres dont la vie dépend du bon vouloir de la pluie. Variation purement thaïe sur le thème éternel de la fertilité, elle emprunte à l'animisme autant qu'à une légende, celle de Nang Aï, sous le regard bienveillant des bonzes.

La fête des Fusées autorise certains débordements : déguisements, licence sexuelle, excès de boisson, taquineries... Les hommes peuvent se travestir en femmes et tout le monde jouer les monstres, les bouffons ou se rouler dans la boue (signe de fertilité). Le clou du défilé, c'est la présentation des fusées sur des chars décorés de dragons et d'éléphants, gardées par des *naga* menaçants qui crachent de l'eau sur les passants.

Chaque fusée a ses supporters, agglutinés autour d'impressionnantes rampes de lancement qui peuvent atteindre 10 m de long. Les engins sont fabriqués de façon totalement artisanale, selon les techniques inventées dans la Chine ancienne. La poudre est enfermée dans des tubes de métal ou de PVC auxquels on attache de longues tiges de bambou. Il existe plusieurs catégories de fusées, selon le poids de la poudre qui va de 12 à 120 kg. Le dimanche, la mise à feu donne lieu à une longue mise en scène, pas toujours couronnée de succès. L'enthousiasme est d'autant plus vif quand une fusée trace enfin son sillage de fumée dans le ciel, terrorisant les oiseaux et peut-être même les dieux. Mais cela, seule la pluie le dira ! ❖

effectué une retraite temporaire dans les monastères retrouvent le monde et l'envie de s'amuser. Les bateaux illuminés, exécutés par les fidèles des temples de la région, constituent une dernière offrande à Bouddha avant le retour à la vie profane. Chacun est « signé » par une communauté monastique. Il s'agit de radeaux en troncs de bananiers, mesurant 5 à 6 m de long, comportant une superstructure en bambou qui permet l'accrochage de lampes à huile. Ces superstructures dessinent des silhouettes élaborées sur un thème religieux (pagode, bouddha). La fête a été réactivée depuis peu par l'Office du tourisme de Thaïlande, à la faveur du réchauffement des relations lao-thaïes. Elle est célébrée à l'identique par les deux peuples.

Les environs de Nakhon Phanom

➤ **Wat Phra That Phanom.** *À 50 km au S de Nakhon Phanom, sur la route 212.* C'est un des *wat* les plus vénérés de Thaïlande. Vieux de **1 500 ans**, plusieurs fois détruit par des tremblements de terre et des incendies, il est dominé par une **flèche caractéristique** de 52 m de hauteur qui supporte 110 kg d'or. Il fut édifié sur le modèle d'un temple de Vientiane. Une **foire annuelle** de 7 jours se tient là pour célébrer la pleine lune du 3e mois lunaire (vers la mi-février, date à faire préciser par l'Office du tourisme). Cet événement attire des milliers de pèlerins.

➤ **Renu Nakhon.** Autre temple du même style, moins imposant, il est édifié à quelques kilomètres au nord, au cœur d'une région spécialisée dans le tissage artisanal de la soie et du coton.

Ubon Ratchathani, porte orientale de l'I-San

➤ *630 km de Bangkok; 364 km de Nakhon Ratchasima.* ***Vols*** *quotidiens au départ de Bangkok. Liaisons par* ***train*** *(7 départs/j.; 10h de trajet) au départ de Hua Lampong.* ***Bus*** *(env. 15 départs/j. et 1 de nuit) au départ de la gare routière du Nord-Est sur Pahol Yothin Rd.*

➤ *Informations pratiques p. 225.*

Ubon Ratchathani est la capitale de la plus vaste province de l'I-San. Proche du Laos et du Cambodge, elle fut influencée par des cultures différentes, y compris la culture vietnamienne. La ville elle-même (90 000 habitants), importante base américaine durant la guerre du Vietnam, n'offre pas de raisons particulières de s'y attarder. Ses habitants aiment se détendre au bord de la rivière Moun, sur l'**île d'Hat Wat Taï**. On y accède par un pont de jungle assez peu engageant (inondé pendant la mousson). Des restaurants locaux ont élu domicile sous les futaies, avec vue sur le ballet des bateaux. On y dîne agréablement et l'endroit est très animé les week-ends et jours de fête.

Le **Wat Phu Khao Kéo** *(45 km à l'E, sur la route 217)* est incrusté de tuiles de céramique vernies. En continuant jusqu'au district de **Khong Chiam**, sur la frontière laotienne, on découvre les étonnantes **peintures rupestres** de Pha Taem, étalées sur près de 200 m, qui remonteraient à 4 000 ans. La vue sur le Mékong et le Laos est spectaculaire.

Ubon Ratchathani doit sa réputation à une fête unique, la **fête des Bougies** *(voir p. 219)*. En mai, l'étonnante **fête des Fusées** se tient à Yasothon *(voir encadré)*. ■

Buriram

Indicatif téléphonique ☎ (044)

Hôtels

▲ **Grand Hotel**, Niwat Rd ☎ 611.179. *96 ch.*

▲ **Thaï Hotel**, Romburi Rd ☎ 611.112. *96 ch.*

Khon Kaen

Indicatif téléphonique ☎ (043)

ℹ 15/5 Prachasamosorn Rd ☎ 244.498.

Hôtels

▲▲▲▲ **Sofitel Raja Orchid**, 9/9 Prachasamran Rd ☎ 322.155. Le premier hôtel grand luxe de l'I-San. *213 ch.*

▲▲ **Khon Kaen**, 43/2 Phimpasout Rd ☎ 244.881. *140 ch.*

▲▲ **Kosa**, 250-252 Sichan Rd ☎ 320.320. *120 ch.* Piscine.

▲ **Rosesukon**, 1/10 Klang Muang Rd ☎ 238.899. Très central. *82 ch.*

Restaurant

Khaen Luang, 24/1-4 Pimpasut Rd. Restaurant traditionnel où l'on mange assis par terre. Danses locales.

Nakhon Phanom

Indicatif téléphonique ☎ (042)

ℹ 184/1 Sunthorn Vichit Rd ☎ 513.490.

Hôtels

▲▲▲ **Maenam Khong Grand View**, 527 Sunthorn Vichit Rd ☎ 513.364. Moderne et confortable. *114 ch.*

▲▲ **Sri Thep**, 197 Sri Thep Rd ☎ 512.385. Très provincial et typique. *87 ch.*

▲ **Nakhon Phanom Hotel**, 403 Aphiban Bancha Rd ☎ 511.455. Piscine. *74 ch.*

Nakhon Ratchasima

Indicatif téléphonique ☎ (044)

ℹ 2102-2104 Mittraphap Rd, Tambon Nay Muang ☎ 213.666 et 210.030.

Hôtels

▲▲▲ **Sima Thani**, Mittraphap Rd ☎ 213.100. Tout beau, tout nouveau. Situation centrale. Piscine et nombreux services. *266 ch.*

▲▲ **Chomsurang**, 2701/2 Mahad Thaï Rd ☎ 257.088. *119 ch.* Le plus ancien des hôtels confortables de Korat, en centre-ville. Piscine et restaurant. Prix divers. *119 ch.*

▲ **Sri Pattana**, 346 Suranari Rd ☎ 251.652. Très bon rapport qualité-prix. Piscine. *185 ch.*

Paisan Saetae, rue de l'Amitié: pour tenter une expérience de restaurant à l'ambiance provinciale, essayez celui-ci, où viennent se produire des chanteuses locales habillées comme des poupées de foire. Une très bonne cuisine locale. Curries, poissons, soupe coco.

Nong Khaï

Indicatif téléphonique ☎ (042)

Hôtels

▲▲▲▲ **Holiday Inn Mekong Royal Nong Khaï**, 222 Jomanee Beach ☎ 420.024. Illustration du boom économique à Nong Khaï et du changement de clientèle. *198 ch.*

▲▲▲ **Nong Khaï Grand Thani**, 589 Moo 5, Nong Khaï-Phonpisaï Rd ☎ 420.033. Premier hôtel de luxe ouvert avant la mise en service du pont. Excellent confort. *130 ch.*

Les autres hôtels sont dans des catégories très inférieures.

Panthawi, 1241 Hai Sok Rd ☎ 411.568. Propre et d'un confort acceptable. *86 ch.*

Prajak Bungalows, 1187 Prajak Rd ☎ 412.644. Propre et acceptable.

Il existe quantité de guest-houses à des prix extrêmement modérés.

Restaurants

Le charme de Nong Khaï, c'est de dîner au bord du Mékong, ou même sur le fleuve. Il existe plusieurs **restaurants flottants**, par exemple près du

Wat Hai Sok (dont le nom signifie Adieu Tristesse), signalés la nuit par des guirlandes lumineuses.

À 18 h, possibilité d'une **croisière au soleil couchant** (départ du même endroit). On peut aussi manger très agréablement près du débarcadère (Tha Sadet).

Souvenirs

Outre les tissus en coton *mut-mee*, vous trouverez sur le marché de Nong Khaï une sélection d'objets soviétiques (mais oui!) qui sont déjà fort appréciés par les collectionneurs : des montres, des appareils photo et même des chapeaux mous d'un style qu'affectionnent aussi bien les Hmongs que, dit-on, les fonctionnaires soviétiques!

■ Ubon Ratchathani

Indicatif téléphonique ☎ (045)

ℹ 264/1 Khaun Thani Rd ☎ 243.770/1.

Hôtels

▲▲ **Pathumrat**, 133 Chayangkul Rd ☎ 241.501. Piscine, restaurant. Ambiance locale. *168 ch.*

▲ **Ubon**, 333 Khuan Thani Rd ☎ 241.045. Correct et très bon marché. *120 ch.*

Ratchathani, 297 Khuan Thani Rd ☎ 244.388. *100 ch.*

■ Udon Thani

Indicatif téléphonique ☎ (042)

ℹ 16/5 Mukmontri Rd ☎ 325.406/7.

Hôtels

▲▲▲ **Charoen Sri Grand Royal**, 271 Prajak Rd ☎ 343.555. Piscine, nombreux équipements. *234 ch.*

▲▲ **Charoen**, 549 Pho Sri Rd ☎ 248.155. Cet hôtel bénéficie d'une situation centrale et offre un bon rapport qualité-prix. Piscine. *241 ch.*

▲ **Udon**, 81-89 Nakhang Rd ☎ 246.528. Plusieurs catégories de chambres. *191 ch.*

Vous trouverez de nombreux hôtels bon marché dans le quartier de l'Imperial Charoen Sri.

Restaurants

Rabiang Patchani et **Rimnam** : deux restaurants en plein air, très bons et très agréables, au bord du lac de Nong Prajak, Supakitjanya Rd. ■

Accès au Laos

L'I-San offre plusieurs **portes d'entrée pour le Laos** : on peut obtenir un visa directement à Nong Khaï (à l'entrée du pont). Pour entrer au Laos par Ban Houei Saï, il faut remplir les formalités côté thaïlandais à Chiang Khong (en remettant son passeport avant 9 h, on obtient le visa vers 15 h. Prévoir des photos et environ 40 US $). Pour tous les autres points d'entrée (Chongmok dans le sud, Thakkek, Savannaket, Lao Bao), il faut se présenter avec un visa délivré par l'ambassade du Laos à Bangkok ou en Europe et une lettre d'autorisation fournie par une agence de voyage. À l'**ambassade du Laos à Bangkok**, le visa peut être obtenu :

- sans lettre d'autorisation : en 72 h pour 1200 ฿ ou en 24 h pour 1500 ฿ ;
- avec lettre d'autorisation : en 72 h pour 300 ฿ ou en 24 h pour 600 ฿.

Le prix d'une lettre d'autorisation varie de 20 à 25 US $ selon les agences. ❖

LA THAÏLANDE DU SUD

Le long du golfe de Thaïlande

Elle ressemble à une trompe d'éléphant qui se serait glissée entre la mer de Chine et la mer d'Andaman : la Thaïlande péninsulaire déroule son tapis de cocotiers et d'hévéas jusqu'à la Malaisie, avec ses longues plages de sable blanc, ses îlots cernés de coraux et d'eaux cristallines, ses reliefs puissants où croît une jungle touffue peuplée de singes et d'oiseaux bariolés... C'est avec l'aisance d'une star consacrée que la Thaïlande du Sud est entrée dans la mode. Le succès n'est d'ailleurs pas vraiment une nouveauté pour cette région, parfois qualifiée de « Malaisie siamoise », qui compte quatorze provinces. Grâce à l'exploitation de l'étain et du caoutchouc, elle n'a pas attendu le tourisme pour découvrir la prospérité.

Minarets et cocotiers

Au fur et à mesure que l'on avance dans le *Deep South*, un changement culturel s'impose au voyageur. Imperceptiblement, le monde malais se substitue à l'univers siamois. L'ombre des minarets s'allonge sur celle des *stupa* et les bonzes finissent par ressembler à des figurants égarés qui se seraient trompés de film. L'islam est là, dans les villages de pêcheurs sur pilotis où les enfants s'exercent à déchiffrer le Coran dans la tiédeur du soir.

LA THAÏLANDE DU SUD

Illustration concrète de la tolérance bouddhique, la transition n'est jamais brutale. La Thaïlande malaise ajoute une couleur particulière au voyage, sans en briser l'harmonie. Ici, les merveilles de la nature sont à tout le monde et invitent à la contemplation, sinon à la paresse.

La route du Sud est, d'abord, la route des plages. Avant d'atteindre Phuket ou Samui, les derniers paradis où l'on bronze, la côte n'est pas avare de paysages spectaculaires que le pêcheur ne regarde plus et que le touriste n'a pas encore su voir. Sur 2 000 km de côtes, les quelques stations aménagées ne font toujours pas d'ombre aux plages désertes, aux criques solitaires, aux îles à peine explorées qui resteront encore longtemps un *shangri-la* (paradis) accessible à quelques élus…

Hua Hin*, une plage sage à la page

➤ *À 200 km au S de Bangkok.* ***Vols*** *quotidiens avec Bangkok Airways (25 mn).* ***Train:*** *10 départs/j. (4 h de trajet) au départ de la gare Hua Lampong. Nombreux* ***bus*** *au départ de la gare routière Sud sur Charan Sanitwong Rd.*

➤ *Informations pratiques p. 249.*

Le nom de Hua Hin, qui signifie « tête de pierre », provient d'un rocher qui garde la baie, superbe et largement échancrée. Malgré l'internationalisation (excessive, diront certains) de la station, Hua Hin demeure une plage thaïlandaise. Tous les week-ends, les Bangkokiens viennent y respirer l'air pur et faire trempette dans le golfe du Siam.

L'exemple vient de haut puisque la mode fut lancée, dans les années 1920, par Son Altesse Rama VII qui y attira la bonne société thaïlandaise. Grâce à ce patronage royal, Hua Hin est restée bon chic bon genre, même si la classe moyenne y revendique aussi son coin de sable. L'ascension de Pattaya est arrivée à point nommé pour détourner le flux populaire vers les plages de la côte est.

Que faire à Hua Hin ?

Tout d'abord, profiter de la plage – 5 km de sable blanc et fin – pour marcher, galoper, profiter des sports nautiques organisés par les hôtels ou musarder en cyclo-pousse et profiter du dépaysement.

➤ **La colline Takiap (Khao Takiap)**. Du sommet, la vue est magnifique. Celui qui en profite le plus est un bouddha de 15 m de haut visible de tous les environs. Un petit temple, le **Wat Takiap**, est gardé par une **colonie de singes**, des petits macaques sournois qui rêvent de vous faucher vos lunettes ou vos boucles d'oreilles ! Ils sont peut-être méchants, mais ils ne sont pas bêtes puisqu'ils se laissent dresser à pêcher des crabes…

➤ **Le marché Chatchaï**. Au centre-ville. On y trouve toutes les spécialités alimentaires locales et des objets touristiques à des prix très raisonnables.

➤ **La salle d'attente royale de la gare** ♥. Si vous n'êtes pas venu en train, ne manquez pas le détour pour admirer ce petit bijou construit pour abriter les sérénissimes attentes ferroviaires dans les années 1920.

➤ **Le palais Sans-Souci (Klai Kangwon)**. *Ne se visite pas.* Malgré son nom, c'est dans ce palais que Rama VII, imprudemment parti en villégiature, apprit l'abolition de la monarchie absolue en 1932.

➤ **Le golf royal** (18 trous). Situé à 100 m de la station, il date aussi des années 1920. Un joli petit *stupa* lui confère son cachet exotique. Plusieurs autres golfs existent dans les environs, notamment le Springfield Royal Country Club de Cha-Am (36 trous).

Et aux environs…

➤ **Cha-Am** *(20 km au N, route n° 4)*. Née dans les années 1960, cette station balnéaire se développe rapidement, avec des hôtels luxueux comme le Dusit Polo Club ☎ (032) 520.009 ou le Regent ☎ (032) 471.480. Belle plage et sports chics.

➤ **Phetchaburi** *(60 km au N, route 4)*. Ville historique popularisée par le palais du roi Rama IV, elle est accessible par funiculaire. Construit au début du XIXe s. dans

Avec sa double orientation maritime sur des mers très poissonneuses, la Thaïlande pratique aussi bien la pêche artisanale vivrière qu'une pêche industrielle qui reste à réglementer.

un style hybride à dominante thaïe, le palais est doté d'un observatoire et meublé de nombreux objets européens. En ville, vous pourrez visiter deux jolis temples, le **Wat Mahathat**, de style birman, et le **Wat Yaï Suwannaram**.

Prachuab Kirikhan*

➤ *À 289 km au S de Bangkok ; 89 km de Hua Hin. Plusieurs* ***trains****/j. au départ de Bangkok (gare de Hua Lampong) et de Hua Hin (1 h 30) ou* ***bus*** *climatisés depuis la gare routière Sud (Pinklao-Nakhonchaisi Rd) et depuis Hua Hin (1h30).*

➤ *Informations pratiques p. 255.*

Rustique et spectaculaire, Prachuab ferme la partie la plus étroite de la Thaïlande, puisqu'il n'y a qu'une quinzaine de kilomètres, à cet endroit, entre le golfe du Siam et la frontière birmane. C'est un petit port de pêche et une station balnéaire fréquentée par des Thaïs qui trouvent Hua Hin trop sophistiquée.

Gardée par des îlots aux formes étranges, la baie de Prachuab est un site spectaculaire typique de la Thaïlande du Sud, succession de plages, de lagunes et de pitons calcaires. Dans ce havre de paix, il n'y a rien d'autre à faire que de profiter d'une nature préservée, et c'est déjà beaucoup.

La **montagne du Miroir** (Kha Chong Krachok), qui domine la vallée, tient son nom d'une fenêtre naturelle percée dans la roche, qui produit un effet de miroir surprenant. Un escalier de 395 marches, ombragé de frangipaniers et âprement défendu par des petits singes, mène à un temple qui offre une vision quasi céleste de la baie.

De nombreuses îles environnantes, aux plages encore plus sauvages, peuvent faire l'objet d'une excursion pour la journée (à négocier avec les pêcheurs). Côté nature, faites une excursion aux **chutes de Huai Yang** *(32 km au S-O)* qui tombent des montagnes birmanes, sur une largeur de plus de 100 m, dans une superbe piscine naturelle.

♥ Chumphon**

➤ *À 470 km au S de Bangkok; 181 km de Prachuab. Plusieurs* ***trains*** *de jour ou couchettes depuis Bangkok (Hua Lampong), et depuis Prachuab (3 h).* ***Bus*** *réguliers au départ de la gare routière Sud (Pinklao-Nakhonchaisi Rd) et de Prachuab (2 h 30).*

➤ *Informations pratiques p. 249.*

Avec 220 km de côtes, la province de Chumphon a une vocation balnéaire évidente, en plus de la pêche. Sa capitale est située sur l'isthme de Kra, la partie la plus étroite de la Thaïlande péninsulaire. Cette position stratégique lui a valu de faire quelques apparitions sur la scène historique, mais elle pencherait plutôt côté plages pour développer sa notoriété.

La ville de Chumphon, verrou de la péninsule, est un port sans grand intérêt et un nœud routier. C'est là que le voyageur doit choisir entre deux eaux: mer de Chine ou mer d'Andaman, Samui ou Phuket. S'il choisit d'y jeter l'ancre quelques jours, ce n'est pas Chumphon qui le laissera en panne d'îles: il y en a près de 50 à proximité, avec des fonds coralliens extraordinaires, des plages de sable fin, des grottes à nids d'hirondelles, une solitude assurée. Certaines sont facilement accessibles, d'autres moins: restez prudent et n'embarquez pas sur une barque pourrie ou instable. Méfiez-vous aussi des requins (en principe pas dangereux, mais…) et des poissons venimeux, surtout si vous êtes un plongeur occasionnel. Des excursions sont organisées depuis les hôtels ou par des agences spécialisées: il est préférable de vous en tenir là, car les normes de sécurité sont très… locales. N'oubliez pas d'écouter la météo de Radio Cocotier (bruit produit par le vent agitant la cime) : c'est ainsi que l'on prévoit les typhons ou les coups de chien!

Au départ de la plage de Thung Wa Laen (à 12 km), on peut atteindre les deux **îles Ngam** où se récoltent les nids d'hirondelles. La **plage de Pharadornphap**, à 13 km, encore plus sauvage, abrite une importante communauté de pêcheurs.

Parmi les perles du golfe du Siam, signalons ♥ **Koh Tao**** (l'île de la tortue), à 6h au large de Chumphon, élue par les plongeurs contemplatifs *(voir p. 247)*. Des bateaux réguliers partent du port de Chumphon, relié à la mer par une rivière particulièrement spectaculaire au retour des pêcheurs.

Nakhon Si Thammarat*

➤ *À 840 km au S de Bangkok; 370 km de Chumphon.* ***Avion :*** *4 vols/semaine (1 h 55 de vol).* ***Trains*** *de jour ou couchettes au départ de la gare Hua Lampong et depuis Chumphon (5 h 30).* ***Bus*** *réguliers de la gare routière Sud (déconseillé sans étape intermédiaire) et depuis Chumphon (5 h).*

➤ *Informations pratiques p. 250.*

Après tant de soleil et de mer, un peu de culture ne saurait faire de mal. Nakhon Si Thammarat, au cœur du pays des Thaï Islam, a appartenu au royaume bouddhique de Srivijaya. Ses traditions, comme le **théâtre d'ombres** ou les **courses de buffles**, se réfèrent davantage à la Malaisie qu'à la Thaïlande. La province ne fut intégrée au Siam qu'à la fondation de Bangkok. La centralisation du pouvoir et le développement des communications n'ont pas suffi à

Le style Srivijaya : un parfum d'hindouisme (VIIIe-XIIIe s.)

Statue en grès représentant Vishnou, école de Srivijaya, VIIIe s.

Historiquement, la période Srivijaya est étroitement liée à la colonisation indonésienne dans la péninsule malaise. Le royaume de Srivijaya a pris naissance sur la côte orientale de Sumatra, en Indonésie, et son rayonnement s'est étendu jusqu'à la région de Nakhon Si Thammarat (Sud). Les plus nombreux vestiges de cette époque proviennent de Chaya. L'apport hindouiste élargit le cadre de l'inspiration, les sujets favoris étant Vishnou, dieu protecteur de la vie, au sommet du panthéon hindouiste, et le *bodhisattva* (disciple de Bouddha parvenu au seuil du *nirvâna*) Avalokitesvara.

L'école de Srivijaya se distingue par une grande maîtrise de la sculpture en ronde bosse (sculpture qui représente le sujet en trois dimensions), notamment dans le travail de la pierre. Le buste d'Avalokitesvara (VIIIe s.), un des joyaux du musée de Bangkok *(salle S9, voir p. 122)*, est considéré comme le chef-d'œuvre de cette période. Plusieurs vestiges de Srivijaya ont été également retrouvés à Phang Nga, près de Phuket. ❖

gommer les particularismes de Nakhon Si Thammarat, qui reste une ville à part.

➤ **Le Wat Mahathat** ♥. Un des plus vieux temples de Thaïlande. Il est doté d'un *chedi* (qui aurait été édifié il y a 1 200 ans), haut de 77 m et recouvert, sur sa partie supérieure, de 270 kg d'or incrusté de pierres précieuses. Un musée installé dans son enceinte présente des objets religieux de styles Dvaravati et Srivijaya.

➤ **Le Phra Bouddha Singh.** Près de l'hôtel de ville, un pavillon abrite une statue de Bouddha très vénérée, de style sri lankais.

➤ **Le temple brahmane de Ratchadamnoen Rd.** Au cœur de la ville, il possède une belle statue en bronze du dieu Shiva. On y voit une **balançoire** qui était jadis utilisée dans des cérémonies rituelles.

➤ **Le bassin de Sra Lang Barb.** Le détour s'impose pour se refaire une conscience propre comme un sou neuf. Selon la légende, cette pièce d'eau a la vertu de **laver les péchés**, grâce au bourreau du poète Si Phrat qui rinça ici son sabre après avoir décapité sa victime.

Songkhla*

➤ *À 960 km au S de Bangkok; 160 km de Nakhon Si Thammarat.* ***Avion:*** *l'aéroport le plus proche est Haadyaï (30 km), relié à Bangkok plusieurs fois par jour et à Phuket 4 fois/sem.* ***Train:*** *plusieurs départs quotidiens et trains de nuit au départ de Bangkok (gare de Hua Lampong). Depuis Nakhon Si Thammarat, trajet de 3h30.* ***Bus:*** *toutes les villes du Sud sont desservies régulièrement. Le trajet non-stop depuis Bangkok dure env. 17h. Depuis Nakhon Si Thammarat, compter 2h30.*

➤ *Informations pratiques p. 257.*

Pratiquement à mi-chemin entre Bangkok et Singapour, **Songkhla** est construite sur une lagune entre la mer et un lac immense. Elle offre à la fois les avantages de la ville et ceux de la plage. Fondée en 1836, elle a conservé un certain nombre de constructions sino-portugaises qu'on retrouve aussi à Phuket. Les plus belles maisons sont sur Nakhon Naï et Nakhon Yok Rd, près du marché. Un petit tour au **musée** complétera l'intermède culturel *(ouv. de 9h à 12h et de 13h à 16h sf lun. et mar.)*. Il est installé dans une vieille maison pleine de charme, de style sino-thaï, et présente des objets d'art (**période Srivijaya**) et des objets utilitaires de tradition locale.

La plage la plus populaire est celle de **Samila** (à 3 km du marché central), gardée par une exotique sirène danoise. L'autre, plus petite et bien exposée, est celle de **Son Onn**, bordée de pins et d'une multitude de petits bistrots. Face à la sirène, les îles du Chat et de la Souris invitent promeneurs ou pêcheurs à une jolie balade, histoire de changer de plage sans changer d'eau.

L'excursion au **lac de Songkhla** (Thalé Sap) est un must: avec 80 km sur 20, c'est le plus vaste du pays. On y a recensé 140 espèces d'oiseaux, protégées dans le **parc de Khu Khut**.

Escapade à Haadyaï

Si vous trouvez Songkhla trop calme ou trop monotone, prenez un taxi ou un *song téo* pour gagner **Haadyaï** *(à 30 km)*. Son irrésistible ascension est due à l'industrie du caoutchouc, mais surtout à celle des loisirs. À voir le nombre de Malais et d'habitants de Singapour qui hantent les bars et les salons de massage, on pourrait croire que ces messieurs s'ennuient chez eux. Pragmatiques, les Thaïs ont développé à Haadyaï des distractions réprouvées par l'islam. Résultat, Haadyaï est devenue la plus grande ville du Sud, avec de nombreux hôtels, restaurants, centres commerciaux et lieux de plaisir. Elle y a gagné un cachet cosmopolite. On peut y goûter des soupes aux nids d'hirondelles, des *satay* (brochettes malaises) ou des plats thaïs: tout est local. On y croise des hommes d'affaires chinois, des musulmanes à la tête couverte d'un fichu, des filles aguichantes en minijupe et des étudiants sages en jean. Songkhla paraît bien provinciale en comparaison. ■

Phuket*** et ♥ Krabi**

Dans la mer d'Andaman, à plus de 900 km au sud de Bangkok, l'île de Phuket a connu des succès faciles, amplifiés par la mode des soleils d'hiver. Incontestablement, c'est une star. Baignant dans la même mer, pas encore dans les mêmes eaux, Krabi attend son heure.

Contrairement à l'opinion répandue, Phuket n'est pas une station balnéaire traditionnelle comme Hua Hin ou Pattaya, mais une île aussi grande que Singapour, qui s'étire sur 50 km du nord au sud, dans un archipel éparpillé sur 100 km de long au creux de la baie de Phang Nga. On lui découvre aujourd'hui de nouveaux mérites. Son développement rapide a désenclavé les provinces lointaines de Phang Nga et de Krabi, naturellement tournées vers la mer d'Andaman. Même si de nombreux projets de développement sont encore en chantier, Phuket a, d'une certaine façon, fait le plein. On cherche sans cesse de nouveaux paradis méritant les superlatifs de modes versatiles : plus naturel, plus sauvage, plus spectaculaire, plus retiré, plus intime… Ces paradis sont là, il suffit de les cueillir. Comme partout en Thaïlande, le tourisme y est facile, même s'il n'en est qu'à ses débuts : découvrir des grottes marines en canot pneumatique, faire une croisière en jonque, explorer des récifs coralliens avec un matériel de pro, naviguer d'île en île en sautant d'un ferry à une barque de pêche…

À l'aube de tous les périls écologiques, la nature prend sa revanche. La beauté, la solitude, l'intégrité des sites sont les vrais trésors de notre époque. On classe les sites naturels, comme les sites archéologiques, « patrimoine de l'humanité » : la baie de Phang Nga, l'archipel de Surin, les îles Similan… Les rivages de la mer d'Andaman méritent aussi la postérité, et ils l'auront.

Phuket***

Pour les Thaïlandais, ce nom de Phuket désigne à la fois une île, une province et une ville, la capitale de Phuket s'appelant aussi… Phuket (pour éviter les confusions, disons « Phuket-ville »). Sa population tourne autour de 168 000 habitants.

Phuket a connu une prospérité quasi constante : perles, étain, caoutchouc, fruits tropicaux, poissons et crustacés… Tous ceux qui sont passés par là (Portugais, Hollandais, Birmans, Malais, Chinois…) seraient volontiers restés. Les Chinois ont pris en main l'exploitation et le commerce de l'étain. Grâce aux gisements sous-marins découverts au début du XXe s., le **minerai** est devenu la première ressource de l'île (durant toute la saison sèche, une flottille de bateaux drague la mer d'Andaman).

Mais Phuket a aussi bénéficié, comme la Malaisie, de la miraculeuse graine d'hévéa importée à titre expérimental par le directeur du jardin botanique de Singapour en 1877. Les **plantations d'hévéas** forment d'impressionnantes cathédrales végétales où le jour ne pénètre jamais.

Pourtant, en dépit de son développement touristique, Phuket reste un joli cadeau de la nature, doté d'une aménité et d'une douceur de vivre à la balinaise. En s'éloi-

PHUKET

gnant un tant soit peu des grandes concentrations hôtelières, on peut y passer une journée entière sur la plage, en toute solitude. Et pour les amateurs de plaisirs plus rustiques, il reste la tournée des îles: archipels éclatés, peuplés d'oiseaux de mer et de poissons bariolés, où accostent discrètement d'antiques jonques retapées pour la croisière, des yachts dernier cri ou des barques de pêche rescapées de toutes les tempêtes…

➤ *Informations pratiques p. 251.*

La capitale, « Phuket-ville »

Elle fut construite au milieu du XIXe s., en remplacement de Talang, détruite par les Birmans en 1800. Ici aussi, le Birman est l'ennemi héréditaire, comme en témoigne la statue des héroïnes Thao Thep Kassatri et Thao Sisunthon, édifiée dans le petit village de **Tha Rua**, sur la route de l'aéroport: en 1785, la veuve et la fille du gouverneur organisèrent la défense de Phuket en déguisant les femmes de l'île en

Ces reliefs calcaires abrupts émergeant de la mer sont caractéristiques de la baie de Phang Nga. On les retrouve dans la baie d'Halong, au Vietnam.

soldats... Les Birmans sont revenus, puis sont repartis et Phuket s'est occupée à faire prospérer ses richesses. Les vieilles maisons de la capitale, de **style sino-portugais**, illustrent cette période. À certains moments, on se croirait à Malacca, à Penang ou à Macao. Le devoir du touriste modèle est vite accompli : le **marché**, une promenade à **Krabi et Thalang Rd** ♥ (les rues les plus anciennes), un œil sur la **colline de Phuket** qui a donné son nom à la ville (*bukit* signifie « colline », en malais), quelques bâtons d'encens offerts à Kuan Yin, déesse de la Mer, dans le curieux **temple chinois de Put Jaw** sur Ranong Rd, et vous voilà prêt pour la tournée des plages !

De plage en plage

Les plus belles plages de l'île, bordées de casuarinas et de cocotiers, se trouvent sur la **côte ouest**. La **côte sud** est peu propice à la baignade ; quant à la **côte est**, elle est dénuée de plages (et d'hôtels). Attention aux courants et aux rouleaux pendant la mousson : les plages exposées deviennent alors dangereuses.

➤ *Hôtels et restaurants p. 252 à 254.*

➤ **Maï Khao**. La plage « du bois blanc ». Élue par les tortues géantes qui viennent y enfouir leurs œufs dans le sable de décembre à février, proche de l'aéroport, c'est la plus longue de l'île et elle n'a pas encore d'équipement touristique.

➤ **Naï Yang**. Dans un parc naturel boisé, un endroit agréable pour pique-niquer sous les casuarinas et plonger au milieu des anémones de mer (avec masque et tuba).

➤ **Bang Thao**. La plage du Dusit Laguna est élue comme prochaine zone de développement touristique.

➤ **Surin**. Un must au coucher du soleil. De jour, la plage est assez belle mais exposée aux courants. Se baigner avec prudence en période de mousson.

➤ **Patong**. Star de l'île, c'est la plage la plus vivante. Elle s'est développée de façon spectaculaire dans les années 1970, à un rythme

Régates royales et tortues de mer

Toutes les dates sont à faire préciser par l'Office du tourisme (p. 251).

➤ **Libération de tortues de mer** ♥ à l'occasion du Nouvel An thaï (13 avril), sous le patronage du Centre de biologie marine de Cape Panwa. On met à la mer des bébés tortues élevés dans une zone protégée, sur la plage de Maï Khao. Le bénéfice est double : les libérateurs acquièrent des mérites et les écologistes sont contents.

➤ **Marathon international** (juillet). Un événement annuel et très... couru, qui attire des sportifs du monde entier, particulièrement d'Asie du Sud-Est. Comporte un marathon complet et un demi-marathon, dans différentes catégories.

➤ **Festival végétarien** ♥ (chinois ; septembre-octobre). Cette fête annuelle commence le 1er jour du 9e mois du calendrier chinois. Durant 10 jours, les Chinois de Phuket s'imposent un régime végétarien pour se purifier l'esprit et le corps. Des ascètes se livrent à des démonstrations spectaculaires pour montrer leur insensibilité à la souffrance : ils marchent pieds nus sur des braises, se transpercent les joues avec des sabres, s'accrochent des poids à la chair avec des hameçons... Cérémonies dans les temples.

➤ **Régate royale** (Phuket King's Cup ; décembre). Sous le patronage du Phuket Yacht Club, cette course est devenue un must dans les milieux nautiques d'Asie. Le Roi Bhumibol est lui-même un skipper de haut niveau. La régate se déroule dans les îles de la mer d'Andaman, au large de Phuket. ❖

trop frénétique pour être honnête. La nuit, les néons font concurrence aux étoiles et le disco a définitivement vaincu la musique intime de la jungle. C'est la vie facile et dorée pour faire la fête.

➤ **Karon et Kata.** Les routards qui s'étaient déniché ce petit coin au début des années 1970 se sont enfuis. Le Club Med est arrivé (signant la qualité du cadre) et la *success story* a commencé. Beaucoup d'hôtels de toutes catégories, avec services annexes pour célibataires en détresse (bars en plein air ouverts très tard la nuit).

➤ **Naihan.** C'est la baie du luxueux Phuket Yacht Club, dont l'architecture en terrasse s'intègre bien au site. Elle est agréable, quoique la plage ne soit pas immense. Se baigner avec prudence pendant la mousson. La baie est fermée, au sud, par le cap Promthep aux célèbres couchers de soleil.

➤ **Rawaï.** La plage est fréquentée le week-end par les locaux qui ne cherchent ni à bronzer ni à se baigner. Ils se rattrapent sur les plats proposés par les nombreux restaurants en plein air. Contrairement aux plages de la côte ouest, celle de Rawaï est sûre toute l'année mais la pente, trop faible, interdit la baignade à marée basse. On se console en ramassant des coquillages. Un village de Mokens (« gitans de la mer »), installé à Rawaï, y vit de la pêche. Ces pêcheurs animistes descendent des Chao Le, les premiers occupants de Phuket.

➤ **Chalong.** Dans le port de plaisance de Phuket, on vient contempler les yachts ou s'embarquer pour les îles voisines.

Phuket, côté nature

Les agences locales ont développé des excursions de découverte de l'intérieur de l'île: initiation à la culture de l'hévéa ou de l'ananas, « safari » en jeep ou trekking à dos d'éléphant (éléphant d'importation, mais éléphant quand même)… Vous pouvez aussi apporter votre contribution au sauvetage des gibbons et visiter un Centre de protection ♥ (Gibbons Rehabilitation Center. *Visite de 9 h à 16 h*) qui permet paradoxalement d'acclimater les jeunes gibbons à la vie sauvage *(prendre la route 4027 au monument des Héroïnes; après une dizaine de kilomètres, tourner à g. en direction de la cascade de Bang Pae)*. Des jeunes étrangères bénévoles en présentent l'activité et l'on peut tenter de converser avec les quelques gibbons chanteurs qui ne sont pas encore isolés du public.

Les environs de Phuket

Par ici, il n'y a qu'un sésame: *koh*, mot signifiant « île » en thaï. Les environs de Koh Phuket offrent

La complainte triste des gibbons

« Qui tue un gibbon condamne sept rivières à la mélancolie. » Ce proverbe karen fait référence au chant des gibbons en liberté, qui se répercute de rivière en rivière. Le gibbon est fait pour les grands espaces. Ses bras démesurés lui permettent de se déplacer d'arbre en arbre à une vitesse de 30 km/h. Il produit un curieux cri, un « ouououhhh » modulé comme un chant, aux intonations pathétiques. Son faciès cerné de blanc lui donne un air de clown triste. Cela plaît sans doute aux humains qui s'obstinent à le capturer, quitte à tuer la mère. Nombreux sont les bébés gibbons élevés dans les bars, nourris de bière et de cacahuètes pour amuser les touristes. Privés de liberté et de descendance, ils perdent le contact avec leur environnement naturel et l'on finit par leur couper les canines pour les empêcher de mordre.

La capture des gibbons est un délit, mais les autorités thaïes manquent de moyens pour faire appliquer la loi. À l'initiative d'un zoologiste américain, réalisateur de documentaires animaliers, un plan de sauvetage des gibbons a été mis en œuvre à Phuket, avec l'aide du gouvernement et de volontaires étrangers. Il s'agit d'apprendre progressivement la liberté à des gibbons encore jeunes qui n'ont connu que la captivité. Des cages ont été disposées dans la forêt de la réserve de Bang Pae, de plus en plus isolées, afin que leurs pensionnaires soient petit à petit coupés du contact des humains. Chaque gibbon change de cage au fur et à mesure de ses progrès, et s'éloigne peu à peu de la compagnie des hommes jusqu'à ce que la nature redevienne son milieu naturel. L'ultime libération s'effectue sur Koh Boi, une île inhabitée de la baie de Phang Nga. Lorsque s'ouvre la porte de la cage, les gibbons sont capables de se nourrir eux-mêmes et de fonder une famille (l'espèce est de tendance monogame). Actuellement, une vingtaine de gibbons se préparent à découvrir l'ivresse de la forêt et le bruit court qu'un heureux événement serait attendu sur Koh Boi. ❖

une beauté très nature. On peut aussi apprécier l'étrange géographie de la **baie de Phang Nga** ou les entrailles ténébreuses des **grottes de Phi Phi Ley**.

Le mieux reste d'appareiller à bord d'un beau voilier au large pont de teck ou, mieux encore, d'une jonque posée comme un gros papillon sur une mer aux reflets d'émeraude et de plomb. Les plages désertes, les criques inviolées, les falaises imprenables abondent. **Koh Surin** ou **Koh Similan** sont déjà sur les cartes d'une poignée d'initiés. Mais seuls les rivages faciles appellent l'abordage.

♥ La baie de Phang Nga*** ou baie d'Halong siamoise

➤ *À 40 km au N-E de Phuket. La province de Phang Nga est reliée à Phuket par le pont Sarazin. On peut s'y rendre par la* ***route*** *ou par* ***bateau****.*

➤ *Informations pratiques p. 250.*

Phang Nga est le royaume des jonques au ventre lourd, aux voiles couleur rouille. C'est le domaine inviolé d'une nature immodeste qui renvoie l'humain à son insignifiance ; c'est l'empire des ombres, de l'aurore, du crépuscule… Un site à voir absolument, comparable à la baie d'Halong au Vietnam. Les paysages ne sont jamais monotones et la mer est toujours calme. Vous pouvez opter pour une croisière en jonque (compter 1 000 ฿ par jour) ou emprunter pour la journée un bateau d'excursion au départ de Phuket (150 à 300 ฿), à réserver dans une agence de voyages.

Mais l'arrivée par voie terrestre mérite aussi le voyage. Après avoir franchi le pont Sarazin et traversé la petite ville de Phang Nga (50 km), il suffit d'embarquer sur une pirogue à longue queue. On se retrouve alors dans un univers amphibie vaguement inquiétant, entouré d'une jungle de palétuviers et de palmiers nipa. Le bateau se fraie un chemin à travers un labyrinthe de canaux, croisant de temps à autre une pirogue de gitans, surgie de nulle part… L'arrivée dans la baie de Phang Nga forme un contraste surprenant avec cette forêt glauque : plus de trois cents **pitons calcaires**, aux formes les plus étranges, s'élèvent au-dessus d'une mer étale. L'imagination prête à ce relief des formes familières : un chien, une poule, un éléphant, un dragon… Certains pitons culminent à 100 m de hauteur. L'eau a érodé la base, creusant des grottes qu'on imaginerait volontiers peuplées de monstres marins…

Seuls quelques sites figurent sur le circuit touristique :

➤ **Tham Lot**. Le plafond de son tunnel marin est hérissé de stalactites (certaines qualifiées de « seins de jeunes filles », en thaï *num sao*).

➤ **Khao Khian**. Grotte aux Écritures où l'on peut observer des peintures rupestres à l'origine controversée.

➤ **Tham Hong**. Grotte marine où viennent des singes crabiers (variété de macaques qui pêchent les crabes).

➤ **Le « clou »**. Bien nommé, puisqu'il est devenu une fierté nationale et la vedette incontestée de la baie grâce à James Bond (on y tourna, en 1974, une scène de *L'Homme au pistolet d'or*).

➤ **Koh Pannyi**. Cette île est l'arrêt le plus intéressant. Des Mokens y sont installés et vivent dans des maisons sur pilotis dominées par le joli minaret d'une **mosquée**. Ces « gitans de la mer », au nombre de 900, sont des pêcheurs musulmans originaires de Malaisie. Ils habitent un vrai village, avec une école, des magasins, des restaurants, une mosquée et des habitations reliées entre elles par des pontons aux planches disjointes (il est recommandé d'y naître poisson ou acrobate !). Détail éloquent, malgré l'éloignement, les portraits de la famille royale règnent sur 200 écoliers en uniforme impeccable…

Depuis le développement du tourisme, les Mokens ont ouvert avec pragmatisme des restaurants de fruits de mer et des boutiques de souvenirs. On peut y acheter des batiks (industriels mais beaux) malais et indonésiens, des coquillages, des perles, des poissons naturalisés et d'autres menus objets.

Les îles Phi Phi, de pics en criques

➤ *À 48 km au S-E de Phuket et 42 km au S-O de Krabi. Plusieurs compagnies privées de navigation assurent les* ***liaisons maritimes****. Depuis Phuket, prévoir 1 h 10 à 2 h 30 de trajet, selon le type de bateau, au départ de Chalong Bay, Makham Bay ou du port Tien Sin. Depuis Krabi, prévoir 2 à 3 h, au départ du port de Chao Fa.*

Les îles Phi Phi (prononcer Pi-Pi) sont au nombre de deux : **Phi Phi Don** et **Phi Phi Ley.** Elles appartiennent à la province de Krabi, bien que l'accès se fasse le plus souvent par Phuket. Phi Phi Ley n'est pas habitée. Seule Phi Phi Don peut faire l'objet d'un séjour, encore que les amateurs de tranquillité et d'authenticité risquent d'être fort déçus !

Pour une simple contemplation de la nature, l'excursion d'une journée peut suffire : un petit tour au-dessus des coraux en bateau à fond de verre, un déjeuner sous les cocotiers, la grotte aux nids d'hirondelles de Phi Phi Ley et, pour les imprudents, de méchants coups de soleil. L'architecture naturelle des deux îles est d'une rare beauté. Ce n'est plus un secret pour personne, si l'on en juge par le flux ininterrompu de visiteurs qui va et vient sur le ponton de Phi Phi Don…

Phi Phi Don, trop gâtée par la nature

➤ *Informations pratiques p. 251.*

Comment, en effet, ne pas admirer les îles Phi Phi ? L'île principale, Phi Phi Don, présente un relief facétieux où alternent les falaises couvertes de jungle, les baies de sable fin et blanc, les pitons abrupts et les criques profondes aux eaux bleu marine. Un **récif corallien** festonne la quasi-totalité de ses côtes. Les fonds sous-marins y sont exceptionnels.

Mais l'on peut aussi se laisser séduire par les sentiers qui serpentent au cœur d'une nature vierge, peuplée d'oiseaux et d'insectes moqueurs. Objectif majeur, le *viewpoint* (fléché) d'où vous pouvez admirer une rare curiosité naturelle : deux plages (Ton Saï et Lo Dalam) qui se tournent le dos. Il n'y a pas (encore) de voiture sur Phi Phi et l'accès aux plages excentrées s'effectue par la mer.

Un tour de l'île en bateau permet de découvrir des criques totalement désertes (et difficilement accessibles), à l'exclusion de bungalows épars enfouis dans les cocoteraies. À moins de préférer la compagnie des coraux de l'île

Bambou (en face de Laemtong) que l'on peut admirer en surface avec un simple masque.

Grisée par son succès, Phi Phi Don s'est engagée sur une mauvaise pente. Malgré les tentatives des autorités thaïes pour préserver la nature (une partie de l'île est classée parc naturel), le village de Ton Saï adopte des allures de bidonville : les poubelles débordent, les restaurants sont envahis de chats douteux (assortis à la cuisine) et les boutiques regorgent de paréos synthétiques aux couleurs criardes. La population locale, des « gitans de la mer » sédentarisés par la manne du tourisme, manque visiblement d'expérience, et même de bon sens. Avide de bénéfices immédiats, elle ne se sent nullement concernée par un aménagement touristique à long terme et encore moins par la protection de l'environnement.

Phi Phi Ley, une île de caractère

➤ *À 2 km au S de Phi Phi Don.*

Phi Phi Ley dresse sa silhouette abrupte comme une barrière à l'envahissement touristique. Ses trésors ne résident pas dans de longues plages de sable blanc, mais dans des **grottes** obscures et humides où l'on récolte les célèbres nids d'hirondelles *(voir p. 242)*. L'accès à la grotte principale dépend de la marée et du temps, l'embarcadère ne pouvant accepter que des *hang yao* (on transfère généralement les visiteurs d'un gros bateau sur une pirogue qui permet de débarquer à l'entrée de la grotte).

Il n'y a pas d'hôtel sur Phi Phi Ley, mais les fous de plage apprécient Maya et Lo Sama pour bronzer et nager en paix (louer un *hang yao* à Phi Phi Don).

♥ Krabi**, l'étoile montante

➤ *À 55 km à l'O de Phuket par mer (180 km par la route).*

Depuis Phuket : *env. 3 h de trajet par la* ***route*** *(des bus réguliers relient Phuket à Krabi). Par* ***bateau****, 3 h 30 de trajet,* via *Phi Phi (départ de Makham Bay).*

Depuis Bangkok : *814 km. Vols directs t.l.j. avec Thaï Airways, et vols* via *Phuket t.l.j. avec Bangkok Airways.*

➤ *Informations pratiques p. 250.*

Si Phuket est une perle, Krabi est une émeraude. Les navigateurs épris de solitude auraient bien gardé pour eux le secret de ce nouvel éden déjà promis à toutes les conquêtes : 130 îles, pas moins, dans la mer d'Andaman, festonnées de plage au sable blanc et poudreux.

Krabi : la ville

La province de Krabi, qui compte 4 700 km² et 300 000 habitants, a pour capitale... la ville de Krabi. Krabi-city, ville de pêcheurs sans prétention, est construite sur un estuaire ouvert sur la mer d'Andaman. Vue de la jetée de Chao Fa, elle ouvre sur un univers enchanteur d'îles lointaines et de plages de sable fin.

Krabi figure en bonne place dans les projets d'aménagement touristiques du littoral thaï et il est à prévoir que le paysage va changer sous peu. La **baie de Nang** (Ao Nang) est la première station balnéaire digne de ce nom. Mais le néon n'est pas encore de mise à Krabi, où même le luxueux hôtel Dusit Rayavadee a pris le parti de la solitude, dernier luxe de notre époque.

La région jouit d'un environnement naturel tout à fait exceptionnel. On retrouve des reliefs identiques sur terre et sur mer, témoignant d'une époque où l'on pouvait gagner Phi Phi par la terre (une brusque élévation du niveau des eaux est à l'origine de la baie de Phang Nga). Recouverts de jungle dense, les pitons rocheux créent un univers fantasmagorique. Comme à Phuket, l'exploitation de l'hévéa est intensive.

D'un point de vue touristique, les curiosités terrestres sont assez limitées : un « cimetière » de coquillages vieux de 75 millions d'années *(Laem Pho, 20 km à l'O de Krabi-city)*, à dire vrai peu spectaculaire ; et le **temple de la Grotte du tigre** (Wat Tham Seua) dont le Vénérable est un personnage charismatique du bouddhisme thaï. C'est un centre de pèlerinage réputé mais le temple lui-même ne présente pas d'intérêt particulier. On remarquera pourtant une étonnante statue de cire du Vénérable, plus vraie que nature, en position de méditation dans une châsse en verre.

De toute façon, il est hors de propos de perdre de vue la mer, d'autant que les plages les plus prisées ne sont accessibles que par bateau.

La plage de Ao Nang

➤ *À 22 km à l'O de Krabi-city, par les routes 4202 et 4201 (**song téo** et **taxis** depuis le port ou le centre-ville).*

Située légèrement au sud de la plage de Nopparat (domaine du parc national de Phi Phi), la plage de Nang est située dans un cadre splendide. La baie est gardée par 83 îlots que les pêcheurs ont baptisés, en langue malaise, de noms évoquant leurs formes. Plusieurs hôtels et des bungalows, à prix divers, sont installés à proximité de la plage, ainsi que des restaurants et un petit centre commercial.

Des agences proposent des excursions vers les îles proches et dans la baie de Phang Nga. On peut aussi louer un *hang yao* ou utiliser les bateaux-taxis qui desservent les plages.

Les plages de Rai Leh et de Phra Nang

Ces plages ne sont accessibles que par bateau, au départ de Krabi ou d'Ao Nang. Elles ne sont pas désertes pour autant. Un des hôtels les plus luxueux de Thaïlande, le Dusit Rayavadee, a choisi de s'installer sur le cap Phra Nang, entre deux plages : Rai Leh et Phra Nang. Deux plages portent le nom de Rai Leh (est et ouest), mais seule celle qui est orientée à l'ouest mérite l'attention. Quelques bungalows peu soignés ne parviennent pas à gâcher le site, qui est tout simplement éblouissant. Il y a aussi de belles maisons en bois à louer au bout de la plage.

La plage de Phra Nang, exposée au couchant, tient son nom d'une princesse de légende dont la statue est abritée dans une grotte. Les habitants rendent un culte phallique à la belle princesse (matérialisé par des pièces de bois aux formes évocatrices) pour rendre leurs pêches fructueuses.

Outre son autel, la princesse a aussi son lagon, caché dans la montagne et accessible à pied en 45 mn de marche. Le relief particulièrement escarpé inspire des grimpeurs audacieux qui se lancent à l'assaut des falaises : un exercice totalement déconseillé aux dilettantes…

Le caviar des hirondelles de mer

Elles ont élu une grotte qui ressemble à une lugubre cathédrale : chaque année, elles viennent y faire leurs nids, en moyenne 5 par hirondelle. Il faut 15 à 20 jours pour faire un nid et beaucoup de courage ou d'inconscience pour aller le cueillir. Ceux qui s'y risquent ont une bonne raison : l'argent. Car ces nids d'hirondelles si convoités sont achetés à prix d'or pour procurer ce mets délicat aux restaurants chinois de toute l'Asie. N'imaginez pas que les Fils du Ciel se délectent de paille dans leur soupe : l'hirondelle fabrique son nid avec sa salive dans des grottes d'une hauteur de plafond hallucinante (jusqu'à 80 m).

L'île de Phi Phi Ley est l'une des 30 îles de la mer d'Andaman choisies par les hirondelles de mer pour y pondre leurs œufs. Quand elles y parviennent… Car leur enfer dure quatre mois par an (de février à mai) quand rappliquent des gaillards intrépides aux muscles longs qui entreprennent de monter des échafaudages de fortune (simples bambous) pour escalader la grotte. N'entre pas qui veut : il faut obtenir une concession auprès des autorités locales pour avoir le droit de risquer sa peau. Les candidats prennent une assurance multirisques à leur manière : tatouages, offrandes de buffles, autels placés dans la grotte et régulièrement honorés… Ces musulmans audacieux sont aussi animistes. Le rite de la cueillette impose des offrandes avant chaque escalade. À la clé, un pactole de 1 000 ฿ par mois, contre 6 h de frisson par jour.

Si l'on en croit Paul Morand, ce n'est pas si cher payé : « Après une nuit de fête et de dépense, il est doux de s'éveiller et de prendre – c'est l'heure du gourmet – le nid trempé d'abord dans l'eau bouillante et sucrée. Aussi saturé d'iode qu'un varech, de sel qu'une vague, de phosphore qu'un poisson, ce fruit du lent travail des hirondelles redonne des forces au débauché. » On peut toujours essayer… ■

Le récif corallien, bien préservé et peu profond, permet d'observer la vie sous-marine depuis la surface avec un simple masque. Attention aux coups de soleil sous l'eau, particulièrement redoutables. Il suffit de prendre un *hang yao* pour l'**île de Poda** *(à 5 km de Phra Nang)* ou de **Nok**, encore plus proche.

Un peu plus loin *(à 22 km)*, l'**île de Hong** est dotée d'une plage de sable fin bien abritée où l'on peut nager et pique-niquer. À marée haute, on pourra aller explorer une sorte de cratère (appelé *hong* en thaï) effondré rempli d'eau.

Le cratère est entouré de grottes interdites qui sont le domaine des récolteurs de nids d'hirondelles. Des échafaudages en bambou témoignent de leur passage saisonnier. ■

L'archipel de Samui

Samui*** de plage en plage

Koh Samui appartient à la province de Surat Thani. Elle fait partie d'un archipel formé de quelque 80 îles, îlots, rochers, récifs dont six seulement sont habités.

L'évocation du temps où Koh Samui était une punition pour les rebelles (géniale idée du roi Taksin) prête maintenant à sourire… Cette immense cocoteraie au relief jamais monotone, cernée d'émeraude et de plages d'un blanc laiteux, semble peu propice au repentir. Elle inciterait plutôt à se vautrer dans la paresse, pour ne retenir que le plus véniel des péchés !

Bien avant d'être un refuge béni pour les stressés de la planète, Samui a connu un bref épisode de gloire : le roi Rama VII, amateur éclairé de cinématographe, y dirigea le tournage d'un film muet intitulé *L'Anneau magique*. Ce fut la première campagne publicitaire de Samui.

La retraite parfaite

Samui a-t-elle encore besoin de publicité ? Les avis sont partagés. Certains de ses adeptes ont tranché de façon éloquente en allant planter leurs pénates à **Koh Pha Ngan**, l'île voisine, qui ressemble à ce qu'était Samui dans les années 1980… Si Samui n'est plus une île pour Robinson, elle a conservé l'essentiel des qualités qui ont fait son succès. Et ses détracteurs gagnent finalement assez peu en allant voir ailleurs ! Le mieux est encore d'essayer : Koh Pha Ngan, le **parc maritime d'Ang Thong**, ou même **Koh Tao** font partie de la tournée des îles pour ceux qui ne rêvent que rivages nouveaux…

Avec 21 km sur sa plus grande largeur, 25 km sur sa plus grande longueur, Samui est l'île la plus vaste de l'archipel. Elle est peuplée d'environ 35 000 habitants, en majorité bouddhistes. Une petite communauté de pêcheurs musulmans, descendant des Mokens (« gitans de la mer ») venus de Malaisie, y a également fait souche depuis plusieurs générations.

Les **ferries** et **vedettes** débarquent sur la côte ouest à Thong Yang ou Na Thon, la capitale. Aucune raison de s'attarder en ville, après être passé à la banque, au marché, à la poste et à la pharmacie ! Les belles plages sont de l'autre côté de l'île, la porte à côté… Ici, rien n'est loin : la route asphaltée fait le tour de Samui en 50 km !

➤ *Informations pratiques p. 255.*

Le nord

La **baie de Bo Phut**, célèbre pour son grand bouddha assis qui domine la mer de ses 15 m de hauteur, est environnée de plages plus ou moins plaisantes. La plus belle est celle de **Maenam** ♥, encore peu construite et très agréable pour nager sans danger. Celle de **Bo Phut** est peu propice à la baignade (coraux affleurant). Des bateaux réguliers pour Koh Pha Ngan et Koh Tao partent de la jetée.

Plus à l'est, la **baie de Bangrak** est réputée pour la beauté de ses fonds et la clarté de l'eau (petits bungalows en bord de mer). La **baie de Choeng Mon**, orientée à l'est, est bordée d'une plage en pente douce d'environ 2 km de long (quelques hôtels y sont construits).

L'est

C'est sur cette côte que vous trouverez les plus belles plages, ainsi que la plus forte concentration hôtelière.

➤ **Chaweng** ♥ étire sur 6 km une plage bordée de cocotiers et de casuarinas. Le site est splendide et de nombreux hôtels de qualité l'ont élu. Des petits bungalows coquets s'y sont eux aussi installés. Si l'ambiance est agréable, le plaisir de la baignade, en revanche, est inégal, en raison de la présence de hauts-fonds à certains endroits. Beaucoup de petits restaurants et de bistrots sont installés à l'ombre des grands arbres. Chaweng est divisée en deux plages: Chaweng Yaï (la « grande ») et Chaweng Noï (la « petite »). Cette dernière vient buter sur le cap de Thong Takian.

La plage de **Thong Takian** n'est pas très grande. Plusieurs hôtels y sont installés.

➤ **Lamaï** est la deuxième grande plage de Samui. L'ambiance y est radicalement différente, beaucoup plus jeune (nombreux bungalows bon marché) et plus canaille (bars, discos, fringues). La grande attraction du coin, le rocher du Grand-Père et de la Grand-Mère (Hin Ta Hin Yaï) est comme à l'unisson: deux rochers ressemblant à des sexes masculin et féminin! Lamaï est, par excellence, l'endroit où l'on ne s'ennuie jamais. Faire de la musculation, s'entraîner à la boxe thaïe ou prendre des cours de massage, vous n'aurez que l'embarras du choix!

Le centre

La tentation est forte de se contenter de voguer de plage en plage avec un masque et un tuba... Si vous parvenez à secouer votre paresse, chaussez-vous confortablement et allez découvrir un pur endroit béni par la nature: les **chutes de Na Muang** ♥, que l'on atteint par une très jolie balade à pied à travers les fougères arborescentes et les bambous. Des bassins naturels offrent des possibilités de baignade. Vous pouvez aussi pousser jusqu'aux **chutes d'Hin Lat**, dans l'arrière-pays de Na Thon. Une usine de traitement des fibres de coco peut se visiter à 4 ou 5 km de la cascade. Les fibres servent, notamment, au rembourrage des sièges de voiture. En traversant les cocoteraies, n'oubliez pas de lever la tête pour voir si les singes cueilleurs sont à l'œuvre. Inspirés par le climat émollient de l'île, les habitants ont eu l'idée géniale de dresser des macaques pour cueillir les noix à leur place *(voir p. 246)*!

D'île en île

Après avoir joué à changer de plage, il vous reste à changer d'île. Et justement, il y a des bateaux qui partent pour le bout du monde! Si la mer émeraude et les cocotiers sont une constante, chaque archipel, chaque île a son cachet particulier. Ici, en mer de Chine, la beauté, la simplicité, la solitude sont encore les plus beaux cadeaux que nous puissions recevoir. Et qu'il faut contribuer à préserver.

♥ Koh Pha Ngan**, l'île cool

➤ *À 20 km au N de Samui.* ***Bateaux*** *réguliers de Na Thon à destination de Thong Sala, la capitale (env. 40mn de trajet) et de Bo Phut à destination d'Hat Rin, belle plage où se trouve la plus forte concentration de bungalows. Au moins 2 départs/j., sauf en cas de gros temps.*

➤ *Informations pratiques p. 249.*

l'ARCHIPEL DE SAMUI

La petite sœur de Samui a pris son indépendance en 1977 par décret royal et constitue désormais une commune autonome de 7 000 bienheureux, englobant sept îles: Koh Pha Ngan, Koh Tae Naï, Koh Tae Nok, Koh Ma, Koh Kong, Koh Tao et Koh Nang Yuan.

Koh Pha Ngan, la plus importante, ressemble beaucoup à Samui par sa forme et sa géographie. Montagneuse et luxuriante sur les trois quarts de sa superficie, elle culmine au Khao Ra, à 600 m d'altitude. En attendant la route circulaire promise (20 km d'asphalte pour transporter les ananas et les noix de coco que produit l'île), on circule sur les pistes et, surtout, là où l'on peut! La plage de Rin (Hat Rin) est le circuit favori des chauffeurs de *song téo*, dont certains semblent s'entraîner très sérieusement pour le Grand Prix de Monaco…

Près de 8 000 touristes viennent là chaque saison pour savourer le plaisir d'être loin de tout, sauf du bonheur. Jeunes pour la plupart, tannés par tous les soleils d'Asie, ils se posent à Koh Pha Ngan comme les papillons sur une fleur, avant d'aller butiner ailleurs… Il est vrai que la vogue des *full moon parties*, résurgence nostalgique des chemins de Katmandou, a pris une certaine ampleur dans les années 1990, au point d'entraîner un sérieux renforcement des effectifs de police…

Les prouesses des macaques à queue de cochon

Après 4 à 5 mois d'entraînement, ils sont diplômés de l'école des cocotiers ! Les élèves sont des singes *Macaca nemestrina*, plus communément appelés « macaques à queue de cochon » (en raison de leur queue en tire-bouchon), âgés de 8 à 12 mois. Plusieurs écoles de ce type existent dans les provinces du Sud, notamment Chumphon et Surat Thani.

Chez les macaques, les filles ne vont pas à l'école car elles ne sont pas assez robustes. Le maître enseigne d'abord, au sol, le geste auguste du cueilleur. Ensuite, les macaques sont entraînés à grimper. La phase la plus subtile de l'enseignement consiste à faire comprendre à l'élève la différence entre une noix de coco mûre et une noix trop jeune ou pourrie. Finalement, les singes s'en tirent aussi bien que les humains et font même nettement mieux quand il s'agit de changer de cocotier : ils économisent le retour au sol et sautent directement du faîte d'un cocotier à l'autre ! Le maître les dirige avec une longue laisse.

Un singe diplômé cueille environ 800 noix par jour. Il peut s'enorgueillir, à la retraite (après 12 ou 15 ans de loyaux services) d'avoir cueilli quelque 2 millions de noix de coco !

Des concours sont organisés régulièrement et la presse a relaté les performances du dernier champion du Chumphon qui a envoyé au sol 10 noix en 51 secondes (escalade incluse) ! Comme quoi, les singes ne sont pas si bêtes... ❖

Il faut s'être aventuré ingénument à traverser Koh Pha Ngan par voie terrestre pour comprendre pourquoi le *hang yao* est ici le seul taxi digne d'intérêt. Après tout, vous êtes dans une île où les criques, les baies, les plages, les falaises valent quand même le détour ! Il suffit de faire signe depuis la rive ou la plage pour trouver un pêcheur désœuvré ou un taxi de mer en maraude. On doit honnêtement souligner que les *hang yao* sont la plaie des grasses matinées sur Koh Pha Ngan, leur moteur faisant un raffut d'enfer. Le petit bungalow les pieds dans le sable n'est donc pas forcément le bon choix si l'on se trouve sur un itinéraire fréquenté.

Le parc maritime d'Ang Thong*

➤ *À 20 km à l'O de Samui. Excursions d'une journée organisées depuis Na Thon en* ***bateau express****. Ang Thong est aussi accessible depuis le continent (excursions au départ de Bandon, Surat Thani ; 2 h de trajet).*

Rien ne trouble la paix des îles Ang Thong. Classées parc national, elles restent telles que la main céleste les a créées : 38 îlots de jade posés sur une mer d'émeraude... Embarquez-vous pour une croisière contemplative.

Le parc maritime national d'Ang Thong couvre une superficie de 250 km² dont 50 sont occupés par des terres recouvertes d'une végétation touffue. Ces îlots sont montagneux et l'on se plaît à les comparer à des dents de dragon, nul ne pouvant se prévaloir d'en avoir vu d'authentiques... La plupart ont des noms suggérés par leur forme : « la vache endormie », « l'éléphant moribond » et même « l'île au moine » !

À part les locaux de l'office des forêts et le petit gîte d'étape de l'**île de Wua La Tap**, il n'y a strictement rien sur les îles. Bien que le relief soit plutôt abrupt et tombe en falaise sur la mer, on trouve de superbes plages de sable blanc et fin à **Koh Mae Ko** et **Koh Wua La Tap**. Les nombreux récifs coralliens sont en parfait état de conservation. Le **lac de cratère de Mae Ko** est un des plus beaux sites du parc maritime.

On peut passer la nuit sur Wua La Tap dans des bungalows merveilleusement situés.

♥ Koh Tao**, paradis des plongeurs

➤ *À 50 km au N de Koh Pha Ngan et 75 km au large de Chumphon, province à laquelle elle est rattachée administrativement. Compter 4 h de trajet depuis Pha Ngan et 6 h depuis Chumphon. Éviter les traversées si le temps est incertain.*

L'île de la Tortue (Koh Tao) possède un trésor : la modestie. Ses 921 habitants y vivent de la pêche et des noix de coco sous l'œil bienveillant d'un unique policier. À Koh Tao, il y a des poissons, des oiseaux, des coquillages. À Koh Tao, il y a l'éternité.

Il n'y a pas de tortue sur Koh Tao. L'île tient son nom de sa forme et, peut-être, d'un excès de *mékong* le jour de son baptême... Si Koh Tao est un paradis, c'est d'abord celui des plongeurs. Nul besoin de bouteilles ou d'équipement compliqué pour admirer dans toute leur splendeur des fonds sous-marins exceptionnellement préservés et une faune peu farouche. Un simple masque suffit. Il y a quantité de *diving shops* proposant des sorties sur les récifs et un centre de plongée PADI sur la côte ouest. Vérifier le matériel, y compris l'état (et le chargement) des bateaux.

Koh Tao est une immense cocoteraie avec un petit port endormi, deux ou trois épiceries, quelques terrasses sur la mer pour déguster une soupe ou un poisson frit, un marché, une salle de billard, la poste *(ouv. de 8 h 30 à 16 h)*, la pagode et le bureau du policier.

Ni routes (juste une piste) ni voitures, sinon un ou deux *song téo* qui servent à transporter les marchandises et, accessoirement, les humains.

Une quarantaine de bungalows offrent une hospitalité délicieuse aux voyageurs de passage qui ne tardent pas à oublier le jour de leur vol retour, si toutefois ils n'ont pas jeté au vent leur billet d'avion. Un comité d'accueil est présent à chaque arrivée de bateau pour proposer un gîte. Mais il y a encore plus spectaculaire : l'**île de Nang Yuan** *(45 mn de traversée en hang yao)*, véritable merveille de la nature dont l'isthme se divise en trois plages disposées en étoile. Sur place, un restaurant, quelques bungalows à louer et un paradis sous-marin. ■

La Thaïlande du Sud pratique

Vous trouverez tous les styles d'hébergement, de l'hôtel le plus raffiné à la cabane de bambou. Mais choisir son hôtel, c'est d'abord choisir sa plage ou son île. Et choisir sa plage, c'est s'inscrire dans un certain genre de beauté : l'isolement, l'animation, la simplicité, le luxe…

Chumphon

Indicatif téléphonique ☎ *(077)*

▲▲ **Chumphon Sunny Beach Resort**, plage d'Arunothaï ☎ 579.148. Très belle plage à 40 km au S de la ville. Piscine, possibilités d'excursion. *24 ch.*

▲▲ **Porn Sawan**, plage de Pharadon Phap, Pak Nam ☎ 521.521. Sur une immense plage, à 15 km à l'E de la ville. Piscine et tennis. *63 ch.*

▲▲ **Sai Ree Lodge**, plage de Sai Ree, à 21 km à l'est de la ville ☎ 521.212. Agréables bungalows ventilés ou climatisés. *20 ch.*

▲ **Chumphon Cabana**, plage de Thung Wa Laen ☎ 501.990. Sports nautiques, restaurant sur une très belle plage au N de la ville. *25 ch.*

Hua Hin

Indicatif téléphonique ☎ *(032)*

Hôtels

▲▲▲ **Royal Garden Village**, 45 Phet Kasem Rd ☎ 513.412. Très jolie architecture thaïe et excellent service. Piscine, jardin en bordure de plage et une adorable mascotte : Sam l'éléphanteau. *164 ch.*

▲▲▲ **Sofitel Central** ♥, 1 Damnoen Kasem Rd ☎ 512.021. Peut-être le seul hôtel « colonial » de Thaïlande. Construit en 1921 par le Prince Purachatra (alors directeur des chemins de fer), il devint l'hôtel Railway et la coqueluche des élégantes qui aimaient prendre le thé sous la véranda. Rénové et rebaptisé, il n'a rien perdu de son charme. *103 ch.*

▲▲ **Golf Inn**, 29 Damnoen Kasem Rd ☎ 512.473. Agréable, avec piscine et restaurant, près du golf. *14 ch.*

▲ **Sailom**, 29 Phet Kasem Rd ☎ 511.890. Tennis, piscine, golf. *66 ch.*

Chiva-Som International Health Resort ♥ ☎ 536.536. Petit paradis chic et cher, à la sortie sud de Hua Hin. Un décor de rêve où l'épure japonaise tempère le lyrisme du style traditionnel thaï ; on y dispense les soins les plus attentifs, sous contrôle médical. La diététique thaïe y est tout sauf une punition et le fauteuil spécial massage équipé d'écouteurs stéréo vaut bien les vigoureuses manipulations des masseuses de plage.

Restaurants

Les grands hôtels sont tous dotés d'excellents restaurants dont un français au Sofitel.

Sur la jetée, des restaurants de fruits de mer sur pilotis : cuisine exquise, poissons de première fraîcheur (**Sang Thaï Food Restaurant**, à réserver au ☎ 512.144).

Les cuisines de rue du **marché Chatchaï** vous feront découvrir les spécialités de la gastronomie locale.

Golf

Royal Hua Hin Golf Club (par 72), Damnerkasem Rd ☎ 512.475, créé en 1924. **Springfield Royal Country Club** (par 72), km 210 Petchkasem Highway ☎ 471.303, dessiné par Jack Nicklaus.

Koh Pha Ngan

De nombreux **bungalows** très bon marché, certains équipés d'une s.d.b. individuelle, la plupart de sanitaires collectifs et de douches en plein air. La plus forte concentration de bungalows se trouve au sud (Hat Rin ouest et est) et à l'ouest (baie de Wok Toum). La longue plage d'Hat Rin connaît un début d'animation (bars, discothèques). Il suffit alors de gagner les plages du nord (Thong Naï Pan et Hat Khuat) pour fuir la « civilisation » et le bruit. Éviter la baie de Chalok Loum, lieu d'une activité artisanale de saumure de poisson particulièrement odorante…

Krabi

Indicatif téléphonique ☎ *(075)*

Hôtels

▲▲▲▲ **Dusit Rayavadee Resort** ♥, ☎ 620.740/3. Sur le cap Phra Nang. Une retraite très exclusive mais pas snob, au cœur d'un reposant jardin exotique et d'une cocoteraie orientée sur deux plages. Pavillons et villas décorés avec raffinement ; vidéo et chaîne hi-fi individuelles. Piscine, tennis, centre de mise en forme, sports nautiques, vidéothèque, deux restaurants et nombreuses possibilités d'excursion. L'hôtel assure les transferts depuis Phuket en bateau (90 mn en vedette rapide) ou en minibus pendant la mousson. *98 ch.*

▲▲ **Ao Nang Villa**, 125-127 Phra Nang Beach ☎ 637.270. Bien situé et tranquille, séparé de la plage par un chemin de terre. Moderne et spacieux, belle piscine. Chambres classiques et bungalows. *90 ch.*

▲▲ **Krabi Resort**, Moo 2, Tambon Ao Nang ☎ 637.030. Accès direct à la plage. Style et confort très variables, plusieurs catégories de bungalows et chambres classiques. Piscine. *96 ch.*

▲ **Phra Nang Inn** ♥, Ao Phra Nang ☎ 637.130. Familial, sympathique et soigné. Séparé de la plage par un chemin de terre. Petite piscine et très bon restaurant (cuisine thaïe authentique et service très attentif). *78 ch.*

Bungalows sur la plage de Rai Leh, au confort spartiate : **Rai Lay Bay, Sand and Sea, Rai Lay Village**, ainsi que quelques restaurants simples, pour la plupart sans alcool (musulmans).

Nakhon Si Thammarat

Indicatif téléphonique ☎ *(075)*

Hôtels

Nakhon Si Thammarat, ville peu touristique, n'est pas encore dotée d'hôtels aux normes internationales.

▲ **Nakhon Garden Inn**, 1/4 Pak Nakhon Rd ☎ 344.831. Situation centrale. Bon confort pour un prix très modeste. *50 ch.*

▲ **Thaï Hotel**, 1357 Ratchadamnoen Rd ☎ 341.509. Confort et prix très divers selon les chambres. *210 ch.*

Bualuang, 1487/19 Soi Luang Muang ☎ 341.518. *96 ch.* spacieuses et propres.

Nombreux autres petits hôtels simples et très bon marché dans le centre-ville.

Spectacles

➤ **COMBATS DE BUFFLES.** C'est une corrida sans toréador, très prisée dans les provinces du Sud et en Indonésie. C'est aussi un jeu d'argent. Il y en a régulièrement (demandez sur place).

➤ **THÉÂTRE D'OMBRES** *(nang taloung)*. Les représentations rencontrent toujours un succès populaire, malgré le cinéma et la télévision. Le répertoire fait référence à l'histoire, à la légende et à des contes traditionnels. On y rit beaucoup (à condition d'y comprendre quelque chose !).

Shopping

➤ **VANNERIE YA LIPAO.** Relancé par la Reine Sirikit, cet artisanat utilise une liane très fine et très résistante qu'on ne trouve que dans la région. Elle sert à la fabrication de sacs à main rétros (portés par les dames de la famille royale), de boîtes à trésors, de petits porte-monnaie…

➤ **NIELLAGE.** Autre spécialité, les objets d'orfèvrerie niellés (bijoux, bibelots), art relancé par la Reine Sirikit.

Phang Nga

Indicatif téléphonique ☎ *(076)*

Hôtels

▲▲ **Phang Nga Bay Resort** ☎ 412.067. Dépare légèrement dans le paysage… sauf quand on est dedans ! *90 ch.*

▲ **Phang Nga Valley Resort**, Phetkasem Rd (2 km au S de la ville) ☎ 412.201. Accueil sympathique. Excursions organisées. *31 ch.*

Excursions et croisières

Rens. à l'agence de votre hôtel ou dans une agence proche (nombreuses). Excursions programmées t.l.j. Choisir de préférence un trajet en bateau et un par voie terrestre (l'aller-retour par voie terrestre est fatigant).

➤ **CANOË.** En survolant la baie, on a découvert des cratères secrets nés de l'effondrement des voûtes de certaines grottes. Longtemps isolés, ils ont contribué à préserver une flore et une faune ailleurs disparues. Certains sont accessibles par des tunnels. Des excursions en canoë sont organisées par des passionnés, rodés à Hawaï et aux îles Fidji.

➤ **RANDONNÉES** sportives et écologiques sur 2, 3 ou 7 j. **Phuket Sea Canoe Center** ☎ 212.172.

Phi Phi Don

Indicatif téléphonique ☎ (075)

Hôtels et restaurant

Évitez les plages de Ton Sai et Lo Dalam: saleté, hôtels peu soignés et très densifiés. La plage de Lo Dalam mérite pourtant des photos de carte postale! Préférez le nord de l'île.

▲▲ **Palm Beach Resort**, plage de Laem Tong ☎ 214.654. Bungalows sur pilotis dans une cocoteraie. Prix négociables. *78 ch.*

▲▲ **Phi Phi Coral Resort**, plage de Laem Tong ☎ 214.056. Bungalows un peu densifiés. Discothèque. *57 ch.*

▲▲ **Phi Phi Island Village**, baie de Loh Bakao ☎ 215.014. Belle situation sur plage privée. Tennis, restaurant. *60 ch.*

La Mama (tenu par un Français) est le seul restaurant recommandable.

Phuket

Indicatif téléphonique ☎ (076)

ℹ 73-75 Phuket Rd, Phuket-ville ☎ 212.213 et 211.036. Accueil sympathique. Vous y trouverez beaucoup d'informations locales à glaner. Liste des clubs de plongée et des agences organisant des sorties de pêche. *Ouv. t.l.j. de 8h30 à 16h30.*

Accès

À 922 km au sud de Bangkok, sur la côte ouest (mer d'Andaman). **Avion**: au moins 8 vols/j. (durée: 1h15) au départ de Bangkok avec Thaï Airways. Liaisons quotidiennes avec Samui assurées par Bangkok Airways (40mn de vol). **Route**: trajet en plusieurs étapes conseillé. Bus réguliers au départ de Bangkok (gare routière Sud, Pinklao-Nakhonchaisi Rd). 4 bus climatisés et 10 bus non climatisés par jour. Phuket est reliée par **bus** à toutes les grandes villes du Sud de la Thaïlande. Le train ne dessert pas Phuket.

Transports

On se déplace facilement dans Phuket. Les transports en commun vont partout, mais il faut parfois s'armer de patience. Ainsi, les *song téo* (taxis collectifs) ne partent que quand ils sont complets. Ils circulent sur des par-

Point météo à Phuket

L'année se divise en deux périodes : de novembre à avril, le temps est relativement stable, avec des températures s'échelonnant de 21 à 34 °C. L'eau est claire, les journées ensoleillées. De mai à octobre, les températures baissent et les pluies sont fréquentes, particulièrement le soir. Septembre est le mois le plus humide. Attention à la mer, souvent agitée et dangereuse sur la côte exposée (ouest) à cette période.

L'expérience montre que les saisons ne sont pas si tranchées et qu'il fait très souvent beau à Phuket, même en période de mousson. Les pluies se produisent souvent en fin de journée et la température de l'eau (27-28 °C) reste constante. ❖

cours fixes et klaxonnent à chaque arrêt pour ramasser les clients. À Phuket-ville, la gare routière est près du marché, sur Ranong Rd. De là, des bus partent vers toutes les plages.

De nombreuses sociétés proposent des voitures de location (en ville ou dans les hôtels). La formule est intéressante, au moins pour une journée, histoire de se rendre compte de la topographie de l'île. Des jeeps sympas peuvent se louer sur Rasada Rd et dans les stations balnéaires.

La location de moto rencontre un grand succès. Prudence si vous n'êtes pas un motard confirmé: ne roulez pas pieds nus, portez un casque, n'oubliez pas de conduire à gauche (certains Thaïs oublient), n'écrasez personne, ne glissez pas sur le sable… bref, rappelez-vous les conseils de votre maman, c'est le moment! Dernier et piquant détail: les assurances, ici, ne sont pas obligatoires *(voir p. 57 et 59)*.

Hôtels

Les hôtels disposant d'un accès direct à la plage ne sont pas si nombreux, la municipalité ayant décidé de protéger le littoral et d'empêcher sa privatisation *de facto*. Au nombre des nuisances, on peut citer les chantiers (la maladie de l'*extension under construction* sévit à l'état endémique) et le bruit (motos, klaxons des *song téo*, discothèques, etc.).

Plage de Naï Yang (nord-ouest)

▲▲▲ **Pearl Village Resort** ☎ 327.006. Le seul hôtel situé dans le parc national de Naï Yang. Superbe et calme. Belle piscine, plage agréable. *163 ch.*

Possibilité de loger, dans des conditions assez spartiates, dans les **bungalows du parc national**.

Plage de Bang Thao (nord-ouest)

▲▲▲ **Dusit Laguna** ☎ 324.320. Dans la tradition de qualité de la chaîne Dusit, une bulle luxueuse posée entre sable et cocotiers, avec une architecture largement ouverte. *232 ch.*

Sur cette plage, plusieurs autres hôtels et complexes de luxe, notamment **Banyan Tree** et **Sheraton Grande**.

Plage de Surin (ouest)

▲▲▲▲ **Amanpuri** ♥ ☎ 324.333. Le comble du chic où se marient beauté et simplicité. Une retraite très exclusive pour golden boys. *40 pavillons.*

▲▲▲ **The Chedi** ☎ 324.017. À flanc de colline, face à la baie de Surin, l'ancien Pansea offre un hébergement de qualité dans des bungalows en teck, un golf privé et de nombreux sports nautiques. *105 ch.*

Plage de Patong (ouest)

▲▲▲ **Amari Coral Beach** ♥ ☎ 340.106. Dans la partie sud de la plage, sur une avancée qui ferme la baie. Petite plage privée et 2 piscines. Parties communes ouvertes sur la nature. Calme. *200 ch.*

▲▲ **Phuket Cabana** ☎ 340.138. Un des rares hôtels situés au milieu de la plage de Patong, au cœur de l'activité. Piscine. *80 ch.*

▲ **Patong Bay Garden** ☎ 340.297. Même situation mais pas d'équipement particulier; restaurant. Club de plongée à proximité. *53 ch.*

Simple et bon marché: **Sandy House** et **Patong Bay Inn,** avec accès direct à la plage.

Plage de Karon (sud-ouest)

▲▲▲▲ **Le Méridien** ☎ 340.480. Architecture grandiose, inspirée du style thaï et, peut-être, des cathédrales. Plage privée, service exquis. Un des fleurons de la chaîne. *470 ch.*

▲▲▲ **Thavorn Palm Beach** ☎ 396.090. Superbe hôtel de séjour, très bien équipé pour les sports (tennis, squash). Pas d'accès direct à la plage. *210 ch.*

▲▲ **Marina Cottage** ♥ ☎ 330.625. Du bon côté de la plage; architecture thaïe, jardin très agréable. Restaurant et club de plongée. *104 ch.*

Plage de Kata (sud-ouest)

▲▲▲ **Boat House Inn** ☎ 330.015. Petit, raffiné et plein de charme, sur la plage. Une des meilleures étapes de Phuket, avec un très bon restaurant et une école de cuisine thaïe pour amateurs. *36 ch.*

▲▲▲ **Kata Thani** ☎ 330.124. Merveilleusement situé sur une petite baie

(Kata Noï). Excellent équipement sportif, belle végétation et accès direct à la plage. *203 ch.*

▲▲ **Club Med** ☎ 381.455. Installé depuis 1986 dans 90 ha de cocoteraie, le Club Med s'est inspiré de l'architecture locale pour ses parties communes; superbe. Malheureusement, chambres spartiates et exiguës, et la plage est publique. Clientèle et animation polyglottes. *300 ch.*

▲▲ **Kata Beach Resort** ☎ 330.530. Près du Boat House, sur la plage de Kata. *267 ch.*

Island Lodge bungalow, très simple et très bon marché; juste à côté du Kata Thani. *15 ch.*

Nombreux petits hôtels et *guest-houses* simples et très bon marché.

Plage de Naihan (sud-ouest)

▲▲▲▲ **Royal Méridien Phuket Yacht Club** ☎ 381.156. Discret et réputé pour la qualité de son service et de son environnement. Les vedettes de la politique ou de la *jet set* aiment venir s'y reposer. *110 ch.*

▲ **Naihan Beach Resort** ☎ 381.810. Bungalows sur la baie. *20 ch.*

Plage de Laemka (sud)

▲▲▲ **Cape Panwa** ☎ 391.123. Sur le cap du même nom, en hauteur, avec la plage en contrebas (5 mn à pied). Une jolie maison, de style sino-portugais, est aménagée en restaurant (thaï) sur la plage. *186 ch.*

▲▲ **Phuket Island Resort** ☎ 381.010. Un des anciens de Phuket, détrôné par les stars de la côte ouest. Construit en terrasse (déconseillé aux personnes ayant des difficultés à marcher), dans un très beau site. Pas de plage, mais mieux: une île quasi privée qui, elle, a sa plage et à laquelle on accède par bateau. *300 ch.*

Restaurants

On mange délicieusement bien à Phuket où la terre et la mer sont également généreuses et font tout en grand: haricots verts de 60 cm, carottes de 300 g, moules noires et gambas géantes… Piment, coriandre et citronnelle assaisonnent gaiement la soupe la plus plate. Poissons et coquillages abondent et inspirent les cuisiniers qui savent reconnaître les vertus de la simplicité (comme le homard de roche au barbecue). Entre oct. et janv., certains restaurants servent les œufs de tortue. Autre produit local, les nids d'hirondelles (restaurants chinois uniquement).

La cuisine thaïe est toujours excellente dans les hôtels, ce qui n'est pas le cas de la cuisine continentale. Vous trouverez à Patong toutes les cuisines de la terre (ou presque), avec une prédilection pour les pizzerias. Mais les zones touristiques et les abords des plages sont remarquablement équipés en restaurants, endroits traditionnels climatisés ou petits bistrots en plein air.

Plages de Bang Thao, Surin et Kamala

♦♦♦ **Amanpuri Terrace** ☎ 311.394. Thaï, dans la tonalité de l'hôtel; la simplicité y est le dernier cri en matière de luxe. Il est entre de douces mains féminines qui ont beaucoup appris de leurs grands-mères.

♦♦ **Ruenthaï**, hôtel Dusit Laguna ☎ 324.320. Cuisine thaïe remarquable dans un décor raffiné.

Plage de Patong

♦♦♦ **Baan Rim Pa** ♥ ☎ 340.789. Superbe maison de teck dominant la plage. On y retrouve la cuisine royale inspirée par Khun Chalie Amatyakul, le pape de la nouvelle cuisine thaïe qui lança l'école de cuisine de l'hôtel Oriental.

♦♦ **Hide Away** ☎ 340.591. Sur les hauteurs, il met des herbes dans votre assiette ou dans votre sauna. Cuisine thaïe et barbecues. Autres spécialités: massage traditionnel et herboristerie.

♦♦ **Kinaree**, Amari Coral Beach ☎ 340.106. Très bonne cuisine thaïe à prix raisonnables dans un décor calme et agréable. Menus dégustation à essayer.

♦ **Sea Hag Café** ☎ 341.111. Cuisine thaïe bien préparée, avec spécialités de fruits de mer à la vapeur et sur le grill.

Plage de Kata

♦♦♦ **Boat House Restaurant** ♥ ☎ 330.015. Un des meilleurs et des plus charmants restaurants de Phuket; vue sur la mer.

♦♦♦ **Gallery Grill,** plage de Kata Noï ☎ 330.975. Cuisine tendance fusion élaborée par un chef californien.

♦♦ **Kampong Kata Hill** ☎ 330.103. Spécialités de plats thaïs traditionnels et de fruits de mer au milieu d'antiquités et d'objets de brocante. Quelques vins d'importation.

Phuket-ville

♦♦ **Lai An** ☎ 211.245. Une institution. Langoustes préparées avec un talent jamais démenti.

♦ **Marché de nuit de Phuket Rd.** Simples et savoureux, les fruits de mer les plus frais et les *khao phat* (savoureux plats à base de riz frit) les moins chers de l'île.

♦ **Pearl Roof Top Restaurant**, Pearl Hotel ☎ 211.901. Un des favoris de la communauté chinoise, avec cuisine tendance Hong Kong (patrie du chef) et ailerons de requins locaux.

♦ **Tun Ka Café**, Khao Rang Hill ☎ 211.500. Sur la colline qui domine la ville, un endroit agréable pour dîner romantique. Cuisine diverse (thaïe, chinoise, continentale) et vins d'importation.

Chalong

♦♦ **Kan Eang 1 & 2**, baie de Chalong ☎ 381.323 et 381.694. Deux célèbres restaurants de fruits de mer, l'un sur la jetée, l'autre sur Phuket Rd. Un choix impressionnant de plats à déguster en contemplant les yachts.

Shopping

L'artisanat n'est pas la spécialité de Phuket. Les seuls produits locaux sont les perles de culture et les bijoux ou petits objets à base de corail, de coquillages ou d'écaille de tortue. On trouve aussi des batiks malais et tout l'artisanat de la Thaïlande. Les tailleurs de Phuket proposent les mêmes services qu'à Bangkok ou Chiang Maï, mais la qualité n'est pas toujours aussi bonne.

Informations utiles

➤ **Alliance française.** 3 soï 1 Phattana Rd, Phuket-ville ☎ 222.988

➤ **Banques.** Ouv. de 8 h 30 à 15 h 30 sf sam., dim. et fêtes. Guichets ouv. jusqu'à 22 h dans les stations touristiques.

➤ **Boxe thaïe.** Sam. soir à Saphan Hin (Phuket-ville).

➤ **Compagnies aériennes. Thaï Airways,** 78/1 Ranong Rd, Phuket-ville ☎ 211.195 (vols intérieurs) et ☎ 212.400 (vols internationaux). **Bangkok Airways,** 58/2 Yaowarat Rd, Phuket-ville ☎ 225.033. **Aéroport** ☎ 311.511.

➤ **École de cuisine.** Tous les secrets de la cuisine royale thaïe avec le chef Khun Rattana qui officie au Boat House. Cours de 2 jours, en petits groupes. On a le droit de goûter ses œuvres (1 500 ฿ env.) ☎ 330.557.

➤ **Gare routière.** Phang Nga Rd, Phuket-ville ☎ 211.480.

➤ **Golf.** Phuket Country Club (par 72 + 37) 80/1 Vichit Songkram Rd, Katu ☎ 321.038.

➤ **Hôpitaux. Wachira,** Yaowarat Rd ☎ 211.114 (soins dentaires également). **Mission,** Thepkasatri Rd ☎ 212.386. **Phuket International Hospital,** Airport Bypass Rd ☎ 249.400 et 210.935 (urgences).

➤ **Immigration** ☎ 212.108.

➤ **Nudisme.** Interdit sur les plages et réprimé par la police.

➤ **Police touristique** ☎ 212.213 et ☎ 1699.

➤ **Poste centrale.** Montri Rd, ouv. de 8 h 30 à 16 h 30 en sem., de 9 h à 11 h sam., dim. et fêtes. **Télégrammes**: de 7 h à 24 h ☎ 211.020.

➤ **Sports nautiques.** De très nombreuses agences proposent plongée, pêche au gros et croisières (liste à demander à l'Office du tourisme). Les autres activités (planche à voile, ski nautique, location de masques) sont organisées par les hôtels ou par des plagistes.

Prachuab Kirikhan

Indicatif téléphonique ☎ *(032)*

Hôtels

Les hôtels situés en ville sont sans intérêt. La baie de Noï (Ao Noï), au nord de Prachuab, est équipée de **bungalows** loués par des citadins durant w.-e. et vacances. **Ao Noï Beach Bungalows** ☎ 601.350.

Samui

Indicatif téléphonique ☎ *(077)*

ℹ Chonwithi Rd, Na Thon ☎ 420.504.

Accès

À 680 km au sud de Bangkok, sur la côte est (mer de Chine).

➤ **Avion**: 7 vols/j. (durée: 1h10) au départ de Bangkok avec Bangkok Airways qui assure aussi des liaisons quotidiennes avec Phuket (40mn de vol), Singapour, U Tapao (Pattaya) et Siem Reap (Angkor). Si les vols Bangkok Airways sont complets, vous pouvez prendre un vol Thaï Airways sur Surat Thani (au moins 2 vols/j.). Des liaisons avec les **ferries** et **bateaux express** sont également organisées depuis l'aéroport de Surat.

➤ **Route, voie ferrée**: l'accès à Samui s'effectue via Surat Thani où des liaisons gare-ferry sont organisées. Des forfaits train-couchette + bateau sont vendus au départ de Bangkok. Renseignements et réservations à la gare Hua Lampong ou à la gare routière Sud pour des billets bus + bateau. Prévoir 12 à 14h de trajet par voie terrestre + 1h15 à 2h de mer, selon le type de bateau.

Transports

Les transports en commun se font en *song téo* (taxis collectifs circulant sur des parcours fixes). Na Thon, la capitale, est reliée aux principales plages.

On peut louer des jeeps un peu partout dans les endroits touristiques (à faire de préférence en début de séjour pour repérer sa plage préférée).

La grande vogue consiste à louer un scooter ou une petite moto. C'est évidemment très tentant. Malheureusement, les statistiques plaident contre. À Samui, on déplore env. 3 accidents mortels par mois, sur les 400, en moyenne, enregistrés! Les *farang* seraient responsables (et victimes) d'une grande partie de ces accidents, par négligence, abus d'alcool ou de stupéfiants, inexpérience de la moto, etc. De plus, les véhicules sont mal entretenus (pas de pièces détachées sur place) et les routes secondaires en piteux état.

Spectacles et jeux

Les habitants de Samui organisent des **combats de buffles** à l'occasion de fêtes. Les endroits varient selon la saison: déc.-janv. (Nouvel An) à **Chaweng**; avril (Songkran) à **Bo Phut**; sept.-oct. (jour de Sari) à Bo Phut; fév. (Nouvel An chinois) à **Na Muang.**

Les combats de coqs, toujours très prisés, sont assez difficiles à voir. Les arènes fonctionnent d'octobre à avril, les 2e et 1e dim. du mois. Tentez votre chance au **marché de Na Thon.**

Point météo à Samui

On peut séjourner à Samui toute l'année. La température oscille entre 25 et 34 °C, l'eau restant à 27-28 °C en toutes saisons. De février à mi-avril, le temps est généralement au beau fixe, avec une mer tranquille et une brise légère. D'avril à fin septembre, le temps est moins stable, en raison des vents de la mousson du Sud-Ouest. Les orages nocturnes sont fréquents, suivis d'un soleil matinal éblouissant.

Les mois d'hiver (novembre à mi-janvier) correspondent à la période la plus arrosée, encore que le temps soit plus capricieux que franchement mauvais. ❖

Hôtels et restaurants

L'hôtellerie internationale est relativement récente à Samui. Actuellement, une large gamme d'hébergements est proposée sur l'île, depuis la simple paillote sans salle de bains jusqu'à l'hôtel de luxe. Des efforts ont été faits pour protéger l'environnement et maintenir la plupart des constructions au niveau des cocotiers. Les plus fortes densités hôtelières sont concentrées à Lamaï et Chaweng, sur la côte est. Le développement actuel porte principalement sur les plages du nord, comme Bo Phut et Maenam.

Bo Phut (côte nord)

▲▲▲ **Samui Palm Beach** ☎ 425.494. Joli ensemble bien entretenu, entre plage, piscine et cocoteraie. *50 bungalows.*

▲▲ **The Lodge** ☎ 425.377. Sur une plage étroite, petit hôtel inspiré de l'architecture traditionnelle de Samui. *10 ch.*

Chaweng (côte est)

▲▲▲ **Amari Palm Reef** ♥ ☎ 422.015. Très bel hôtel avec chambres classiques et pavillons thaïs sur pilotis. Agréable piscine à cascade et délicat restaurant thaï. *84 ch.*

▲▲▲ **Chaweng Blue Lagoon** ☎ 422.037. De plain-pied sur la plage, un très bon hôtel rénové et soigné. *61 ch.*

▲▲ **Samui Yacht Club** ☎ 422.400. À l'extrémité sud de Chaweng. De jolis bungalows dans une cocoteraie ouverte sur la mer. Piscine, salle de sport. *43 ch.*

▲▲ **The Princess Village** ♥ ☎ 422.216. Pavillons thaïs (style Lan Na), aménagés avec du mobilier ancien et de beaux tissus. Une étape de très bon goût, mais ni piscine ni bar. *15 ch.*

▲▲ **The Village** ☎ 422.382. Charmants bungalows dans un jardin donnant sur la plage. Remarquablement tenu. *19 ch.*

▲▲ **The White House** ♥ ☎ 425.233. Même propriétaire que les deux précédents et même sens du détail. Bon restaurant. *40 ch.*

Choeng Mon (côte nord-est)

▲▲▲ **Boat House** ☎ 425.041. Dans la baie de Thong Takian. Une idée amusante, mais réalisée de façon un peu artificielle: transformer en duplex des barges à transporter le riz. 40 barges aménagées et le reste en hôtel classique. *216 ch.*

▲ **Sun Sand Resort**, même plage ☎ 425.404. Bungalows ventilés construits à flanc de colline et reliés par des pontons de bois. *10 ch.*

Lamaï (côte est)

▲▲ **Aloha Resort** ☎ 424.014. Un peu en retrait de la plage; classique, ambiance calme et plutôt familiale. Piscine. *59 ch.*

Golden Sand ☎ 424.031. Pavillons de bois simples mais confortables, avec accès direct à la plage. *76 ch.*

Maenam (côte nord)

▲▲▲▲ **Santiburi Dusit Resort** ☎ 425.031. Très exclusif, avec une décoration thaïe classique et toutes les aménités du luxe moderne. *68 villas individuelles et 24 suites « équatoriales ».*

▲▲ **Sea Fan Resort** ☎ 425.204. Agréables pavillons, bien aérés, dans un vaste jardin-cocoteraie. Plage très agréable. Piscine, jacuzzi et restaurant de bord de mer. *35 ch.*

Côte sud-est

▲▲▲▲ **Baan Taling Ngam Royal Méridien** ☎ 423.019. Luxe et volupté dans un cadre enchanteur. Au choix, villas ou chambres superbement décorées. Piscines, centre de remise en forme et sports nautiques. *40 ch., 7 villas sur la plage et 28* à flanc de colline.

Shopping

Dans le **centre de Na Thon**, on trouve tout ce qu'on peut désirer sous ce climat: maillots, paréos, noix de coco. Et les fripes habituelles du routard: shorts ou pantalons en batik, T-shirts, sarouels... Curieusement, des objets d'artisanat des tribus du Nord sont venus échouer par ici. Encore plus étonnant, des objets birmans et laotiens (n'excluez pas l'éventualité de dénicher de belles antiquités). L'artisanat local est à base de coquillages et de noix de coco: non, le singe à lunettes ne vous sera pas épargné! Quelques jolies boutiques dans les villages touristiques, notamment à **Chaweng**.

Informations utiles

➤ **BANQUES.** Ouv. de 8h30 à 15h30 sf sam., dim. et fêtes. Profitez de ce que vous êtes en ville pour changer de l'argent car les hôtels prélèvent une forte commission.

➤ **BLANCHISSERIE.** Celles des hôtels sont hors de prix. À tel point que des blanchisseries artisanales et familiales (5 à 10 fois moins cher) se sont ouvertes partout, y compris dans les supermarchés et les stations-service.

➤ **BOXE THAÏE** (leçons). Vous pouvez apprendre l'art de la boxe thaïe au Flamingo Boxing Gym de Lamaï. Les bons élèves ont droit à un beau diplôme! Si vous préférez rester spectateur, des démonstrations ont lieu tous les w.-e.

➤ **CAFÉS INTERNET.** **C@fe Network** (près de l'hôtel Utopia Resort) et **Sawadee Internet Service** (rue principale) à Lamaï.

➤ **COMPAGNIES AÉRIENNES.** **Bangkok Airways**, Na Thon 1, 328/9 Moo 3, Chonvitee Rd ☎ 421.297. **Aéroport**: ☎ 421.483.

➤ **ÉMIGRATION** ☎ 421.069

➤ **HÔPITAUX.** **Chaweng Hospital** ☎ 230.781/2. **Ban Don International Hospital** ☎ 425.382. **Ambulance** ☎ 421.444. ***En cas de problème sérieux, il est fortement recommandé de prendre le premier avion pour Bangkok.***

➤ **IMMIGRATION.** En cas de problème de visa, il existe un bureau à Na Thon.

➤ **NUDISME.** Interdit sur les plages et réprimé par la police.

➤ **POLICE MARITIME** ☎ 421.245.

➤ **POLICE TOURISTIQUE** ☎ 421.281.

➤ **SPORTS NAUTIQUES.** Quelques agences proposent plongée, pêche au gros et croisières (pour la plongée, vérifiez soigneusement l'état du matériel). Les autres activités, planche à voile, ski nautique, location de masques, sont organisées par les hôtels ou par des plagistes. Plongées intéressantes et certification PADI avec l'École française de plongée de Bophut ☎ 425.496, www.planet-scuba.net.

■ Songkhla

Indicatif téléphonique ☎ (074)

Hôtels

▲▲▲ **Hat Kaew Princess Resort**, plage de Kaew ☎ 331.059. Repris par la chaîne Dusit (Royal Princess), très bien équipé, sur une plage ombragée, à 6 km de Songkhla. Piscine, nombreux services. *143 ch.*

▲ **Lake Inn**, 301-3 Nakhon Nok Rd ☎ 314.240. Chambres avec vue sur le lac Sap. *79 ch.*

Shopping

Outre les vêtements, la région produit des objets traditionnels: marionnettes du théâtre d'ombres (en peau de buffle), instruments de musique, batiks, objets en bois sculpté, vannerie (notamment des cages à oiseaux), objets en écaille de tortue et en coquillages.

Spectacles

➤ **COMBATS DE BUFFLES ET COMBATS DE COQS.** Tous deux appartiennent à la tradition régionale. Ce sont des distractions purement masculines et des occasions, toujours bonnes à saisir, de perdre sa chemise.

➤ **CONCOURS DE CHANTS D'OISEAUX** ♥. Les colombophiles abondent, notamment à Chana (à 40 km au sud d'Haadyaï), et se retrouvent pour mettre en compétition le roucoulement de leurs protégés. Un festival international se déroule tous les ans au printemps à Yala. ■

EN SAVOIR PLUS

Message parfumé et insistant envoyé au Bouddha par les fidèles, les bâtons d'encens se consument sans répit dans les cours et les pavillons des temples. Ci-dessus : décorations florales.

Quelques mots de thaï

Tous les Occidentaux sont d'accord: le thaï est un véritable casse-tête chinois. Le petit lexique ci-dessous risque de vous donner beaucoup de surprises, spécialement celle de n'être pas compris! Car le thaï est une langue tonale. Une même monosyllabe peut revêtir des significations totalement différentes selon les tons. Ainsi, kao peut signifier « colline », « blanc », « entrée », « genoux », « nouvelles », « riz » selon la façon de prononcer le terme. L'exemple casse-tête le plus classique est la phrase « *Maï maï maï maï* » qui, selon qu'elle est prononcée, signifie: « Est-ce que la soie neuve brûle? » ou « La soie neuve ne brûle pas ». Il existe un système de transcription des tons (qui, en thaï, sont au nombre de cinq) mais son maniement demande déjà une certaine maîtrise de la langue.

Le mode d'emploi, en bref

- les mots *khrap* (utilisé par un homme) et *kha* (utilisé par une femme) sont des formules de politesse qui terminent habituellement la plupart des phrases. Ils signifient également « oui »;
- le pronom personnel « je » se traduit par *phom* (masculin) et *dichan* (féminin) ;
- prononciation des voyelles et des diphtongues : aï = ail (de paille) ; ê = ê (de même) ; é = é (de été) ; oï = oy (de cow-boy) u = u (de rue) ; ou = ou (de roue).
- prononciation des consonnes : h = aspiré. Par exemple, ph à ne pas prononcer f, mais p aspiré = comme dans koh phi phi (et pas koh fi fi) ou phuket (= phoukèt et pas foukèt) ; r = proche du R anglais, c'est-à-dire de notre L ; w = se prononce comme en anglais *(water)* ; ng = se prononce comme dans ping-pong.

Salutations et mots de base

Bonjour	*sawatdi*	สวัสดี
Merci	*khop khoun khrap (kha)*	ขอบคุณครับ(ค่ะ)
Ça ne fait rien	*maï pèn raï*	ไม่เป็นไร
Comment ça va?	*sabaïdi ru*	สบายดีหรือ
Je ne parle pas thaï	*phout thaï maï daï*	พูดไทยไม่ได้
Comment dit-on ceci en thaï?	*thaï riek wa araï*	ไทยเรียกว่าอะไร
Je ne sais pas	*maï rou*	ไม่รู้
Je ne comprends pas	*maï khao tchaï*	ไม่เข้าใจ
Français (et Européen)	*farang*	ฝรั’
Qui?	*khraï*	ใคร
Quoi?	*araï*	อะไร
Quel?	*an naï*	อันไหน
Quand?	*mua raï*	เมื่อไร
Où?	*thi naï*	ที่ไหน

Santé

Je ne me sens pas bien	*roussuk maï sabaï*	รู้สึกไม่สบาย
Hôpital	*rongphayaban*	โร’พยาบาล
Je veux voir le médecin	*tongkan phop hmo*	ต้อ’การพบหมอ

Shopping

Combien	*thao raï*	เท่าไร
Combien ceci?	*ni rakha thao raï*	นี้ราคาเท่าไร
C'est très cher	*phèng mak*	แพ’มาก
Pouvez-vous faire moins cher?	*lot rakha noï daï maï*	ลดราคาน้อยได้ไหม
Avez-vous la monnaie?	*mi thang lèk maï*	มีตา’ค์เล็กไหม

En voyage

Gare routière	*sathani roth bat*	สถานีรถบัส
Gare ferroviaire	*sathani roth faï*	สถานีรถไฟ
Aéroport	*sanam bin*	สนามบิน
Bateau	*rua*	เรือ
Avion	*khruang bin*	เครือ'บิน
Train	*roth faï*	รถไฟ
Autocar	*roth bat*	รถบัส
Autobus	*roth mé*	รถเมล์
Cyclo-pousse	*samlo*	สามลอ
Arrêtez-vous ici	*hyout thi ni*	หยุดที่นี่
Attendez ici	*khoï thi ni*	คอยที่นี่
Tout droit	*trong paï*	ตร'ไป
À gauche	*lio saï*	เลี้ยวซ้าย
À droite	*lio khwa*	เลี้ยวขวา
Où se trouve la banque?	*thanakhan you thi naï*	ธนาคารอยู่ที่ไหน
Où se trouve le marché?	*talat you thi naï*	ตลาดอยู่ที่ไหน
Où se trouve la poste centrale?	*praysani klang you thi naï*	ไปรษณีย์กลา'อยู่ที่ไหน

Les toponymes

Avenue/rue	*thanon*	ถนน
Baie	*ao*	อ่าว
Canal	*klong*	คลอ'
Cascade	*nam tok*	น้ำตก
Fleuve	*ménam*	แม่น้ำ
Grotte	*tham*	ถ้ำ
Île	*koh*	เกาะ
Jardin	*souan*	สวน
Mer	*thalé*	ทะเล
Mont	*doï*	ดอย
Municipalité	*ampheu*	อำเภอ
Plage	*hat*	หาด
Ruelle	*soï*	ซอย
Village	*ban*	บ้าน
Ville	*muang / nakhon / bouri*	เมือ'/นคร/บุรี

À l'hôtel et au restaurant

L'hôtel	*rong rèm*	โร'แรม
Une chambre	*hong*	ห้อ'
Où sont les toilettes?	*hong nam you thi naï*	ห้อ'น้ำอยู่ที่ไหน
J'ai faim	*you khao*	หิวข้าว
J'ai soif	*you nam*	หิวน้ำ
Un bon restaurant thaï	*ran ahan thaï aroï*	ร้านอาหารไทยอร่อย
Un bon restaurant français	*ran ahan farangsèt aroï*	ร้านอาหารฝรั่'เศสอร่อย
Riz frit	*khao phat*	ข้าวผัด
Riz frit aux crevettes	*khao phat koung*	ข้าวผัดกุ้'
Riz frit au poulet	*khao phat kaï*	ข้าวผัดไก่
Poisson frit	*pla phat*	ปลาผัด

Pain	*khanom pang*	ขนมปั'
Beurre	*neuï*	เนย
Eau	*nam plao*	น้ำเปล่า
Glace	*nam khèng*	น้ำแข็'
Sans glace	*maï saï nam khèng*	ไม่ใส่น้ำแข็'
Eau chaude	*nam ron*	น้ำร้อน
Thé	*cha*	ชา
Thé froid avec lait	*cha yèn*	ชาเย็น
Thé froid sans lait	*cha dam yèn*	ชาดำเย็น
Café (avec lait)	*kafè*	กาแฟ
Café sans lait	*kafè dam* (toujours sucré)	กาแฟดำ
Café noir sans sucre	*kafè dam maï saï nam tan*	กาแฟดำไม่ใส่น้ำตาล
La nourriture est excellente	*ahan aroï mak thi sout*	อาหารอร่อยมากที่สุด

Les nombres

1	*hnung*	หนึ'
2	*song*	สอ'
3	*sam*	สาม
4	*si*	สี่
5	*ha*	ห้า
6	*hok*	หก
7	*tièt*	เจ็ด
8	*pèt*	แปด
9	*kao*	เก้า
10	*sip*	สิบ
11	*sip èt*	สิบเอ็ด
12	*sip song*	สิบสอ'
16	*sip hok*	สิบหก
20	*yi sip*	ยี่สิบ
30	*sam sip*	สามสิบ
40	*si sip*	สี่สิบ
100	*roï*	ร้อย
500	*ha roï*	ห้าร้อย
1 000	*phan*	พัน
2 000	*song phan*	สอ'พัน

Et encore...

Attendez un peu	*khoï dio*	คอยเดี๋ยว
À bientôt	*phop kan maï na*	พบกันใหม่นะ
Bonne chance	*chokh di na*	โชคดีนะ
Allez-vous-en	*paï paï*	ไปๆ
Stop !	*hyout*	หยุด
Attention !	*rawang*	ระวั'
Vite !	*rèo rèo noï*	เร็วๆน้อย
Au secours !	*chouaï douaï*	ช่วยด้วย
Je suis pressé	*phom (ditchan) kamlang rip*	ผม(ดีฉัน)กำลั'รีบ
Aujourd'hui	*wan ni*	วันนี้
Demain	*phroug ni*	พ้รุ'นี้
Tous les jours	*thouk wan*	ทุกวัน

Villes et principaux sites

Ayutthaya	*aïouthaya*	อยุธยา
Ban Chiang	*ban chiang*	บ้านเชีย'
Bangkok	*kroungthèp*	กรุ'เทพฯ
Bangsaen	*bangsèn*	บา'แสน
Chiang Maï	*chiang maï*	เชีย'ใหม่
Chiang Raï	*chiang raï*	เชีย'ราย
Chiang Saen	*chiang sèn*	เชีย'แสน
Chumphon	*tjoumphon*	ชุมพร
Haadyaï	*hat yaï*	หาดใหญ่
Hua Hin	*houa hin*	หัวหิน
Kamphaeng Phet	*kamphèng phèt*	กำแพ'เพชร
Kanchanaburi	*kanchanabouri*	กาญจันบุรี
Koh Pha Ngan	*koh pha ngan*	เกาะพะ'น
Koh Tao	*koh tao*	เกาะเต่า
Khon Kaen	*khon kèn*	ขอนแก่น
Krabi	*krabi*	กระบี่
Lampang	*lampang*	ลำปา'
Lamphun	*lamphoun*	ลำพูน
Lopburi	*lopbouri*	ลพบุรี
Mae Chan	*mè tjan*	แม่จัน
Mae Hong Son	*mè hong son*	แม่ฮ่อ'สอน
Mae Saï	*mè saï*	แม่สาย
Mae Sariang	*mè sariang*	แม่สะเรีย'
Nakhon Phanom	*nakhon phanom*	นครพนม
Nakhon Ratchasima	*nakhon ratchasima*	นครราชสีมา
Nakhon Si Thammarat	*nakhon si thamarat*	นครศรีธรรมราช
Nong Khaï	*nong khaï*	หนอ'คาย
Paï	*paï*	ปาย
Pattaya	*pataya*	พัทยา
Phang Nga (baie de)	*phang nga*	พั''า
Phimaï	*phimaï*	พิมาย
Phi Phi île	*koh phi phi*	เกาะพีพี
Phitsanulok	*phitsanoulok*	พิษณุโลก
Phnom Rung	*phanom roung*	พนมรุ้'
Phra Viharn	*phra wihan*	พระวิหาร
Phuket	*phoukèt*	ภูเก็ต
Prachuab Kirikhan	*pratjouap khirikan*	ประจวบคีรีกันธ์
Rayong	*raïong*	ระยอ'
Rivière Kok	*ménam kok*	แม่น้ำกก
Rivière Kwaï	*ménam khwè*	แม่น้ำแคว
Saï Yok Yaï	*saï yok yaï*	ไทรโยคใหญ่
Samui	*samoui*	สมุย
Songkhla	*songkhla*	ส'คลา
Sri Satchanalaï	*si satchanalaï*	ศรีสัชนาลัย
Sukhothaï	*soukhothaï*	สุโขทัย
Surin	*sourin*	สุรินทร์
Ubon Ratchathani	*oubon ratchathani*	อบุลราชธานี
Udon Thani	*oudon thani*	อุดรธานี

Un peu de lecture...

Albums

Chasseurs des ténèbres, SUMMERS (Diane) et VALLI (Éric), Nathan, 1990. Des images uniques sur l'univers des chasseurs de nids d'hirondelles.

Jim Thompson, l'Américain légendaire de Thaïlande, WARREN (William), Éd. du Pacifique, 1995. Séduisante évocation de l'univers de soie et de secrets du mystérieux Jim Thompson.

La Thaïlande, FREEMAN (Michaël), Hatier, 1988. Un album séduisant sur la Thaïlande des années 1980.

La Thaïlande vue du Ciel, WARREN (William), TETTONI (Luca Invernizzi), Times éditions, 1995. La Thaïlande à vol d'oiseau : un album splendide.

Peuples du Triangle d'Or, LEWIS (Paul et Élaine), Olizane, 1986. Bon document, agrémenté de nombreuses photos.

Thaïlande, HELD (Suzanne), JACQUES (Claude), Éd. Hermé, 1998. Photographies des capitales royales du Siam. Un album de souvenirs.

Art et religion

La Femme, le Héros et le Vilain, poème populaire thaï, Publications du Musée Guimet, PUF, 1960. Traduction et commentaires du plus célèbre conte populaire thaï.

La Sculpture en Thaïlande, BOISSELIER (Jean) et BEURDELEY (Jean-Michel), Bibliothèque des Arts, 1974. Images et commentaires sur les écoles thaïlandaises de sculpture, du Ve au XIXe s.

La Thaïlande des bonzes, DE WILDE (Patrick) et LE DIRAISON (Christine), Hommes d'Ailleurs, Atlas, 1990. Dans l'intimité des monastères de Thaïlande.

La Voix du Bouddha, BAREAU (André), Lebaud éditeur, 1996. La vie et l'enseignement du Bouddha, dans un style limpide. Un ouvrage de référence, aussi brillant que modeste.

Histoire

Description du royaume thaï ou de Siam, Mgr PALLEGOIX, 2 vol., Paris, rééd. 1964. Le récit de voyage d'un audacieux reporter en soutane.

Au service du Roi de Siam, COLLIS (Maurice), J.-C. Lattès, 1991. La vie aventureuse d'un Anglais à la cour du Siam au XVIIe s.

Louis XIV et le Siam, VAN DER CRUYSSE (Dirk), Fayard, 1991. Un vrai roman picaresque racontant l'odyssée des envoyés de Louis XIV à la cour du Siam.

Voyage du comte de Forbin à Siam, 1685-1688, FORBIN (Claude de), Zulma, 1991. Le poids des préjugés, le choc des cultures.

Pour la plus grande gloire de Dieu, SPORTES (Morgan), Seuil, 1993. Un récit désopilant de la deuxième Ambassade de Louis XIV au Siam par un auteur très talentueux.

L'abbé de Choisy, androgyne et mandarin, VAN DER CRUYSSE (Dirk), Fayard, 1994. Brillant et intrigant portrait d'un personnage ambigu et provocateur.

Journal du voyage de Siam, Abbé de Choisy (1685-1686), Fayard, 1995. Un regard parfois méchant mais plein de curiosité, marqué par les préjugés du XVIIe s. Une lecture passionnante.

Le Faucon de Siam, Le Dernier vol du Faucon et ***L'Envol du Faucon***, trilogie, AYLWEN (Axel) et Carrière (Anne), 1998. Un Faucon qui n'est autre que Phaulcon, dont l'étrange personnalité est passée au crible par l'historien anglais.

Pratique

Bonjour en thaï, PREDAGNE (Jean-Pierre), Marcus, 1990. Un lexique thématique et une présentation chaleureuse de la personnalité thaïe.

Thaïlande, KLINCHUI (Punprapar), Gründ, « Cuisine sans frontière » 1988. Des recettes faciles à réaliser pour retrouver les parfums de la Thaïlande.

La Cuisine thaïe, TOÜM, Ramsay, 1990. Les secrets d'une cuisinière géniale et très peu conformiste qu'on espère retrouver prochainement derrière les fourneaux.

Reportages

Chambre avec vue sur le Triangle d'Or, SIVADJIAN (Eve), « Carnets de

Reportage», First, 1992. Le plaisir du voyage et des rencontres, évoqué avec du style et de l'émotion. À savourer dans le Triangle d'Or.

Les Larmes de Bouddha, Autrement, «série monde» n° 43, 1990. Articles et commentaires, loin des poncifs et des complaisances.

Rien que la terre, MORAND (Paul), Grasset, 1928. L'inimitable regard du plus aristocratique des globe-trotters. Une évocation du Siam qui fait rêver.

Un voyage vers l'Asie, GUILLEBAUD (Jean-Claude), Seuil, 1980. Une vision à la fois caustique et chaleureuse de la Thaïlande des années 1970.

Zone frontière, NICHOLL (Charles), Payot, «Voyageurs», 1992. À la limite du reportage et du roman d'aventure, écrit avec sensibilité, vivacité et érudition. Un compagnon de voyage à ne pas négliger.

Romans

Le Pont de la rivière Kwaï, BOULLE (Pierre), Pocket, 1996. Un grand classique.

Le Bouddha derrière la palissade, NOOTEBOOM (Cees), «Terres d'Aventure», Acte Sud, 1989. Un petit récit intimiste, ciselé à ravir.

Les Éléphants roses de Bangkok, DE BALEINE (Philippe), Stock, 1987. Humoristique et exotique, un guide pas triste à lire dans l'avion.

Terre de mousson, SUDHAM (Pira), Olizane, 1990. Récit autobiographique du grand écrivain thaï, fils de paysans pauvres.

Un Gentleman en Asie: voyage de Rangoon à Haïphong, MAUGHAM (Somerset), Rocher, 1993. L'inimitable élégance du célèbre hôte de l'hôtel Oriental à Bangkok, qui ne voyageait que pour son plaisir.

Paradis Blues, SAUL (John), Gallimard, «Poche», 1990. Un thriller fascinant.

Fils de l'I-San, BOONTAWEE (Kampoon), Fayard, 1991. Chronique de la vie des paysans du Nord-Est, dans la tradition du roman populiste.

Les Oiseaux de Bangkok, MONTALBAN (Vasquez), Christian Bourgois, «10/18». Du rififi dans les *klong*.

La Plage, GARLAND (Alex), Hachette Littérature, 1998. Un thriller époustouflant, œuvre d'un jeune virtuose anglais dont on jurerait que le papa était sur la route, peut-être sur la plage…

L'Ennemi du bien, SAUL (John), Gallimard, «Folio», 1992. La descente aux enfers d'un fou d'antiquités asiatiques.

La dynastie Chakri

Rama Ier ou Yot Fa (couronné en 1782) eut 41 enfants.

Rama II ou Loet La (couronné en 1809) eut 73 enfants.

Rama III ou Nang Klao (couronné en 1824) eut 51 enfants.

Rama IV ou Mongkut (couronné en 1851) eut 82 enfants, bien qu'ayant passé 27 ans de sa vie dans un monastère.

Rama V ou Chulalongkorn (couronné en 1868) eut 77 enfants.

Rama VI ou Vajiravudh (couronné en 1910) se maria à 40 ans et n'eut qu'une fille, née la veille de sa mort.

Rama VII ou Prajadhipok (couronné en 1925) inaugura la monogamie et n'eut pas d'enfant.

Rama VIII ou Ananda Mahidol (couronné à l'âge de 10 ans en 1935) mourut célibataire à 21 ans.

Rama IX ou Bhumibol Adulyadej (couronné en 1950) a 4 enfants. ❖

Table des encadrés

Pratique

Quotidien et société

Histoire et religion

Art et architecture

Fêtes

Index

Ayutthaya: nom de lieu
Phaulcon: personnage
Écureuil volant: mot clef

Les folios en **bleu** renvoient aux cartes et aux plans.
Les folios en **rouge** renvoient aux informations pratiques et aux bonnes adresses.
Les folios en **gras** renvoient aux textes les plus détaillés.

Abréviations : Ay= Ayutthaya ; Bkk= Bangkok ; CM = Chiang Maï; CR = Chiang Raï; E = Est; N = région Nord ; Ph = Phuket ; S = région Sud; Sa = Samui; Suk = Sukhothaï

Pour les hôtels, restaurants, sports, adresses utiles et informations pratiques, voir aussi les pages pratiques de chaque localité.

J

K

L

M

Imprimé en France par I.M.E. 25110 Baume-les-Dames
Dépôt légal : septembre 2000
24/3093/2

Carnet de voyage

À nos Lecteurs...

Ces pages vous appartiennent. Notez-y vos remarques, vos impressions de voyage, vos découvertes personnelles, vos bonnes adresses. Et ne manquez pas de nous en informer à votre retour. Nous accordons la plus grande attention au courrier de nos lecteurs.

HACHETTE Tourisme
Guides Bleus Évasion – Courrier des lecteurs
43, quai de Grenelle – 75905 PARIS Cedex 15